工业和信息化普通高等教育
"十三五"规划教材立项项目

高等院校"十三五"
电子商务系列

U0683913

ELECTRONIC
COMMERCE

电子商务概论

基础、案例与实训

微课版

边云岗 ◎ 主编

闫朝晖 戴伟 ◎ 副主编

人民邮电出版社

北京

图书在版编目（CIP）数据

电子商务概论：基础、案例与实训：微课版 / 边
云岗主编. -- 北京：人民邮电出版社，2020.2（2020.10重印）
高等院校"十三五"电子商务系列规划教材
ISBN 978-7-115-52299-3

Ⅰ. ①电… Ⅱ. ①边… Ⅲ. ①电子商务－高等学校－
教材 Ⅳ. ①F713.36

中国版本图书馆CIP数据核字(2019)第232686号

内 容 提 要

本书以学生为本，遵循"案例引导—理论基础—应用实践"的思路设计内容，旨在培养学生对电子商务领域现象的认知、对电子商务理论的理解，以及应用理论分析实际问题的能力，并通过组织拓展学习资源，开拓学生的视野，激发学生学习的主观能动性。

全书共4篇12章，第1篇是理论基础篇（第1～3章），主要介绍电子商务运营的理论基础；第2篇是商业模式篇（第4～6章），主要介绍商业模式的基本理论及其在电子商务中的应用；第3篇是支持服务篇（第7～10章），主要介绍电子商务运营的支撑服务体系；第4篇是项目策划篇（第11～12章），主要介绍电子商务项目的策划过程。其中前3篇属于理论教学内容，第4篇属于实训教学内容。

本书可作为应用型本科院校电子商务类专业的教材，也可作为国际经济与贸易、工商管理、物流管理、信息管理与信息系统等专业相关课程的教材。

◆ 主　　编　边云岗
　　副主编　闫朝晖　戴　伟
　　责任编辑　许金霞
　　责任印制　周昇亮
◆ 人民邮电出版社出版发行　　北京市丰台区成寿寺路11号
　　邮编　100164　电子邮件　315@ptpress.com.cn
　　网址　http://www.ptpress.com.cn
　　固安县铭成印刷有限公司印刷
◆ 开本：787×1092　1/16
　　印张：16.5　　　　　　　　2020年2月第1版
　　字数：444千字　　　　　　2020年10月河北第2次印刷

定价：49.80元
读者服务热线：(010)81055256　印装质量热线：(010)81055316
反盗版热线：(010)81055315
广告经营许可证：京东市监广登字20170147号

前　言

近十几年来，随着信息技术和网络技术的迅速发展，电子商务日趋活跃。电子商务作为一种新型的经营方式正在被越来越多的企业所接受和应用，已成为 21 世纪推动社会、经济、生活及文化发展的重要动力，它对传统的生产运作模式、经营管理模式和商务流通模式产生了前所未有的影响，为传统的经济管理理论和实践注入了新的内涵。

本书以应用型高校教育理念为指导，以培养学生的电子商务应用能力为导向，紧密结合电子商务实际案例，构建电子商务运作的整体知识框架。应用型高校以培养应用型人才为主要任务和目标，即在教学过程中注重学生专业知识应用能力和职业素养的培养。自 2001 年教育部正式批准高校开办电子商务专业以来，电子商务一直是应用型本科院校的热门专业。"电子商务概论"作为电子商务专业的专业基础课程，在整个课程体系中具有统领的作用，其任务是使学生对电子商务有一个系统的认知，并为后续专业课程的深入学习奠定基础。

本书以学生为本，遵循"案例引导—理论基础—应用实践"的思路合理设计内容，在培养学生理解和应用电子商务理论分析实际问题的能力的同时，激发学生学习的主观能动性。本书总体上具有如下特点。

一是有机整合教学内容，促进学生系统理解电子商务运营与发展的规律。按照"理论基础—商业模式—支持服务—项目策划"的逻辑主线，对电子商务的教学内容进行重构，设置了电子商务概述、电子商务技术体系、网络经济理论基础、商业模式概述、基本的电子商务模式、新兴的电子商务模式、电子商务安全、电子商务支付技术、电子商务物流管理、网络营销、电子商务项目分析与策划、电子商务项目商业计划书共 12 个教学模块，以呈现完整的电子商务业务环节，帮助学生构建完整的知识体系。

二是合理组织教学资源，激发学生学习的主观能动性，提高其专业知识的应用能力。根据不同的教学模块，以"兴趣—知识—能力"为导向，充分吸纳电子商务发展的新数据、新技术、新模式、新案例，从课前、课中、课后构建全方位的教学资源。课前将电子商务领域发生的新现象或事件作为引导案例材料，提出需要解决的问题，明确课堂教学重点。与时俱进的案例材料更有助于激发学生的学习欲望，引导其对知识点的主动思考；课中通过对知识点的深入剖析，解决学生的困惑，帮助其理解电子商务的相关理论；课后通过分析电子商务企业和网上创业实践等实际案例，巩固和加深学生对知识点的理解与应用，培养学生分析和解决实际问题的能力。此外，本书还为学生提供了课外拓展学习资源，引导学生关注电子商务的发展动向，促使学生追踪和学习电子商务的新知识，拓展和挖掘知识点的广度与深度，并通过拓展训练进一步提高对电子商务的应用分析和实践能力。

本书由边云岗担任主编，闫朝晖、戴伟担任副主编，是广东省高等教育教学研究和改革项目（GDJX2016015）、五邑大学教学质量工程与教学改革工程项目（JX2016019）、五邑大学教学质量工程与教学改革项目（JX2019028）的教学成果。本书的出版，得到了许多人士的大力支持和帮助。感谢我的学生在教学过程中给予的反馈意见，通过与学生的沟通和交流，我确定了"以学生为本"、遵循学生认知规律的编写思路；感谢其漆全等同学将参加"挑战杯·创青春"全国大学生创业大赛的参赛作品（获得全国金奖）提供给本书作为电子商务商业计划书的分析案例。此外，本书在编写过程中，参考了许多与电子商务相关的教材、论文和网站资料，在此向相关作者表示衷心的感谢！

限于作者的水平，加之电子商务知识不断更新，书中难免有疏漏之处，敬请广大读者批评指正，提出宝贵意见和建议，以使本书不断完善。

作者邮箱：byg_2000@126.com。

编者
2019 年 8 月

目　　录

第 1 篇

理论基础篇

第 1 章　电子商务概述

📁【本章导读】

　　20 世纪 90 年代，互联网技术的突飞猛进使商务活动电子化的想法逐步成熟，电子商务也日益蓬勃发展起来。二十多年来，电子商务的发展经历了起步期、发展期、稳定期和成熟期。"十二五"期间，我国电子商务行业发展迅猛，产业规模迅速扩大，电子商务信息、交易和技术等方面的服务企业不断涌现。"互联网+"将为人们带来一场海啸式的技术和商务革命。目前，电子商务也已经成为国际上各个国家制定经济政策的主要依据之一。以网络和电子商务为主要特征的新经济已成为推动全球经济一体化的重要手段和前提条件。

📁【学习目标】

- 理解电子商务的概念及其内涵，准确把握电子商务的本质特征并分析实际商务问题。
- 掌握电子商务概念模型的构成要素及其关系。
- 掌握电子商务功能涵盖的内容。
- 理解电子商务分类的不同标准，并能够列举实例和做出准确判断。
- 了解电子商务的发展历程、现状与趋势。
- 系统地理解电子商务整体框架的构成要素及涵盖内容。
- 了解电子商务应用框架，区分传统产业的电子商务应用与新兴的电子商务产业。
- 掌握电子商务系统的构成要素及其相互关系。
- 了解当前电子商务的外部环境，逐渐养成良好的电子商务法律和道德意识。

💼 引导案例

虚拟世界　真实经济

　　《Second life》是总部位于美国旧金山的林登实验室（Linden Lab）于 2003 年推出的一款以"合作、交融和开放"为特色的大型 3D（three-dimensional）模拟现实网络游戏。在这款游戏中，用户可以建立自己的虚拟"第二人生"，扮演同现实生活迥然不同的角色（称为"化身"），实现第一人生中没能实现的梦想。

　　《Second life》没有传统游戏中诡秘灵异的怪物与魔兽，只有大生意与小买卖、家庭与朋友、邂逅与分离、嬉笑怒骂与爱恨情仇、休闲与娱乐等现实世界中的一切。用户用自己的化身在虚拟世界中与他人相识、交流、开展娱乐活动，购买虚拟土地和房产、创造并销售虚拟产品和服务等，可以开办公司或构建个人空间，也可以销售现实世界中的产品和服务。用户除了受限于自己的想象力和运用 3D 虚拟技术工具的能力之外，没有其他限制。林登实验室限定自己只能向用户提供土地和工具，让他们发挥想象，亲自动手创造世界。

现实世界中的企业可以在虚拟世界中开展各种活动。例如，阿迪达斯出售虚拟服装，可口可乐公司、耐克公司在重要"路段"设置"路牌广告"，IBM 公司设立开会、培训和招聘地点，丰田公司售卖虚拟汽车，喜来登饭店筹建虚拟宾馆，墨西哥旅游局通过 3D 方式展示主要观光景点等。此外，有些政府甚至在该网站上建立了虚拟大使馆，许多大学在虚拟教室授课或召开学术会议。随着越来越多的企业进驻，《Second life》中诞生了一批来自各行各业的咨询公司和虚拟设计公司，如 Millions of US 公司在虚拟世界中为企业提供品牌推广服务，以及办公室、会议中心、音乐会场、汽车经销店、公寓、夜总会等虚拟建筑。

个人用户可以在虚拟世界中乘坐直升机、潜艇、热气球等交通工具四处游玩，还可以从事各种职业工作。例如，Stevan Lieberman 是一名律师，擅长知识产权保护法，他可以向那些需要申请专利的程序员提供服务；Mike Mikula 是一名虚拟建筑师，利用绘图软件建造虚拟建筑；Ariella Furman 是网站上的"引擎电影"制作者，利用虚拟电影拍摄机指导虚拟世界中的各种化身拍电影。

游戏运营商林登实验室所扮演的角色更像现实世界中的中央政府，提供独立汇市，对土地发放和林登元流通实施管制，小心翼翼地控制着通货膨胀和房价。随着企业和个人用户在《Second life》里富有创造性地演绎虚拟经济体中的各种商业活动，林登实验室将"用户创造内容"这个 Web2.0 核心概念发挥到了极致，创造了丰富的商业模式，其主要收入来自虚拟世界土地的销售和租赁、会员费、产品交易费、汇市佣金，以及活动费等。

林登实验室 CEO 认为，这款游戏并非以娱乐用户为目的，而是给用户提供一个平台，将经济要素整合在一起，给敢于冒险、勇于创新和拥有技术的人以合适的回报。显然，《Second life》在虚拟世界中创造着真实的商业价值，催生了虚拟的经济产业链。

【案例启示】

我们正面临着一场数字革命，几乎每天都会有新的数字化应用渗透到我们的生活中。那么，是什么改变了我们的生活呢？正如现代管理之父彼得·德鲁克所描述的一样，"互联网革命所带来的翻天覆地的变化就是电子商务。互联网迅速渗透到各个角落，它已经成为或终将成为产品、服务，甚至管理工作和各种专业技能的全球配送渠道。电子商务正在从根本上改变全球的经济，改变市场及行业结构，改变产品、服务以及它们的配送方式，改变消费行为和客户价值，改变劳动形式以及劳动力市场。互联网将深深地影响我们的生活和整个社会，以及影响我们观察周围世界的方式。"

1.1 电子商务的基本概念

1.1.1 商务与电子商务

1. 商务的含义

随着我国市场经济的不断完善，市场运作日益法制化和规范化，企业、政府、个人同市场之间的联系越来越紧密。企业直接面对市场谋求更大的生存与发展空间，政府采购开始采用市场化运作方式，个人消费日趋多样化，商务活动已渗透到社会经济生活的各个领域。商务的一般概念是以营利为目的的市场经济主体，通过实现产品交换而开展的一系列经营管理活动的总称。商务的含义可以从下面几个方面理解。

① 商务主体具有多元性，即包括一切以营利为目的的市场经济主体。

② 商务的实质是产品交换，即通过买卖方式实现产品价值与使用价值的交换行为。

③ 商务的对象或客体是所有的经济资源，包括各种有形产品和无形产品。

④ 商务活动包括采购、生产、销售、贸易磋商、经营决策、营销策划、售前和售后服务、客户关系管理，以及咨询服务等。

2. 电子商务的定义

随着网络技术的高速发展，信息技术作为工具被引入商贸活动中，基于网络和信息技术的电子商务作为一种新兴的交易形式开始受到各类企业的高度重视，并在全世界范围内得到广泛应用。同时，电子商务的迅速兴起引起了理论界的普遍关注，一些国际组织、各国政府、专家学者和企业从不同角度给出了定义。较有代表性的主要有以下几种。

电子商务的定义
与内涵

（1）国际组织的观点

国际商会于 1997 年 11 月在巴黎举行了世界电子商务会议。与会专家和代表提出并定义了电子商务：从商业角度来看，电子商务是实现整个贸易过程中各阶段贸易活动的电子化；从涵盖范围角度来看，电子商务是交易各方以电子交易方式而不是通过当面交换或直接面谈方式进行的任何形式的商业交易；从技术角度来看，电子商务是一种多技术的集合体，包括交换数据（如电子数据交换、电子邮件）、获得数据（如共享数据库、电子公告牌），以及自动捕获数据（如条形码）等技术。

经济合作与发展组织（OECD）在有关电子商务的报告中对电子商务的定义：电子商务是发生在开放网络上的包含企业之间、企业和消费者之间的商业交易。

全球信息基础设施委员会（GIIC）电子商务工作委员会在报告草案中对电子商务的定义：电子商务是运用电子通信作为手段的经济活动，人们通过这种方式可以对带有经济价值的产品和服务进行宣传、购买和结算。这种交易方式不受地理位置、零售渠道等所有权的影响，各类企业、政府组织、社会团体、一般公民、企业家都能自由地参加广泛的经济活动，包括农业、林业、渔业、工业、私营或政府的服务业。电子商务能使产品在世界范围内交易，并向消费者提供多种多样的选择。

（2）各国政府的观点

美国政府在《全球电子商务纲要》中指出：电子商务是通过互联网（Internet）进行的各项商务活动，包括广告、交易、支付、服务等活动，全球电子商务涉及世界各国。

2007 年，我国在《电子商务发展"十一五"规划》中提出：电子商务是网络化的新型经济活动，即基于互联网、广播电视网、电信网络等电子信息网络的生产、流通和消费活动。

（3）专家学者的观点

美国知名学者 Efraim Turban 和 David King 等在《电子商务：管理视角》中指出：电子商务就是通过包括互联网在内的计算机网络来实现产品和服务的销售与信息交换。电子商务可以从以下几个方面来定义。

① 从通信的角度定义。电子商务是指借助计算机网络或其他电子媒介进行产品、服务或信息的传递以及支付的过程。

② 从商业的角度定义。电子商务是指利用互联网或其他在线服务手段进行产品、服务和信息的购买和销售。

③ 从业务过程的角度定义。电子商务是利用电子网络实施的业务过程，代替实体业务中信息的电子化业务活动。

④ 从服务的角度定义。电子商务是政府、企业和消费者表达各自意愿的一种工具，是企业在改善客户服务水平和提高交付速度的同时，削减服务成本的一种手段。

⑤ 从学习的角度看。电子商务为中学、大学和其他组织（包括商业组织）提供了在线培训和教育的机会。

⑥ 从合作的角度看。电子商务为组织内部和组织间进行合作提供了平台。

⑦ 从社区的角度看。电子商务为社区成员提供了一个学习、交易和合作的集会场所。

（4）企业的观点

在企业界，最具有代表性的就是 IBM 公司对电子商务的定义：电子商务是在互联网上展开的互相关联的一种动态商务活动。IBM 公司提出"电子商务=Web + IT"，强调电子商务是在网络计算环境下的商业化应用，即客户、商家和合作伙伴在企业内部网、企业外部网和互联网结合起来的应用。

综上所述，尽管目前还没有一个具有绝对权威性，能够为大多数人普遍接受的电子商务定义，但理论界对电子商务的基本特征已达成共识，即电子商务是利用网络和电子信息技术开展的一种商务活动。本书综合多种观点认为：电子商务是指利用互联网和现代信息技术开展任何形式的商务运作、管理和信息交换等活动，包括企业内部的协调与沟通、企业之间的合作，以及网上交易三个方面的内容。"技术"是开展电子商务的手段，"商务"是开展电子商务的本质和目的。

从狭义上讲，电子商务（Electronic Commerce，EC）专指利用互联网开展的网上交易以及与交易相关的商务活动。

从广义上讲，电子商务（Electronic Business，EB）是指利用信息技术和网络技术实现整个商务活动业务流程的电子化，不仅包括企业商务活动中面向外部的业务流程，如网络营销、电子支付、物流配送等，也包括企业内部的业务流程，如企业资源计划、管理信息系统、客户关系管理、供应链管理、战略管理、人力资源管理、市场管理、生产管理、研发管理和财务管理等内容。

3. 电子商务的内涵

（1）开展电子商务的前提条件

信息技术特别是互联网的产生与发展是电子商务开展的前提条件。电子商务是应用现代信息技术在互联网上进行的商务活动，因此，电子商务的产生与发展离不开信息技术和网络技术的发展。单台计算机的作用是十分有限的，只有当不同的计算机相互连接成网络时，计算机的作用才能充分地得以体现。因此，没有现代信息技术及网络技术的产生和发展，电子商务就无法产生与发展。

（2）开展电子商务的核心

掌握现代信息技术和商务理论与实务的人才是开展电子商务的核心。一个国家、地区以及企业是否拥有足够的这种复合型人才决定着该国、该地区以及该企业在电子商务环境下能否取得竞争优势。首先，电子商务是一个社会系统，社会系统的中心必然是人；其次，商务系统实际上是由在产品贸易的各个方面代表着各方利益的人所组成的关系网；最后，在电子商务活动中，虽然充分强调工具的作用，但归根结底起关键作用的仍然是人。因为工具的制造发明、应用，以及效果的实现都是靠人来完成的，所以，我们必须强调人在电子商务中的决定性作用。也正因为人是电子商务的主宰者，进而有必要考察，什么样的人才是合格的。很显然，电子商务是信息技术和商务理论的有机结合，所以能够从事电子商务的人必然是掌握现代信息技术和商务理论与实务的复合型人才。

（3）开展电子商务的基础

系列化、系统化的电子工具是开展电子商务活动的基础。中国企业家王新华曾指出："从本质上讲，电子商务是一组电子工具在商务过程中的应用，这些工具主要包括：电子数据交换

（Electronic Data Interchange，EDI）、电子邮件（E-mail）、电子公告系统（BBS）、条形码、图像处理、智能卡等。"从开展电子商务活动的过程来看，电子工具应该是从需求咨询、订货、交易、配送、货款结算到售后服务等伴随产品生产、消费，甚至再生产的全过程的系列化电子工具。如 EDI、EOS（Electronic Ordering System）、POS（Point of Sale）、MIS（Management Information System）、SCM（Supply Chain Management）、ERP（Enterprise Resource Planning）、CRM（Customer Relationship Management）、电子货币、产品配送系统、售后服务系统等。从系统角度看，电子商务是由产品需求、生产、交换、消费等各个业务环节构成的有机整体，这就需要一个将各个环节实现纵横相连、反应灵敏、安全可靠的电子网络系统来支撑和运行，包括不同层次的局域网（LAN）、城域网（MAN）和广域网（WAN）等。显然，如果没有上述系列化、系统化电子工具的应用，电子商务活动将无法开展。

（4）开展电子商务的对象

以产品贸易为中心的各种经济事务活动是开展电子商务的对象。从社会再生产发展的环节看，在生产、流通、分配、交换、消费这个链条中，发展变化最快、最活跃的就是处于中间的流通、分配和交换环节。这些中间环节又可以被看成是以产品贸易为中心来开展的。即产品的生产主要是为了交换，用产品的使用价值换取产品的价值，围绕交换必然产生流通、分配等活动，它连接了生产和消费等活动。因此，以产品贸易为中心的各种经济事务活动可以统称为商务活动。由此可见，抓好了产品的贸易，就牵住了经济的"牛鼻子"。电子商务可以大幅度地减少不必要的产品流动、物资流动、人员流动和货币流动，减少产品经济的盲目性，减少有限物质资源、能源的消耗和浪费。以产品贸易为中心的商务活动可以概括为：从产品的需求咨询到计划购买、订货、付款、结算、配送、售后服务等整个活动过程。

（5）开展电子商务的目的

高效率、低成本、安全便利地从事产品交易活动是开展电子商务的目的。经济全球化使得企业面对的市场越来越大、竞争对手越来越多、客户越来越强势。企业在竞争日益激烈的市场环境下，要想获得竞争优势，必须通过改变传统的经营模式来提高运营效率，降低运营成本。随着信息技术和网络技术的发展，虚拟的网络环境不仅催生了新的商业模式，也带来了网络欺诈、信用缺失、隐私泄露等不良行为。因此，电子商务作为一种新的商业模式，与传统商业模式相比，要能够体现高效率、低成本、安全便利的优势。

1.1.2　电子商务的功能

电子商务作为一个系统，它具有三大功能：内容管理（Content Management）、协同处理（Collaboration）和交易服务（Commerce），通常称为 3C's 功能。这三种功能相互联系和交叉，成为一个有机的整体。

1. 内容管理

内容管理就是管理企业电子商务系统中的各种信息，包括信息的搜集、存储、处理、传递、发布等。在现代信息社会中，如何有效地获得信息，通过信息的传播充分地利用好这些信息，是决定企业成败的关键因素。因此，通过内容管理来消除信息流动的障碍，确保企业内部各部门和员工之间、企业与供应商和经销商等合作伙伴之间，以及企业与客户之间进行有效的联系和沟通，是企业实现正常运营的重要前提。内容管理还包括对通过网络对外发布的各种信息的管理，有效的信息发布还可以起到宣传企业形象、扩大企业影响范围，以及增加企业品牌价值的作用。在电子商务的三大功能中，内容管理是电子商务的基础功能，其内容主要包括以下几个方面。

（1）信息搜集

信息搜集是指通过企业的信息系统和技术自动地搜集主要媒体、相关期刊、行业协会报告等各种主要信息，并根据实际需要进行筛选和组织，或者由专门的人员负责信息的搜集和整理工作。

（2）信息存储和检索

企业员工、合作伙伴以及最终客户都有自己的信息需求，而他们对信息的需求有时是不一致的。因此，为了快捷地提供服务，电子商务系统应该具备多媒体信息的存储功能，并能够快速检索信息。

（3）保护和管理关键数据

为了提高知名度、推销产品以及进行必要的企业间沟通，企业的有些信息是必须公开或者可以公开的。但是，为了确保自己的竞争优势，一些关乎企业战略的重要信息或者商业秘密，如企业财务数据、客户数据或者生产工艺等，即使对企业内部的员工也是不能泄露的。因此，在电子商务的运作过程中，企业应该具备相应的信息流通控制机制，对信息的内容以及信息流的方向进行安全控制。

（4）企业内部信息传播

企业内部信息传播是指将各种信息在企业内部进行传播。例如，在企业内部网上发布企业政策、招聘信息以及各种通知；适度地公布企业的产品信息和经营信息；提供企业竞争对手、合作伙伴的相关信息；提供日常新闻信息以及行业信息等。

（5）企业对外信息发布

企业对外信息发布是指及时通过互联网即网站发布各种信息，主要涉及企业的经营理念、管理思想、产品信息、服务信息，以及品牌宣传等相关信息。如果企业是上市公司，则还需要定期在互联网上提供财务信息等内容。企业要对网站进行相应的管理和维护，不断更新其内容。

2．协同处理

信息的传递与沟通本身并不是目的，而只是一种手段。信息传递与沟通的目的在于协同人们的工作和行为，使企业内部各部门及员工、企业与其他经营合作伙伴之间能够保持步调的一致和协调。协同处理的目标就是在技术上支持群体的协同工作，通过提供业务流程的自动处理、检测和控制系统，减少企业内部及企业与外部的摩擦，降低运营成本，缩短产品开发周期，提高市场响应速度。在现代经济中，企业内部与外部的协同一致是企业竞争力的根本保证，因此，在电子商务的三大功能中，协同处理居于中心地位，是电子商务的核心功能。协同处理功能的实现主要依赖于以下几个方面。

（1）通信系统

通信系统主要包括电子邮件和信息系统，这是企业网络应用中的首要内容，同时也是协同工作的基本保障。员工通过 E-mail 以及其他专门的信息系统及时地沟通和协调，从而使工作能够快速高效、保质保量完成。另外，通信系统还包括建立与客户之间的通信联系渠道，在企业的网站上提供咨询用的 E-mail 地址，或者设计调查表来搜集客户的建议和意见，帮助客户解决现实中的各种具体问题。

（2）企业内部网与企业外部网

企业内部网将企业内部各部门紧密地联系在一起，在提供信息共享、信息交流的基础上完成各个部门之间的沟通和协作。企业外部网则强调企业与制造商、供应商、经销商以及物流中心等业务伙伴共享信息和进行流水作业，企业外部网可以很好地解决企业的采购谈判、采购管理等问题，从而使企业与其他合作伙伴实现业务系统的无缝连接，以达到相互协同的目的。

（3）工作流程的自动化

企业的很多工作都是有固定流程的，如一份采购合同的审定和签署需要相关人员依次审批。企业可以根据实际情况对一些信息系统的参数进行具体设定，并由信息管理系统对其进行自动化处理。这样不但可以加快工作进度，还可以确保工作程序的严格性，排除人为因素所形成的干扰，提高工作效率。

（4）企业内部资源管理

企业在运行过程中需要应用各种资源，包括人力资源、资金、设备、材料等。这些资源相互关联，需要根据企业的业务要求和变化进行合理配置，才能保证企业的经营活动有效开展。企业内部资源管理的目的就是通过对各种信息的集成和协同处理，有效地调配企业的人、财、物等资源，以确保企业运营过程的顺利进行。

3. 交易服务

电子商务的最终目标就是要完成企业与客户之间的产品或服务交易，将产品和服务按照要求提供给客户。在电子商务环境下，现代信息网络技术的发展和应用为企业拓宽了市场范围，在网络的虚拟空间内开辟了一个更加广阔的市场。而客户则可以通过网络获得更多的产品信息，从而有更多的选择，可以通过网络进行产品和服务的购买并在网络上进行支付与结算。交易服务功能就是为在网络上进行的各种交易活动提供技术支持，保证企业的网络销售和服务能够正常进行。在电子商务的三大功能中，交易服务属于外部功能，是前两项功能的根本目的和最终体现。交易服务功能的内容主要包括以下几个方面。

（1）提供产品或服务目录

企业要让客户购买产品，首先要向客户提供有关产品和服务的信息。因此，交易服务的首要内容是在网上提供一个可供客户选择和购买的产品和服务目录，包括产品的各种信息，以帮助其做出购买决策。

（2）订单生成与处理

客户在网上确定购买对象后，就可以通过系统所提供的相应工具，在网上生成订单，填写有关数据和信息，提交给系统。系统在接到客户的订单后，对订单进行自动处理。一方面，系统对客户交易信息进行处理反馈，并与客户完成交易合同签订、款项支付与结算等流程；另一方面，系统将有关交易信息传递到生产、库存、销售、配送以及财务等部门，协同这些部门的工作，直至交易合同最终执行。

（3）客户服务

客户服务不仅包括对交易本身的服务，还包括与交易相关的售前和售后服务。企业网站中往往有很多技术支持信息，包括产品的驱动程序下载、软件的升级服务等。通过访问相应网站，客户可以实现自助服务，解决遇到的各种问题。除了自助服务外，企业也会按事先约定提供主动服务，包括对客户意见的征询，根据客户的意见反馈做出回应等。

1.1.3 电子商务的概念模型

电子商务概念模型是对现实世界中电子商务活动的抽象描述，由电子商务主体、交易事务、电子市场和信息流、物流、资金流、商流等基本要素构成，如图 1-1 所示。

电子商务主体是指能够从事电子商务活动的客观主体，可以是企业、银行、商店、政府机构或个人。

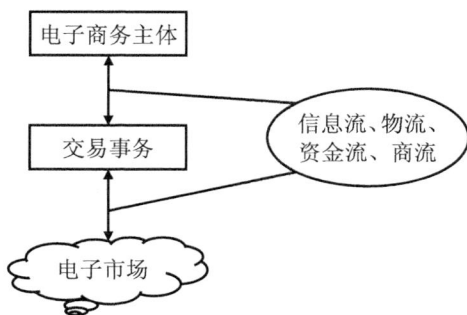

图 1-1　电子商务概念模型

交易事务是指电子商务主体之间所从事的具体商务活动，如询价、报价、款项支付、广告宣传和产品配送等。

电子市场是一个虚拟市场，买卖双方在此会面并进行各种类型的产品和服务交易。电子市场和实体市场的功能是一样的，但是计算机网络系统通过向买卖双方提供更为丰富和及时的信息极大地提高了市场的运作效率。在电子商务运作过程中，电子市场处于中心地位，它为信息、产品、服务的交换和支付提供了便利，为买方、卖方、市场中间商，乃至整个社会创造了经济价值。

信息流、物流、资金流和商流是任何一笔电子商务交易完成的基本要素。信息流是电子商务交易主体之间的信息传递与交流过程，包括产品信息、企业信息、技术支持信息、售后服务信息等的传递过程，也包括询价单、报价单、付款通知单等商业贸易单证信息的传递，还包括交易方的支付能力、支付信誉和中介信誉等信息的传递；物流是指实体产品的流动过程，具体包括运输、储存、装卸、搬运、流通加工、配送、物流信息处理等各种活动；资金流是指资金的转移过程，包括支付、转账、结算等环节，它始于消费者，终于商家，中间需要经过银行等金融部门；商流是指产品在交易过程中发生的有关产品特定权利（包括所有权或使用权等）的转移活动，即产品交易的一系列活动，包括交易前的宣传、贸易双方选择和谈判磋商、合同签订、发货、售后服务等，通常涉及工商、税务、海关、运输等部门。信息流、物流、资金流的最终目的都是成功实现产品特定权利的转移，即实现商流。

电子商务的概念模型强调信息流、物流、资金流和商流的整合。商流是交易的核心，也是交易的最终目的。物流和资金流分别伴随着产品使用价值和价值的转移，信息流贯穿于整个交易过程，对整个电子商务活动起着指导和监控的作用，并为资金流和物流提供决策依据。

1.1.4　电子商务的分类

电子商务的应用形式多种多样，了解电子商务的分类是掌握电子商务应用的基本前提。要准确描述电子商务的类型，首先要确定分类准则。不同的分类准则会产生不同的电子商务类型。下面从电子商务的运行方式、交易范围、交易对象、参与主体、应用平台等角度对电子商务进行分类描述。

1. 按照商业活动运行方式来划分

（1）完全电子商务

完全电子商务是指交易过程中的信息流、物流和资金流（简称"三流"）都可以在网上实现，产品或者服务的整个商务过程都可以在网上实现的商务活动。许多数字产品的网上交易，就是完全电子商务，如在联众上玩网络游戏、在线观看电影、在当当网上购买电子图书等。

（2）不完全电子商务

不完全电子商务是指信息流、物流和资金流并非都是在网上完成，或者说完整的交易过程并不能完全依靠网络方式来实现的商务活动。一般认为，只要电子商务的三流有一个没有在网上实现，则该电子商务就属于不完全电子商务。采取离线支付方式、实物物流系统的电子商务都可以认为是不完全电子商务，如在天猫商城、京东商城等网站上购买服装、玩具等。

（3）完全非电子商务

完全非电子商务是指信息流、物流和资金流都是通过实体的形式完成的，属于传统交易范畴。例如，去超市购买食品就是典型的完全非电子商务。

2. 按照电子交易范围来划分

（1）本地电子商务

本地电子商务利用本城市或地区的信息资源实现电子商务活动，其地域范围有限。本地电子商务系统是利用局域网、内部网、互联网等将下列系统连接在一起的网络系统：①参加交易各方的电子商务交易系统，包括买卖双方和相关的第三方；②银行金融机构和保险公司的电子信息系统；③物流单位的信息系统；④税务、工商和检验检疫部门的信息系统。本地电子商务是开展远程国内电子商务和全球电子商务的基础体系。

（2）远程国内电子商务

远程国内电子商务是指在本国范围内进行的网上电子交易活动，其交易范围比较广，对网络软件、硬件的要求也相应较高。它要求国内的电子商务发展程度普遍较高，要求在全国范围内实现交易、物流等方面的电子化、自动化，并要求电子商务的从业人员具有相应的技术能力和电子商务知识。

（3）全球电子商务

全球电子商务是指在世界范围内进行的电子商务活动，不同国家的电子商务交易主体通过网络进行贸易活动，其涉及有关各方的信息系统的复杂程度远远超过前两者。这些相关系统包括：①交易双方的信息系统；②海关及检验检疫信息系统；③银行和保险信息系统；④税务信息系统；⑤国际物流组织信息系统。全球电子商务是电子商务发展的高级阶段，它要求电子商务系统安全、准确、及时。它是未来国际贸易的主流趋势，具有很大的潜力。中国应该积极参与制定全球统一的电子商务标准和电子商务贸易协定，使得中国电子商务和全球电子商务都得到顺利发展。

3. 按照交易对象来划分

（1）有形产品电子商务

有形产品电子商务将实物产品的交易尽可能通过网络来完成。这是传统商务与电子商务相互交叉最大的部分。有形产品电子商务与物流过程紧密结合在一起，并且随着有形产品电子商务的不断发展，传统的物流过程也要得到重组、优化，更加适应信息时代电子商务条件下对有形产品储存、调配、运输的特殊要求。在有形产品电子商务的流程中，信息流、物流、资金流界限分明，各成体系又相互结合，形成流畅的产品流通全过程。

（2）数字产品电子商务

数字产品电子商务是指通过网络传输数字产品而达成交易的电子商务形式。在数字产品的电子交易过程中，没有实物产品流通环节，因此也就没有产品的储存、包装和运输费用。在传统的贸易中，数字产品一般都有实物载体，如磁带、光盘、纸张等，从而增加了数字产品的储存、包装、运输等成本，极大地降低了数字产品的交易效率。事实上，诸如文字内容、音像、计算机软件等数字产品都可以通过网络进行传输，这不仅有利于降低数字产品的交易成本，而且极大地提高了其交易效率。

（3）服务产品电子商务

服务产品电子商务的交易对象是服务产品。服务产品主要包括各种在线服务，如证券信息服务、房地产中介服务、婚介服务等信息中介服务，还包括与人们日常生活密切相关的各种预订服务，如机票、车船票、酒店等的预订，有的服务产品电子商务流程甚至还会涉及线下实体部分，如上门家政服务、上门回收废品等。

4. 按照参与主体来划分

（1）企业对企业的电子商务（Business to Business，B2B）

B2B是指企业之间进行的电子商务活动。企业之间通过网络交换信息，传递各类电子单证（如订单、发票、付款通知单等），从而使交易全过程实现电子化和无纸化。这种模式最早是企业通过专用网或增值网采用电子数据交换（Electronic Data Interchange，EDI）方式运行的。目前，这种模式仍是电子商务的主流，典型代表网站有阿里巴巴、中国制造网、慧聪网和敦煌网等。

（2）企业对消费者的电子商务（Business to Customer，B2C）

B2C是指企业与消费者之间进行的电子商务活动。这类电子商务实际上是电子化的在线零售。这种电子商务近年来发展很快，许多传统大型超级市场所出售的产品在互联网上一应俱全，如服饰、家居、电子设备、日用品等。随着全球网民的不断增加，该类电子商务迅速发展，典型代表网站有亚马逊、天猫商城、京东商城、唯品会等。

（3）消费者对消费者的电子商务（Customer to Customer，C2C）

C2C是消费者之间通过网络商务平台实现交易的一种电子商务。这一思想主要来源于传统的跳蚤市场，它主要实现消费者之间的自由交易，交易的产品大多数是日用品和二手闲置产品，如机器设备、汽车等二手闲置产品。这类电子商务的参与者主要有消费者以及为消费者提供网络服务的平台提供商。典型代表网站有易趣网、淘宝网、闲鱼网等。此外，易必得拍卖网、一拍网等网站还提供C2C拍卖交易服务。

（4）企业对政府的电子商务（Business to Government，B2G）

B2G是指企业与政府之间进行的电子商务活动。这种商务活动覆盖企业与政府之间的各项事务。例如，企业与政府之间的各种手续报批；政府通过互联网发布采购清单，企业以电子化方式响应；政府在网上以电子交换方式来完成对企业和电子交易的征税等。这成为政府机关政务公开的手段和方法。

（5）消费者对政府的电子商务（Customer to Government，C2G）

C2G是消费者与政府之间的电子交易，属于电子事务的范畴。例如，政府通过网络向消费者征收税收，消费者通过网络进行各种投票、投诉、建议等活动。通过C2G的形式开展政府的各项事务，将有助于加强政府与公众的联系，密切政府与公众的关系。

（6）政府对政府的电子商务（Government to Government，G2G）

G2G是政府与政府之间的事务活动，主要指政府机构之间的公文传递、信息交流等活动，属于电子政务的范畴。G2G活动的开展，有助于实现政府办公的无纸化和电子化，减少行政费用，提高办公效率，同时也使政府的工作更加公开和透明，更有利于公众和社会的参与和监督。

5. 按照应用平台来划分

（1）基于内联网的电子商务

基于内联网的电子商务是指企业将内部的各项业务活动通过内联网有机地联系起来，以实现自动处理企业内部业务操作及工作流程，达到企业各部门之间的业务信息传递、处理和共享，共同解决客户问题的目的。这种模式在企业内部形成一个电子商务活动链，增加了企业商务活动处理的敏捷性，有利于企业对市场做出快速反应和更好地为客户提供服务，可以极大地提高工作效率和降低业务成本。

（2）基于专用网的电子商务

基于专用网的电子商务利用 EDI 系统进行电子交易。EDI 将商业和行政事务按照一个公认的标准，将商务活动中涉及的文件标准化和格式化，并通过计算机网络，在贸易伙伴的计算机网络系统之间实现商务数据的自动交换和处理。EDI 一般适用于企业与企业之间的商务活动，主要应用于那些具有合作基础的贸易伙伴之间。基于专用网的电子商务在 20 世纪 90 年代已得到较大的发展，在技术上也较为成熟。但是，EDI 技术的应用对企业在管理、资金和技术上有较高的要求。

（3）基于互联网的电子商务

基于互联网的电子商务利用连通全球的互联网进行电子交易。互联网是一种采用 TCP/IP 组织起来的松散的、独立与合作的国际互联网络。在互联网上可以进行各种形式的电子商务活动。基于互联网的电子商务由于涉及的领域较广，发展速度较快，因此成为目前电子商务的主要形式。

（4）基于移动电话网的电子商务

利用移动电话网络开展商务活动已成为电子商务新的发展方向。基于移动电话网的电子商务不仅能提供移动互联网上的直接购物服务，而且还是一种全新的销售与促销渠道。它全面支持移动互联网业务，可实现通信、信息、媒体和娱乐服务的电子支付。与传统的电子商务相比，其具有更多的独特优势，最特别的当属"随时随地"和"个性化"。

1.2　电子商务的产生与发展

1.2.1　电子商务产生与发展的背景

1. 信息技术的不断进步是电子商务产生与发展的基础

随着社会经济的发展，大多数产品出现了供应大于需求的现象，商务活动的主动权也逐渐从供应方转移到需求方，从而使企业之间的竞争日益激烈。企业要想获得竞争优势，必须具有更优质的服务和更低的经营成本，而技术进步是提高服务质量和降低运营成本的主要途径。因此，企业必然会寻求新的技术，用于在企业的经营与管理过程中提高效率，降低成本。20 世纪 90 年代之后，计算机的处理速度越来越快，处理能力越来越强，价格越来越低、应用越来越广泛，这为电子商务的产生与发展提供了基础设施。此外，随着互联网逐渐成为全球通信与交易的媒介，全球网络用户呈级数增长。网络快捷方便、成本低的优势为电子商务的发展提供了应用条件。随着计算机技术的不断进步，以及信息通信工具的发展与应用，企业可以使业务流程得到优化，经营管理效率得到提高，服务质量得到改善，同时也可以节省大量的生产、销售和管理成本。因此，信息技术的不断进步为电子商务的产生与发展奠定了基础。

电子商务的产生、发展与趋势

2. 经济全球化促使电子商务不断发展

20 世纪 80 年代之后，经济全球化的步伐逐步加快，各国之间经济的相互融合日益深入。经济全球化的不断发展，导致各种生产要素、产品、服务等流动的地域不断扩大，数量也在不断增加。相对于国内的商务活动，国际商务活动的制约因素更多，信息的传递与沟通面临的障碍更大，交易成本高的问题更加突出。为了突破由于地域不同所带来的各种障碍，降低在国际经济关系中的交易成本，提高国际经济交往的效率，人们将电子以及信息网络技术应用于国际经济事务中，创造新的商业模式来开展国际贸易活动。因此，经济全球化对电子商务的产生与

发展起到了极大的促进作用。

3. 政府的支持推动电子商务的进展

随着信息时代的到来,各国政府已经开始认识到信息化、网络化对经济发展的巨大推动作用,并把电子商务的发展作为实现国民经济信息化、提高国家竞争力和发展水平的重要内容而加以推动和支持。1996 年 12 月,联合国国际贸易法委员会提出了《电子商务示范法》;1997年 4 月,欧洲联盟(简称欧盟)出台了《欧盟电子商务行动方案》;1997 年 7 月,美国发布了《全球电子商务纲要》。随后,电子商务越来越受到世界各国政府的重视,许多国家的政府都制订了电子商务发展战略规划,加大对信息基础设施的投入,制定有利于电子商务发展的政策,同时政府也开始加入电子商务的行列,积极推行电子政府和电子政务,为电子商务的发展提供有利的政策和制度环境,从而对电子商务在世界范围内得以蓬勃发展起到了巨大的推动作用。

1.2.2 电子商务的发展阶段

1. 基于电子数据交换的电子商务(20 世纪 60—90 年代)

20 世纪 60 年代以前,由于贸易运输业流通量大,货物和单证的交接次数多,速度慢,且企业间交换的单据几乎在每笔交易中都包括如产品代号、名称、价格和数量等相同的内容,因此,企业需要花费大量时间来重复处理各种单证,效率低且出错率高。为了提高业务效率,企业开始尝试在贸易伙伴之间的计算机系统间自动传递贸易单证和信息,如此,作为企业间电子商务应用系统雏形的电子数据交换(EDI)应运而生。

EDI 产生于 20 世纪 60 年代末期,主要是通过增值网络(VAN)实现的。交易双方通过 EDI可以将交易过程中产生的各种单据以规定的标准格式在双方的计算机系统上进行端到端的数据传送。应用 EDI 能够极大地提高交易效率,降低交易成本,简化业务流程,减少由于人工操作失误而带来的损失,加强贸易伙伴之间的合作,使企业实现"无纸贸易"。因此,在此后的 20年间,EDI 在国际贸易、海关业务和金融领域得到了大量应用。

1990 年,联合国国际贸易法委员会正式推出了 EDI 的标准 UN/EDIFACT,统一了国际贸易数据交换中的标准,为在全球范围内利用电子技术开展商务活动奠定了基础。

基于 EDI 的电子商务是建立在大量功能单一的专用软/硬件设施基础上的,对技术、设备、人员有较高要求,且使用成本较高。受这些因素的制约,基于 EDI 的电子商务只局限于一些发达国家和地区,以及一些大型企业,难以在广大中小企业中广泛普及和应用。

2. 基于互联网的电子商务(20 世纪 90 年代以来)

20 世纪 90 年代初期,计算机和网络技术得到了突破性的发展,推动了基于互联网的电子商务技术的产生。基于互联网的电子商务是以遍及全球的 Internet 为架构,以全世界范围内的电子商务参与者为主体,以网上支付和结算为手段,以客户信息数据库为依托的全新的商业模式。与基于 EDI 的电子商务相比,基于互联网的电子商务覆盖范围更广,市场准入门槛更低,为各类企业提供了均等的商业机会和发展空间,有助于它们降低成本、提高效率、扩展市场、增加收益。更重要的是,随着互联网的应用逐渐向家庭和个人推广普及,越来越多的消费者开始参与电子商务活动,这不仅为企业提供了更大的市场空间,也进一步推动了电子商务向着以用户需求为中心、专业化、多样化的方向发展。

3. 基于物联网与移动平台的电子商务(新一代电子商务)

进入 21 世纪,新兴的移动电子商务崭露头角,以新的交易方式改变着人们的生活。特别是近年来物联网技术与移动通信技术、移动互联网结合,嵌入电子商务库存、物流、支付、产品质量管理等整体流程，在提高移动电子商务整体水平的同时，让人们可以随时随地利用 RFID 无线射频芯片手机、PDA 和掌上电脑等无线终端自如地购物娱乐和商务谈判等。特别是 RFID 物联网智能芯片被植入手机中，当通信与支付结合，便成为现场支付、小额支付的工具，通过通信的作用即可把智能射频支付卡同时扩展到公交地铁、电子门票、门禁、身份识别、会员卡、优惠券等应用领域，实现支付卡、民生卡、商务卡等多卡合一，真正进入了移动电子商务时代。

1.2.3　电子商务的发展现状与趋势

1. 全球电子商务发展状况与趋势

（1）全球电子商务基础条件

国际电信联盟（ITU）的数据显示，2018 年全球网民总数达到了 38.96 亿人，较 2017 年增长 6.7%。全球范围内的网民渗透率达到 51.2%，较 2017 年增长 2.6%。移动宽带用户渗透率达到 69.3%，固定宽带用户比重为 14.1%。分地区来看，亚太、美洲和欧洲地区的网民数量最多；欧洲、美洲及独联体地区的网民人数渗透率位列全球前三，非洲地区网民的居于最末。

（2）全球电子商务市场规模

2018 年，全球网络零售交易额为 2.8 万亿美元，同比增长 23.3%，网络零售额占全球零售总额的比重由 2017 年的 10.2%上升至 2018 年的 11.9%。网络零售逐渐成为全球民众消费的重要渠道。

亚太地区是全球范围内电子商务零售市场的领先区域，无论是电商零售规模还是渗透水平均位居首位。2018 年，亚太地区的电商零售额达到了 1.7 万亿美元，增速接近 30%。同时，亚太地区的移动电商零售渗透水平也明显高于其他地区，移动电商零售占网络零售的比重接近 80%，是唯一一个超过全球平均水平的地区。预计未来几年亚太地区在电商零售领域的全球领先地位仍将保持。

北美地区和西欧地区属发达经济体地区，扎实的基础设施和新技术、新业态的成长，为这两个地区电商零售市场的发展奠定了基础，2018 年两个地区电商零售交易额分别达到了 5646 亿美元和 3976 亿美元，位列全球第二位、第三位。但这两个地区的实体零售行业发展较早，线下市场条件完善，相对于其他地区，消费者对于电商零售渠道的消费需求较低，因而这两个地区的电商零售市场增速目前处于全球最低水平。

相对而言，中东欧、拉美、中东及非洲三个区域的电商零售市场规模较为有限，仍处于发展初期，电商零售交易额分别为 541 亿美元、527 亿美元和 286 亿美元。但这三个地区的电商零售行业发展势头良好，潜力巨大，且已经呈现了不同的发展特征。例如，中东及非洲地区虽然网络零售市场规模不大，但该地区移动电商渗透水平很高，移动电商零售额占网络零售额的比重近 60%，在全球范围内仅次于亚太地区，甚至优于北美和西欧地区。虽然全球各地区经济发展水平不一导致了各地电商市场前进步伐有所差异，但经济发展较靠后地区的电商市场仍有很大的发展空间，未来线上市场开发空间巨大。

（3）全球电子商务发展特点

近年来，全球电子商务随着互联网接入水平和消费者购买力的提高，呈蓬勃发展态势，表现出移动电商持续增长、社交购物日益普及，以及语音电商技术逐渐兴起等特点。

移动电商在过去几年获得了爆发式增长，特别是在亚太地区新兴经济体市场以及网络基础设施起步较晚的非洲国家市场，移动端更是成为主要的电商购物渠道。从挑选和购买产品，到当前的移动支付全球普及，消费者对于移动渠道的依赖程度越来越高。Global Web Index 发布的报告显示，在其调查的受访者中，有 57%的消费者曾于调查近期使用手机进行过在线购物，这一比例明显高于使用计算机和平板设备的消费者（41%）；2018 年有 37%的网民使用移动支付，高出 2016 年 11 个百分点。全球范围内移动支付普及水平最高的国家包括丹麦、韩国、肯尼亚、中国和泰国。

随着社交媒体平台的日益普及和成熟，社交媒体不仅仅作为广告渠道参与线上市场，其内置的购物功能正在逐渐完善，Instagram、Twitter、Pinterest、Facebook 和 YouTube 等主流的社交媒体渠道均已推出"buy"（购买）按钮，如 Instagram 推出了"shoppable post"（可购物帖子）功能，允许商家在帖子中贴上产品标贴，或是在短视频渠道中设置产品贴纸。日趋完善的社交媒体购物业态有效降低了用户购物的时间成本，也为商家提供了更多的销售选择，使其能够采取更具创意的方式提高知名度。

新领域技术的发展为简化电子商务流程、改善消费者购物体验提供了多重选择。过去几年中，语音技术在电子商务领域的应用逐渐衍生出一套完善的交互生态系统。电子商务最重要的特点是便利性和个性化，而语音电商技术较好地贴合了这些特点，消费者只需与语音助手进行简单的交互就可以完成购物。尽管当前语音助手设备在电子商务流程中的普及率还不高，但发展势头良好。根据 Adtaxi 的调查，27%的消费者目前拥有一个语音智能设备，如亚马逊 Echo 或 Google Home，其中 24%的消费者曾使用它进行过购物，未来这种趋势有望进一步扩散。

中国国际电子商务中心研究院通过对 2017 年全球电子商务发展总体情况进行分析,发布了《2017 年世界电子商务报告》，认为全球电子商务目前主要呈现从粗放式扩张到精细化发展、从泾渭分明到边界模糊、从发达地区到新兴市场、从资源驱动到技术驱动四个发展趋势。

（1）从粗放式扩张到精细化发展

全球电子商务市场的增长速度自 2016 年后呈逐年下滑趋势。增长放缓的情况同时出现在欧美等发达国家和中国等新兴市场中。增速趋缓的主要原因是电子商务发展的环境出现了新的变化，互联网用户增长乏力、产业增长空间和潜力受到限制，电子商务领域的发展将从粗放式的增长进入精细化和集约式增长阶段。

（2）从泾渭分明到边界模糊

电子商务无界化态势明显，传统的企业边界、产业边界、地域甚至线上和线下的界限正在被逐渐颠覆，出现"互联网+传统产业""线上+线下"等全新融合趋势。

（3）从发达地区到新兴市场

以亚太、中东欧、拉丁美洲、中东和非洲地区为主的新兴电子商务市场开始跃进。2016 年新兴市场占全球 B2C 市场的比重超过北美和西欧等发达地区，全球电子商务的重心正在转向新兴市场。

（4）从资源驱动到技术驱动

云计算、虚拟技术，无人机等新兴技术在电子商务各环节广泛应用，大数据驱动电子商务领域进一步创新，智能无人商店、社交电子商务等新业态和新模式不断涌现，新兴的技术应用和数据革命赋能电子商务发展新的动力。

2. 中国电子商务发展状况与趋势

中国互联网信息中心 2019 年 2 月发布了《第 43 次中国互联网发展状况统计报告》，通过多角度、全方位的数据展现，综合反映了 2018 年我国互联网发展状况。

（1）互联网基础资源状况

截至 2018 年 12 月，我国 IPv4 地址数量为 338 924 544 个，拥有 IPv6 地址 41 079 块/32，域名总数为 3 792.8 万个，其中 ".cn" 域名总数为 2 124.3 万个，较 2017 年年底增长 1.9%，在域名总数中占比 56.0%，国际出口带宽为 8 946 570Mbit/s，较 2017 年年底增长 22.2%。

（2）互联网资源应用状况

截至 2018 年 12 月，我国网站数量为 523 万个，网页数量为 2 816 亿个，移动互联网接入流量消费达 711.1 亿 GB，较 2017 年年底增长 189.1%，市场上监测到的移动应用程序（App）在架 449 万款，其中游戏类应用 138 万款，占比达 30.7%，生活服务类应用 54.2 万款，占比为12.1%，电子商务类应用 42.1 万款，占比为 9.4%。

（3）互联网使用状况

截至 2018 年 12 月，我国网民规模为 8.29 亿人，互联网普及率达 59.6%，较 2017 年年底提升 3.8 个百分点，全年新增网民 5 653 万人，农村网民规模为 2.22 亿人，占整体网民的 26.7%，较 2017 年增加 1 291 万人，年增长率为 6.2%，农村互联网普及率为 38.4%，较 2017 年年底提升 3.0 个百分点；城镇网民规模为 6.07 亿人，占比达 73.2%，较 2017 年年底增加 4 362 万人，年增长率为 7.7%，城镇互联网普及率为 74.6%，较 2017 年年底提升 3.6 个百分点。我国手机网民规模达 8.17 亿人，网民通过手机接入互联网的比例高达 98.6%，全年新增网民 6 433 万人。

（4）个人互联网应用发展状况

2018 年，我国个人互联网应用保持良好发展势头。2017.12—2018.12 网民各类互联网应用的使用率如表 1-1 所示，其中网约专车/快车用户规模增速最快，年增长率达 40.9%；在线教育取得较快发展，用户规模年增长率达 29.7%；网上订外卖、互联网理财、网约出租车和网络购物用户规模也取得高速增长；短视频应用迅速崛起，使用率高达 78.2%。

表 1-1 2017.12—2018.12 网民各类互联网应用的使用率

互联网应用	2018.12		2017.12		用户年增长率（%）
	用户规模（万人）	网民使用率（%）	用户规模（万人）	网民使用率（%）	
即时通信	79 172	95.6	72 023	93.3	9.9
搜索引擎	68 132	82.2	63 956	82.8	6.5
网络新闻	67 473	81.4	64 689	83.8	4.3
网络视频	61 201	73.9	57 892	75.0	5.7
网络购物	61 011	73.6	53 332	69.1	14 4
网上支付	60 040	72.5	53 110	68.8	13.0
网络音乐	57 560	69.5	54 809	71.0	5.5
网络游戏	48 384	58.4	44 161	57.2	9.6
网络文学	43 201	52.1	37 774	48.9	14.4
网上银行	41 980	50.7	39 911	51.7	5.2
旅行预订	41 001	49.5	37 578	48.7	9.1
网上订外卖	40 601	49.0	34 338	44.5	18.2
网络直播	39 676	47.9	42 209	54.7	−6.0
微博	35 057	42.3	31 601	40.9	10.9
网约专车/快车	33 282	40.2	23 623	30.6	40.9
网约出租车	32 988	39.8	28 651	37.1	15.1
在线教育	20 123	24.3	15 518	20.1	29.7
互联网理财	15 138	18.3	12 881	16.7	17.5
短视频	64 798	78.2	—	—	—

（5）电子商务交易情况

中华人民共和国商务部电子商务和信息化司发布的《中国电子商务报告 2018》的数据显示，中国电子商务交易规模持续扩大，电子商务服务业保持稳步增长，农村电商规模稳步扩大，跨境电子商务再上新台阶。

中国电子商务交易规模持续扩大。2018 年全国电子商务交易额达 31.63 万亿元，同比增长8.5%，其中产品、服务类电子商务交易额 30.61 万亿元，增长 14.5%。网上零售额 9.01 万亿元，稳居全球网络零售市场首位，同比增长 23.9%，其中实物产品网上零售额为 7.02 万亿元，同比增长 25.4%，占社会消费品零售总额的比重为 18.4%，较上年增加 3.4 个百分点。吃类产品同比增长 33.8%，较上年提升 5.2 个百分点；穿类产品增长 22.0%，较上年提升 1.7 个百分点；用类产品增长 25.9%，较上年下降 4.9 个百分点。非实物产品网上零售额 1.99 万亿元，同比增长 18.7%。B2C 零售额占全国网络零售额的比重为 62.8%，同比增长 34.6%，增速高于 C2C。随着消费升级，消费者对网购的品牌、品质、服务的关注度逐渐提高，B2C 市场优势更加明显。

从品类看，服装鞋帽针纺织品、日用品、家用电器及音箱器材的零售额名列前三，分别占实物产品网络零售额的 25.2%、14.4% 和 10.6%；化妆品、粮油食品和家具的零售额增速排名前三，同比增速分别为 36.2%、33.8% 和 30.1%。智能产品受到越来越多消费者的青睐，成为市场增长亮点。智能手表、智能音箱、智能翻译机等产品销售额同比增速均超过 80%。

从地区看，电商发展区域集中度有所下降。东部、中部、西部、东北地区网络零售额占全国的比重分别为 83.1%、9.0%、6.4% 和 1.6%，其中东部地区占比较上年下降 0.7 个百分点，其他区域占比均有所提升。从增长来看，东部、中部、西部和东北地区增长分别为 23.6%、28.2%、27.7% 和 27.7%。

从省份看，广东、浙江、北京、上海和江苏网络零售额排名前五，合计占全国网络零售额的比重为 72.3%，较上年下降 2.5 个百分点；交易额前十位省份的占比为 85.7%，较上年下降 3.2 个百分点。

电子商务服务业保持稳步增长。2018 年电子商务服务业营业收入规模为 3.52 万亿元，同比增长 20.3%。其中，电子商务交易平台服务营业收入规模为 6 626 亿元，增长 31.8%；支撑服务领域中的电子支付、物流、信息技术等服务营业收入规模为 1.30 万亿元，增长 16.1%；代运营、培训、咨询等衍生服务领域营业收入规模为 1.55 万亿元，增长 19.5%。

农村电子商务规模稳步扩大。2018 年全国农村网络零售额达到 1.37 万亿元，同比增长 30.4%；全国农产品网络零售额达到 2 305 亿元，同比增长 33.8%。

跨境电子商务再上新台阶。2018 年全国海关通过系统验放的跨境电商进出口产品总额为 1 347 亿元，同比增长 50%。其中，出口 561.2 亿元，增长 67.0%；进口 785.8 亿元，增长 39.8%。

我国电子商务在中央政府的高度重视下，在各部门、各地方协同推进下，在广大市场主体积极实践下，目前呈现一派蓬勃发展的景象。展望未来，随着"互联网+"和数字经济的深入推进，我国电子商务还将迎来新机遇。新一轮科技革命为电子商务创造了新场景，新一轮全球化为电子商务发展创造了新需求，经济与社会结构变革为电子商务拓展了新空间，我国电子商务将步入规模持续扩大、结构不断优化、活力持续增强的新发展阶段。总体来看，我国电子商务将呈现服务化、多元化、国际化、规范化的发展趋势。

1.3 电子商务框架与系统构成

1.3.1 电子商务整体框架

电子商务涉及的领域很多，包括商务活动、组织机构和信息网络技术等，因此，用一个完整的框架来描述电子商务所涵盖的内容是非常有必要的。《电子商务—管理与网络视角》（原书第 7 版）一书中提出的电子商务框架将电子商务活动分为基础设施层、支持服务层和应用层三个层次，如图 1-2 所示。

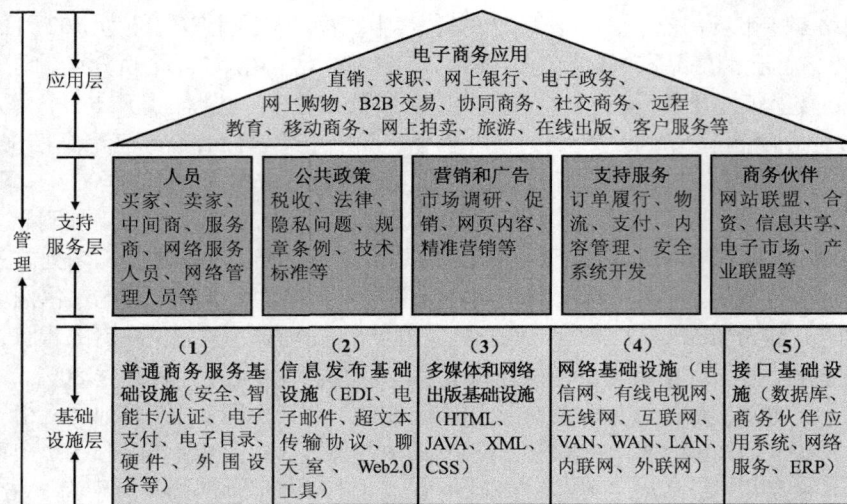

图 1-2　电子商务的框架结构

　　应用层是电子商务框架的最高层次，是开展电子商务活动的最终表现。随着信息技术和网络技术的发展，互联网、云计算、大数据等技术与传统行业逐渐融合，"互联网+"带来的商业革命促使商业模式不断推陈出新，电子商务应用形式越来越丰富。为了实施好这些应用，企业需要与之匹配的信息、基础设施以及各种支持服务。图 1-2 表明了电子商务应用需要由五大支柱和五方面的基础设施来共同支撑。所有这些基础设施、支持服务和商务应用都需要良好的管理去协调，即企业对此要计划、组织、改进、制定战略、重组业务流程等，以实现对电子商务模式和战略的优化。

1.3.2　电子商务应用框架

　　电子商务的优点在于能够全面渗透到各行各业，在各个领域中得到充分、全面的应用。互联网的应用涉及很多传统产业，迫使人们转变思想观念，重组业务流程，实施行业电子商务。银行开展网上银行服务业务，证券业积极利用网络进行证券交易，传统商家纷纷建立自己的网站，通过网上商场销售产品。电子商务对传统产业的渗透，深刻地改变着人们的工作方式、生活方式和价值观念。与此同时，新兴产业也应运而生，为电子商务的开展提供相应的支持服务，如互联网内容服务商（Internet Content Provider，ICP）、互联网服务提供商（Internet Service Provider，ISP）、互联网数据中心（Internet Data Center，IDC）、电子商务认证授权机构（Certificate Authority，CA）等，电子商务应用框架如图 1-3 所示。

ISP、ICP、ASP、IDC 介绍

1.3.3　电子商务系统构成

　　电子商务系统的基本构成要素包括电子商务网络系统、电子商务用户、电子商务服务商、认证中心、网上银行和物流中心，如图 1-4 所示。

　　1. 电子商务网络系统

　　电子商务网络系统包括互联网（Internet）、内联网（Intranet）和外联网（Extranet）。互联网是电子商务的基础，是商务信息的传播载体；内联网是企业内部商务活动的场所；外联网是企业与企业，以及企业与个人进行商务活动的纽带。它们共同组成了一个开放、安全和可控制的信息变换平台，使电子商务用户实现在线交易。

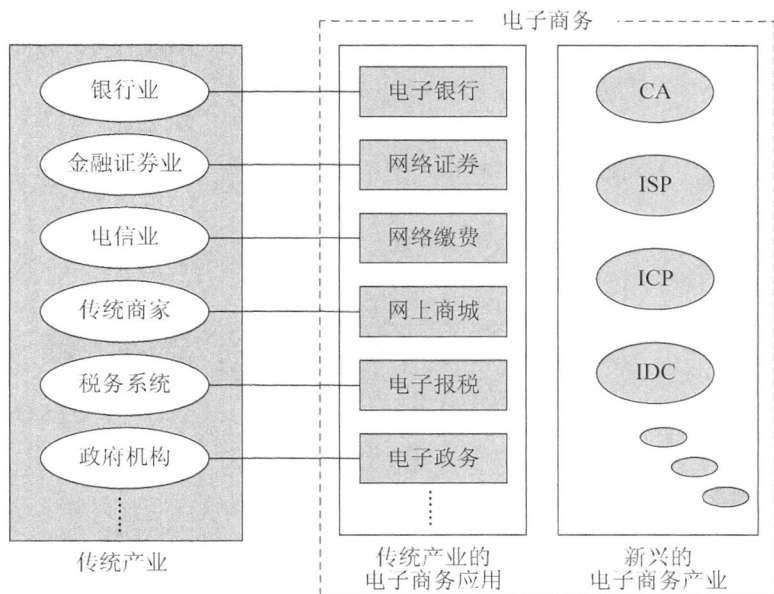

图 1-3　电子商务应用框架

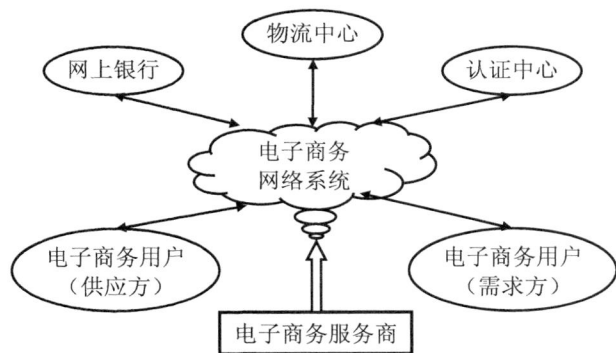

图 1-4　电子商务系统构成

2. 电子商务用户

电子商务用户包括上游的供应方和下游的需求方。需求方通过个人计算机、个人数字终端等接入互联网，获取信息和购买产品；供应方建立企业内联网、外联网和管理信息系统，对企业内部的人力、物力和财力等资源与供应、生产和销售等业务环节进行科学管理，利用互联网发布企业和产品信息、接收订单和服务客户等。

3. 电子商务服务商

电子商务服务商专指提供网络接入服务、信息服务和应用服务的信息技术厂商，如互联网服务提供商、互联网内容服务商、应用服务提供商等。这些服务商为电子商务用户完成在线交易提供技术支持。

4. 认证中心

认证中心是受法律承认的权威机构，负责发放和管理数字证书，使网上交易的各方能够相互确认身份，保障网络交易的安全。

5. 网上银行

网上银行在互联网上开展传统银行业务，为用户提供全天 24 小时在线服务。网上银行与信用卡公司和第三方支付机构合作，提供网上支付手段，帮助电子商务交易的供应方和需求方完成货款结算。

6. 物流中心

物流中心根据供应方的物流要求，组织产品的配送，跟踪产品的流向，并将产品准时保质地配送到需求方手中。

1.4 我国电子商务的外部环境

1.4.1 电子商务的运行环境

1. 网络基础设施逐步完善

2016 年，我国新建光缆长度以 22.3%的增幅高速增长，光缆总长度达 3 041 万千米，光纤用户占比也在不断攀升，达到 76.6%。伴随着光纤的不断普及，传输速率也快速提高，数据中心光模块逐渐由 10G/25Gbit/s 向 40G/100Gbit/s 过渡，100Gbit/s 正在成为主流。随着光缆建设速度的加快，以及光模块的升级，我国正在加速实现光通信网络的普及，为万物联网时代打下坚实的基础。

根据 2016 年年末发布的《"十三五"国家战略性新兴产业发展规划》和《"十三五"国家信息化规划》可知，我国将加大在信息基础设施建设领域的投入。"十三五"期间，新一代互联网、5G 网络、北斗卫星导航系统等网络基础设施将陆续进入部署和应用阶段，"宽带中国"战略也将继续推进。此外，国家级的大数据、云计算中心将开始统筹布局，可信计算、数据安全等新一代信息技术基础设施建设同样会在"十三五"期间展开。

《"十三五"国家战略性新兴产业发展规划》要求，除了推进 5G 网络的研发、部署、商用外，还将推动国家骨干网向高速传送、灵活调度、智能适配的方向升级。全面实现向全光网络跨越，加快推进城镇地区光网覆盖，提供 1 000Mbit/s 以上接入服务，保证大中城市家庭用户实现带宽 100Mbit/s 以上灵活选择，推动提高农村光纤宽带覆盖率，保证 98%以上的行政村实现光纤通达，有条件的提供 100Mbit/s 以上接入服务，保证半数以上农村家庭用户实现带宽 50Mbit/s 以上灵活选择；推动有线无线卫星广播电视网职能协同覆盖，建设天地一体、互联互通、宽带交互、智能协同、可管可控的广播电视融合传输覆盖网。

近年来，我国光纤宽带部署规模不断扩大，完成了骨干网 IPv6 部署，构建云网互联平台，夯实为各行业提供服务的网络能力。4G 网络覆盖盲点不断消除，移动网络服务质量持续提高。2018 年，全国新建光缆线路长度 578 万千米，光缆线路总长度达 4 358 万千米；净增移动通信基站 29 万个，总数达 648 万个，其中 4G 基站达 372 万个。截至 2018 年 12 月底，接入网络基本实现全光纤化，百兆光纤宽带接入用户占比超过 70%。

2. 安全认证标准逐步形成

电子商务安全事关电子商务的前途命运。在我国，与电子商务相关的安全标准、电子签名、密码系统等相关核心技术的开发得到了高度重视。自 2005 年《中华人民共和国电子签名法》实施以来，我国电子认证服务市场增长迅速，截至 2015 年 6 月末，获得《电子认证服务许可证》

的电子认证服务机构从 2005 年的 15 家发展到 37 家, 分布于全国 23 个省市, 基本形成了覆盖全国的电子签名认证体系, 初步建立了数据电文可靠性认证服务模式。

目前, 我国电子商务认证授权机构规模普遍较小, 服务能力仍然不足, 业务范围大多数仅限于注册省市内。CA 机构间在技术研发、服务运营、市场开拓、安全保障等方面差距较大。面对快速发展的全国化、"一体化"的电子认证需求, 行业内仅有少数领先企业具备了全国化的服务能力及电子认证服务和产品整合能力。2015 年, 由中国电子商务协会电子签名应用中心运行, 接受中国电子认证服务产业联盟电子签名专业委员会指导的中国电子签名认证公共服务平台正式投入运营。该平台将陆续接入所有第三方 CA 机构的证书认证体系, 做到一证一章, 全国通用。与此同时, 该平台将为广大 CA 认证机构拓展电子认证业务提供强大的技术支撑和平台运营支撑, 促进电子商务行业规范健康发展。

3. 电子支付环境更加方便安全

中国的电子支付兴起于 20 世纪 90 年代初, 经过 20 多年的发展已经成为一个有数十万亿元人民币规模的庞大市场。CNNIC 发布的第 43 次《中国互联网络发展状况统计报告》显示: 截至 2018 年 12 月, 我国使用网络支付的用户规模达到 6.00 亿, 较 2017 年年末增加 6 930 万人, 年增长率为 13.0%, 使用比例由 68.8%提升至 72.5%。其中, 手机支付用户规模增长迅速, 达到 5.83 亿, 年增长率为 10.7%, 网民手机网上支付的使用比例由 70.0%提升至 71.4%。

电子支付与结算需要电子化金融体系的密切配合。近十年来, 我国银行业纷纷开办网上银行业务, 银行卡在线支付已在大部分金融机构实现。随着金融市场与信息技术的深度融合, 电子支付应用不断丰富, 扫码支付、互联网理财、信用卡还款、生活缴费、微信支付、红包等应用层出不穷。此外, 电子支付领域还出现了以人的指纹、声纹、面部特征等生物特征为基础的支付识别方式。随着电子支付需求越来越多样化, 更加方便快捷、安全可靠的支付场景和支付方式必将伴随着商业模式和网络技术的创新走进我们的生活。

4. 物流环境逐步改善

近年来, 网络零售的井喷式发展催生了巨大的包裹运输需求, 国内快递包裹中, 有 70%~80%是由网络购物产生的, 这直接带动快递业务量的跨越式增长。2008—2015 年, 我国快递业务量复合增长幅度达 45%, 快递业务收入近十年复合年均增长率为 30%。2016 年年初, "快递下乡"被纳入《中共中央 国务院关于落实发展新理念加快农业现代化实现全面小康目标的若干意见》。中国电子商务研究中心监测数据显示, 截至 2015 年, 我国快递物流企业有 8 000 多家, 除"四通一达"(申通、中通、圆通、百世汇通、韵达快递公司的合称)、顺丰等大型快递企业外, 其余多为中小型快递企业。与此同时, 由于看好加入世界贸易组织后的中国物流市场, 许多外国物流企业也纷纷抢占中国物流市场。

电子商务的高速发展在带动物流产业发展的同时, 也需要合适的物流模式来支撑。和传统物流相比, 电子商务物流要满足用户的碎片化需求, 需要具备配送周期短、配送频率高、配送地域广、配送品种多和信息流通速度快等特点。在"互联网 +"战略下, 电子商务与传统物流的融合将更加注重大数据等技术的全面应用与个性化服务水平的协同发展。大数据、云计算和物联网等新一代信息技术的发展为电子商务物流提供了更好的发展空间。我国商务部办公厅在 2015 年 7 月印发的《关于智慧物流配送体系建设的实施意见》中提出, 1~2 年内, 在全国创建 10 个智慧物流配送示范城市、打造 50 个智慧物流配送示范基地、培育 200 个智慧物流配送示范企业, 推动配送效率提高 20%、仓储管理效率提高 20%。可以预见, 我国电子商务物流将迎来以大数据、云计算和物联网为代表的新一代信息技术与电子商务物流深度融合的新格局, 物流环境必将得到明显改善。

1.4.2　电子商务的社会环境

1. 电子商务的信用环境

信用一直是我国电子商务快速发展的瓶颈。商务主体通过网络彼此交流，很难有面对面直接沟通的机会，彼此的信任一般都是通过感受和体验等比较初级的手段来建立，缺乏成熟的信用体制或者适合的载体来支持开放性的真实信息的传递。因此，电子商务经常会出现商业秘密和客户隐私得不到保护、网络诈骗、产品质量低劣、不履行售后服务承诺、开展违法经营活动等道德问题。

2. 电子商务的人力资源环境

随着电子商务的迅猛发展，社会需求对电子商务人才提出了新的要求。近年来，为了适应电子商务发展对人才的需求，我国政府对电子商务人才培养日益重视，现已初步形成由大中专院校、教育培训机构和远程教育机构构成的电子商务人才培养体系。自中华人民共和国教育部2001 年首次批准 13 所普通高校开展电子商务本科专业的招生工作以来，先后有几百所高校和高职高专院校设立了电子商务专业，每年向国家输送数万名不同层次的电子商务人才。1999 年，中华人民共和国劳动和社会保障部制定了《电子商务师国家职业标准》，将电子商务职业岗位设为电子商务员、助理电子商务师、电子商务师和高级电子商务师四个等级。从 2001 年起，全国许多教育培训机构和职业技能鉴定中心开始推行电子商务师培训和认证工作，培养了数万名电子商务从业人员。由于许多在职人员无法参加集中培训和大中专院校的学历教育，采用远程教育就成了电子商务人才培养的又一种方式。利用互联网，学员可以选择自己感兴趣的电子商务课程，在网上与专家讨论、与学员交流。

目前，我国虽然在电子商务人才方面形成了初步的培养体系，但电子商务在人力资源方面仍然存在如下问题。

（1）人才总量不足

主要专业人才的缺口数量巨大，这已成为制约我国普及企业电子商务的发展瓶颈。

（2）人才结构不合理

人才的知识结构迫切需要更新，特别是在实用性方面需要改进。当前许多高校电子商务专业的毕业生还不完全符合企业的实际需要，这已经成为一个现实问题。

（3）人才供应结构失调，高层次技术人才稀缺

当前许多高校设置的电子商务专业教学目的不够明确、培养方向和定位模糊，以致培养出来的电子商务人才都是一些略懂网络的低层次人才，真正的高级行家少之又少，这使我国目前电子商务人力资源供需结构呈现畸形。

1.4.3　电子商务的法律环境

电子商务虚拟的交易环境使得在传统交易方式下形成的规则难以在新环境下完全适用，从而引发了一系列的法律问题。制定新的法律法规，创造适应电子商务运作的法律环境对于电子商务的发展能够起到支持、规范、指导和保障作用。目前，我国发展电子商务的法律政策环境不断完善，相关的法律、法规也在趋于成熟。

1. 电子商务引发的法律问题

（1）电子商务运作平台建设及其法律地位问题

在电子商务环境下，交易双方的身份信息、产品信息、意思表示（合同内容）、资金信息等均通过交易主体自己建立的或其他主体建立的网站传递和储存。在通过中间服务商提供平台进

行交易的情形下，服务商的地位和法律责任问题就成为一个复杂的问题。网站与在站点上设立虚拟企业进行交易的主体之间、网站与进入站点进行交易的消费者之间是什么法律关系，对在网站传输信息不真实、无效或其他情形下引起的损失，网站应该承担什么责任，对受损失的交易当事人如何救济就是电子商务法律要解决的问题。

（2）在线交易主体及市场准入问题

在电子商务环境下，任何人不经登记就可以借助计算机网络发出或接收网络信息，并通过一定程序与其他人达成交易。虚拟主体的存在使电子商务交易的安全性受到严重威胁。因此，电子商务法律要解决的问题是确保网上交易主体是真实存在的，且确定哪些主体可以进入虚拟市场从事在线业务。目前，在线交易主体的确认只是一个网上商业的政府管制问题，主要依赖工商管理部门的网上商事主体公示制度和认证机构的认证制度加以解决。

（3）电子合同问题

在线交易所有当事人的意思表示均以电子化的形式存储于计算机硬盘或其他电子介质中，而这些记录方式不仅容易被修改、删除、复制、遗失等，而且离开计算机或相关工具不易为人所感知，即不能脱离其特定的工具而作为证据存在。电子商务法律要解决由于电子合同而引起的诸多问题，突出表现为电子签名的有效性、电子合同订立和履行等方面的问题。

（4）数字产品的交付问题

数字产品具有不同于传统有形产品的特殊特征，其交付过程涉及的权利转移、交付和退货问题需要在法律层面详细探讨。

（5）网上电子支付问题

网上电子支付通过银行卡和虚拟银行的电子资金划拨来完成。而实现这一过程涉及网上银行与网络交易客户之间的协议、网上银行与网站之间的合作协议和安全保障问题。因此，需要制定相应的法律，明确电子支付的当事人（包括付款人、收款人和银行）之间的法律关系，制定相关的电子支付制度，认可电子签名的合法性，同时还应出台对电子支付数据的伪造、变造、更改问题的处理方法。

（6）在线不正当竞争与无形财产保护问题

网络环境下的不正当竞争行为大多数与网上新形态的知识产权或无形财产权的保护有关，特别是因为域名、网页、数据库等引起一些传统法律体系中所没有的不正当竞争行为，这需要探讨新的法律规则。实际上，保护网上无形财产是维持一个有序的在线商务运营环境的重要措施。

（7）在线消费者保护问题

在线市场的虚拟性和开放性，使网络消费者保护成为突出问题，尤其是如何保障网上产品或广告信息的真实性、有效性，以及消费者信赖不实或无效信息而发生的交易纠纷问题。特别是在我国商业信用不高的情形下，网上产品良莠不齐，质量难以让消费者信赖，而一旦出现质量问题，修理、退赔或其他方式的救济又很难，方便的网络购物很可能让人敬而远之。因此，寻求在电子商务环境下执行《中华人民共和国消费者权益保护法》的方法和途径，制定网上消费者保护的特殊法律条文，可以保障网上产品的质量，保证网上广告信息的真实性和有效性，解决由于交易双方信誉不实或无效信息引发的交易纠纷，切实维护网络消费者权益。

（8）网上个人隐私保护问题

计算机和网络技术为人们获取、传递和复制信息提供了方便，但网络的开放性和互动性又给个人隐私保护带来麻烦。消费者进行在线交易时，均需要将个人资料上传给银行和商家，而对这些信息的再利用就成为网络时代的普遍现象，如隐私信息被第三方非法窃取（隐私信息的安全问题）、隐私信息被非法转让给第三方（违反协议）、隐私信息被不恰当利用。如何规范商家对个人隐私信息的再利用行为，保护消费者隐私权，就成为网络环境下的一个新问题。

（9）网上知识产权保护问题

网上知识产权被侵权已经成为严重的问题，如一篇新闻被各家网站任意地、不承担任何成本地发布；文学作品、音乐、影视作品、软件等被广泛地非法传播和下载等。网站域名、网页上各种各样的文章、图像、声音、软件及网页的商标等都会牵涉专利权、商标权、版权和著作权等知识产权。因此，网络的无形化使知识产权保护更加困难。

（10）网上税收问题

作为一种商业活动，电子商务是应当纳税的，但从促进电子商务发展的角度来看，在一定时期内实行免税也是很有必要的。从实际运作情况看，由于网络交易是全球范围内的交易，因此征税管理十分困难。每天通过互联网所传递的数据资料十分多，其中有的信息本身就是产品，如果要监管所有的交易，必须对所有的信息都进行过滤，这在事实上是不可能的。因此，探索网络征税的有效方法是税法的一个重要任务。

（11）在线交易法律适用和管辖冲突问题

在线交易虽然是在网络这个特殊的虚拟环境中完成的，但传统的法律框架和体系仍然适用。互联网的超地域性给传统法律的适用和法院管辖范围提出了新的挑战。因此，对于网络环境引起的法律适用和法院管辖等问题的研究也成为电子商务法律的重要组成部分。

2. 相关的电子商务法律

与美国、欧盟等西方发达国家相比，我国的电子商务立法相对落后，存在的问题主要包括：立法层次普遍较低；分别立法现象、法律重复建设现象严重；现行法律的修订相对滞后；大多数针对表层问题，在深层问题上缺乏相应法规的规范。可喜的是，近年来我国在国务院的统一领导下，各部门及各级政府从税收、投/融资、支付、认证、知识产权、海关、安全性、对外贸易及经营、消费者保护等方面对电子商务实施了全面、有效、透明的管理，电子商务立法工作取得重大进展，相关法规政策纷纷推出，电子商务法律政策环境逐步完善。这些法律法规主要如下。

① 2004 年 8 月 28 日，全国人民代表大会常务委员会（以下简称全国人大常委会）通过了《中华人民共和国电子签名法》，并于 2005 年 4 月 1 日开始施行，首次赋予可靠电子签名与手写签名或盖章具有同等的法律效力，并明确了电子认证服务的市场准入制度。

② 2005 年 2 月 8 日，信息产业部颁布《电子认证服务管理办法》（以下简称《办法》），该《办法》是根据《中华人民共和国电子签名法》《商用密码管理条例》和相关法律、行政法规的规定而制定的。

③ 2005 年 3 月 31 日，国家密码管理局颁布了《电子认证服务密码管理办法》，主要规定了面向社会公众提供电子认证服务应使用商用密码，明确了电子认证服务提供者申请"国家密码管理机构同意使用密码的证明文件"的条件和程序，同时也对电子认证服务系统的运行和技术改造等做出了相应规定。

④ 2005 年 4 月 18 日，中国电子商务协会政策法律委员会组织有关企业起草的《网上交易平台服务自律规范》正式对外发布，规范的对象是网络服务平台。它以行业规范的形式确立了网络交易平台提供商的责任和权限，对网络交易服务进行了全面的规范。规范的重点在于网络交易平台自治与监管。

⑤ 2005 年 10 月 26 日，中国人民银行发布了《电子支付指引（第一号）》，意在规范电子支付业务，防范支付风险，保证资金安全，维护银行及其客户在电子支付活动中的合法权益，促进电子支付业务健康发展。

⑥ 2012 年 6 月 28 日，中国互联网络信息中心颁布《中国互联网络信息中心域名争议解决办法》，并于 2014 年 9 月 1 日重新修订，为域名争议双方提供了一种快捷、便利、公平、合理及低成本的域名争议解决机制。

⑦ 2016 年 11 月 7 日，全国人民代表大会常务委员会发布《中华人民共和国网络安全法》，自 2017 年 6 月 1 日起施行。该部法律是为保障网络安全，维护网络空间主权和国家安全、社会公共利益，保护公民、法人和其他组织的合法权益，促进经济社会信息化健康发展而制定的，是我国第一部全面规范网络空间安全管理方面问题的基础性法律，是我国网络空间法治建设的重要里程碑，是依法治网、化解网络风险的法律重器，是让互联网在法治轨道上健康运行的重要保障。

⑧ 2018 年 8 月 31 日，第十三届全国人民代表大会常务委员会第五次会议表决通过《中华人民共和国电子商务法》，自 2019 年 1 月 1 日起施行。该部法律是政府调整企业和个人以数据电文为交易手段，通过信息网络所产生的，因交易形式所引起的各种商事交易关系，以及与这种商事交易关系密切相关的社会关系、政府管理关系的法律规范的总称。

此外，不同的政府部门还先后修订和颁发了一系列其他相关的法律政策和条例，对与电子商务相关的条款进行补充和完善。例如，《中华人民共和国合同法》《中华人民共和国标准化法》《金融机构计算机信息系统安全保护工作暂行规定》《国家税务总局关于明确电子出版物属软件征税范围的通知》《网络营销技术服务规范（征求意见稿）》《中华人民共和国商务部关于网上交易的指导意见（征求意见稿）》《互联网电子邮件服务管理办法》《电子银行业务管理办法》《电子银行安全评估指引》《中华人民共和国电信条例》《互联网信息服务管理办法》《商用密码管理条例》《互联网站从事登载新闻业务管理暂行规定》《全国人民代表大会常务委员会关于维护互联网安全的决定》等。

习题

一、基本概念

商务　电子商务　商流　电子商务概念模型

二、单项选择题

1. 开展电子商务的核心是（　　　）。
   A. 信息技术特别是互联网的产生与发展
   B. 掌握现代信息技术和商务理论与实务的人才
   C. 系列化、系统化的电子工具
   D. 高效率、低成本、安全便利地从事产品交易

2. 在电子商务概念模型中，（　　　）是电子商务交易的最终目的。
   A. 物流　　　　　　　B. 资金流　　　　　　C. 信息流　　　　　　D. 商流

3. 在电子商务的框架结构中，电子支付属于（　　　）。
   A. 普通商务服务基础设施　　　　　　B. 信息发布基础设施
   C. 多媒体与网络出版基础设施　　　　D. 网络基础设施

4. 下列（　　　）属于新兴的电子商务产业。
   A. 网络银行　　　　　　　　　　　　B. 网上商城
   C. 电子政务　　　　　　　　　　　　D. 电子商务认证授权机构

5. 关于我国电子商务外部环境的说法，下列正确的是（　　　）。
   A. 缺乏安全认证标准 　　　　　B. 电子商务法律环境不断完善
   C. 物流完全满足不了电商的需求 　D. 信用环境基本成熟

三、多项选择题

1. 电子商务功能的内容包括（　　　）。
   A. 信息发布 　　　　　　　　　B. 企业内部资源管理
   C. 信息搜索 　　　　　　　　　D. 客户服务
2. 在百度文库上花 2 元钱下载一篇文档，这一行为属于哪种电子商务类型？（　　　）
   A. 不完全电子商务 　　　　　　B. 完全电子商务
   C. 数字产品电子商务 　　　　　D. B2B 电子商务
3. 关于电子商务产生与发展背景的说法，下列正确的有（　　　）。
   A. 信息技术的不断进步是基础
   B. 经济全球化促进了电子商务的发展
   C. 政府的支持是电子商务发展的直接动因
   D. 市场竞争日趋激烈是电子商务发展的前提
4. 关于我国电子商务发展现状的表述，下列正确的有（　　　）。
   A. 市场规模基本稳定 　　　　　B. 新业态新模式层出不穷
   C. 产业支撑不断改进 　　　　　D. 农村电商停滞不前
5. 电子商务系统的构成要素包括（　　　）。
   A. 电子商务网络系统 　　　　　B. 认证中心
   C. 网上银行 　　　　　　　　　D. 物流中心

案例分析

谁说大象不能跳舞
——IBM的电子商务转型之路

20 世纪 70 年代末期，IBM 公司由出租大型计算机转向直接销售大型计算机给客户，这一转变激发了史无前例的大型计算机销售，并认为靠大型计算机推动的业务足够令公司不断发展。尽管当时个人计算机方兴未艾，IBM 公司却熟视无睹，因为其商务战略深深地扎根于大型计算机。IBM 公司为了保证大型计算机的销售不受影响，始终如一地在其上投入可用资源的绝大部分，而不管这种战略决策是否错误。20 世纪 80 年代，当个人计算机已然成为热门新产品时，IBM 公司还是固执地专注于大型计算机，最终失去了业务增长的机遇。

1994 年年底，IBM 公司累计亏损达 150 亿美元，超过了前三年亏损之和，公司市值也从 1 050 亿美元暴跌至 320 亿美元。IBM 公司陷入了机构臃肿、步履蹒跚、颓势显现的局面。

1. 郭士纳时代的战略转型

1993 年 4 月，郭士纳临危受命，担任 IBM 公司的董事长兼 CEO。他认为，当信息技术越来越复杂的时候，客户已经完全无力独自掌管 IT 系统，他们需要一家公司提供全方位的解决方案。因此，郭士纳将 IBM 公司这家曾经的信息产业硬件巨头转型为向客户提供产品和服务的整体解决方案提供商，并开启了信息产业的电子商务时代。1995 年，IBM 公司在很多人还不知道电子商务为何物的情况下，提出了电子商务战略。这一战略不同于卖硬件的价格战，也不同于卖软件的版本升级，它的内涵是替客户进行信息架构、企业流程的重新改造，驱使 IBM 公司实现硬件厂商到"软件+硬件"的转型。

在服务转型的历程中，IBM 公司开发了很多基于产品的增值服务，如基于 IBM 公司硬件产品的优化调试、系统整合、存储系统的设计，乃至互联网数据中心的设计，甚至包括互联网数据中心的机房建设、运营维护系统、安全系统等。

到 2000 年，IBM 公司 40%的利润来自服务业务，软件利润占比达到 25%，硬件业务利润下降至 24%，全球融资业务占比 11%。到 2001 年，IBM 公司已成功转型为一家完全与众不同的 IT 解决方案提供商。

2. 彭明盛时代的战略转型

2002 年，彭明盛接替郭士纳担任 IBM 公司的 CEO，适时提出了电子商务随需应变的战略。彭明盛延续了郭士纳时代开创的软件策略，进行了大量的软件兼并和收购，使得 IBM 公司成为业界数一数二的企业软件提供商，能够提供最为全面的软件产品和相关的软件服务。同时，彭明盛又引领 IBM 公司向更高端和高附加值的业务转型，卖掉了很多低附加值的业务，包括个人计算机业务。2002 年兼并了普华永道的咨询业务部门，为客户提供从企业战略、运营、流程，直至 IT 的咨询服务。这种咨询服务带动了 IBM 公司其他的相关业务，包括技术服务、硬件销售和软件销售，使公司的各个业务线之间能够相互借力。

彭明盛的转型策略在于内部资源整合，在全球范围内重新设计和分配自己的资源和运营体系。通过全球化整合，IBM 公司的运营成本大大降低，资源分配尽可能得到了优化。2006 年，IBM 公司结合自身实践，提出了整合全球企业的理念，如整合后台资源形成共享支持服务、整合全球供应链。IBM 公司这次转型之旅不仅自己在走，而且通过咨询服务和整合服务的方式将自身的经验售卖给其他客户，中国的华为便是一个典型的例子。

到 2009 年，IBM 公司 42%的利润来自于软件，42%的利润来自于服务业务（包括全球业务咨询、全球技术咨询），硬件的利润进一步降至 7%，融资租赁利润占比 9%。

3. 罗睿兰时代的战略转型

2012 年，罗睿兰接替彭明盛担任 IBM 公司的 CEO，多次在公共场合提到"智慧地球"，明确了基于云计算的智能化综合管理服务是新的战略转型方向。

这次转型被业界认为是 IBM 公司具有颠覆性的一次产业转型。这一战略将 IT 产业下一阶段的任务确立为把新一代信息技术充分运用到各行各业中，即把感应器嵌入和装备到电网、铁路、桥梁、隧道、公路、建筑、供水系统、大坝、油气管道等各种实体中，并进行连接，形成物联网。通过超级计算机和云计算将物联网整合起来，实现人类社会与物理系统的整合，让人类以更加精细和动态的方式管理生产和生活，从而达到智慧状态。

【问题讨论】

1. 在 20 世纪 90 年代初，什么原因导致了 IBM 公司逐步陷入财务危机？
2. 在三次战略转型中，IBM 公司的定位是怎样的？它的业务体系发生了什么改变？
3. 在 IBM 公司的战略转型中，技术和商务分别承担什么角色？二者是什么关系？

拓展学习

《电子商务"十三五"发展规划》解读

商务部、国家互联网信息办公室、国家发展和改革委员会三部门联合印发了《电子商务"十三五"发展规划》（以下简称《规划》）。该《规划》确立了"2020 年电子商务交易额 40 万亿元、网上零售总额 10 万亿元、相关从业者 5 000 万人"三大发展指标。一方面，电子商务要全面融入国民经济各领域，推动形成全球协作的国际电子商务大市场，成为经济增长和新旧动能转换的关键动力；另一方面，电子商务要全面覆盖社会发展的各个领域，带动教育、医疗、文化、旅游等社会事业创新发展，成为促进就业、改善民生、惠及城乡的重要平台。

《规划》以"创新、协调、绿色、开放、共享"的发展理念为指导，赋予电子商务服务经济增长和社会发展双重目标，提出发展和规范并举、竞争和协调并行、开放和安全并重三大原则。

《规划》构建了"十三五"电子商务发展框架体系，归纳为五项任务：①加快电子商务提质升级。②推进电子商务与传统产业深度融合。③发展电子商务要素市场。④完善电子商务民生服务体系。⑤优化电子商务治理环境。围绕发展目标和主要任务，《规划》从电子商务信息基础设施建设、新业态与新市场培育、电子商务要素市场发展和电子商务新秩序建设等四方面共部署了17个专项行动，并提出了加强组织领导、完善顶层设计、推进试点示范、优化资金投入、建立监督机制和增进国际合作六方面的保障措施。

同时，电子商务快速发展暴露出的一些问题也对政府工作提出了新的挑战。例如，电子商务区域发展差距不断扩大，电子商务新市场主体之间和新旧市场主体之间资源争夺日趋激烈等问题要求主管部门进一步把握规律、因势利导，推动电子商务发展，加快形成全社会共治、共享的新局面。

《规划》将为电子商务健康发展营造公平有序的政策环境，提供全面有效的公共服务，推动我国电子商务更好地把握规模发展和引领发展双重战略机遇，全面肩负起促进国民经济和社会发展的新使命。

拓展训练

登录中国互联网络信息中心、赛迪网、艾瑞市场咨询网、中国电子商务研究中心及其他相关行业网站、企业官方网站等，搜集电子商务相关资料，选择一个区域中（如江门、广东省、珠三角地区等）的某个行业（如旅游行业、金融行业、医药行业、家具行业、服饰行业、家装行业等），或者一家企业（可以是互联网企业，也可以是传统企业），调查其电子商务发展与运营的状况，并完成一份调查报告。

第2章 电子商务技术体系

📁【本章导读】

    电子商务是随着信息技术的发展而发展起来的，每一项信息技术上的突破都会给电子商务带来很大的影响，使商务活动发生根本性的变化。因此，技术是推动电子商务发展的一种强大动力。现代电子商务，只因为有了互联网及其相关技术的支持，才拥有交易速度快、交易主体沟通方便、交易信息丰富、交易成本低等优势，离开了技术，也就失去了这一切。反之，无论技术多么先进、系统多么完备，若不能服务于商务活动，创造不了效益，这种电子商务也必定会失败。

📁【学习目标】

- 理解计算机网络的概念与功能。
- 明确不同的计算机网络划分标准，并能够指出不同类型网络的特征。
- 理解网络体系结构与网络协议的概念，了解 OSI 参考模型的结构特征。
- 掌握计算机网络系统的构成要素，了解不同要素的市场发展动态，并能够根据实际情况，设计小微企业内部网络的拓扑结构，列出相应的软/硬件配置清单。
- 理解 TCP/IP 的概念，掌握 TCP/IP 模型的特征。
- 理解 IP 地址和域名的概念与构成，掌握二者之间的相互关系，能够独立完成符合要求的域名设计与申请操作。
- 理解 Web 及其技术架构，了解相关的客户端和服务器端技术。
- 理解 EDI 的概念，了解 EDI 系统结构、构成要素和通信流程。
- 了解新兴的电子商务技术及其相关应用领域。

💼 引导案例

智慧的地球

    2009 年 2 月 24 日，在以"点亮智慧的地球——新机遇·新智慧·新世界"为主题的 IBM 论坛和中国策略发布会上，IBM 公司提出了共建"智慧的地球"的新理念，建议政府投资新一代的智慧型基础设施，以实现文明的跨越。

    IBM 公司认为，信息技术产业每隔 10 年—15 年就会发生一次重大变革，并催生新的市场、新的业务模式和新的产业。"智慧的地球"将是互联网浪潮后的又一次科技革命。人类历史上第一次出现了几乎任何系统都可以实现数字化和互联的事实，这就是全面的"物联网"和"互联网"的融合。同时，计算力高度发展和计算力的普及性，使爆炸式的信息量得以高速有效处理，并实现智能的判断、处理和决策。

    "智慧的地球"这一理念的主要内容是把新一代信息技术充分运用到各行各业中，即把传感器装备到人们生活中的各种物体中，通过网络连接起来，形成物联网，并通过超级计算机和云计算将物联网整合起来，实现网上数字地球与人类社会及物理系统的整合。在此基础上，人类可以以更加精细和动态的方式管理生产和生活，从而达到智慧状态。在智慧的地球上，人们将会看到智慧家庭、智慧校园、智慧企业和智慧城市等。

"智慧的地球"包括三个维度：①物联化，即更透彻的感知，任何事物或人群都可以被感知到；②互联化，即更全面的互联互通，人与人、人与物和物与物之间都可以无障碍地互联互通；③智能化，即更深入的智能分析，通过IT手段，使互联互通更智能。

IBM公司对中国市场率先着手于六大领域的智慧落地，分别是智慧交通、智慧医疗、智慧电网、智慧银行、智慧供应链、智慧城市。

【案例启示】

电子商务的本质是商务，以商务为本，一切电子化的技术只是实现商务目的的手段。因此，技术背后隐藏着客户或企业的需求，没有客户或企业的需求，再好的技术也只能是摆设。在设计和建设电子商务系统时，更应注意这一点，从商务需求出发，根据商务需求和商务目的选用适当的技术，而不能一味追求技术的先进性和复杂性，本末倒置。总之，技术只有在商务需求的条件下，才能起到"雪中送炭""锦上添花"的作用。

2.1 计算机网络技术

2.1.1 计算机网络概述

1. 计算机网络的定义与功能

计算机网络是指把分布在不同地理位置的多台具有独立功能的计算机通过通信设备和线路连接起来，在功能完善的网络软件的支撑下，以实现信息传递便利和网络资源共享为目的的计算机互联系统。

随着计算机网络技术的迅速发展，世界各地的计算机通过互联网连接在一起，形成了跨国计算机网络，从而使计算机之间的通信在商务活动中发挥了重要作用。作为电子商务应用的技术基础，计算机网络具有以下功能。

（1）数据通信

数据通信是计算机网络的基本功能之一，用以实现服务器与终端，或计算机与计算机之间各种信息的传送。计算机网络中的用户可以通过网络上的服务器交换信息、收发电子邮件、开展协同工作等，这不仅提高了计算机系统的整体性能，也对实现办公自动化、提高工作效率具有重要意义。

（2）资源共享

计算机网络最重要的功能就是资源共享。进入计算机网络的用户可以共享网络中各种硬件和软件资源，共享各种信息和数据，使网络中各节点上的资源互通有无、分工协作，从而提高系统资源的利用率。

（3）提高系统的可靠性

在单机使用的情况下，任何系统都有可能发生故障，给用户带来不便。而当计算机联入网络后，各计算机可以通过网络互为后备，一旦某台计算机发生故障，可由别处的计算机代为处理，也可以在网络上配置一定的备用设备。这样，计算机网络就能起到提高系统可靠性的作用

电子商务概论——基础、案例与实训（微课版）

了。更重要的是，将数据和信息资源存放于不同的计算机中，可避免因故障而无法访问数据或由于灾害造成数据损坏的风险。

（4）均衡负荷，分布处理

对于大型复杂的任务，如果都集中在一台计算机上处理，会造成单台机器负荷太重，效率降低，这时可以将任务分散到不同的计算机上分别完成，将串行任务转化为并行任务，使网内各计算机负荷均衡，避免计算机忙闲不均的现象。分布式数据处理和分布式数据库就是利用网络技术将许多小型计算机或微型计算机联成具有高性能的分布式计算机系统，实现相互协作、有效调度，从而大大提高了工作效率。

2. 计算机网络的分类

（1）按照地域覆盖范围划分

按照计算机网络的地域覆盖范围，可将计算机网络分为局域网（Local Area Network，LAN）、城域网（Metropolitan Area Network，MAN）和广域网（Wide Area Network，WAN）三种基本类型。

① 局域网。局域网是指在有限的地理范围内构成的规模相对较小的计算机网络，其覆盖范围一般不超过 10km，传输速率通常为 10Mbit/s～2Gbit/s。局域网应用广泛，组网方便，使用灵活，费用低，管理与配置相对容易，传输速率高，通常用于构建一个单位的内部网络，如办公室、办公大楼的局域网、校园网等。

② 城域网。城域网是介于局域网和广域网之间的一种高速网络，其覆盖范围一般从几千米到几十千米。城域网通常是将一个地区或一个城市内的局域网连接起来构成的，用以满足几十千米范围内的企业、机关、学校以及社会服务部门计算机联网的需求，实现大量用户、多种信息传输的综合信息网络，如大型企业集团、ISP、电信部门、有限电视台和政府构建的专用网络和公用网络等。城域网采用的传输介质相对复杂，传输速率低于局域网，传输距离较局域网更长，信号容易受到干扰，组网比较复杂，成本较高。

③ 广域网。广域网是通过卫星、微波、无线电、电话线、光纤等传输介质连接的国家网络和国际网络，是全球计算机网络的主干网络，其覆盖范围较大，一般从几十千米到几千千米。广域网的地理范围没有限制，传输介质复杂，由于长距离的传输，数据的传输速率较低，且容易出现错误，采用的技术比较复杂。Internet 是世界范围内最大的广域网。

（2）按照业务覆盖范围划分

按照计算机网络的业务覆盖范围，可将计算机网络分为内联网（Intranet）和外联网（Extranet）两种基本类型。

① 内联网。内联网是采用互联网技术建立的可支持企事业单位内部业务处理和信息交流的综合网络信息系统，通常采用一定的安全措施与企事业单位外部的互联网用户相隔离，对内部用户在信息使用的权限上也有严格的规定。其基本结构如图 2-1 所示。

内联网将企业内部不同的服务器、数据库、客户、应用程序（如 ERP）相连，用于企业内部事务处理、信息交换、信息共享、信息获取、网上通信和网上讨论等，强调企业内部各部门的联系。内联网只限企业员工和合作伙伴访问，且受权限控制，同时它被保护在企业的防火墙之后，增加了整个系统的安全性。

② 外联网。外联网是一个使用 Internet/Intranet 技术使企业与其客户和其他企业相连来完成共同目标的合作网络。外联网将企业内联网及其他商业伙伴（如供应商、金融服务机构、政府、客户等）的内联网连接在一起，构筑起企业间的信息网络，可以实现信息资源共享、业务协作处理，以及形成虚拟的联合企业共同开发新业务与工程合作。因此，外联网特别适用于供应链

管理，企业通过外联网，可以使上游的供货商及时了解企业某一产品的库存量及某一阶段的需求，提高供货效率；使下游的分销商将销售数据及时反馈给企业，以便更快地了解市场和竞争对手。

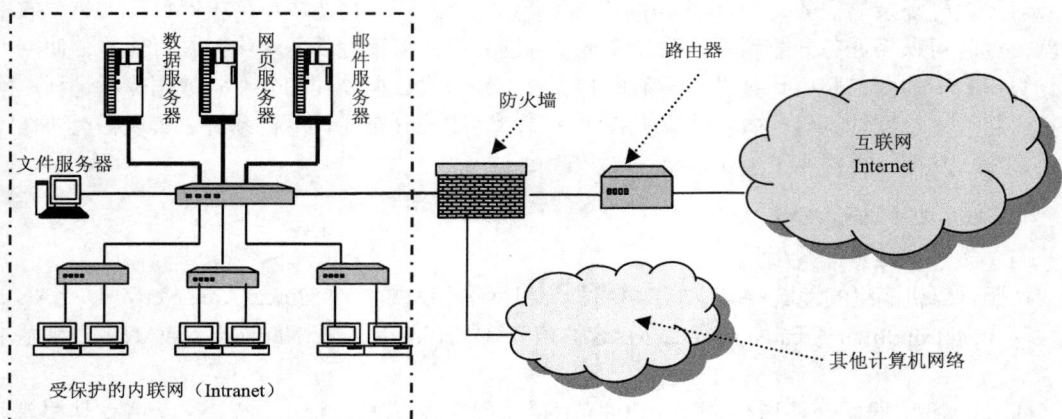

图 2-1　内联网的基本结构

外联网与内联网的不同之处在于信息的访问控制和共享资源的内容。外联网一般需要得到各合作方的同意并经过严格授权才能访问。外联网的实现方式包括采用公共网、专用网和虚拟专用网（Virtual Private Network，VPN），如图 2-2 所示。

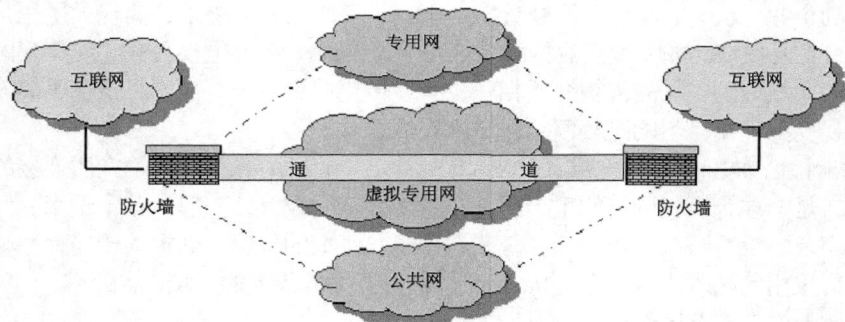

图 2-2　外联网的实现方式

公共网是指由网络服务提供商建设，供公共用户使用的通信网络。使用公共网连接可以减少使用专用网所需的长途专用数字线路的租赁费用，但安全性难以得到保障。

专用网是两个企业间的专线连接，这种连接是两个企业内部网之间的物理连接。专线是一直连通的，除了这两个连入专用网络的企业外，其他任何人和企业都不能进入该网络。因此，专用网连接的最大优点就是保证了信息流的安全性和完整性，但最大缺陷是成本太高，因为专线价格高。例如，如果某企业想通过专用网与 5 个企业建立外部网连接，那么该企业必须支付 5 条专线的费用。

虚拟专用网是指在公共网上建立专用网的技术。在整个 VPN 中，任意两个节点之间的连接并没有传统专用网所需的端到端的物理链路，而是架构在公共网络服务商所提供的网络平台之上的逻辑网络，用户数据在逻辑链路中传输。VPN 主要采用了隧道技术、加/解密技术、密钥管理技术和用户与设备身份认证技术。通过 VPN 建立外联网，可以有效解决以下问题。

- 降低成本。通过公共网来建立 VPN，可以节省大量的通信费用，而不必投入大量的人

电子商务概论——基础、案例与实训（微课版）

力和物力去安装和维护专用网设备和远程访问设备。

- 传输数据安全可靠。虚拟专用网均采用加密及身份验证等安全技术，保证连接用户的可靠性及传输数据的安全性和保密性。
- 连接方便灵活。用户通过虚拟专用网与合作伙伴联网，双方只需配置安全连接信息即可。
- 完全控制。虚拟专用网使用户可以利用 ISP 的设施和服务，同时又完全掌握着自己网络的控制权。用户只利用 ISP 提供的网络资源，对于其他的安全设置、网络管理变化可由自己管理。

（3）按照拓扑结构划分

网络拓扑结构是指各节点在网络上的连接形式。从目前的使用情况来看，计算机网络的拓扑结构有星形、树形、总线型、环形和网状形五种常见的基本类型。

① 星形结构。星形结构是一种以中央节点为中心，把若干外围节点连接起来的辐射式互联结构，各节点与中央节点通过点对点方式连接，中央节点执行集中式通信控制策略。因此，中央节点相当复杂，负担较重。由于这种拓扑结构的中心点与多台工作站相连，线路较多，为便于集中连线，目前多采用集线器（HUB），如图 2-3 所示。这种结构一般适用于局域网的连接。现有的数据处理和声音通信的信息网大多数采用星形结构，流行的专用小型交换机（Private Branch Exchange，PBX），如电话交换机就是星形结构的典型实例。它在一个单位内为综合语音和数据工作站交换信息提供信道，还可以提供语音信箱和电话会议等业务。

星形结构的优点是便于集中控制、网络延迟时间较短、传输误差较低。但这种结构要求中心节点具有极高的可靠性，因为中心节点一旦损坏，整个系统便趋于瘫痪。中心节点通常采用双机热备份，以提高系统的可靠性。

② 树形结构。树形结构是分级的集中控制式网络，形状像一棵倒置的树，顶端是树根，树根以下带分支，每个分支还可再带子分支。它是一种层次结构，节点按层次连接，信息交换主要在上下节点之间进行，相邻节点或同层节点之间一般不进行数据交换，如图 2-4 所示。这种结构中的节点联系固定、专用性强，一般用于军事单位、政府部门等上、下界限相当严格和层次分明的组织。

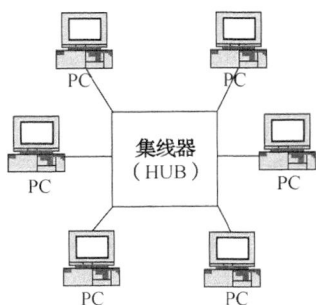

图 2-3　星形结构　　　　　图 2-4　树形结构

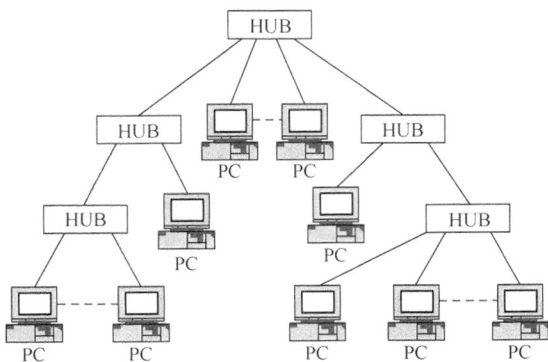

树形结构的优点是节点易于扩展、故障容易诊断。但各个节点对根节点的依赖性太大，如果根节点发生故障，则全网不能正常工作。

③ 总线型结构。总线型结构将网络中的所有设备通过相应的硬件接口直接连接在一条所有站点都可访问的主干电缆上，该主干电缆为总线。总线型结构是一种共享通路的物理结构，总线具有信息的双向传输功能，任何一个节点发送的信号都沿着总线传播，而且能被其他所有节点所接收，类似于广播电台，故总线型网络也称为广播式网络，如图 2-5 所示。这种结构普遍

用于局域网的连接，适合于信息管理系统、办公自动化系统。

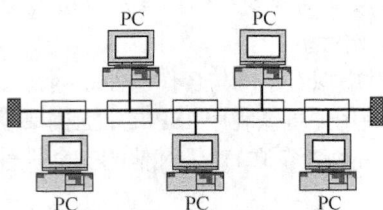

图 2-5　总线型结构

总线型结构的优点是结构简单、灵活，便于扩充；可靠性高，网络响应速度快；设备量少、价格低、安装使用方便；共享资源能力强，非常便于广播式工作。但由于信道共享，连接的节点不宜过多，总线长度有一定限制，一条总线也只能连接一定数量的节点，并且总线自身的故障会导致系统的崩溃。

④ 环形结构。在环形结构下，环形网中各节点通过环路接口连在一条首尾相连的闭合环形通信线路中，环路上任何节点均可以请求发送信息。请求一旦被批准，便可以向环路发送信息。环形网中的数据可以是单向传输也可是双向传输。信息在每台设备上的延迟时间是固定的。由于环线公用，一个节点发出的信息必须穿越环中所有的环路接口，信息流中目的地址与环上某节点地址相符时，信息被该节点的环路接口所接收，而后信息继续流向下一环路接口，一直流回到发送该信息的环路接口节点为止，如图 2-6 所示。这种结构特别适合实时控制的局域网系统。

环形结构的优点是安装容易，费用较低。但这种结构由于环路是封闭的，所以不易于扩充，而且可靠性低，一个节点发生故障，就会造成全网瘫痪。当环中节点过多时，势必影响信息传输速率，使网络的响应时间延长。

⑤ 网状型结构。在网状型结构下，各节点通过传输线路互相连接起来，并且每个节点至少与其他两个节点相连，如图 2-7 所示。

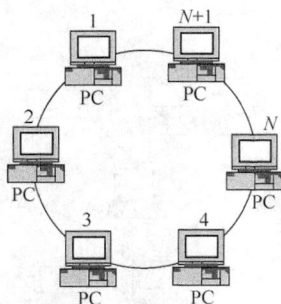

图 2-6　环形结构

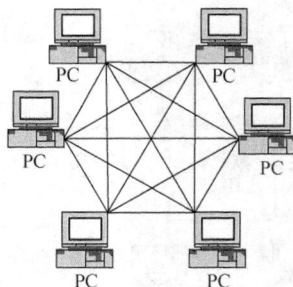

图 2-7　网状型结构

网状型结构具有较高的可靠性，资源共享方便，但其结构复杂，实现起来费用较高，不易管理和维护。这种结构在广域网中得到了广泛的应用。

考虑到具体的地理特点，一般企业很难用一种结构来组网，大多数情况下都会结合两种或两种以上的拓扑结构建成混合型拓扑结构。

3. 计算机网络体系结构

计算机网络将多台计算机互联起来实现不同系统中的实体通信，因其过程相当复杂，协议的制定和应用通常采用高度结构化的分层设计方法，把要实现的功能划分为若干层次，较高层次建立在较低层次基础之上，同时又为更高层次提供必要的服务功能。

计算机网络体系结构是网络层级结构模型与各层次协议的集合。网络协议是为了使计算机网络中的通信双方能顺利进行信息交换而双方预先共同约定并共同遵循的规则。一般来说，网络协议由语义、语法和同步关系三部分组成。语义规定通信双方"讲什么"，即确定协议元素的类型和含义，如规定通信双方要发出的控制信息、执行的动作和返回的应答；语法规定通信双方彼此"如何讲"，即确定协议元素的格式，如数据和控制信息的格式；同步关系规定事件执行的顺序，即确定通信过程中通信状态的变化，规定正确的应答关系。网络体系结构对计算机网络应该实现的功能进行了精确定义，而这些功能用什么样的硬件与软件去完成，则是具体的实现问题。1979 年，国际电话电报咨询委员会（International Telephone and Telegraph Consultative Committee，CCITT）和国际标准化组织（International Organization for Standardization，ISO）为了使不同的网络能够互联，开始了对网络进行标准化分层的工作。他们提出了一个网络体系结构模型作为国际标准，称之为开放式系统互联（Open System Interconnection，OSI）参考模型。OSI 参考模型将整个计算机网络划分成七个层次，如图 2-8 所示。

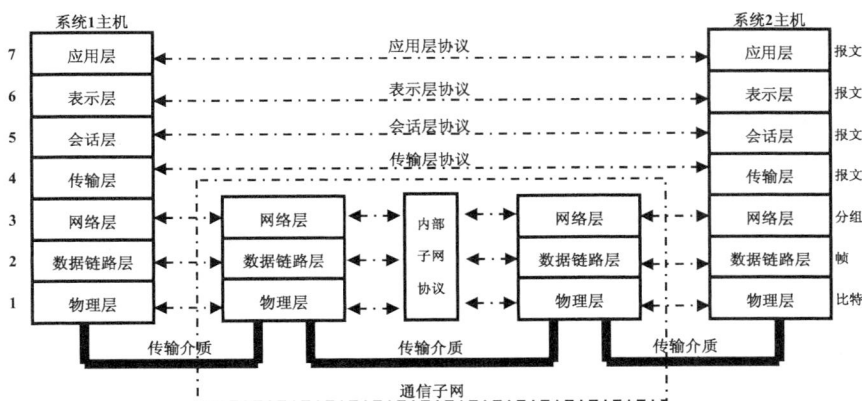

图 2-8　OSI 参考模型

（1）物理层

物理层的作用是屏蔽掉计算机网络中种类繁多的具体物理设备和传输介质的差异，向数据链路层提供一致的服务，确保传输媒体对计算机系统的独立性。它为数据链路层提供物理连接，以便透明地传送数据流。

（2）数据链路层

数据链路层架起物理层原始数据流的传输功能，在有差错的物理线路上进行无差错的数据传输。为了能够实现相邻节点之间无差错的数据传输，数据链路层在数据传输过程中提供确认、差错控制和流量控制等机制。

（3）网络层

网络中的两台计算机进行通信时，中间可能要经过许多中间节点甚至不同的通信子网。网络层的任务就是在通信子网中选择一条合适的路径，使发送端传输层所传下来的数据能够通过所选择的路径到达目的端。在网络层，数据的传输单位是分组或数据包。分组在网络中传输时，需要进行路由选择、流量和拥塞控制、差错和故障恢复等。

（4）传输层

传输层是 OSI 网络体系结构中的核心层，它把实际使用的通信子网与高层应用分开，提供发送端和接收端之间高可靠、低成本的数据传输。传输层的下面三层主要面向网络通信，确保信息被准确、有效地传输，上面三层面向用户主机，为用户提供各种服务。传输层向上一层（会话层）提供可靠的端到端服务，对下一层（网络层）所提供服务在可靠性方面进行补充，同时也要进行流量、拥塞和差错控制。

（5）会话层

会话层使用传输层提供的可靠的端到端通信服务，并负责在网络中不同机器上的用户之间建立和维持通信。会话层虽然不参与具体的数据传输，但它对数据传输进行管理。

（6）表示层

表示层专门负责有关网络中计算机信息表示方式的问题，负责在不同的数据格式之间进行转换操作，以实现不同计算机系统之间的信息交换，包括数据转换、数据加密（解密）和数据压缩（减压）等任务。

（7）应用层

应用层负责为用户的应用程序提供网络服务，管理和分配网络资源，包含用户普遍需要的应用服务，如虚拟终端、文件传送、远程用户登录和电子数据交换，以及电子邮件等。

在 OSI 参考模型中，低层协议通过层间接口向相邻的高层协议提供服务，高层协议作为低层协议的用户存在，只需调用低层提供的功能，无须了解低层的技术细节。只要保证接口不变，低层功能具体实现方法的变更不会影响较高一层所执行的功能。在层间接口中，定义了服务请求的方式以及完成服务后返回的确认事项和动作。

4．计算机网络系统的构成

计算机网络系统是一个集计算机硬件设备、通信设施、软件系统及数据处理能力为一体的，能够实现资源共享的现代化综合服务系统。计算机网络系统可分为硬件系统和软件系统两部分。

（1）硬件系统

硬件系统是计算机网络的基础，包括服务器、工作站、网络交换互联设备、防火墙、外部设备和传输介质。

服务器是一台速度快、存储量大的计算机，它是网络系统的核心设备，负责网络资源管理和用户服务。网络中可共享的资源大多集中在服务器上，如大容量磁盘、高速打印机、网络数据库等，通过服务器，网络用户可以共享文件、共享数据库和共享外部设备等。服务器需要专门的技术人员对其进行管理和维护，以保证整个网络的正常运行。按照提供的服务不同，服务器可分为文件服务器、打印服务器、电子邮件服务器、数据库服务器、通信服务器、视频服务器、网页服务器等。

工作站是具有独立处理能力的计算机，它是用户向服务器申请服务的终端设备。用户可以在工作站上处理日常工作，并随时向服务器索取各种信息和数据，请求服务器提供各种服务（如传输文件、打印文件等）。

网络交换互联设备种类较多，如网络适配器（又称网卡）、交换机、集线器（又称 HUB）、网桥、路由器、调制解调器等。

防火墙是在内部网和互联网之间构筑的一道屏障，它在内外有别以及在需要区分处设置有条件的隔离设备和软件，用以保护内部网中的信息、资源等不受来自互联网的非法用户的侵犯。

外部设备属于可被网络用户共享的硬件资源。通常情况下是一些大型的、价格高的设备，如大型激光打印机、绘图设备、大容量的存储系统等。

传输介质是网络中的通信线路。在计算机网络中，要使不同的计算机能够互相访问对方的资源，必须借助一定的传输介质为其提供物理上的通道。按照传输介质的特征，其可分为有形介质和无形介质两大类。有形介质包括双绞线、同轴电缆或光缆等；无形介质包括无线电、短

电子商务概论——基础、案例与实训（微课版）

波、微波、卫星信号等。它们具有不同的传输速率，适合不同的传输距离，分别支持不同的网络类型。

（2）软件系统

计算机网络中的软件按其功能可以分为数据通信软件、网络操作系统、网络协议软件、网络管理和应用软件。

数据通信软件是指按着网络协议的要求，完成通信功能的软件。

网络操作系统是指能够控制和管理网络资源的软件。网络服务器操作系统主要为服务器上的任务提供资源管理，工作站操作系统主要完成工作站任务的识别和与网络的连接，向用户和应用软件提供一个网络环境的窗口。常用的网络操作系统有：Net Ware 系统、Windows 系统、Unix 系统和 Linux 系统等。

网络协议软件是指通过协议程序实现网络协议功能的软件，如浏览查询、文件传输、远程登录、电子邮件等，一般集成在网络操作系统中。

网络管理和应用软件是指用来对网络资源进行监控、管理与维护，并为网络用户提供服务、解决问题、满足用户需求的软件，如网管软件、各类网站与基于网络环境的各种管理信息系统等。

2.1.2 互联网

1. TCP/IP

TCP/IP 是美国国防部高级研究计划署为 ARPANET 开发的通信传输协议，是支持互联网的基础协议，具有高可靠性、互操作性、安全性、灵活性的特点。它使得任何具有网络设备的用户都能访问和共享 Internet 上的信息。TCP/IP 是由一组通信协议所组成的协议集，这组协议的功能是将已有的物理网络连接起来，屏蔽或隔离具体网络技术的硬件差异，建成一个虚拟的逻辑网络，实现不同物理网络之间主机的通信。TCP/IP 模型包括主机-网络层（网络接入层）、互联层（网际层）、传输层和应用层四个层次，如图 2-9 所示。

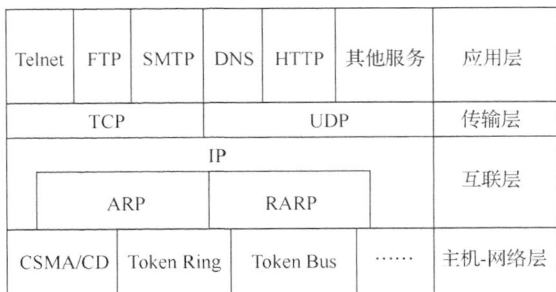

Telnet	FTP	SMTP	DNS	HTTP	其他服务	应用层
TCP			UDP			传输层
IP						互联层
ARP		RARP				
CSMA/CD	Token Ring	Token Bus	……			主机-网络层

图 2-9 TCP/IP 模型

（1）主机-网络层

TCP/IP 栈包括数据链路层和物理层，通过主机-网络层使采用不同技术和硬件的网络之间能够互连。

（2）互联层

互联层负责独立地将分组从源主机送往目的主机，涉及为分组提供最佳路径的选择和交换功能，用于解决网络互联中的网际寻址问题。

（3）传输层

传输层负责在源节点和目的节点间提供可靠的端到端的数据通信，确保到达对方的信息准确无误。

（4）应用层

应用层为用户提供网络应用，并为这些应用提供网络支撑服务。

TCP/IP 模型所采用的通信方式是分组交换，即数据在传输时分成若干段，每个数据段称为一个数据包，传输过程主要由传输控制协议（Transfer Control Protocol，TCP）和网际协议（Internet Protocol，IP）来完成。

2．IP 地址

（1）IP 地址的构成

IP 地址是按照互联网网际协议的规定表示连入互联网的主机地址，也称网际地址，它是标识一个主机网络的一个连接，而不是标识一台机器。IP 地址是使用 TCP/IP 在计算机网络各节点之间进行通信的基础，是每台联入互联网的主机的唯一标识地址，它由网络信息中心（Net Information Center，NIC）统一分配，以免发生冲突。

IP 地址采用分层结构，即由网络地址和主机地址两部分组成，其中网络地址标识接入的网络，主机地址用来标识该网络中的主机。这里的 IP 地址是指 IPv4 地址，由 32 位二进制数组成，分成 4 段，每段 8 位数。为了便于理解，一般将每段的二进制数都转换成相应的十进制数，各段之间用点号"．"分隔，其格式如下：

第 1 段数字．第 2 段数字．第 3 段数字．第 4 段数字

例如：五邑大学 Web 服务器的 IP 地址为 202.192.240.37。

（2）IP 地址的分类

按计算机所在网络规模大小，IP 地址被分成 A、B、C、D、E 五类，其中 D 类地址仅用于特殊定义，E 类地址作为备用地址。所以，具体网络只能分配 A、B、C 三类地址。这三类地址的网络号和主机号所使用的数字段有所不同，如表 2-1 所示。

表 2-1　IP 地址分类表

类别	第一段数字	网络号	主机号	应用
A	1～127	第 1 段数	第 2～4 段数	巨型网络
B	128～191	第 1～2 段数	第 3～4 段数	大型网络
C	192～223	第 1～3 段数	第 4 段数	小型网络

在互联网中寻址时，首先根据每个 IP 地址的网络号找到相应的网络，然后在该网络中按照其主机号进行网络内部寻址。例如，IP 地址是 202.192.240.33，该 IP 地址属于 C 类地址，可分解为 202.192.240.0 和 202.192.240.33 两部分，202.192.240.0 是网络地址，202.192.240.33 是主机地址，代表该主机是网络 202.192.240.0 的第 33 号主机。

（3）IPv6 地址

随着互联网和物联网的发展，IP 地址的需求量越来越大，而 IPv4 地址容量为 2^{32}，仅约 43 亿个，相对日益增长的网络用户数，现有的 IPv4 地址将近分配完毕，严重制约了互联网的应用与发展。为了解决目前 IPv4 地址资源危机的现状，IPv6 地址应运而生。

IPv6 将地址长度扩展到 128 位，地址容量为 2^{128}，几乎可以不受限制地提供地址，甚至有一种说法：地球上每粒沙子都可以有一个 IPv6 地址。随着物联网的进一步推动与发展，IPv6 地址将服务于更多的硬件设备，如家用电器、传感器、远程照相机、汽车等，它将无时、无处不在地渗入社会的每个角落。目前，我国已开始通过一些国家级项目，推动 IPv6 互联网的全面部署和大规模商用。截至 2018 年 12 月 31 日，我国大陆地区 IPv6 地址已分配 41 079 块/32[①]。

---

① 41 079 块/32 表示 41 079 个网络号为 32 位的 IPv6 地址块，每一块地址又可提供 $2^{(128-32)} = 2^{96}$ 个有效地址。

随着 IPv6 的各项技术日趋完善，IPv6 成本过高、发展缓慢、支持度不够等问题将很快淡出人们的视野。

3. 域名

（1）域名与域名解析

IP 地址的表达方式比较抽象，不容易记忆。为了便于用户使用，互联网建立了域名系统（DNS）。凡是加入互联网的各级网络都必须依照统一域名系统（Domain Name System，DNS）的命名规则对本网络的计算机进行命名。

互联网中一个主机的域名与 IP 地址是一对一或多对一的关系。对于大多数人而言，只要有了域名，无须知道 IP 地址就可以访问网站，但域名不符合国际协议的规范要求，需要有一个转换装置实现域名到 IP 地址的转换。这个转换装置就是域名系统服务器，简称 DNS 服务器。DNS 服务器能实现从人们容易理解记忆、使用方便的域名到计算机容易处理的 IP 地址的映射，即 DNS 服务器负责完成通信时主机域名到它的 IP 地址的转换，这个过程被称为域名解析。

（2）域名级别

DNS 采用分层的命名方法，为网络上的每台主机赋予一个直观的唯一性标识名，其格式为"计算机名·组织机构名·网络名·最高层域名"。最右边是一（顶）级域名，除美国外，一般最右边的都是指国家或地区的代号，从右往左依次为二级域名、三级域名，如图 2-10 所示。

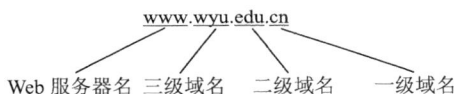

图 2-10　域名的组成

① 一级域名。一级域名分为两类：国家顶级域名表示域名注册的国家或地区，由各个国家的互联网络信息中心（NIC）管理，常见的国家顶级域名如表 2-2 所示；国际顶级域名表示域名的使用领域，不带有国家特性，由位于美国的全球域名最高管理机构（ICANN）负责管理，常见的国际顶级域名如表 2-3 所示。随着互联网的发展，近年来出现了新的国际顶级域名，主要有："biz"（商业）、"cc"（商业公司）、"tv"（网络电视）、"name"（个人域名）等。

表 2-2　常见的国家顶级域名

域名	国家/地区	域名	国家/地区
cn	中国大陆	jp	日本
fr	法国	ca	加拿大
au	澳大利亚	uk	英国

表 2-3　常见的国际顶级域名

域名	类别	域名	类别
com	商业机构	mil	国防机构
edu	教育机构	int	国际组织
net	互联网络信息中心或运行中心	org	非营利机构
ac	科研机构	gov	政府机构

② 二级域名。二级域名是指顶级域名之下的域名。在国际顶级域名下，它是指域名注册人的网上名称，如 ibm、yahoo、microsoft 等；在国家顶级域名下，它是表示注册企业类别的符号，如 com、edu、gov、net 等。在中国顶级域名之下，二级域名又分为类别域名和行政区域名两类。

类别域名共 7 个，包括用于科研机构的 ac；用于工商金融企业的 com；用于教育机构的 edu；用于政府部门的 gov；用于互联网络信息中心和运行中心的 net；用于非营利组织的 org；用于国防机构的 mil。而行政区域名有 34 个，分别对应于中国各省、自治区和直辖市，如广东为 gd.cn，北京为 bj.cn 等。

③ 三级域名。三级域名的长度不能超过 20 个字符，通常表示域名申请机构的名称，具体命名规则包括以下三条。

- 域名使用的字符包括字母、数字和连字符，而且必须以字母或数字开头和结尾。
- 不区分英文字母大小写。
- 各级域名之间用实点"."连接。

（3）域名申请

域名申请是指为了保证网络的安全性和有序性，网站建立后需要为其绑定一个全球独一无二的域名或访问地址，从而必须向全球统一管理域名的机构或组织去注册或者备案方可使用的一种行为。通俗地说，域名就是网站的名字，用来表示网站的网址。它不仅是网站的网络商标，也是用户访问网站的第一通道。因此，网站选择一个好的域名至关重要。域名命名一般应遵循以下原则。

① 简短、切题、易记。选择一个切题易记的域名是网站成功的重要因素，一个简短易记、反映网站性质的响亮域名往往会给用户留下深刻印象。

② 与企业密切相关。一个好的域名应该与企业的性质、企业的名称、企业的商标及平时的企业宣传一致，这样的域名易记易找，也能成为网络中的活广告，无形中宣传了企业的形象，保护了企业利益。

为了确保域名注册和解析途径的唯一性，避免发生域名冲突，通常每一个顶级域名只能有一个域名注册管理机构。域名注册管理机构主要负责运行和管理相应的域名系统，维护域名数据库，授权域名注册服务机构提供域名注册服务等，并不负责受理具体的域名注册申请。域名注册服务机构必须经过域名管理机构的授权和认可后，才能从事域名注册服务。在国际域名体系中，顶级域名中的区域顶级域名，通常由相应国家或者地区的互联网络信息中心（NIC）负责。例如，在中国大陆，cn 域名由 CNNIC 具体负责，顶级域名体系中的类别顶级域名（如 com、net）由 ICANN 授权给一家特定机构来负责其注册管理。

域名的注册遵循先申请先注册的原则，域名申请流程如下。

① 准备申请资料。很多域名注册服务商要求对域名进行实名认证。域名申请者为法人组织的，应提交组织机构代码证（复印件或扫描件）、注册联系人身份证（复印件或扫描件）；域名申请者为非法人单位，没有组织机构代码证的，应提交营业执照（复印件或扫描件）、注册联系人身份证（复印件或扫描件）；域名申请者为个人的，应提交持有人身份证（复印件或扫描件）。

② 选择域名注册服务商。即选择一个信誉良好、服务稳定的域名注册服务网站，并在该网站上注册一个用户名。由于 com、cn 域名等不同后缀均属于不同注册管理机构所管理，如要注册不同后缀域名，则需要从注册管理机构寻找经过其授权的顶级域名注册服务机构。若域名注册服务商已经通过 ICANN、CNNIC 双重认证，则无须分别到其他注册服务机构申请域名。

③ 查询域名。在注册服务商网站单击查询域名，选择想要注册的域名，并单击域名注册查询。

④ 正式申请。查到想要注册的域名，并且确认域名为可申请状态后，提交注册，并缴纳年费。

⑤ 申请成功。申请成功后，即可进入 DNS 解析管理、设置解析记录等操作。

由于域名存在一个有效期，若是申请一年有效期（通常会有一段续费通知期），则在有效期过后，用户需要及时续费，否则域名将会在到期后自动删除，网站等其他服务也将会被迫停止。

4. 互联网应用服务

互联网已经深入到人们生活的各个方面，它提供了众多的应用服务。下面介绍互联网提供的几种常用服务。

（1）信息查询服务

信息查询服务是互联网提供的基本服务功能之一，也是互联网最广泛的应用之一。WWW 是互联网发展最快的一种信息查询服务，是一个把信息检索技术与超文本技术和超媒体技术融合而形成的，使用方便且功能强大的全球信息系统。WWW 使用超文本传输协议（HyperText Transport Protocol，HTTP）进行工作。这个协议能实现用户端 WWW 浏览器和 WWW 服务器之间进行超文本或超媒体文件的传输。

信息查询服务原理

在互联网中，遍布世界各地的 WWW 服务器有着无比丰富的网页，即 Web 页。网页实际上是超文本或超媒体文件。它用文本、表格、图片、声音、影像等多种形式表示图文并茂、声像俱全的信息资源。网页的页面中一般都含有链接，这些链接在形式上可以是颜色与众不同的文字、图标或图像等，实质上是超文本或超媒体链接指针。这些链接可以指向本网页的某个位置，也可以指向其他网页；而被指向的页面可以在本地 WWW 服务器中，也可以在远在千里之外的另一个 WWW 服务器中。

（2）电子邮件服务

电子邮件（E-mail）是一种通过互联网与其他用户进行连续、简便、低成本通信的手段。电子邮件系统采用存储-转发的工作方式。这个存储-转发工作由昼夜不停机的邮件服务器来担当。这样，用户可以随时发送邮件，也可随时打开电子邮箱接收邮件。

使用电子邮件的首要条件是申请一个电子邮箱。电子邮箱是互联网服务提供商（Internet Service Provider，ISP）为用户建立的。当用户向 ISP 申请电子邮箱账户时，提供邮件服务的 ISP 就会在其邮件服务器磁盘上为用户开辟一块专用的存储空间，用来存放该用户的电子邮件，这样用户就拥有了自己的电子邮箱。每个电子邮箱都有一个邮箱地址，称为 E-mail 地址。E-mail 地址的格式是固定的，并且在全球范围内是唯一的。用户的 E-mail 地址格式为：用户名@主机名，其中"@"符号读"at"，意为"在"。主机名是指拥有独立 IP 地址的计算机的名字。用户名是指在该计算机上为用户建立的 E-mail 账户名。

（3）远程登录服务

远程登录（Telnet）是互联网最早提供的最基本的信息服务之一。在网络通信协议 Telnet 的支持下，使本地计算机暂时成为远程计算机的终端，即一台计算机通过 Internet 连接到另一台远程计算机上并运行其系统的程序。在远程计算机上登录，必须事先成为该计算机系统的合法用户并拥有相应的账号和密码，然后按照系统提示在登录时输入用户名和密码。用户一旦成功实现远程登录，便可以实时使用该系统对外开放的功能和资源，如共享其软件、硬件资源和数据库，使用其提供的 Internet 信息服务等。

（4）文件传输服务

文件传输服务协议（File Transfer Protocol，FTP）提供了任意两台互联网计算机之间相互传输文件的机制，它是广大用户获得丰富的互联网资源的重要方法之一。

与互联网连接的两台计算机无论在地理位置上相距多远，只要它们都支持 FTP，就可以随时相互传送文件。文件传输可使用户把一个接入互联网的远程计算机中的文件复制到本地计算机中，即下载到用户计算机中，也可以把本地用户计算机中的文件复制到远程计算机中，即上传到远程计算机中。这时，用户的本地计算机称为 FTP 客户机，而远程计算机称为 FTP 服务器。采用 FTP 传输文件时，不需要对文件进行复杂的转换，因此具有较高的效率。

（5）网络社区

网络社区就是社区网络化、信息化，包括 BBS 论坛、贴吧、公告栏、群组讨论、即时通信、在线交友、个人空间、无限增值服务等。同一主题的网络社区集中了具有共同兴趣的访问者，远隔千里的人们可以通过网络社区进行交友、讨论问题、发布信息、传递文件、学习交流、聊天等。Web 2.0 使网络社区呈现巨大的商业价值。

2.2　Web 技术

2.2.1　Web 技术架构

Web 是 Internet 上最重要的服务之一，它是一种把所有 Internet 上现有资源全部连接起来，采用图形界面，融网络技术、超文本技术和多媒体技术为一体的信息服务系统，其目的是提供一个简便且相容的接口来利用 Internet 上的资源。

Web 是一种具有 C/S 结构的分布式超媒体系统，以 HTML 和 HTTP 为基础，能够向用户提供界面一致的各种 Internet 服务。Web 技术架构如图 2-11 所示。

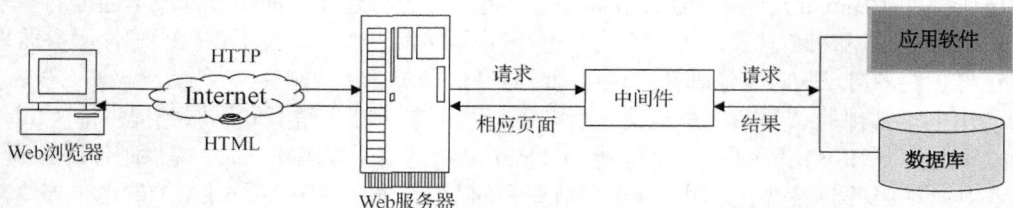

图 2-11　Web 技术架构

基于 Web 技术架构的原理：由 Web 浏览器向 Web 服务器发出 HTTP 请求，Web 服务器接到请求后，进行解释并做出相应的处理，并将处理结果以 HTML 的形式返回 web 浏览器，Web 浏览器对其进行解析并显示给用户。Web 服务器与数据库和应用软件的交互，必须通过中间件才能实现。完成整个通信过程涉及的组件和技术如下。

1. Web 浏览器

Web 浏览器是在客户机上显示 Internet 信息的软件。Web 浏览器为存取和显示内容提供一个图形使用界面，能够理解多种协议，如 HTTP、HTTPS（安全的超文本传输协议）、FTP 等；也能理解多种文档格式，如 HTML、XML 等；还可以根据对象类型调用外部应用程序。通常使用的浏览器有 Microsoft Internet Explorer（IE）、360 安全浏览器等。

2. Web 服务器

Web 服务器用来提供 HTTP 服务，是存储文件或其他内容的硬件和软件的结合。Web 服务器不仅能提供静态内容，即返回在 URL 里指定的文件内容，而且可采用 CGI 技术或 Java Servlet 技术从一个运行的程序里得出动态内容。现在的 Web 服务器通常还具备链接数据库的功能，提供 FTP 服务等，甚至还可作为代理服务器。

3. HTTP

HTTP 提供了一种能够让浏览器和服务器之间沟通的语言，它是建立在 TCP/IP 之上的应用协议，但并不是面向链接的，而是一种请求/应答式协议。它传输的资料可以是纯文本、超文本、影像及任何其他形式。Web 浏览器通常通过 HTTP 向 Web 服务器发送一个 HTTP 请求，Web 服务器接收到 HTTP 请求之后，执行客户所请求的服务，生成一个 HTTP 应答返给客户。

4. URL

URL 被称为资源定位器，用来唯一标识 Web 上的资源，包括 Web 页面、图像文件、音频文件、视频文件等。URL 的格式为"协议：//主机名<：端口号>/标识符"。其中，协议可以是 HTTP、HTTPS、FTP；主机名用来标识被请求的服务器；端口号通常为不同的协议保留；标识符说明被请求的内容，可以是文件名（含路径）或一个应用关键字加上一些信息。

5. HTML

HTML 是一种包含文字、窗体及图形信息的超文本文件的标记语言，它提供了一种将数据内容与显示分离开来的数据表示方法，旨在使 Web 页面能显示在任何支持 HTML 的浏览器中，而与联网的机器平台和处理程序无关。

6. 中间件

中间件为 Web 服务器与服务器中的数据库和其他应用程序建立桥梁，它可以调用 Web 服务器中的数据库数据和其他应用程序，常用的中间件有 CGI、开放数据库连接（Open Database Connectivity，ODBC）、Java 数据库连接（Java Database Connectivity，JDBC）、Web 应用程序接口（Web Application Programming Interface，Web API）等。

2.2.2 客户端技术

1. HTML

超文本标记语言（Hypertext Markup Language，HTML）是用于描述网页文档的一种标记语言。通过超文本标记语言符号的描述可以实现文字、表格、声音、图像和动画等多媒体信息的检索。超文本技术是在一篇文档中的某些词组或图片中暗藏着与其他文档的联系（即超级链接点），用户单击这些词组或图片就能简单而迅速地找到相关文档，并把它调来阅读或做其他处理。HTML 简单易学又通用，句法简明、紧凑。其扩充的表格、帧、脚本等功能，使它得以在 Web 主页上大显身手，但这种技术只能提供静态的信息资源，缺少动态的客户端与服务器端的交互。

2. XML

可扩展标记语言（Extensible Markup Language，XML）包括叠式页面（Cascading Style Sheets，CSS）以及动态超文本标记语言（Dynamic Hypertext Markup Language，DHTML）。这些语言从不同角度解决了 HTML 存在的问题。XML 有利于信息的表达和结构化组织，从而使数据搜索更有效；CSS 解决了 Web 页面的继承和显示问题；DHTML 则主要用于解决 Web 页面的动态显示问题。

3. JavaScript

JavaScrip 作为一种描述性的脚本语言，可以非常自由地嵌入到 HTML 的文件中，其作用是能够对浏览网页的用户所触发的事件（单击鼠标、表单输入等）做出反应并进行处理。因此，JavaScrip 的出现，使信息和用户之间不仅是显示和浏览的关系，还实现了实时、动态、可交互的表达方式，使静态的超文本标记语言页面也可提供动态的实时信息，并对用户操作进行反应。

2.2.3 服务器端技术

1. CGI

通用网关接口（Common Gateway Interface，CGI）是 Web 服务器生成动态页面最初采用的方法，是应用程序和服务器之间的接口标准。CGI 程序具有跨平台特性，但对每一个访问 CGI 程序的 HTTP 请求，服务器端都要生成一个进程来处理请求，这限制了服务器处理并发请求的能力，运行速度较慢，而且交互性差，所以这种以程序代码为中心的 CGI 方式不再是一种最佳选择。

2. Web API

Web 服务器提供商为扩展其服务器的性能，都各自开发 API 应用程序接口来取代 CGI。目前，最流行的两种 API 分别是微软的 ISAPI（Internet Server Application Programming Interface）和 Netscape 的 NSAPI（Netscape Server Application Programming Interface）。这两种接口可让开发者以标准方式编写 Web 服务器交互应用程序。

3. ASP

动态服务器网页（Active Server Pages，ASP）是微软推出的用以取代 CGI 的技术。它的出现使动态交互式 Web 网站的创建成为轻松愉快的工作，只要几行脚本语言，就能将后台数据库的信息发布到 WWW 网站上去，在编程和网页脚本的可读性方面大大优于传统技术方案。从本质上说，ASP 是一种在服务器上执行的脚本制作，其原理是在 HTML 的基础上附加 ASP 语法和脚本语言，然后由 Web 服务器解析成静态的 HTML 标准文件，返给浏览器。这些工作都是由服务器来完成的，和浏览器的版本及生产厂商无关。ASP 功能强大，但由于它是微软 WWW服务器 IIS（Internet Information Services）的一个组件，因此缺乏通用性。

4. PHP

PHP（Personal Home Page）也是一种服务器脚本语言，它是一种真正跨平台、跨服务器的开发语言，与 ASP 类似，但 PHP 是通过 Internet 合作开发的开放源代码软件。它综合了 C 语言、Java 语言和 PERT 语言的特点，有丰富的数据库操作函数，可以进行当前几乎所有的数据库操作，并且 PHP 为不同平台下的数据库设计了专门的函数，能与多种数据库直接互联，包括 Oracle、Sybase 和 MySQL 等，同时也支持 ODBC。

5. Java

Java 语言是一种支持网络计算的面向对象的程序设计语言，它既是一种跨平台的通用编程语言，又是一项运用于各种计算机网络的技术，它的出现掀起了 WWW 革命。Java 技术的应用范围已不仅仅在信息领域，而是涉及电器、信息综合服务、科学计算、软件生产等领域，前景广阔。

6. JSP

JSP（Java Server Pages，JSP）是由 Sun Microsystems 公司推出的新技术，它是基于 Java Servlet以及整个 Java 体系的 Web 开发技术，是一种动态网页技术标准。利用这一技术可以建立先进、安全和跨平台的动态网站。JSP 含有 ASP 的许多优点，它是在访问速度快、并发访问量大的情况下最适用的一种接口技术。JSP 使用灵活而强大的 Java 语言，已成为 Web 数据库接口技术的主流。

2.3 电子数据交换技术

2.3.1 电子数据交换的概念

电子数据交换（Electronic Data Interchange，EDI）是将计算机技术和通信技术高度结合，自动传递和处理商业信息的一项电子应用技术。它产生于 20 世纪 60 年代末期，从 20 世纪 80 年代起，逐渐在世界范围内蓬勃发展起来，对现代的商业贸易形式产生了深远影响。EDI 作为企业之间交易活动的主要技术，已经成为实施电子商务的重要手段。

联合国国际贸易法委员会 EDI 工作组从法律角度对 EDI 下了定义：EDI 是计算机之间信息的电子传递，并使用某种商定的标准来处理信息。

国际标准化组织（ISO）对 EDI 的描述是：将商业或行政事务处理按照一个公认的标准，形成结构化的事务处理或信息数据格式，从计算机到计算机的电子传输方式。由于使用 EDI 可以减少，甚至消除贸易过程中的纸面文件，因此，EDI 又被称为无纸贸易。

从上述 EDI 定义可以看出，EDI 包含通信网络、计算机应用系统和数据标准化三方面内容，其中，通信网络是实现 EDI 的基础；计算机应用系统是实现 EDI 的条件；数据标准化是实现 EDI 的关键。

本书认为：EDI 是基于一种公认的标准格式，通过计算机网络将贸易、运输、保险、银行、商检和海关等各相关部门或企业的信息，实现计算机系统之间的自动交换和处理，并完成以贸易为中心的全部过程。由此可以对 EDI 做以下解释。

（1）EDI 是计算机系统之间所进行的电子数据交换。

（2）EDI 是满足一定标准格式的结构化电子数据交换。

（3）EDI 是由计算机自动读取而无须人工干预的电子数据交换。

（4）EDI 是为了满足商业用途的电子数据交换。

2.3.2 电子数据交换系统

1. EDI 系统结构

在 EDI 工作过程中，EDI 参与者所交换的信息为报文，所交换的报文都是结构化的数据，整个过程都是由 EDI 系统完成的。EDI 系统一般由用户接口模块、内部接口模块、报文生成和处理模块、格式转换模块和通信模块五个部分组成，如图 2-12 所示。

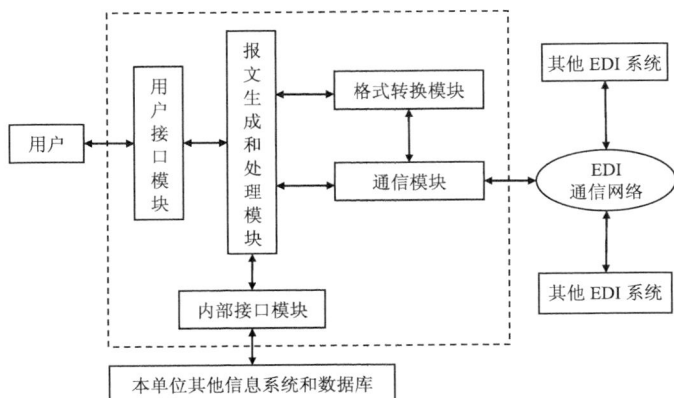

图 2-12　EDI 系统结构

（1）用户接口模块

用户接口模块是 EDI 系统与 EDI 用户的界面，用户通过该模块实现 EDI 的各种功能以及对数据的查询、统计等操作，了解本单位的情况，打印和显示各种统计报表，以便及时了解市场变化，调整经营策略。

（2）内部接口模块

内部接口模块是 EDI 系统和本单位内部其他信息系统及数据库的接口，一份来自外部的 EDI 报文，经过 EDI 系统处理之后，大部分相关内容都需要经内部接口模块被送往其他信息系统。

（3）报文生成和处理模块

报文生成和处理模块一方面接收来自用户接口模块和内部接口模块的指令和信息，按照 EDI 标准生成订单、发票等各种 EDI 报文和单证。这些报文和单证经格式转化模块处理后，由通信模块经 EDI 网络发给其他 EDI 用户；另一方面自动处理由其他 EDI 系统发来的报文。根据不同的报文类型，其应用不同的程序进行处理，如合同处理、发票处理等。在处理过程中它要与本单位其他信息系统相联，获取必要的信息给其他 EDI 系统答复，同时将报文中的有关信息送至相应的信息系统中。

（4）格式转换模块

格式转换模块将各种 EDI 报文按照 EDI 标准做结构化处理，按照 EDI 的语法规则进行压缩、嵌套和代码转换，并加上必要的 EDI 语法控制字符提交给通信模块，发送给其他 EDI 系统；或者将通信模块收到的结构化 EDI 报文进行解析，以便信息系统或数据库做进一步处理。在格式转换过程中要进行语法检查，对于语法出错的 EDI 报文应该拒收，并通知对方重发。

（5）通信模块

通信模块是 EDI 系统与 EDI 通信网络的接口，执行呼叫、应答、地址转换、寻址、自动重发、合法性和完整性检查，具有出错报警、自动应答、通信记录、差错校验等功能。

2. EDI 系统的构成

EDI 系统主要由 EDI 硬件和软件、EDI 标准和通信网络三大要素构成。

（1）EDI 硬件与软件

企业要实现 EDI，必须有一套计算机数据处理系统，包括硬件和软件。EDI 所需的硬件设备大致有计算机、调制解调器及电话线（或专线）；EDI 软件将用户数据库系统中的信息转换成电子数据交换的标准格式，并实现自动传输与交换。一般来说，每个企业的信息系统都有自己规定的信息格式。因此，当需要发送电子数据交换报文时，必须有相应的软件从企业的专有数据库中提取信息，并把这些信息翻译成电子数据交换标准格式后再进行传输，这就需要电子数据交换相关软件的支持。电子数据交换软件主要涉及转换软件、翻译软件和通信软件。

（2）EDI 标准

EDI 用于商业文件、单证的互通和自动处理，这不同于人机对话方式的交互式处理，而是计算机系统之间的自动应答和自动处理。因此，文件结构、格式、语法规则等方面的标准化是实现 EDI 的关键。随着全球经济的发展，国际标准的制定为国际贸易实务操作中各类单证数据交换搭起了电子数据通信的桥梁。

目前，国际上存在两大标准体系：①由美国国家标准局（American National Standards Institute，ANSI）主持制定的 X.12 数据通信标准，主要流行于北美；②由联合国欧洲经济委员会（United Nations/Economic Commission for Europe，UN/ECE）制定的 UN/EDIFACT 标准，主要流行于欧洲和亚洲。1992 年，美国 ANSI X.12 鉴定委员会投票决定，1997 年美国将用 UN/EDIFACT 标准代替现有的 X.12 标准，这使得以国际通用标准进行电子数据交换成为现实。

UN/EDIFACT 是行政、商业和运输用的电子数据交换的联合国规则，是在独立的计算机信息系统之间进行物品和服务贸易的结构化数据电子交换的一套世界范围内的统一标准、目录和指南，涵盖 EDI 网络通信标准、EDI 信息处理标准、EDI 联系标准和 EDI 语义语法标准等内容。目前，UN/EDIFACT 标准已被国际标准化组织接收为 ISO 9735 标准。

（3）通信网络

电子数据交换的通信环境由一个电子数据交换通信系统和多个电子数据交换用户组成。EDI 系统的开发和应用就是通过计算机通信网络实现的，它主要有以下三种方式。

① 点对点方式。点对点（Peer to Peer，P2P）方式是 EDI 双方用户按照约定的格式，通过通信网络进行信息的传递和终端处理，完成相互的业务交往所采用的一种数据交换方式。这种方式要求在贸易伙伴之间建立专用网络进行数据交换，其优点是安全性高。早期的 EDI 通信一般都采用此方式，但它有许多缺点，如当 EDI 用户的贸易伙伴不再是几个而是几十个甚至几百个时，这种方式就很费时，需要许多重复发送；同时这种通信方式是同步的，不适合跨国家、跨行业之间的应用。

② 增值网方式。增值网（Value Added Network，VAN）是那些增值数据业务（Value Added Data Service，VADS）公司利用已有的计算机与通信网络设备，除完成一般的通信任务外，增加 EDI 的服务功能所采用的一种数据交换方式。VADS 公司提供给 EDI 用户的服务主要是租用信箱及协议转换，后者对用户是透明的。信箱的引入实现了 EDI 通信的异步性，提高了效率，降低了通信费用。另外，EDI 报文在 VADS 公司自己的系统（即 VAN）中传递也是异步的，即采用的是存储-转发方式。

虽然许多应用 EDI 公司逐渐采用第三方网络与贸易伙伴进行通信，即增值网方式，但因为各增值网的 EDI 服务功能不尽相同，VAN 系统并不能互通，从而限制了跨地区、跨行业的应用。

③ 报文处理系统方式。报文处理系统（Message Handling System，MHS）是国际标准化组织（ISO）和国际电信联盟电信标准分局（ITU-T）联合提出的有关国际间电子邮件服务系统的功能模型，是以存储-转发为基础的、非实时的电子通信系统。它建立在 OSI 开放系统的网络平台上，适应多样化的信息类型，并通过网络连接，具有快速、准确、安全、可靠等特点，非常适合作为 EDI 的传输系统。MHS 为 EDI 创造了一个完善的应用软件平台，降低了 EDI 设计开发上的技术难度，并减少了工作量。ITU-T X.435/F.435 规定了 EDI 信息处理系统和通信服务，把 EDI 和 MHS 作为 OSI 应用层的正式业务。EDI 与 MHS 互联，可将 EDI 报文直接放入 MHS 的电子信箱中，利用 MHS 的地址功能和邮件传输服务功能，实现 EDI 报文的完整传送，极大地促进了国际 EDI 业务的发展。

2.3.3　电子数据交换的通信流程

当今世界通用的 EDI 通信网络是建立在 MHS 数据通信平台上的信箱系统，其通信机制是信箱间信息的存储与转发。具体实现方法是在数据通信网上增加大容量信息处理计算机，在计算机上建立信箱系统，通信双方需申请自己的信箱。其通信过程就是把文件传到对方的信箱中，文件交换由计算机自动完成。在发送文件时，用户只需进入自己的信箱系统。EDI 通信流程如图 2-13 所示。

1. 映射—生成 EDI 平面文件

EDI 系统将用户的应用文件（如单证、票据等原始单据）或数据库中的数据取出，用格式转换软件转换成一种标准的平面文件，这一过程被称为映射或格式转换。平面文件是用户通过应用系统直接编辑、修改和操作的单证和票据文件，它可以直接阅读、显示和打印输出。

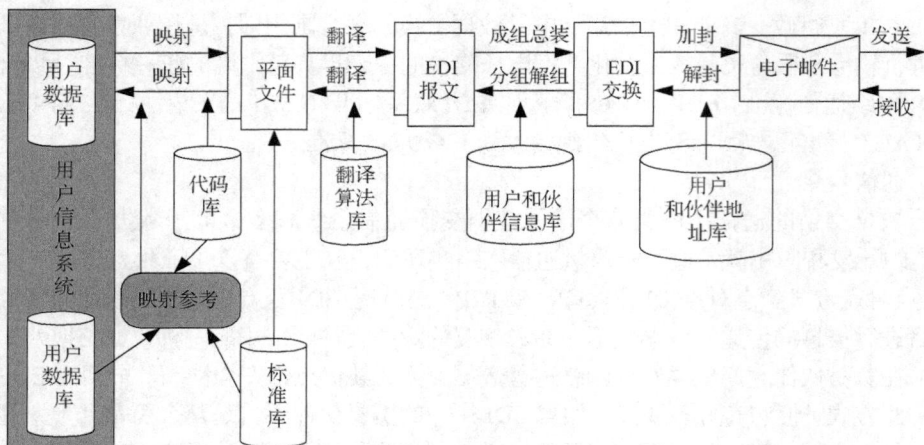

图 2-13　EDI 通信流程

2. 翻译—生成 EDI 标准报文

EDI 系统将平面文件通过翻译软件生成 EDI 标准报文。EDI 标准报文是按照 EDI 标准的要求，将平面文件中的目录项，加上特定的分隔符、控制符和其他信息生成的一种包括控制符、代码和单证信息在内的 ASCII 码文件。这种文件只有计算机才能阅读，是 EDI 用户之间进行贸易和业务往来的依据。

3. 通信—发送 EDI 标准报文

用户通过通信网络接入 EDI 信箱系统，将 EDI 标准报文投递到对方的信箱中。EDI 信箱系统通过通信软件自动完成投递和转接，并按照通信协议的要求，为电子单证加上信封、信头、信尾、投送地址、安全要求及其他辅助信息。

4. EDI 标准报文的接收和处理

接收和处理过程是发送过程的逆过程。首先需要用户通过通信网络接入 EDI 信箱系统，打开自己的信箱，将文件接收到自己的计算机中，使其经格式校验、翻译、映射还原成原始应用文件；然后对应用文件进行编辑、处理和回复。

2.4　新兴的电子商务技术

近年来，随着计算机技术、互联网和通信技术的不断发展与深度融合，一些新兴的电子商务技术出现了，其中 Web 2.0、云计算、物联网、移动商务等电子商务技术发展前景广阔。

2.4.1　Web 2.0 技术

1. Web 2.0 的含义

Web 2.0 是相对 Web 1.0 的新一类互联网应用的统称。Web 1.0 的主要特点是用户通过浏览器获取信息。Web 2.0 则更注重用户的交互作用，认为用户既是网站内容的浏览者，也是网站内容的制造者，即使用户由被动接收互联网信息向主动创造互联网信息发展，由单纯的"读"向"写"以及"共同建设"发展，更加人性化。

Web 2.0 是互联网的一次理念和思想体系的升级换代，由原来的自上而下的由少数资源控制者集中控制主导的互联网体系，转变为自下而上的由广大用户集体智慧和力量主导的互联网体系。抛开纷繁芜杂的 Web 2.0 现象，将其放到科技发展与社会变革的大视野下来看，Web 2.0 可以说是信息技术发展引发网络革命所带来的面向未来、以人为本的创新 2.0 模式在互联网领域的典型体现，是由专业人员织网到所有用户参与织网的创新民主化进程的生动注释。

Web 2.0 时代开创了网络交流与学习的新模式，基于 Web 2.0 的网络应用工具众多，如博客、微博、微信、简易信息聚合（Really Simple Syndication，RSS）阅读器、维客、网摘、社会网络、P2P、即时信息等。在 Web 2.0 模式下，互联网应用具有以下显著特点。

① 用户分享。用户可以不受时间和地域的限制分享各种观点，用户既可以得到自己需要的信息，也可以发布自己的观点。

② 信息聚合。信息在网络上不断积累，不会丢失。

③ 以兴趣为聚合点的社群。用户因对某个或者某些问题感兴趣而聚集在一起，在无形中产生了细分市场。

④ 开放的平台，活跃的用户。平台对于用户来说是开放的，而且用户因为兴趣而保持比较高的忠诚度，他们会积极参与其中。

2. Web 2.0 的主要特点

① 用户参与网站内容制造。与 Web 1.0 网站单向信息发布的模式不同，Web 2.0 网站的内容通常是用户发布的，为用户提供了更多参与的机会。例如，博客网站和 wiki 就是典型的用户创造内容的指导思想，而 tag（用户设置标签）技术将传统网站中的信息分类工作直接交给用户来完成。

② Web 2.0 更加注重交互性。Web 2.0 不仅实现了用户在发布内容过程中与网络服务器之间的交互，而且也实现了同一网站不同用户之间的交互，以及不同网站之间信息的交互。

③ 符合 Web 标准的网站设计。Web 标准是国际上正在推广的网站标准，通常所说的 Web 标准一般是指网站建设采用基于 XHTML 语言的网站设计语言。Web 标准中典型的应用模式是 CSS+XHTML，摒弃了 HTML 4.0 中的表格定位方式，其主要优点是网站设计代码规范，不仅减少了大量代码，而且加快了网站访问速度。更重要的一点是，符合 Web 标准的网站对于用户和搜索引擎更加友好。

④ Web 2.0 网站与 Web 1.0 网站没有绝对的界限。Web 2.0 技术可以成为 Web 1.0 网站的工具，一些在 Web 2.0 概念之前诞生的网站本身也具有 Web 2.0 特性。例如，B2B 电子商务网站的免费信息发布和网络社区类网站的内容也来源于用户。

⑤ Web 2.0 的核心不是技术而是指导思想。典型的 Web 2.0 技术体现了具有 Web 2.0 特征的应用模式。因此，与其说 Web 2.0 是互联网技术的创新，不如说是互联网应用指导思想的革命。

2.4.2 云计算技术

1. 云计算的含义

国际标准化组织（ISO）对云计算的定义是：云计算是指能通过网络访问可扩展的、灵活的、可共享的物理或虚拟资源池，并按需自助获取和管理这些资源的模式。这些资源包括：服务器、操作系统、网络、软件、应用和存储设备等。

该定义体现了云计算的六大关键特性，即多租用、资源池化、按需自助、快速弹性和可扩展、可测量服务、广泛的网络接入。

（1）多租用

通过对物理或虚拟资源分配，保证多个租户以及他们的计算和数据相互隔离且不能相互访问。多租用与多租户是完全不同的概念，多租户是指云服务用户的分组，而多租用的目的是服务多租户而实现数据隔离的技术。

（2）资源池化

计算资源被汇集成资源池，按照用户需要，将不同的物理和虚拟资源动态地分配或再分配给多个用户使用。

（3）按需自助

用户可以在需要的时候，无须服务供应商或信息技术支持人员的帮助，即可自助配置并迅速获得需要的计算能力。

（4）快速弹性和可扩展

用户使用的资源同业务需求的相一致，避免了因为服务器过载或冗余而导致的服务质量下降或资源浪费。对于用户来说，可供应的能力是无限的，可根据成长需要扩容。

（5）可测量服务

按需自助延伸出来就是度量，即计费问题。云计算本身具备计量能力，系统可以监视、控制和优化资源使用，并能够为供应商和用户提供详细的资源使用报表。云计算将 IT 变为按服务计费，同时也为云服务供应商带来了一种全新的赢利模式。

（6）广泛的网络接入

以前的 IT 以 PC 为客户端设计界面，应用都是以功能为中心。云计算后，服务能力都通过网络来提供，可将服务扩展到不同类型的客户端平台，如手机等。这种客户端的变化，使传统 IT 转变为以移动客户端为中心设计用户界面，同时使应用变为以用户为中心，从而使企业的 IT 应用方式得到创新。很多应用变成事件式的，可同时处理多个应用，提高 IT 处理能力，而这一切都是因为云计算服务可在网络中产生，并在网络中传递。

云计算的六大关键特性是相互关联、相互影响的。资源池化和多租用是基础，按需自助是驱动，快速弹性是保障广泛的网络接入是方式。例如，用户需要快速获取和弹性获取资源，只有快速供应、快速拓展，才能达到用户的按需自助。再如，资源池化之后，对于谁在用哪些资源，用了多少，如果没有计费就无法统计使用情况，无法回收成本。

2. 云计算的服务交付模式

云计算使用基础设施即服务、软件即服务、平台即服务的模式实现其商业运作，使用户节省投资与维护成本，快速、轻松地在不同设备之间共享数据和应用程序。

（1）基础设施即服务（Infrastructure-as-a-Service，IaaS）

在 IaaS 模式中，基础设施部分包括计算机、网络、存储、负载平衡设备、虚拟机等。用户通过 Internet 可以从完善的计算机基础设施中获得服务。这些服务于终端用户的硬件资源都可以按照他们的需求来扩展或收缩。

（2）软件即服务（Software-as-a-Service，SaaS）

在 SaaS 模式中，软件包括类似虚拟桌面、应用程序、内容资源管理、电子邮件等。云服务供应商负责安装、管理和运营各种软件，而用户则通过云来登录和使用这些软件。用户无需购买软件，而是向云服务供应商租用基于 Web 的软件来管理企业的经营活动，降低了软件（尤其是大型软件）的使用成本和管理维护成本，提高了软件使用的可靠性。

（3）平台即服务（Platform-as-a-Service，PaaS）

在 PaaS 模式中，云服务供应商通过提供工作平台来帮助用户，包括数据库、Web 服务、开发工具和操作系统等,客户无须手动分配资源。PaaS 实际上是指将软件研发的平台作为一种服务,以 SaaS 的模式提交给用户。因此,PaaS 可以加快 SaaS 的发展,尤其是加快 SaaS 应用的开发速度。PaaS 服务使得软件开发人员可以在不购买服务器等设备的情况下开发新的应用程序。

3.　云计算的部署模型

（1）公有云。在这种模式下,应用程序、资源、存储和其他服务都由云服务供应商来提供给用户,这些服务大部分都是免费的,也有部分按需、按使用量来付费,且只能使用互联网来访问和使用。这种模式在私有信息和数据保护方面比较有保证。

（2）私有云。这种云基础设施专门为某一个企业服务,不管是企业自己管理还是第三方托管,只要使用的方式没有问题,就能为企业带来显著的帮助。但这种模式运行的整套系统需要企业自己购买、建设、维护、纠错、检查等,安全问题也需要企业自己负责,一旦出现问题也只能是企业自己承担后果。

（3）社区云。这种模式建立在一个特定的小组里多个目标相似的公司之间,它们共享一套基础设施,所产生的成本也由它们共同承担。社区云的成员都可以登录云中获取信息和使用应用程序。

（4）混合云。混合云是两种或两种以上的云计算模式的混合体,如公有云和私有云混合。它们相互独立,但在云的内部又相互结合,可以发挥所混合的多种云计算模型的优势。

2.4.3　物联网技术

1.　物联网技术的含义

物联网技术是通过射频识别（Radio Frequency Identification,RFID）、红外感应器、全球定位系统（Global Positioning System,GPS）、激光扫描器等信息传感设备,按约定的协议,将任何物品与互联网相连接,进行信息交换和通信,以实现智能化识别、定位、追踪、监控和管理的一种网络技术。

物联网具备三个基本特征。

①　全面感知。通过射频识别、传感器、二维码、卫星定位等相对成熟的技术随时随地感知、采集、测量物体信息。

②　可靠传输。通过无线传感器网络、短距无线网络、移动通信网络等信息网络实现物体信息的分发和共享。

③　智能处理。通过分析和处理采集到的物体信息,针对具体应用提出新的服务模式,实现智能化的决策和控制。

2.　物联网的体系结构

典型的物联网体系结构分为三层,自下而上分别是感知层、网络层和应用层,如图 2-14 所示。

感知层通过传感网络采集所需的信息,用户在实践中可运用 RFID 读写器与相关的传感器等采集所需的数据信息,是实现物联网全面感知的核心能力,也是物联网中关键技术、标准化、产业化方面亟须突破的部分。其关键在于具备更精确、更全面的感知能力,并能解决低功耗、小型化和低成本问题。

网络层主要以广泛覆盖的移动通信网络作为基础设施,是物联网中标准化程度最高、产业化能力最强、最成熟的部分,能够为物联网应用特征进行优化改造,形成系统感知的可靠网络。

应用层提供丰富的应用,将物联网技术与行业信息化需求相结合,并实现智能化的应用解决方案。

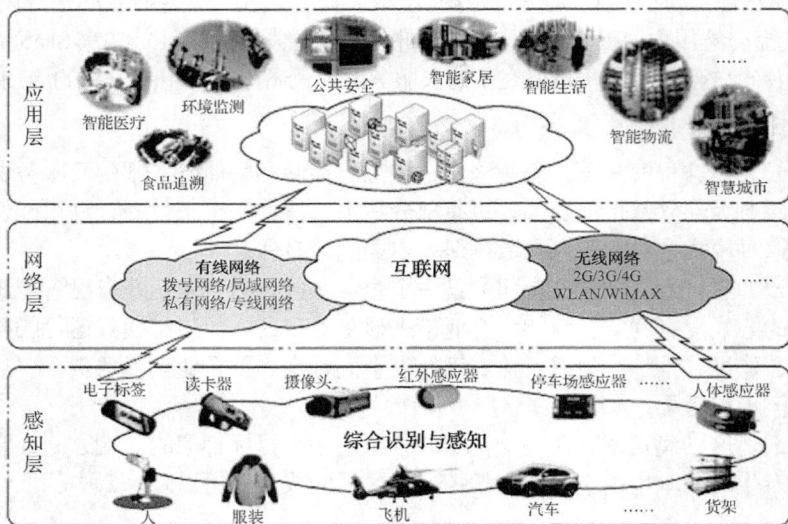

图 2-14　典型的物联网体系结构

3. 物联网的应用与前景

国际电信联盟在 2005 年的一份报告中曾这样描绘"物联网"时代的场景：当司机出现操作失误时汽车会自动报警；公文包会提醒主人忘带了什么东西；衣服会"告诉"洗衣机对水温的要求等。此外，中国移动也曾展示过物联网的应用：存栏动物被贴上二维码后，通过"动物溯源系统"，消费者可知道其成长历史；手机被贴上电子标贴，就有了"钱包"的功能；2 万台配电变压器配上传感器，一年可降低电能损耗 1.2 亿 kW·h……总之，物联网应用广泛，涉及工业控制、智能交通、智能农业、智能物流、智能家居、个人健康等多个领域。

"十二五"时期，我国在物联网发展政策环境、技术研发、标准研制、产业培育和行业应用方面取得了显著成绩，物联网应用推广进入实质阶段，示范效应明显，已成为推动经济社会智能化和可持续发展的重要力量。但从发展阶段来看，我国物联网仍处于应用层次偏低和向规模化探索的初期，技术成熟度不足造成的应用成本居高不下普遍存在，仍需以重大应用示范为先导，带动物联网关键技术突破和产业化发展，降低成本以促进应用规模化推广，形成规模化应用。现阶段多数物联网应用仍是在特定领域的闭环应用，行业壁垒和信息孤岛依然存在，跨领域跨行业的互通共享与应用协同明显不足，成为制约应用发展的重要因素。国家"十三五"规划纲要明确提出"发展物联网开环应用"，将致力于加强通用协议和标准的研究，推动物联网不同行业不同领域应用间的互联互通、资源共享和应用协同，通过开环应用示范工程推动集成创新，总结形成一批综合集成应用解决方案，促进传统产业转型升级，提高信息消费和民生服务能力，提高城市和社会管理水平。

2.4.4　移动商务技术

移动电子商务是利用手机、掌上电脑等无线终端设备进行的电子商务活动，它将互联网、移动通信技术、短距离通信技术和其他信息处理技术完美结合，使人们可以在任何时间、任何地点进行任何商贸活动，实现随时随地、线上线下交易、在线电子支付以及各种商务活动，体验相关的综合服务等。通过移动电子商务，用户可随时随地获取所需的服务、应用、信息和娱乐。实现移动电子商务的技术主要包括：无线应用协议（Wireless Application Protocal，WAP）、第三代（3G）和第四代（4G）移动通信网络、移动 IP 技术、蓝牙（Bluetooth）技术、移动定位系统技术。

1. 无线应用协议

WAP 是开展移动电子商务的核心技术之一。通过 WAP，各种无线设备可以随时随地、方便快捷地接入互联网，真正实现不受时间和地域约束的移动电子商务。WAP 是一种无线通信协议，它定义了一套软/硬件的接口，可以使人们像使用 PC 一样使用移动电话收发电子邮件和浏览网页。WAP 提供了一种应用开发和运行环境，能够支持当前最流行的嵌入式操作系统。在传输网络上，WAP 支持目前的各种移动网络，如 GSM、CDMA 等，也支持第三代（3G）和第四代（4G）移动通信系统。目前，许多电信公司已经推出了多种 WAP 产品，包括 WAP 网关、应用开发工具和 WAP 手机，向用户提供网上资讯、机票订购、移动银行、游戏、购物等服务。

2. 第三代（3G）和第四代（4G）移动通信技术

3G 移动通信技术是支持高速数据传输的蜂窝移动通信技术。3G 服务能够同时传送声音（通话）及数据信息（电子邮件、即时通信等）。3G 移动通信技术自 2009 年年初在中国应用以来，已经由最初的无限宽带上网拓展到了视频通话、手机电视、手机音乐、手机购物、手机网游、无线搜索等应用领域。

2014 年年初，中国进入 4G 时代。4G 集 3G 与无线局域网（WLAN）于一体，并能够传输高质量视频图像，具有兼容性更强、传输速率更快、网络频谱更宽、应用内容更广阔等优势。

3. 移动 IP 技术

移动 IP 技术是移动通信和 IP 的深层融合，也是对现有移动通信方式的深刻变革，它将真正实现语音和数据的业务融合，目标是将无线语音和无线数据综合到一个技术平台上进行传输。移动 IP 通过在网络层改变 IP 协议，从而实现移动计算机在 Internet 中的无缝漫游。移动 IP 技术使得节点在从一条链路切换到另一条链路上时无须改变它的 IP 地址，也不必中断正在进行的通信。因此，移动 IP 技术在一定程度上能够很好地支持移动电子商务的应用。

4. 蓝牙技术

蓝牙技术是一种支持设备短距离通信的无线电技术，它能在包括移动电话、无线耳机、笔记本电脑、相关外设等众多设备之间进行无线信息交换。利用蓝牙技术，能够有效地简化移动通信终端设备之间的通信，也能够成功地简化设备与 Internet 之间的通信，从而使数据传输变得更加迅速、高效，为无线通信拓宽道路。通俗地说，就是蓝牙技术使得现代一些容易携带的移动通信设备和计算机等，不必借助电缆就能联网，并且能够实现无线上网，其实际应用范围还可以拓展到各种家电产品、消费电子产品和汽车等，组成一个巨大的无线通信网络。蓝牙技术属于一种短距离、低成本的无线连接技术，是一种能够实现语音和数据无线传输的开放性方案。一般来说，蓝牙收发器的有效通信范围为 10m，信号强的可以达到 100m 左右。

5. 移动定位系统技术

移动定位系统技术是指通过特定的定位技术来获取移动手机或终端用户的位置信息（经纬度坐标），在电子地图上标出被定位对象位置的技术或服务。常用的移动定位系统技术有两种：①基于 GPS 的定位；②基于移动运营网基站的定位。基于 GPS 的定位方式是人们利用手机上的 GPS 定位模块将自己的位置信号发送到定位后台来实现移动定位的。基于移动运营网基站的定位则是利用基站对手机的距离进行测算来确定手机位置的。后者不需要手机具有 GPS 定位功能，但是精度很大程度上依赖于基站的分布及覆盖范围的大小，有时误差会超过 1km。前者定位精度较高。此外，还有利用 Wi-Fi 在小范围内定位的方式。

移动定位系统技术的应用领域非常广泛，如开展周边信息（就近的银行、餐馆、加油站等）的查找服务，本地黄页服务，小范围内的天气预报，就近的交通信息发布，定向广告和基于位置的电子赠券，与动态位置相关的会员俱乐部服务，位置格斗游戏，就近交友聊天业务，公众信息服务，紧急呼叫，如 110、119、120、122 等。

习题

一、基本概念

计算机网络　网络协议　TCP/IP　IP 地址　域名　域名解析　域名申请　Web　数据库　数据仓库　EDI　云计算　物联网　移动电子商务

二、单项选择题

1. 将网络中的所有设备通过相应的硬件接口直接连接在一条所有站点都可访问的主干电缆上而形成的网络拓扑结构是（　　　）。

    A. 星形结构　　　　　　B. 树形结构　　　　　　C. 总线型结构　　　　　D. 环形结构

2. OSI 参考模型将计算机网络划分为七个层次，其从低到高的正确顺序为（　　　）。

    A. 物理层-数据链路层-传输层-网络层-应用层-会话层-表示层

    B. 物理层-数据链路层-网络层-传输层-会话层-表示层-应用层

    C. 物理层-表示层-数据链路层-传输层-网络层-应用层-会话层

    D. 物理层-会话层-数据链路层-表示层-网络层-传输层-应用层

3. 五邑大学 WWW 服务器的 IP 地址 202.192.240.37 属于哪一类地址？（　　　）

    A. A 类地址　　　　　　B. B 类地址　　　　　　C. C 类地址　　　　　　D. D 类地址

4. IPv6 地址的容量是（　　　）。

    A. 2^6　　　　　　　　B. 2^{48}　　　　　　　　C. 2^{16}　　　　　　　　D. 2^{128}

5. 下列域名代表的网站属于教育机构的是（　　　）。

    A. jyj.jiangmen.gov.cn　　　　　　　　　　B. www.ehaier.com

    C. www.wyu.edu.cn　　　　　　　　　　　D. www.cnnic.net.cn

6. 关于 Web 技术架构，下列说法错误的是（　　　）。

    A.Web 是一种具有 C/S 结构的分布式超媒体系统

    B. Web 服务器可以直接与数据库和应用软件进行交互

    C. Web 技术架构是由浏览器向服务器发出 HTTP 请求

    D. Web 服务器返给 Web 浏览器的结果是 HTML 形式的网页

三、多项选择题

1. 外联网的实现方式包括（　　　）。

    A. 公共网　　　　　　　B. 专用网　　　　　　　C. 虚拟专用网　　　　　D. 内部网

2. 计算机网络系统的构成要素包括（　　　）。

    A. 服务器　　　　　　　B. 工作站　　　　　　　C. 网络操作系统　　　　D. 防火墙

3. 关于 TCP/IP，下列说法正确的有（　　　）。

    A. TCP/IP 采用的通信方式是分组交换方式　　B. TCP/IP 只包括 TCP 协议和 IP 协议

    C. TCP/IP 传输的数据单位是数据包　　　　　D. TCP/IP 传输的数据单位是比特

4. EDI 系统的构成要素包括（　　　）。

    A. EDI 硬件　　　　　　B. EDI 软件　　　　　　C. EDI 标准　　　　　　D. 通信网络

5. 下列哪些属于 Web 2.0 技术？（　　　　）
   A. 微博　　　　　　　　B. 维客　　　　　　　C. 微信　　　　　　　D. 电子邮件
6. 云计算的服务交付模式包括（　　　　）。
   A. 基础设施即服务　　　　　　　　　　　B. 软件即服务
   C. 平台即服务　　　　　　　　　　　　　D. 数据即服务
7. 关于物联网体系结构，下列说法正确的有（　　　　）。
   A. 物联网体系结构划分为感知层、网络层和应用层
   B. 感知层是通过传感网络采集所需要的信息
   C. 网络层包括各种网络设施，缺乏行业标准
   D. 应用层将物联网技术与行业信息化需求相结合，实现智能化的应用解决方案

案例分析

Stormhoek Winery利用Web 2.0工具脱颖而出

Stormhoek Winery 是南非的一家小型葡萄酒酿造公司，该公司策划了一个名为"百日百场宴会"的营销活动。每场宴会由一位志愿者做东道主，邀请几十位英国和美国的客人来品尝公司酿造的葡萄酒。该公司如何寻找充当东道主角色的人？如何为每一次活动组织 40～60 位客人呢？该公司的具体做法如下。

（1）博客。Stormhoek Winery 的母公司 Orbital Wines 的首席执行官和一位知名的博主麦克劳德（Macleod）合作发布了几十篇博文，专门介绍这次系列活动。用博客征集东道主志愿者，同时征集博主和热衷葡萄酒文化的志愿者。

（2）维客。公司用维客联系征集到的志愿者，告知活动地点和联系方式。维客主要用于客户关系管理。维客中包含了与葡萄酒文化相关的卡通图片和动画、各种娱乐活动和广告。

（3）播客。公司利用聚合网站（RSS）的技术上传内容，将信息有针对性地传递给参与者。这些信息包括葡萄酒新闻、葡萄酒分析报告以及这 100 场聚会的生动介绍。

（4）视频链接。公司博客支持视频链接。博主写博客的时候，可以将 You Tube 网站上视频的嵌入式链接直接粘贴到博文中。

（5）购物。博客网站是 Stormhoek Winery 公司的门户网站，消费者可以在上面订购葡萄酒，还可以购买为促销活动专门制作的各种 T 恤和挂件。

（6）混搭程序。通过利用混搭程序软件，将具有交互性的地图嵌入维客。这样，东道主可以展示一张有关活动举办地点的地图。客人可以单击地图上的活动进行预约，获得预约确认函，也可以向东道主发函询问，接收活动场所和主人的照片。公司的维客还提供东道主博客主页的链接。

最终，参与这次活动的客人多达 4 500 人，这种公共宣传活动使得 Stormhoek Winery 公司在两年内销售额增长了 3 倍（主要在英国）。使公司头疼的事情是博客中混入了一些垃圾信息，主要是有些商家把自己的促销资料也混进来了，这就需要管理人员每天从上传的帖子里删除那些不相关的信息。

【问题讨论】
1. Stormhoek Winery 公司利用了哪些 Web2.0 工具，这些工具分别发挥了什么作用？
2. Web2.0 的核心理念是什么？你认为该公司采用 Web 2.0 技术为什么能提高销售额？

📖 拓展学习

网站建设的一般步骤

网站建设的一般步骤包括：网站设计、域名注册、选择主机的使用方式、网页的设计制作与上传、网站优化、网站推广、网站维护与管理。

1. 网站设计

一个成功的网站首先需要一个优秀的设计方案，然后辅之优秀的制作。设计方案是网站的核心和灵魂，一个相同的设计方案可以有多种制作表现方式。一般，网站设计需要考虑的内容有定位网站主题和名称、定位网站形象、确定栏目和版块、网站的功能设计、网站的整体风格创意设计、网站的层次结构和链接结构、首页设计、版面布局和色彩搭配等。

2. 域名注册

域名已被誉为企业的网上商标，而域名的重要性和价值也已经被全世界的企业所认可。在域名的选择中，要避免难以记忆和过长的域名。大家可以选择万网、时代互联、易名中国等域名代理机构，查询了解其所提供的域名服务项目及业务流程。

3. 选择主机的使用方式

（1）虚拟主机

虚拟主机是指将一台 UNIX 或 Windows NT 系统整机的硬盘分区，分区后的每块硬盘空间可以被配置成具有独立域名和 IP 地址的 WWW、E-mail、FTP 服务器。用户浏览这样的服务器时，是看不出来它是与别人共享一台主机系统资源的。在这台机器上租用空间的用户可以通过远程控制技术，如远程登录（Telnet）、文件传输协议（FTP）全权控制属于他的那部分空间，如信息的上传下载，应用功能的配置等。虚拟主机拥有一个独立站点，其性价比远高于你自己建设和维护一台服务器，这种建立站点的方式目前被越来越多的企事业单位所采用。

（2）主机托管

主机托管是指用户拥有一台服务器，把它放置在机房进行托管服务，用户可以自己进行远程维护或者由其他签约人进行远程维护。专用托管服务器享受 7×24h 全天候值班监控服务，享有稳定的网络带宽、恒温、防尘、防火、防潮、防静电等专业服务器运行环境。

（3）专线上网

即通过申请相应速率的 DDN 线路连接到 Internet 上。通过这条专线，服务器就可以被 Internet 用户访问了。在这种方式下，用户的服务器放在自己的机房中，方便维护和管理，但要申请数据线路。

4. 网页的设计制作与上传

网页设计制作的工具软件有很多，最常用的有 FrontPage 和 Dreamweaver 等。网页制作的技术也有很多，如 DHTML、Flash 等。网站的页面编制完成后，下一步就是将网页传送上网，即将页面文件上传至 Web 服务器上。

5. 网站优化

网站制作完成后，需要对网站主页下载时间、有无障碍链接、不同浏览器的适应性、对搜索引擎的友好程度、HTML 设计水平等多角度进行优化。

网站是否优化是影响其在搜索引擎上排名的最主要因素。进行网站优化的目的就是使网站对搜索引擎是很友好的，这样可以帮助网站在各个搜索引擎上获得比较好的排名。

电子商务概论——基础、案例与实训（微课版）

6. 网站推广

网站推广的目的在于让尽可能多的潜在用户了解并访问网站，通过网站获得有关产品和服务等信息，提高网站的访问量和知名度。网站推广需要借助一定的网络推广工具和资源，常用的网站推广工具和资源包括搜索引擎、分类目录、电子邮件、网站链接、在线黄页和分类广告、电子书、网络广告媒体、传统推广渠道等。所有的网站推广方法实际上都是对某种网站推广手段和工具的合理利用，因此制定和实施有效的网站推广方法的基础是对各种网站推广工具和资源的充分认识和合理应用。

7. 网站维护与管理

好的网站不可能一成不变。由于市场在不断变化，网站的内容也需要随之进行调整，给人常变常新的感觉，这样才会更加吸引访问者，给访问者良好的印象。因此，对网站进行长期不间断的维护与管理十分必要。网站的日常维护与管理主要包括：监视网站运营状况、网站运行统计数据分析、搜索引擎数据跟踪分析、网站内容更新等。

拓展训练

通过用户需求调查分析，设计一个电子商务网站或 App（包括功能模块、业务流程和界面设计等），并撰写一份设计方案。

第3章 网络经济理论基础

📁【本章导读】

在经济全球化的今天，以互联网为核心的网络经济，在受到 2001 年互联网泡沫的影响后，凸显了对于经济增长的重要意义。1995—2001 年，许多电子商务公司依赖持续的网络效应来获得市场份额，甚至不惜以长期净亏损经营为代价，"快速变大"成为这类公司的共性。科技与新兴的互联网相关企业股价的飙升和买家炒作的结合助推了当时由.com 概念产生的互联网投机泡沫。2000 年 3 月 10 日，在纳斯达克（National Association of Securities Dealers Automated Quotations，NASDAQ）指数达到了 5 132.52 的最高点时，互联网泡沫达到顶峰。随着美国联邦储备系统（the Federal Reserve System）货币政策的紧缩，互联网经济泡沫于 2000 年 3 月—2002 年 10 月逐步破灭。但有研究表明，仍有约 50%的网络公司渡过了 2004 年，少数典型的.com 公司不仅存活下来，而且发展得很好，如 Amazon 和 eBay。由此可见，网络经济具有长期的增长潜力，电子商务作为网络经济环境下的新型商业模式，也具有更长远的发展前景。

📁【学习目标】

- 理解网络经济的内涵及其与传统经济的区别。
- 能够区分数字产品的不同类型。
- 熟悉数字产品的物理特性和经济特性，并能够借此分析其运营策略的合理性。
- 掌握网络经济的市场运行规律，并能够据此分析网络经济的市场现象。
- 熟悉网络经济下寡头垄断市场的形成机制，并能够分析数字产品市场结构的形成过程。
- 能够借助网络渠道，调查分析某特定数字产品的用户使用情况和需求特点。

💼 引导案例

微博的兴衰沉浮

2010 年微博迎来春天，微博像雨后春笋般出现。相关公开数据显示，截至 2010 年 1 月，微博在全球拥有 7 500 万注册用户。2012 年 1 月，中国互联网络信息中心发布的第 29 次《中国互联网络发展状况统计报告》显示，截至 2011 年年底，我国微博用户数达到 2.5 亿，较 2010 年年底增长了 296.0%，网民使用率为 48.7%。

新浪微博得益于抢占了市场先机，在短短几年时间内就为新浪诞生下一个价值几十亿美金的"金蛋"。腾讯拥有近 7.5 亿的 QQ 注册用户和 3 亿左右的活跃用户，这部分人群由于受潮流趋势的影响而开通腾讯微博。用户通过腾讯微博能够与 QQ 好友和其他腾讯微博用户进行信息分享。企业用户通过注册腾讯微博，能够迅速提高企业的知名度和企业核心竞争力。个人用户通过腾讯微博，也能进行个人推广。很多社会事件的揭露信息都来自于微博平台。截至 2013

年 6 月，中国微博用户规模达到 3.31 亿人，仅微博每天发布和转发的信息就超过 2 亿条。当时，绝大部分政府部门也开通了政府门户网站，政务微博认证账号超过 24 万个。微博在全盛时期的网民使用率达到了 56%。

伴随着微信、易信等即时通信工具的诞生，微博逐渐开始衰落。2014 年 1 月，CNNIC 发布的第 33 次《中国互联网络发展状况统计报告》显示，2013 年，微博、社交网站和论坛等互联网应用使用率均下降，微博用户规模较 2012 年年底减少 2 783 万人，微博使用率比 2011 年降低 9.2%，而整体即时通信用户规模在移动端的推动下提升至 5.32 亿人。

2014 年 7 月 23 日，腾讯正式宣布将腾讯网与腾讯微博团队进行整合，退出微博。2014 年 8 月，新浪微博公布第二季度财报，显示当季实现了净营收 7 730 万美元，同比增长 105%，但仍有 1 540 万美元的亏损，其月活跃用户也出现了增长速度放缓的迹象。

Twitter 宣布从 2014 年 3 月起，将 140 个单词的信息发布限制放开至 1 000 个字。在此之后，微博运营方也宣布于 2015 年 1 月 21 日取消 140 个字的发文限制，最长文字数可达 2 000 个字，超越了 Twitter，大有一步到位的意思。不过，以现在微博使用情况看，这种在字数上放开原有博客长度的措施，可能已经挽救不了微博的式微之势了。

当用户扭头走开时，微博的发文限制是多少字又有何意义？即使微博的平台功能恢复如初，离场用户的时间已经交给其他社交平台了。

【案例启示】

微博短暂的兴衰史，实际上也给现今火爆的其他社交平台以前车之鉴。如果微博仅仅依靠网络外部效应扩大用户基础，而不能及时捕捉用户的新需求，与时俱进的加以革新，那么，微博的衰落也是大势所趋。

3.1　网络经济概述

3.1.1　网络经济的内涵

我国著名经济学家乌家培教授提出，网络经济有狭义和广义之分。侠义的网络经济是指基于互联网的经济活动，如电子商务、网络投资和网络消费等网上活动。广义的网络经济是指以信息网络为基础或平台，以信息技术和信息资源的应用为特征，信息和知识起重大作用的经济活动。

根据乌家培教授对网络经济的界定，从宏观角度看，网络经济反映了一种新的经济形态，在这种经济形态下，人类正以网络为手段改变着社会生产和生活方式；从中观角度看，网络经济以信息技术产业和信息服务产业为主导产业，以信息和知识为主导资源；从微观角度看，网络经济是经济主体通过计算机信息技术和网络平台进行的资源分配、生产和消费等各种经济活动。

3.1.2　网络经济与传统经济的区别

网络经济不是与传统经济完全对立的纯粹的虚拟经济，它是经过以计算机为核心的现代信息技术提升的，在传统经济基础上产生的高级经济发展形态。相比于传统经济，网络经济不仅具备劳动生产率高、创造财富快的特点，还会促进经济的高增长、高就业和低通胀，使经济周期平缓波动。网络经济与传统经济的差异如表 3-1 所示。

表 3-1　网络经济与传统经济的对比

概念对比		经济原理对比	
传统经济	网络经济	传统经济	网络经济
企业	虚拟企业	物质资源起决定作用	信息资源起决定作用
空间	虚拟空间	产品和服务、生产者和消费者分离、企业与企业处于分离状态	产品和服务、生产者和消费者、企业与企业处于边界模糊状态
营销	网络营销	供给不足，以供给为中心	需求不足，以需求为中心
制造	灵活制造	稳定均衡	不稳定均衡
规模经济	差别规模经济	边际效用、边际收益递减	边际效用、边际收益递增
劳动分工	知识分工	边际成本递增	边际成本递减
经济管理	知识管理	产品竞争	网络竞争
竞争	网络竞争	负反馈	正反馈
贫富差距	数字鸿沟	规模收益经历递增、不变和递减三个阶段	规模收益递增
大规模生产	个性化定制	垄断受到限制	垄断是竞争的结果
劳动生产率	知识生产率	垄断会降低社会福利	垄断会提高社会福利
劳动价值	知识价值	有形资产是企业的主要资产	无形资产是企业的主要资产

传统经济边际效用
递减规律

传统经济边际收益
递减规律

3.2　数字产品

3.2.1　数字产品的类型

数字产品是被数字化的信息产品，是信息内容基于数字格式的交换物。数字化是指将信息转换成二进制格式的过程。因此，任何可以被数字化和用计算机进行处理或存储，通过数字网络来传输的产品都可以归为数字产品。

根据数字产品的用途和特点，数字产品可分为内容性产品、交换工具、数字过程和服务三种类型。

1. 内容性产品

内容性产品是指表达一定内容的数字产品，主要有文字、音乐影像、应用软件三种代表形式。这类产品的价值都基于其信息内容，内容的差异造成了产品价值的差异。

文字包括新闻、电子书、期刊、用户手册等。网络环境中，大量的新闻信息被数字化，网络新闻由于传播速度快、时效性强而受到消费者的青睐；海量的书籍被数字化，可供消费者选择的书籍种类更多、范围更广，从小说到学术著作应有尽有。网络中娱乐性产品数不胜数，电影、音乐、图片等都可以被制作成数字格式在网上传播，供消费者下载。应用软件具备科技含量高的特点，为人们的决策活动提供支持，其内容具有更高的价值。

2. 交换工具

交换工具是代表某种契约的数字产品，如数字门票、电子货币、电子票据、电子凭证等，这是传统有形金融工具或货币的概念化和数字化。

随着互联网、个人计算机和网络银行终端的渗透和普及，数字化交换工具在现代商业社会中的作用越来越突出。从数字化银行卡等金融交换工具到数字化高速公路缴费卡等运输交换工

电子商务概论——基础、案例与实训（微课版）

具，从政府公共管理事务活动的交换工具到社区活动交换工具，数字化交换工具提高了社会运行效率，降低了社会交易成本。例如，航空公司采取电子客票方式取代传统的纸张售票来提高管理效率和降低交易成本。

3. 数字过程和服务

数字过程和服务是指没有实体存在，但可以通过网络发生交互行为的过程，如电子政务、远程教育、在线游戏、在线医疗等。一方面，数字过程必须由软件来驱动。例如，当用户用超星阅读器阅读网上数字图书馆的书籍时，必须首先启动超星软件。用户只有启动了该软件，才有可能登录数字图书馆阅读电子书籍或查询资料。这里，启动超星软件就是一个数字过程；类似地，用户在网上试听歌曲前先要启动相应的音频播放软件，这也是一个数字过程。另一方面，数字过程是交互式的。数字过程往往不能依靠软件单独完成，软件的作用只是激发数字过程的发生，完成数字过程需要人的参与。例如，当玩家进行在线游戏时，游戏软件只是提供了一个游戏操作平台，真正的游戏主体是玩家。其他许多类似的例子如用软件发送电子邮件、填写在线表格、参与在线商品拍卖和参与远程教育等，都需要人作为主体参加，软件不过是启动数字过程的工具。在线服务往往是由数字过程与人的参与相互结合而发生的。

3.2.2　数字产品的特征

1. 数字产品的物理特征

数字产品作为一类特殊的数字化信息产品，不再需要通过实物的形式提供，而是通过计算机网络传送的方式进行传播。从物理属性上看，数字产品具有如下特征。

数字产品的物理特征

（1）不易破坏性

数字产品的存在依托于一定的物理载体，如 MP3 文件存储在硬盘上，在线报纸通过网络传播而内容储存在服务器中。数字产品的这种物理载体是可损坏的，但数字产品本身是不易破坏的。只要数字产品被正确地使用和存储，且其物理载体没有问题，那么，无论使用多久或使用多频繁，其质量或使用价值也不会下降。显然，数字产品没有耐用和不耐用之分，也没有新旧之别。

数字产品的不易破坏性对客户而言，保证了数字产品质量的稳定性，并且可以长期使用，这限制了客户的重复购买行为。例如，当客户购买了一套金山词霸后，通常不会在一段时间后再购买同一版本的金山词霸，因为不论使用时间多长，使用频率多高，客户完全可以忽略数字产品质量的下降程度。对于生产商而言，由于不易破坏性导致客户对于同一种数字产品只会购买一次，所以增加数字产品的销售量只能通过拓展新市场，而不能通过客户的重复购买来实现。

针对这种情况，数字产品生产商通常采取两种策略：①通过持续创新不断提高产品性能、扩充产品信息量来将产品升级换代，以吸引更多的新客户，并使购买了旧版本的老客户再次购买新版本的数字产品。②采用许可使用策略，让客户通过定期（按月或按年等）交费的方式来获取数字产品的持续使用权。

（2）可改变性

数字产品的内容可以随时修改，这种修改可能是善意的，也可能是恶意和无意的。在生产过程中，数字产品生产商可以根据客户的需求进行修改，也可以在后续的生产中对产品进行升级；在传输过程中，数字产品的内容和真实性也可能会被改变，造成产品的失真；在数字产品到达客户手中时，数字产品也可能被客户改变，这将使生产商难以在用户级别上控制其产品的完整性。

在生产过程中，一方面生产商可以按照客户的需求对产品进行定制化和个性化。例如，管

理信息系统的生产商可以根据客户要求在软件的基本功能上，通过增加部分特殊功能以适应不同客户的具体业务需要，还有在线新闻定制、数字图书馆的定制服务等；另一方面可以通过远程修改对数字产品进行在线升级换代，这样既可以节省生产商的服务成本，又有利于提高客户的使用效率。

在传输过程中，如果有人想进行恶意修改，那么就会给客户带来负面效应，如病毒程序、黑客程序都是利用了数字产品的这一特性。加密技术可以提供传输过程中的保密功能，防止数字产品被恶意修改。

在客户端，客户的随意修改会产生盗版产品，从而对销售市场造成不利影响。数字产品生产商不希望客户能够轻易地修改他们产品的内容，往往采取一系列的加密技术、合同约束或者其他措施来控制客户端的修改，但生产商还是难以完全控制客户端未经授权的修改和复制。

（3）低成本复制性

数字产品的复制特指边际成本几乎为零的低成本复制。例如，网景公司生产第一套网络浏览器花费了 3 000 万美元，而复制这样一套软件的成本仅约 1 美元。由此可见，与高额的、固定的初始投资相比，复制的成本可以忽略不计。数字产品的生产商在做了最初的固定投资后，生产的边际成本几乎为零，产品价格一旦确定，固定成本就决定了达到收支平衡所需的最低销售量。

数字产品的低成本复制性是一把双刃剑，一方面，数字产品能够被轻易地复制、储存和传输，生产商可以通过大量销售获取丰厚的利润；另一方面，低成本复制也导致了数字产品的易仿性，给盗版活动提供了边际生产成本低的制造基础，若盗版猖獗，侵蚀市场，会给真正的生产商带来巨大的经济损失。

针对数字产品低成本、易复制的不利一面，生产商可以采取多种措施来防止数字产品在客户端被非法复制。例如，借助持续改变或改良产品，从而使复制变得毫无价值或不再适用；采用加密等技术手段来进一步限制非法复制行为；使数字产品只能由特定的程序阅读，如 PDF 文件只能由 Acrobat Reader 阅读，增加数字产品的复制成本；将产品与某些服务捆绑销售，这些被捆绑的服务往往是非法复制者无法提供的；通过版权法等知识产权法律手段限制非法复制，维护自己的经济利益。

（4）快速传播性

速度优势是数字产品所特有的。数字产品通过网络可以在极短的时间内，在不同地区、不同客户之间进行交换和共享，具有非数字产品无法比拟的速度优势。例如，在线购买数字产品可以减少客户的搜索成本，并可以在短时间内使产品通过网络到达客户手中，缩短了客户等待产品的时间成本。

综上所述，数字产品的物理特征既可能给数字产品生产商带来丰厚的利润，也可能使他们蒙受经济损失，既可能给数字产品生产商带来速度优势，也可能给他们的潜在竞争者提供进入市场的便利条件。在网络经济中，生产商如何把握好数字产品的物理特性，并充分利用基于这些物理特性所形成的经济特性来实现利润最大化才是关键。

2. 数字产品的经济特征

在网络经济中，价值创造以数字信息的形式存在，而数字产品与传统实体产品相比，具有自己的特点，这使得应用传统经济理论解决网络经济中的生产与消费问题具有一定的困难。因此，在了解数字产品物理特征的基础上，还需要进一步分析其经济特征。从经济属性上看，数字产品具有以下特征。

（1）特殊的成本结构

对传统的实体产品而言，可变成本在总成本中所占比重较大，固定成本则相对较少，边际成本呈现先减后增的趋势。数字产品成本结构的特殊性主要表现为固定成本投入占绝大部分，而一旦新的产品开始生产，可变成本投入就几乎没有或者很少，而且也没有生产能力的限制。例如，好莱坞拍摄一部大片需要花费几千万元甚至上亿元资金，研发一套软件需要几个月甚至几年的时间，而且还需投入大量的人力、物力，但是一旦电影拍出来，软件研发出来了，刻成影碟、光盘的成本仅是少量的材料费和人工费，和巨额的原始投入比起来微乎其微，如果是直接复制或在网上下载，则边际成本更是为零。

以软件为例，下面分析数字产品的成本曲线，假设 Q 为产量；TC 为总成本，TFC 为总固定成本，TVC 为总可变成本；AC 为平均成本，AFC 为平均固定成本，AVC 为平均可变成本；MC 为边际成本，则根据微观经济学的理论有：$TC=TFC+TVC$，$AC=AFC+AVC$，$AVC=TVC/Q$，$MC=\triangle TC/\triangle Q=AVC$。

软件生产的固定成本主要包括初始高额的研发费用、设备购置费用。固定成本表现为沉没成本，即已经付出且不可收回的成本。当第一套软件产品开发出之后，继续生产的可变成本包括材料、人工操作以及维护升级等费用。根据图 3-1 分析，在生产出第一套软件后，随着产量的增加，平均固定成本 AFC 必然逐渐降低，从而 AFC 曲线表现为不断下降并无限接近于横轴的一条双曲线，这与传统微观经济学中的 AFC 曲线的形状基本相同。之后生产第 2 套、第 3 套、……、第 N 套产品的可变成本是微乎其微的，平均可变成本 AVC 为生产单套软件的可变成本，其曲线为一条与横轴重合或略高于横轴的直线，这与传统微观经济学中先降后升的 U 型 AVC 曲线大相径庭。又由于每多生产一套软件所需增加的投入等于生产单套软件的可变成本，所以 MC 曲线与 AVC 曲线重合，这也与传统微观经济学中先降后升的 MC 曲线截然不同。

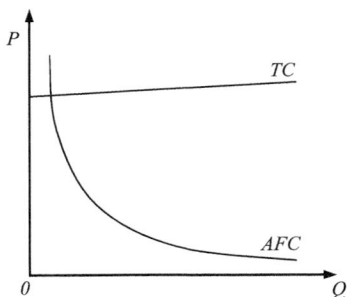

图 3-1（a） 数字产品总成本和平均固定
成本曲线

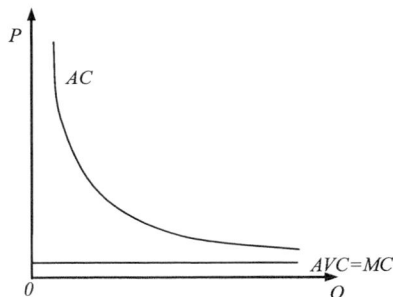

图 3-1（b） 数字产品平均成本、平均可变成本
和边际成本曲线

综上分析，数字产品的成本结构表现为高额的固定成本，极低的可变成本和边际成本。可变成本和边际成本与高额的固定成本相比，几乎可以忽略不计。数字产品这种特殊的成本特性对于市场的影响是双边的。

一方面，边际成本趋近于零，使得生产商不受固定资产折旧和持续生产能力的限制，意味着一种几乎没有限制的规模经济，即生产得越多，总平均成本就越低。这一特性产生了先进入者垄断市场的可能性。在这种情况下，一旦先进入者面临着潜在竞争者，就完全可以凭借其成本优势，以极低的边际成本对抗新进入者高昂的研发成本，从而以大幅降价的方式甚至接近于免费的程度抢占市场份额，搭建起一道很高的市场进入壁垒，把潜在竞争者挡在门外，表现出抢先优势。

另一方面，由于固定成本大多数为沉没成本而边际成本趋近于零，这使得后进入者的模仿成本很低，一旦先进入者的数字产品被模仿或仿制，其已经投入的大量研发成本将难以收回。

因此，如何保护知识产权是先进入者面临的主要问题。

（2）公共产品特性

公共产品具有非竞争性和非排他性。非竞争性是指一个人对某产品的消费，不会影响其他人对该产品的消费。非排他性是指产品在消费过程中所产生的利益，不能为某个人或某些人专有，不可能将部分人排斥在消费过程之外。

非竞争性表明网上的内容或服务可以同时供所有客户使用，并且任何客户对该产品的使用都不会影响其他客户的使用，即增加一个客户所增加的边际成本接近于零。但是这种非竞争性是相对的。如果上网人数不断增加，就会造成网络拥塞，加大服务器承受的数据压力，此时增加一个客户的边际成本将为正。

非排他性表明数字产品不会被任何经济主体完全独占，其交易一旦达成，供给方就丧失了从该数字产品获得利益的排他性权利，需求方处于和供给方相同的地位，他们拥有的数字产品是同一的、无差别的。因此，保护数字产品知识产权的技术难度很大，但非常重要。

（3）经验产品特性

经验产品特性是指消费者要在使用过产品或服务后才知道它们的真实价值。数字产品之所以具有"经验产品"的性质，是因为一方面，数字产品的价值和载体相互独立，客户不能根据数字产品的外观直接判断其真正价值；另一方面，数字产品的价值一般都体现在数字产品消费后，给客户带来的知识改变、情感体验或经营决策指导作用。

数字产品的这一特性使产品供应商面临一道难题：相当一部分客户担心在购买这些数字产品以后，发现它不值自己付出的价格和使用时间，因此在购买之前相当谨慎。目前的数字产品供应商为了解决这一难题，通常采取两种策略：①通过一定的途径把"适量"信息免费提供给客户，让客户在使用之前明确获知产品的质量，从而激发客户的购买欲望。许多供应商通过提供产品的目录、摘要，或者提供低级测试版本等手段来消除客户对产品质量感知的不确定性。②塑造消费者信赖的品牌，通过品牌和信誉克服经验产品的销售难题。当然，品牌的建立需要一个长期的过程和持续的努力，但这种方法也更有效。

（4）个人偏好依赖性

数字产品对不同需求偏好者的使用价值是不同的，有的信息具有娱乐价值，有的信息具有观赏价值，有的信息具有教育价值，还有的信息具有商业价值。但是，客户之所以愿意为获得这些信息而付出代价，依赖于他们从产品中获得的效用。由于客户需求的个性化日益显著，数字产品的需求更容易受客户偏好的影响。因此，数字产品的销售也要依赖客户信息，可以根据客户类型或其他身份信息进行产品定制和差别定价。例如，在贺卡站点，客户可以根据自己的偏好和收卡人的特点对同一张贺卡配以不同的背景、动画、音乐，以及祝福语等；在交互式的数字游戏中，在线游戏玩家可以根据自己的爱好选择不同的难度、通关、游戏地图等。这些都是数字产品供应商提供给客户的个性化服务。对于差别化的数字产品，供应商应根据客户的评估意见或边际支付意愿而不是边际成本来制定价格。数字产品对客户个人偏好的依赖性导致数字产品市场易于出现范围经济。

（5）时效性和累积效应

许多信息产品的价值依赖于提供信息的时间，如股票指数、气象信息、有时间限制的凭证和票据等。通常，网络上的某些实时信息需要客户通过付费来获取，而对于相对滞后的信息，客户只需支付较低的费用，甚至免费就可获取。这样，信息提供者就可以为提早送达信息而收取溢价。这些都说明了数字产品的时效性特征。例如，某金融网络公司提供证券信息服务，客户每月支付 50 美元就可以使用即时指数，而对有 20min 延迟的信息服务只索取 8.05 美元的费用。同时，数字产品又具有累积效应特征。过期的数字产品不一定是无用的。例如，历年的市场信息虽然对当前不再实用，但可以归档用来预测和分析未来的市场趋势。这种过期信息用作归档的价值在于积累效应。因此，数字产品的时效性和累积效应是影响其定价的重要因素。

（6）网络外部性和正反馈效应

① 网络外部性。1985 年，卡茨和夏皮罗在 *The American Economic Review* 上公开发表的论文中给出了网络外部性的正式定义：一个客户消费一单位某产品的效用随着消费该产品的客户数量的增加而增加。网络外部性分为直接网络外部性和间接网络外部性。直接网络外部性是指由于消费某产品的客户数量增加而导致该产品价值的增大；间接网络外部性是指随着消费某产品客户数量的增加，该产品的互补产品消费数量增加、价格降低而产生的价值。间接网络外部性通常存在于由互补产品构成的网络中，如硬件-软件模式。大多数数字产品的网络外部性是显著的，只有一名用户的网络是毫无价值的。

网络外部和正反馈效应

以软件产品为例，假设一个办公软件的初级用户在购买软件时面临 WPS 和 Microsoft Office 的两难选择，这时他会考虑哪些因素帮助他做出决策呢？也许他会考虑软件的价格、质量、售后服务等直接影响软件使用效用的因素。如果他对办公软件足够了解，那么还会考虑软件的兼容性、软件的用户量等影响用户规模大小的因素，因为这关系到他与其他用户交流所能带来的效用。

在这个假想的例子中，客户在决定是否购买软件时，实际上考虑了软件产品的两部分价值。一是产品的自有价值，主要表现为产品本身的性能、质量和售后服务等；二是产品的协同价值，即已购买的用户因新用户的加入获得的额外价值，这部分价值与产品销售网络规模的大小相关，是网络外部性的体现。显然，由于用户数量的增加，在网络外部性的作用下，原有用户免费得到了产品中所蕴含的新增价值，而无须为这一部分价值提供相应的补偿。因此，客户在选购数字产品的时候，不仅考虑价格和质量等因素，而且更多地考虑这一软件已有的用户数量，以及预期购买这种产品的新用户数量。

在现实经济中，网络外部性是否存在可根据"客户消费某产品所愿意支付的价格是否与现有的客户规模相关"来判断。例如，WPS 的售价远低于 Microsoft Office 的售价，但仍有大量的客户愿意购买 Microsoft Office 而不是价格更低的 WPS，主要是因为 Microsoft Office 已有的大量用户群体可带来较大的协同价值，Microsoft Office 的用户网络存在网络外部性。

网络外部性的存在使客户倾向于选择市场份额较大的数字产品，以享受网络外部性带来的价值增值，同时避免与他人所用产品的不兼容等问题。这对企业的竞争战略产生了重要影响，迅速占领市场成为企业超越赢利目标的首要选择。因此，为了加快主流化进程，企业往往采用免费赠送或降低价格的策略，以吸引客户的注意力，迅速提高市场份额。在现实交易中，一些企业通过免费赠送或低价销售其新开发的软件产品，这虽然在短期内会丧失部分利润，甚至出现亏损，但是一旦打开市场，在用户中形成网络外部效应，其市场份额就会进一步增加，相应地会获得长期利润。从某种程度上来说，企业以免费赠送的方式来推广新产品也是对数字产品所具有的网络外部性的准确把握与正常反应。

② 正反馈效应。在满足一定条件时，网络外部性会引发自增强机制，产生正反馈效应。正反馈效应使优势或弱势在一定的情况下不断加剧而自我强化，出现滚动的累积效果，即通常所说的强者越强、弱者越弱现象。瓦里安以受网络外部性影响的数字产品市场结构的形成过程为例揭示了正反馈效应的形成机制，如图 3-2 所示。

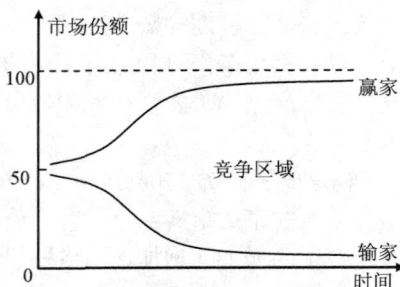

图 3-2　数字产品市场竞争的正反馈效应

　　一般，正反馈效应的形成过程分为三个阶段：启动阶段是平坦的，这时只有个别用户使用该数字产品；随着越来越多的用户了解和使用该产品，当该产品的用户数达到一定规模（临界容量）后，在正反馈的作用下，用户数量会急速上升；而当大部分用户已经使用时则进入饱和阶段，扩散路径再次趋向平坦。其中，在缓慢增长的启动阶段与急速增长的起飞阶段之间，存在一个转折点，这个转折点在数字产品的市场结构中具有关键作用，称为临界容量或反转点。一旦某种数字产品的市场规模达到临界容量时，由于客户预期其他客户也会使用该产品，从而所有的客户都选择该数字产品；相反，如果该产品没有达到市场所需要的临界容量，且客户预期其他客户不会采纳该产品，则所有的客户会选择另外的产品，该产品将最终退出市场。这最终会形成"赢家通吃"和"输家出局"的局面。

　　综上所述，在网络外部性的作用下，如果客户的网络规模低于临界容量，那么网络规模的不足会使客户的支付意愿不断变低；反之，如果网络规模突破了临界容量，随着网络的不断扩张，客户对加入网络的支付意愿也随之逐步提高，这就形成了网络经济中的正反馈效应。由此可见，在具有网络外部性的市场竞争中，具有显著市场份额的产品并不一定能够成为主导性的产品，只有率先达到临界容量的商品才能获得竞争优势并成为市场的主导和标准。

　　在网络经济下，正反馈效应的例子很多。例如，当越来越多的企业说可以通过阿里巴巴寻找到生意合作伙伴时，加入阿里巴巴的企业就会有越来越多，阿里巴巴就会成为行业的领头羊。还有，当越来越多的人使用腾讯 QQ 聊天时，开始使用 QQ 的人就会有越来越多，QQ 就会成为公认的聊天工具，腾讯公司的名气就越来越大，发展也就越来越迅速。

　　（7）系统锁定和转换成本

　　锁定的本质是客户现在的消费选择将限制未来的消费选择。数字产品系统锁定是指一旦客户选择了某种数字产品或系统，则很难放弃已选用的数字产品而转用其他数字产品。如果客户转换到另一个数字产品，则必须付出相当大的数字产品系统转换成本。由于高额的转换成本导致系统锁定，在数字产品行业中是一个普遍的现象。例如，客户选择了基于 Windows 操作系统来开发其管理信息系统，则很难再使用基于 Unix 操作系统来开发该系统的下一个版本。因为这里存在两个系统的转换成本，包括高额的系统配置费用和学习新系统所花费的代价。又如，某政府曾经进行办公软件的招标采购，结果非微软系列的产品中标，但是该政府的教育部门坚决反对，理由是他们使用的现有教育软件全是微软系列的产品，如果换成非微软的产品，转换代价太大。

　　客户在选择某个数字产品时，尤其需要考虑系统锁定问题，因为一旦选定一个产品或系统，想要转换其他产品，则要付出高额系统转换成本。数字产品的生产者要努力通过提高转换成本来锁定客户的选择。

3.3 网络经济的市场运行规律

网络经济市场的运行具有其自身的特定规律。企业只有对这些运行规律有了清晰的认识，才有可能制定相应的经营策略，在市场中立于不败之地。

3.3.1 规模至上规律

网络经济时代，消费者的效用与用户的规模紧密相关。在梅特卡夫定律和马太定律的共同作用下，网络经济表现出规模至上的规律。规模至上规律使厂商会想尽一切办法扩大安装基础，实现正反馈和相应的路径依赖及系统锁定。

1. 梅特卡夫定律

梅特卡夫定律是 3Com 公司的创始人罗伯特·梅特卡夫提出来的。该定律认为：网络的价值等于网络节点数的平方。该定律基于每个新入网的用户都因为别人的入网而获得了更多的信息交流机会，说明了网络产生和带来的效益将随着网络用户的增加而呈指数形式增长，反映了信息网络扩张的效应。也就是说，网络中每增加一个节点，节点本身的价值虽然并没有改变，但是由于新增了这个节点而增加了整个网络的价值，即网络中每个节点可以获得更多的信息和与更多的人进行交流，从而获得价值的群体效应。

梅特卡夫定律对企业的竞争战略产生了重要影响。对于网络市场中的厂商而言，其最优的竞争策略就是利用技术、消费者预期管理等各种方法和手段，迅速吸引大量用户进入网络，形成足够规模的安装基础，建立自己行业领头羊的地位。随着使用人数不断增加，无论是老用户还是新用户，他们使用产品的效用都会呈指数级增长，这样，先入厂商的优势地位就会得到很好的巩固。因此，企业为了迅速扩大市场，广泛采用渗透定价甚至初期免费定价等策略。

2. 马太定律

马太定律又称马太效应，源自《新约全书·马太福音》："因为凡有的，还要加给他，叫他有余；没有的，连他所有的，也要夺过来。"美国科学史研究者罗伯特·莫顿将马太效应归纳为：任何个体、群体或地区，一旦在某一个方面（如金钱、名誉、地位等）获得成功和进步，就会产生一种积累优势，就会有更多的机会取得更大的成功和进步。此术语后来被经济学界所借用，反映"强者恒强，弱者恒弱；富者愈富，贫者愈贫"的经济现象。

在网络市场竞争中，马太定律是正反馈效应的体现。正反馈反映了网络经济系统中的一种自我增强机制，即在一定条件下，优势一旦出现，就会不断自我强化，出现滚雪球似的累积效果，最终在系统中占据主导地位，进而出现"赢家通吃，输家出局"的局面。这就意味着厂商产品的网络规模扩张速度与其现有的网络规模成正比。因此，在存在网络效应的情况下，如何充分锁定用户来稳固自己的用户基础并尽快达到临界容量，就成为企业的一个重要策略问题。在这个过程中，消费者的预期因素起到了至关重要的作用，消费者预期管理也成为企业在网络效应条件下竞争的重要手段。一方面，在产业标准竞争过程中，那些消费者预期会成为最终标准的产品和技术，将会获得更多的使用机会，从而通过正反馈效应而更快地达到临界容量；另一方面，对消费者预期进行引导是企业在竞争中可以采用的有效手段。例如，厂商可以通过广告宣传、与知名大厂商组成战略联盟等方式，给消费者造成自己产品的网络规模很大或已成为行业标准的印象，进而影响消费者预期，实现扩大规模的目标。

由于网络外部性的存在，消费者倾向于加入规模较大的网络，因此，越大的网络增长越快，消费者预期得以自动实现。马太定律的存在，使厂商可以通过预期管理的方式来扩大自己产品的网络规模。

3.3.2　速度至上规律

与传统经济相比，网络经济的整体扩张速度更快，产品更新换代的频率更高，摩尔定律和吉尔德定律就体现了网络经济下这种"速度至上"的精髓。

1. 摩尔定律

摩尔定律是由英特尔（Intel）公司创始人之一的戈登·摩尔（Gordon Moore）提出来的。他认为：计算机芯片集成电路上可容纳的晶体管数目约每隔 18 个月便会增加一倍，性能也将提升一倍，而价格以减半数下降。微处理器的速度每 18 个月翻一番，这就意味着每 5 年它的速度会快 10 倍，每 10 年会快 100 倍，同等价位的微处理器会越变越快，同等速度的微处理器价格会越变越低。这一定律反映了信息技术产品性能价格比的变化趋势，揭示了网络信息通信领域技术更新升级的速度以及企业发展所面临的危机与动力，对信息产业和网络企业的发展、技术竞争及市场策略产生了重要影响。

① 摩尔定律对技术变革和价格竞争产生了推动作用。半导体工业的发展逐渐证实了摩尔定律，许多厂商开始运用摩尔定律来确定自身的技术发展速度，从而使整个产业在技术发展的速度和趋势上表现出惊人的一致性。随着竞争的加剧，摩尔定律开始影响厂商竞争中的价格策略。例如，像英特尔这种在行业中处于主导地位的厂商，为了获取持续的竞争优势，仍不断地驱动技术快速向前发展，并且在竞争对手能够生产出相近的产品时，将价格大幅度下降，利用规模经济使竞争对手处于不利地位。

② 摩尔定律意味着规模经济在一些高速发展的高科技行业中具有更深远的意义。高科技行业投资成本通常较高，其研发成本更是惊人，与此同时，技术发展速度在加速，技术周期在缩短，这就迫使厂商要想赢利，就必须在尽可能短的时间内，既要快速打开市场，回收投资，又要关注研发，实现技术创新。企业任务必须也只能通过规模经济来完成。

③ 摩尔定律驱动着软件工业市场的发展。软件和硬件之间具有很强的关联性，这种产业技术的特性导致软件供应商和硬件供应商需要进行密切的技术和市场合作。一方面，软件供应商也必须适应硬件的发展速度，重视软件开发速度，顺应技术发展趋势；另一方面，硬件供应商为了更有利于自身的发展，也必须在产品开发过程中将有关技术架构和特性告知软件开发商，以便软件及时做出反应，开发出与硬件相匹配并能充分发挥其技术性能的软件，从而使新技术能够迅速占领市场。独霸操作系统软件市场的微软公司总裁比尔·盖茨曾用这样一句话提醒自己的员工和竞争对手："微软离破产永远只有 18 个月！"这也说明了软件产业若跟不上硬件产业的更新速度，就很难在竞争中取得优势。

摩尔定律的背后实际上是学习曲线。学习曲线说明随着产出的增加，厂商不断改进生产，结果使单一产品的成本不断下降，反映了在一定时间内获得技能或知识的速率。学习曲线被认为在 IT 的硬件业中发挥了巨大作用。因此，在摩尔定律的作用下，网络经济环境下的企业要想更好地生存与发展，就必须不断地学习，建立学习型组织是企业应对网络经济挑战的一剂良方。

2. 吉尔德定律

被誉为"数字时代三大思想家之一"的乔治·吉尔德对光纤技术的发展做出了如下判断：主干网的带宽每 6 个月增长一倍。他的判断被目前通信网络快速发展的事实印证，因此被称为吉尔德定律。随着互联网的日益普及，用户对带宽的需求越来越强烈，这将会拉动带宽的进一步快速增加。

吉尔德还认为，最为成功的商业模式是价格最低的资源将会被尽可能地消耗，以此来保存价格最高的资源。由此推测，当网络带宽资源变得足够充裕时，上网的代价就会下降。根据吉尔德定律，我们可以预期：随着通信技术的飞速发展，传输价格将朝免费的方向逼近。目前，美国已经有很多的互联网服务提供商向用户提供免费上网服务，通过增值业务实现赢利。随着带宽的不断增加，上网价格的不断下降，将会有更多的设备可以通过有线或无线上网。

摩尔定律与吉尔德定律共同决定了网络经济的速度。一般认为，网络经济中的 1 年相当于传统经济中的 7 年。因此，网络经济本质上是速度经济，企业必须建立基于速度的竞争优势才能更好地在网络时代生存。

3.3.3 创新至上规律

虽然网络经济追求规模至上，但规模只是在市场竞争中获得成功的必要条件，而非充分条件。创新几乎是打破规模制约的唯一有效的方法和途径。达维多定律和格罗夫定律告诉我们，在网络市场竞争中，持续的创新是必不可少的。

1. 达维多定律

达维多定律由曾任英特尔公司高级营销主管和副总裁的威廉·H. 达维多提出，他认为，任何企业在本产业中必须第一个淘汰自己的产品。一家企业如果要在市场上占据主导地位，就必须第一个开发出新一代产品。如果被动地以第二或者第三家企业将新产品推向市场，那么获得的利益远不如第一家企业作为冒险者获得的利益，因为市场的第一代产品能够自动获得 50% 的市场份额，即使当时的产品可能还不尽完善。例如，英特尔公司的微处理器并不总是性能最好、速度最快的，但英特尔公司始终是新一代产品的开发者和倡导者。英特尔公司在 1995 年为了避开 IBM 公司 PowerPC RISC 系列产品的挑战，曾经故意缩短了当时极其成功的 Pentium（奔腾）486 处理器的技术生命。1995 年 4 月 26 日，许多新闻媒体都报道了英特尔公司牺牲奔腾 486，支撑奔腾 586 的战略。这一决定反映了英特尔公司的一个长期战略，即运用达维多定律，要比竞争对手抢先一步生产出速度更快、体积更小的微处理器，然后通过一边削减旧芯片的供应，一边降低新芯片的价格，使得计算机制造商和用户不得不任其摆布。英特尔公司通过这种战略，把许多竞争对手远远抛在了后面，因为这些竞争对手在当时生产出的产品还不能达到英特尔公司制定的新标准。

从达维多定律可以看出：只有不断创造新产品，及时淘汰老产品，使成功的新产品尽快进入市场，才能形成新的市场和产品标准，从而掌握制定游戏规则的权利。要做到这一点，其前提是要在技术上永远领先。企业只能依靠创新所带来的短期优势来获得高额的创新利润，而不是试图维持原有的技术或产品优势，来获得更大的发展。

2. 格罗夫定律

格罗夫定律是由英特尔公司的第三任 CEO 安迪·格罗夫在《只有偏执狂才能生存》一书中提出的，他认为：在网络经济条件下，如果一种新产品要取代原有产品，那么在性价比上必须是原来产品的 10 倍。即价格不变，性能必须是原来的 10 倍；或者性能不变，价格变为原来的 1/10。

格罗夫定律与网络经济中广泛存在的转移成本密切相关，转移成本即用户从一种产品或系统转移到另一种产品或系统时要花费的成本。例如，熟练使用 Microsoft Office 办公软件的用户在转向其他办公软件时所考虑的成本包括购买 Microsoft Office 软件所花费的沉没成本、掌握新办公软件的学习成本等。当这些转移成本较高时，用户就有可能被锁定在原有产品上。尽管这不是他们所最偏好的。只有当性价比的提升足够大时，用户才会下定决心更换产品，新产品才能解除原有产品对用户的锁定。

对于已有厂商，其可以通过对产品不断升级换代、提高品牌美誉度和信誉度、扩大联盟合作范围等来不断累积用户的转移成本；对于潜在进入企业，其要想吸引已有厂商的客户，就必须通过创新，使新产品在技术性能上比现有厂商的产品至少先进 10 倍，或在技术略微领先的基础上通过降低价格（包括免费赠送）、免费培训等方式来帮助用户破除转移成本。

3.3.4 标准至上规律

在网络经济中，标准是一种产品能否获得成功的重要决定因素。一种产品如果建立在一个正在逐渐失去市场的标准基础上，那么即使它的质量和功能十分卓越，也依然摆脱不了失败的结局；反之，如果一种产品成为标准，即使它本身是次优的，但由于它能够导致正反馈效应，也依然能够被广泛采用并赚取高额利润。微软、太阳微系统公司、英特尔等 IT 行业巨头正是凭借对标准的控制，拥有了巨大的市场份额，掌握着市场的主导权。

① 在网络经济中，市场主体在各个层次的市场竞争中优胜劣汰，最终在竞争中胜出的，往往就成了标准的制定者。标准一旦形成，将会促进产品的兼容性或互联性发展，从而扩大网络，为厂商和消费者带来巨大的利益。例如，在操作系统软件市场上，苹果公司的 Macintosh 操作系统在 1988 年占有个人计算机操作系统软件市场的主要份额，当时苹果公司不向其他软件公司公开它的技术接入信息。与此同时，微软公司以比 Macintosh 操作系统更低的价位推出 Windows 操作系统软件，并开放其操作系统的接入技术，允许和鼓励其他软件开发商针对其操作系统开发应用软件，如允许厂商 Adobe 推出针对 Windows 操作系统的 Photoshop 图像编辑软件等。结果，消费者做出了反应，他们预期 Windows 系统未来会有更多的配套系统。1993 年，Windows 操作系统全面超过苹果公司的市场份额，逐渐成为行业标准。在开放的软件市场上，消费者对 Windows 操作系统的预期升高而出现购买量上升趋势，刺激了厂商对基于 Windows 操作系统开发应用软件的市场预期，因而市场上出现了更多的相关配套软件产品，这进一步刺激了消费者对 Windows 操作系统的市场价值判断而形成新一轮的购买行为。微软 Windows 系列操作系统软件最终战胜苹果公司 Macintosh 操作系统而垄断了全球操作系统软件市场。此后，微软公司通过不断提供升级版本来创造软件市场的需求。

② 标准化能够避免过大的惰性，并减少消费者的寻找和协调成本，从而加速新技术的普及。如果市场没有一个既定的标准，而是有几个互不兼容的厂商在为自己的产品成为标准而竞争，这时消费者将面临选择的不确定性，由于担心被锁定在一个不兼容的而又无法成为标准的产品中，消费者会对新产品的使用抱有较大的疑惑和恐惧，尤其是当旧的技术和产品还可以使用时，这就产生了过大惰性，不利于新产品的推广。相反，如果新产品成了一个标准，用户对产品的信心将带来良性循环，加速新产品的普及。以点对服务器和点（Peer to Server&Peer，P2SP）下载技术为例，2003 年，迅雷公司首创的 P2SP 产品正式对外发布，当时中国的软件下载市场几乎被网络快车和网络蚂蚁所垄断。但 P2SP 技术在下载的稳定性和速度方面都比传统的 P2P 和 P2S 有很大的提高，迅速成了下载行业新的技术标准，并得到了更加充分的应用与发展，迅雷公司也凭借 P2SP 技术逐步成中国软件下载市场的新巨头。

在传统产业中，技术创新速度相对较慢，企业之间的竞争更多的体现为同一技术框架下的价格竞争和质量竞争。但网络产业的创新速度很快，其竞争更多的体现为基于不同技术框架下的标准竞争。只有成为标准，才能生存下来，攫取更大的市场份额，形成更强大的竞争力。因此，在网络市场中，标准至关重要，企业只有积极竞争，勇于创新，力争成为游戏规则的制定者，才能在网络经济中立于不败之地。

3.4 网络经济的市场结构

3.4.1 网络经济下的寡头垄断市场

市场结构的核心问题是市场的竞争程度。根据市场竞争的激烈程度，市场结构可分为完全竞争、垄断竞争、寡头垄断、完全垄断四种类型。网络经济的特性造成了网络经济下垄断和竞争的双重性，随着网络经济向纵深方向发展，寡头垄断市场日益成为网络经济主导的市场结构。

理论上，网络外部性和正反馈效应最终将导致"赢家通吃，输家出局"的局面，从而使网络经济的市场结构趋于垄断化。实际上，由于消费者偏好的异质性和生产者的差异化，产品生产在一定程度上限制了这种理想模式的单一垄断。另外，由于潜在竞争者的竞争和政府公共政策等其他外部因素的影响，行业中完全只有一家企业垄断的情况比较少见。网络经济的市场结构更多地呈现为绝对集中度高、参与厂商数量少，在位厂商受到各自战略性行为影响的寡头垄断市场。

四种市场结构的
比较

网络经济下，寡头垄断市场的在位厂商看似拥有稳固的地位，但并不必然拥有很强的操纵市场、操纵价格的市场实力。相反，它们不仅需要与市场上的竞争对手展开全方位的激烈竞争，而且还需要时时面对潜在进入者的威胁与挑战。进入壁垒的存在并不意味着"进入"的消失，网络经济下竞争的形式层出不穷，已经超越了单一的价格竞争，涵盖技术竞争、标准竞争等多种形式。厂商之间为了在竞争中获胜，以享受"赢家通吃"的收益，往往采取产品差异化策略，使市场结构在其动态运行过程中具有垄断竞争的性质。垄断竞争是垄断和竞争因素共存的市场结构，市场存在为数众多的厂商，它们针对用户的不同需求开发生产有差别的产品或服务。对消费者而言，不同厂商的产品之间又具有一定的替代性。

3.4.2 网络经济下垄断势力的形成机制

在网络经济下，市场更加容易呈现高度集中的结构，形成为数不多的几个厂商占据大部分市场份额的状况。究其原因，主要有以下几个。

1. 需求方规模经济形成的进入壁垒

需求方规模经济是由网络外部性导致的。通过网络外部性的作用，使用相同或兼容产品的用户人数会对用户效用产生直接影响。因此，消费者效用函数中的变量除包含产品的质量、价格等传统因素外，还包括网络中已有的用户规模。网络外部性的概念说明了用户数量和产品价值之间的正相关关系。从另一个角度看，可以把网络外部性概括为需求方规模经济。需求规模越大，协同价值越大，产品给用户带来的整体效用就越大。

当面对自有价值基本相同的两种产品时，一个理性的消费者基本会选择拥有大量安装基础的产品。由于在位厂商先进入市场，经过一段时间的积累，已经获得了大批的用户，奠定了相当规模的安装基础，其产品的协同价值较大。之后，又通过正反馈作用，不断扩大用户群，使产品的整体价值也不断增大。反观潜在进入厂商，由于刚刚进入市场，初始网络规模为零，产品的协同价值几乎不存在。为了争夺市场份额，一方面，潜在进入厂商必须有很强的创新精神，利用先进技术，使产品本身的自有价值非常大；另一方面，潜在进入厂商还必须想方设法突破临界容量的瓶颈，构筑其产品的安装基础。由此可见，在存在网络效应的市场上，安装基础要求、正反馈机制都有利于在位厂商而不利于新进入厂商。在其他条件相同的情况下，新进入厂商很难获得消费者的支持，也难以形成需求。当不同产品或服务的用户基数不平衡时，网络外部性的作用很容易使市场结构产生偏向，即偏向拥有较大规模安装基础的在位厂商，产生强者更强、弱者更弱的效应和赢家通吃的结局。由此来看，需求方规模经济所形成的行业壁垒已然成为新进入厂商一条难以逾越的鸿沟。

2. 绝对成本优势形成壁垒

数字产品在生产销售初期，一般需要投入大量的研究和开发费用、市场营销费用和版权费用等，这些成本是固定的，属于如果生产停止就无法收回的沉没成本；数字产品在网络上进行分销时，由于可以轻易地以低成本进行复制，生产的数量一般不受自然能力的限制，因此，多生产一份数字产品的边际成本可忽略不计。随着生产规模的扩大和销售数量的增加，初期高额的固定成本不断被分摊，平均成本也会不断下降。在位厂商由于率先进入市场，已经生产和销售了相当数量的产品，平均成本已呈现下降趋势，因此即使以降低的价格销售产品，仍然有赢利空间，而潜在进入厂商要面对的是高固定成本所带来的高平均成本，处于绝对成本劣势。此外，如果由于临界容量的瓶颈无法突破而导致失败，那么初期的研发成本也将成为无法收回的沉没成本。面对这样的进入壁垒，绝大多数的潜在进入厂商都会三思而后行。

此外，在网络经济条件下，许多行业的技术含量较高、复杂性较强，一般都存在较强的学习效应，即随着生产经验和累积产出的增加，单位产出所需要的投入数量不断下降。在数字产品的生产过程中，信息和知识不但作为投入要素被更有效地利用，而且还可以产生作为附加产品的信息，这些信息和知识可以被再次作为投入来开发新的产品或改进现有的产品。在位厂商的生产经验较为丰富，客观存在的学习效应使它们能够以较高的效率和较低的成本生产同样数量的产品，而经验是长期累积而成的，短期内新进入厂商是无法获得的。

3. 产品差异化壁垒

产品差异化是指相互竞争的厂商生产的同类产品，由于在产品特性或消费者偏好等方面存在差异，导致产品之间具有不完全替代的关系。在现实中，产品差异化的基础是消费者在长期消费过程中对产品形成的偏好差异，而网络外部性加强了消费者的消费惯性和忠诚度，使产品差异化壁垒的效应得以放大。

间接网络外部性的作用机制使得用户人数的增加导致产品价值增值的方式是间接的，不是直接来自于消费者需求函数的相互作用，而是间接来自于与产品相关的辅助产品的数量和可获得性。在这种情况下，产品的效用取决于互补产品的品种多少、质量好坏和价格高低。若互补产品品种越多、质量越好、价格越低，则产品本身给消费者带来的效用就越多。对于消费者而言，同样质量和性能的两种产品 A 和 B，在其他条件相同的情况下，如果产品 A 的互补产品的可获得性较好，则理性消费者会认为两种产品之间存在一定差别，会选择购买产品 A 而不是产品 B。在网络经济下，市场中的在位厂商进入时间较长，互补产品的数量规模较大，这在无形之中给潜在进入厂商造成了产品差异化壁垒。

下面以操作系统市场为例，分析网络经济下与众不同的产品差别化壁垒的作用机制。作为操作系统市场的在位厂商，微软的 Windows 操作系统的用户规模庞大，为应用软件开发商开发与 Windows 操作系统兼容的应用软件提供了广阔的市场。若微软的竞争对手想成功进入操作系统市场，甚至对微软的 Windows 操作系统的主导地位构成威胁，首先必须取得大量的应用软件开发商的支持，以保证其产品能给消费者带来同样大的效用。应用软件品种的多少取决于操作系统的预期用户数量，而未来的用户规模又取决于是否有足够的配套应用软件。新的操作系统在市场上立足未稳之时，鲜有独立软件开发商愿意承担巨大风险，投入大量沉没成本为其研发生产配套软件。这种情况造成了 Windows 操作系统的应用软件日趋增多，而其竞争者则面临配套软件不足的窘境。

4. 在位厂商采取策略行为构筑战略性进入壁垒

一般而言，在位厂商通过两类战略性行为影响潜在进入厂商的利润预期，从而形成进入壁垒，达到阻止进入的目的。①影响潜在进入厂商未来的相对成本结构。在位厂商通过大规模投资降低成本的研发活动，从而降低自己未来产品的成本。或者在位厂商可以通过大规模的战略性广告行为来提高潜在竞争对手的未来成本。②影响未来市场需求结构。在位厂商可以通过产品扩散战略，创造针对不同细分市场的差异化产品，对产品需求空间进行先占性的占有，从而影响潜在进入厂商的预期需求函数。

习题

一、基本概念

网络外部性　直接网络外部性　间接网络外部性　正反馈效应　数字产品系统锁定　梅特卡夫定律　马太定律　摩尔定律　吉尔德定律　达维多定律　格罗夫定律　寡头垄断市场

二、单项选择题

1. 关于网络经济与传统经济的说法，下列错误的是（　　　　）。
    A. 传统经济中物质资源起决定作用，网络经济中信息资源起决定作用
    B. 传统经济呈边际效用递减规律，网络经济呈边际效用递增规律
    C. 传统经济体现的是大规模生产，网络经济是个性化定制
    D. 传统经济和网络经济的垄断都会降低社会福利

2. （　　　　）属于工具性数字产品。
    A. 电子图书　　　　B. 电子机票　　　　C. 在线游戏　　　　D. 数字音乐

3. 数字产品的成本特性表现为（　　　　）。
    A. 高固定成本，低边际成本　　　　　　B. 高固定成本，高边际成本
    C. 低固定成本，低边际成本　　　　　　D. 低固定成本，高边际成本

4. 关于网络外部性，下列说法正确的是（　　　　）。
    A. 网络外部性的背后实际上是学习曲线的作用
    B. 网络外部性的存在使用户倾向于选择市场份额较高的数字产品
    C. 网络外部性的存在使用户倾向于选择价格较低的数字产品
    D. 网络外部性既可能导致正外部效应，也可能导致负外部效应

5. 梅特卡夫定律在下列（　　　　）产品中存在。
    A. 服装　　　　　　B. 图书　　　　　　C. 支付宝工具　　　D. 电影

6. 摩尔定律背后是（　　　　）在起作用。
    A. 生产曲线　　　　B. 销售曲线　　　　C. 效益曲线　　　　D. 学习曲线

三、多项选择题

1. （　　　　）属于数字产品的物理特性。
    A. 网络外部性　　　B. 不易破坏性　　　C. 低成本复制性　　D. 正反馈效应

2. （　　　　）属于数字产品的经济学特性。
    A. 网络外部性　　　B. 公共产品特性　　C. 经验产品特性　　D. 可改变性

3. (　　) 决定了网络经济的规模至上规律。
   A. 梅特卡夫定律　　　　B. 摩尔定律　　　　　　C. 马太定律　　　　　D. 达维多定律
4. (　　) 可以防范数字产品在用户级水平被非法复制。
   A. 持续改变或改良产品，使复制变得毫无价值
   B. 采用加密等技术手段限制非法复制
   C. 将产品与某些服务捆绑销售
   D. 开发技术复杂的产品
5. 网络经济下垄断势力的形成原因包括(　　)。
   A. 供给方规模经济形成的进入壁垒
   B. 绝对成本优势形成壁垒
   C. 产品差异化壁垒
   D. 在位厂商采取有针对性的策略行为构筑进入壁垒

案例分析

图片社交类移动应用Instagram的发展

Instagram 软件是一款支持苹果操作系统（iOS）、安卓平台的移动应用软件，允许用户在任何环境下抓拍生活的瞬间，选择图片的滤镜样式，一键分享至 Instagram、Facebook、Twitter、Flickr 或者新浪微博平台上。作为一款轻量级但十分有趣的 App 软件，Instagram 软件在移动端融入了很多社会化元素，包括好友关系的建立、回复、分享和收藏等。

Instagram 软件为了充分利用移动端便捷的优势，尽可能地简化了其应用功能，只保留最基本的功能，并拥有业内最高水平的滤镜，操作方便，任何用户都能轻松上手。

Instagram 软件最主要的特色是由照片形成的社交网络，照片、位置服务、图片分享功能是其组成部分，共同形成了 Instagram 的图片分享互动社区。另外，它为用户提供了十几种滤镜效果，帮助用户拍出艺术照片。它提供位置服务，用户可以为其拍摄的照片添加各种说明及位置信息。

这款免费的应用软件上线之后，用户数量迅速增长，仅一周时间就拥有了 10 万名注册用户。2010 年 10 月，Instagram 正式进入苹果 App 商店；2011 年 2 月 25 日发布即时 API；2011 年 9 月用户突破千万人；2012 年 4 月 3 日，安卓版 Instagram 进入谷歌 Play，迅速获得大量用户。当 2012 年 4 月 10 日 Facebook 以 10 亿美元收购 Instagram 时，其用户数量已经突破 4 000 万。2015 年 12 月 10 日，苹果公司发布了 2015 年 "App Store 最佳应用" 名单，Instagram 成为 "最佳 iPhone 6S 应用"。2016 年 12 月 13 日，Instagram 的 Live 直播功能向美国所有用户正式开放。

2015 年 1 月 1 日，宝丽来 Instagram 实体相机开始发售，外观与 Instagram App 的图标保持一致，保留了 Instagram 所有滤镜效果，搭载 1 400 万像素前置摄像头、200 万像素后置摄像头、4.5 英寸（1 英寸=2.54cm）触控屏、4GB 内置存储、立体声扬声器、GPS，Wi-Fi、蓝牙内置、LED 闪光灯，使用 zink 立即成像相纸，支持远程操控，可通过 TF 和 SD 卡扩容，同时搭载安卓系统。Instagram 实体相机还内置了打印系统，可实现即拍即得，并且每张照片上都会印有 Instagram 的 ID 和二维码，用户只须扫描二维码，便可即时关注。

【问题讨论】

1. Instagram 软件的发展是否体现了网络外部性？为什么？
2. Instagram 软件的用户量为什么能够得到快速增长？

3. 目前我国图片社交类应用软件有哪些？和 Instagram 软件相比，存在什么问题？

拓展学习

互联网如何影响行业结构？

战略权威迈克尔·波特在 2001 年列出了互联网影响竞争因素（指客户和供应商的议价能力、来自替代品和新进入者的威胁，以及来自现有竞争对手的威胁）的几种形式，多数影响是消极的。这也证实了波特曾提出的观点："互联网最大的矛盾在于它在带来巨大收益（信息广泛可得，降低采购、营销和配送的难度，买卖双方更容易找到对方并进行交易）的同时，也使企业获取这些收益更加困难。" 表 3-2 展示了互联网环境下行业竞争态势的变化。互联网对战略性的竞争和长期收益的影响因行业的不同而不同。因此，许多企业应格外关注互联网和电子商务对未来的影响。

表 3-2　互联网对行业竞争态势的影响

竞争力因素	影响
供应商的议价能力	降低。由于出现了网上采购以及在线竞价这种形式，供应商遍布全球，所以，所有购买者有着同等的与供应商沟通的机会。产品的同质化程度增加，供应商的差异化程度下降，产品价格差异缩小
客户的议价能力	提高。客户的比价机会多了，可以在线购买，还能参加团购，享受天天低价，接受亲朋好友的推荐，加入社交网络，所以他们有了更多的知识和见识，获得了更多的信息。客户能够购买全球的产品，降低了转换成本，客户能够通过新的模式来谈判
进入壁垒	降低。在线经营容易了，容易获得更准确的信息，开业成本和固定资产投入减少了，通过在线的口碑相传，更容易积累名声，容易模仿竞争对手的经营模式，新的网络企业层出不穷
替代品/服务的威胁	增加。新的产品和服务能够更快速地被开发，并且在全球范围内做宣传。各类客户都能够更快、更容易地找到替代品。电子商务帮助企业建立新的商务模式，开发新的产品和服务
现有竞争对手的威胁	增加。市场更加高效，容易获得及时信息。但是有更多的竞争者要对付，本土化的优势在丧失，全球的竞争者都获得了参与竞争的机会，更多的中小型企业都在参与竞争，在线经营加速了这种竞争

拓展训练

利用问卷星设计和发放网络问卷，结合线下访谈的形式，针对大学生群体对网络知识产品付费的意愿与消费行为进行调查，并完成一份完整的调查分析报告。

第 2 篇

商业模式篇

第4章 商业模式概述

【本章导读】

虽然现实中的商业模式多种多样，但万变不离其宗，商业模式的本质在于通过创造和优化价值链为企业获取赢利。在快速发展的互联网世界，电子商务对企业和行业价值链产生了巨大影响，企业开始借助于先进的信息技术实现价值的再创造，创新的商业模式更是层出不穷。但是，好的商业模式并不是凭空想象出来的，而是需要明确各个构成要素之间的逻辑关系，并通过科学的工具和正确的方法对其分析和拆解，经过多次整合优化后得出的结果。

【学习目标】

- 能够清晰地表述商业模式的概念。
- 能够绘制商业模式画布并掌握九大构成要素的内容及其逻辑关系，并能够应用商业模式画布模型分析实际的电子商务案例。
- 掌握商业模式的创新维度、特点和方法，并能够针对实际企业的经营情况，借助互联网思维，提出商业模式的创新方向和方案。

引导案例

五大经典电子商务模式

企业	产业价值链定位	赢利模式	创新性
腾讯	抓住互联网改变人们生活方式而产生的商业机遇，建立中国规模最大的网络社区，为用户提供一站式在线生活服务	在一个巨大的便捷沟通平台上影响和改变数以亿计的网民的沟通方式和生活习惯，并借助这种影响嵌入各类增值服务	借互联网对人们生活方式改变之力切入市场，提供免费的基础服务，将增值服务作为价值输出和赢利来源的实现方式
阿里巴巴	抓住互联网与企业营销相结合的机遇，将电子商务业务集中于B2B信息流，为中小企业创造便捷的网上交易渠道	通过网站平台向国内外企业提供展示空间以换取固定报酬，将展示空间的信息流转变为强大的收入流并强调增值服务	通过互联网向客户提供国内外分销渠道和市场机会，减少中小企业对传统市场中主要客户的依赖，降低营销等费用，从而获益
携程	抓住互联网与传统旅游行业相结合的机遇，扮演航空公司和酒店的"渠道商"角色，将机票、酒店预订、度假预订、商旅管理、特约商户及旅游资讯在内的全方位旅行服务作为核心业务	通过与全国各地的酒店、航空公司合作以实现规模采购，通过提供消费者在线订客房、机票积累客流。客流越多，对酒店和航空公司的议价能力就越强，其采购成本就越低，从而使客流更多，最终形成良性增长的赢利模式	立足于传统旅行服务公司的赢利模式，主要通过"互联网+呼叫中心"完成中间任务，用信息技术将赢利水平无限放大
苏宁电器	以家电连锁方式加强对市场后端控制，同时加强与全球近10 000家知名家电供应商合作，打造价值共创、利益共享的高效供应链，强化自身在整个产业价值链中的主导地位	通过企业管理解决方案系统和B2B供应链项目降低整个供应链体系的运作成本和库存储备，并为客户提供更好的服务，从而实现"节流+开源"的赢利模式	通过加强对市场后端的控制和向上游制造环节的渗透，使零售与制造以业务合作方式提高整个供应链的效率，进而打造整个产业价值链以谋求更高价值的回报

企业	产业价值链定位	赢利模式	创新性
百度	力求"让人们最便捷地获取信息，找到所求"，为网民提供基于搜索引擎的系列产品与服务，全面覆盖了中文网络世界所有的搜索需求	采用以效果付费的网络推广方式实现营收	借助超大流量的平台优势，联合各类优质网站建立世界上最大的网络联盟，使各类企业的搜索推广、品牌营销的覆盖面扩大，价值大幅提高，并从中扩大收益来源

【案例启发】

　　成功的商业模式非常一样而又非常不一样。非常一样的是，创新性地将内部资源、外部环境、赢利模式与经营机制等有机结合，不断提高自身的营利性、协调性、价值、风险控制能力、持续发展能力与行业地位等；非常不一样的是，在一定条件和环境下的成功，更多的是体现个性，不能简单地复制，而且必须通过不断修正才能保持企业持久的生命力。

4.1　商业模式的概念

　　全球最大的管理咨询、信息技术和业务流程外包公司埃森哲（Accebture）曾就"公司创造和获取价值的核心逻辑是什么"的问题对 40 家美国公司的 70 位高管进行访谈，发现这些访谈对象都提到了商业模式，但与此同时，62%的受访高管在被要求简要描述公司的商业模式时都面有难色。商业模式虽然不是新概念，但其为人们所重视是因为 21 世纪互联网的革命和电子商务的迅猛发展。尽管商业模式并不仅局限于电子商务领域，但今天商业模式的研究主要集中在电子商务领域。

　　学术界对商业模式的界定可谓众说纷纭。Morris 等总结了有关商业模式的研究成果，发现共有 24 个要素被提及，其中价值提供或价值主张被提到的次数最多（12 次）。Amit 和 Zott（2001）指出，商业模式是为了通过利用商业机会来创造价值，从而设计的交易内容、交易结构和交易的方式；Zott 和 Amit（2007）又指出，商业模式阐明了一个组织是如何与外部的利益相关者联系在一起的，以及如何与这些利益相关者进行经济交换来为这些贸易伙伴创造价值；Chesbrough（2007）认为，企业商业模式有价值创造和价值获取两大作用。国内学者龚丽敏（2011）认为，商业模式是企业基于资源和能力的投入，通过构建价值链和外部网络来实现价值创造和价值获取的方式。

　　由于价值视角不仅反映了商业模式的本质，而且是企业电子商务运营和发展战略的基础。因此，本书认为：商业模式是指为实现客户价值最大化，把能使企业运行的内外各要素整合起来，形成一个完整的高效率的具有独特核心竞争力的运行系统，并通过最优实现形式满足客户需求、实现客户价值，同时使系统达成持续赢利目标的整体解决方案。显然，商业模式是一个企业创造价值的核心逻辑，价值的内涵不仅是创造利润，还包括为客户、员工、合作伙伴、股东提供的价值，以及在此基础上形成的企业竞争力与持续发展力。

4.2　商业模式分析与设计

　　商业模式不是一成不变的，它可以随着企业的发展而发生变化。当企业的资源、行业地位等发生变化时，商业模式也需要进行更新和调整。在分析和设计商业模式时，目前普遍采用的方法是运用商业模式画布（the Business Model Canvas）。亚历山大·奥斯特瓦德在《商业模式新生代》中提出了商业模式画布模型，认为商业模式描述了企业如何创造价值，传递价值和获取价值的基本原理，并将商业模式分为 9 个基本构成要素，具体包括：客户细分、价值主张、渠道、客户关系、收入来源、核心资源、关键活动、重要合作伙伴、成本结构，如图 4-1 所示。商业模式画布以价值主张为中心分成左右两部分，左半侧讨论效率，右半侧讨论价值。商业模式画布分析从客户细分开始，确定目标客户后，企业需要明确价值主张，以及将价值主张通过何种渠道传递给客户，并与客户建立怎样的关系，再确定与客户建立的关系能带来什么形态的收入流。企业在为客户创造价值时，需要明确所需的核心资源是什么，利用这些资源需要开展什么关键活动，以及实施这些活动需要哪些重要合作伙伴，最终确定完成这些关键活动需要付出哪些成本。

重要合作伙伴 有些活动需要外包,有些资源需要从企业外部获得 8	关键活动 通过执行一些关键活动,运转商业模式 7	价值主张 通过价值主张来解决客户难题和满足客户需要 2	客户关系 在每个客户细分市场建立和维护客户关系 4	客户细分 企业所服务的一个或多个客户分类群体 1
	核心资源 提供和交付商业模式运转所必备的重要资源 6		渠道 通过沟通、分销和销售渠道向客户传递价值主张 3	
成本结构 商业模式上述要素所引发的成本 9			收入来源 产生于成功提供给客户的价值主张 5	

图 4-1　商业模式画布

1. 客户细分

客户细分描绘的是一个企业想要接触和服务的不同人群或组织，回答了"企业为谁创造价值"和"最重要的客户是谁"等问题。企业间商业模式的差别首先表现在细分客户的识别上，这体现了企业对市场和客户需求的深刻洞察。因此，任何商业模式的首要任务就是选择和定义客户。选择和定义客户需要注意以下几点。

（1）选择和定义客户必须做到精准

精准是指必须能清晰描述客户是一群什么样的人或组织，必须杜绝产品或服务"老少皆宜""天下通吃"。客户越精准，则价值主张就越明确，商业模式其他环节的策划与设计就越容易。

（2）细分客户时要注意细分变量的选择和组合

一般来说，细分变量主要包括人口统计变量、地理变量、行为变量和心理变量四大类。其中，人口统计变量涉及年龄、性别、职业、收入、民族、宗教、教育、家庭人口、家庭生命周期等；地理变量涉及地理位置、城镇大小、地形、地貌、气候、交通状况、人口密集度等；行为变量涉及购买时间、购买数量、购买频率、购买习惯，以及对服务、价格、渠道和广告的敏感程度等；心理变量涉及生活方式、个性、购买动机、态度等。在实际细分客户过程中，往往需要同时选择多种变量进行组合后才能确定目标客户。细分变量的选择体现了企业对客户或市场的理解程度。

（3）评估细分客户

有效的客户细分需要满足可衡量性、可赢利性、可进入性和可区分性四个标准。其中，可衡量性是指能够指出各个细分客户市场的购买力和规模。当无法衡量细分市场的规模和潜力时，也就无从界定市场；可赢利性是指细分客户市场的容量能使企业获利，无从获利也就没必要进入该细分客户市场；可进入性是指细分客户市场必须与企业自身状况相匹配，企业有优势进入并占领该市场，可进入性表现为信息可进入、产品可进入和竞争可进入；可区分性是指细分客户市场能被区分且对企业营销组合因素有不同的反应。

（4）细分客户素描

细分客户素描是指用最简洁、最独特视角的语言描述所选择的客户群体，能够准确反映客户的本质特点，即用户画像。

用户画像

2. 价值主张

价值主张描绘的是企业通过产品或服务为特定细分客户提供的价值，即企业通过什么产品或服务，能够为客户解决什么问题？满足客户什么需求？因此，企业在提出价值主张之前，最重要的是要了解不同细分客户的"痛点""痒点"和"兴奋点"，这构成了客户需求，而产品或服务只是帮助客户解决"痛点"、缓解"痒点"和激发"兴奋点"的工具或手段而已。

通过对客户需求的挖掘，可以找到隐性、刚性和独特的客户需求。隐性需求是指客户在头脑中有想法但没有直接提出、不能清楚描述的需求。这种需求往往是企业根据技术的发展、对市场变化的预测等来提出来的。企业要激发客户的隐性需求，需要深入了解客户。隐性需求具有三个特点：①不明显性。隐性需求不是直接显示出来的，而是隐藏在显性需求背后的，企业必须经过仔细分析和挖掘才能让其显示出来。隐性需求来源于显性需求，并且与显性需求有着千丝万缕的联系。②延续性。在很多情况下，隐性需求是显性需求的延续，客户的显性需求被满足后，其隐性需求就会提出。两者的目的是一致的，只是表现形式和具体内容不同而已。③依赖与互补性。隐性需求不可能独立存在，它必须依赖于显性需求，离开了显性需求，隐性需求也就自然而然地消失了。同时，隐性需求和显性需求之间又是互为补充的，也就是说，隐性需求是为了弥补和完善显性需求的不足而存在的，它可使需求目标更好地实现。刚性需求是目标客户必须有的需求，即 must have，而非 nice have。独特需求就是与众不同的需求。

企业所能提供的产品或服务可以是新颖独特的，也可以是定制化的，或是能够帮助客户转移或降低风险、削减成本、提高工作效率的。总之，企业要针对不同的客户，通过提供特定的产品或服务来解决客户的实际问题，从而提出企业的价值主张。

3. 渠道

渠道描绘的是企业如何沟通、接触其细分客户并传递其价值主张。渠道构成企业与客户的接触界面，一般可以分为自有渠道与合作伙伴渠道，也可以两者混合。渠道在企业与客户的接触、沟通中发挥了以下功能，也形成了企业与客户接触、沟通的五个阶段。

（1）认知。企业如何提高客户对企业产品或服务的认知程度。

（2）评估。企业如何引导和帮助客户评估企业的产品和服务，并认可其价值主张。

（3）购买。企业如何协助客户购买特定的产品或服务。

（4）传递。企业如何把价值主张传递给客户，以增强客户的最终体验。

（5）售后。企业如何提供售后服务。

4. 客户关系

客户关系描绘的是企业与特定客户细分群体建立的关系类型。建立特定的客户关系受客户获取、客户维系和追加销售所驱动。亚历山大·奥斯特瓦德和皮尼厄梳理了六种客户关系类型，包括个人助理、专用个人助理、自助化服务、自动化服务、社区和共同创造。

个人助理型的客户关系基于人与人之间的互动。在销售过程中或者售后阶段，客户可以通过呼叫中心、电子邮件或其他方式与客户代表交流并获取帮助。保险公司的保险推销员与其开发的客户之间的关系即属于此类型。

专用个人助理是企业为单一客户专门安排的客户服务人员，如投资理财公司为重点客户专门安排的投资理财顾问。这类客户一般是企业的重要客户，通常需要较长时间来建立关系。

自助化服务是指企业与客户并不直接接触，而是为客户提供自助服务所需要的所有条件，如银行安排自动柜员机（Automatic Teller Machine，ATM）为客户提供自助服务，丰巢快递柜提供的自取、自寄快递服务等。

自动化服务一般是指基于客户个人信息档案和过往购买行为记录，定制化地为客户提供个性服务，如通过智能推荐系统向客户推荐产品、应用客服机器人自动回复客户咨询等。

社区型的客户关系最明显的体现就是越来越多的企业开始建立在线品牌社区，用于维持与客户的沟通和交流，以解决客户问题，提高客户的品牌认知程度与忠诚度。

共同创造是指企业与客户的关系超越了以往简单的"我提供-你购买"的商业关系，而倾向于和客户共同创造价值，即客户参与到企业产品的设计、生产与供应过程中。现在的自媒体平台（如哔哩哔哩视频网、豆瓣网等），都是依存于客户创造的内容进行互存共赢。

5. 收入来源

收入来源描绘的是企业从每个客户群体中获取的收入。收入来源是商业模式的大动脉，主要涉及以下四个方面的问题。

（1）收入来源的类型

企业需要明确从客户那儿获取什么收入？这些收入是一次获取的，还是持续不断地获取？常见的收入来源主要有以下几种形式。

① 销售收入。销售收入是企业通过在网站上销售产品或服务获取的收益，企业可以选择批发零售商模式和网络直销模式。产品包括数字产品和非数字产品，数字产品包括视频、音频、文档等，非数字产品包括服装、日用品、图书等。服务包括电子邮箱、在线游戏、网页制作和维护、在线医疗、在线法律咨询等。例如，苹果公司通过 iPhone 手机从客户外获取了硬件（手机）的销售收入和应用软件（App Store）、音乐（iTunes）等服务费用。

② 交易服务费。交易服务费是企业根据所处理的交易数量和规模收取的佣金，这是目前交易中介型平台提供商的主要收入模式。平台提供商提供一个公共平台将买家和卖家汇聚在一起，方便了买卖双方，从而促成交易，通过收取佣金或者从交易中提成来获利。

③ 网络广告费。网络广告费用是企业利用自身的知名度和网站流量优势，允许其他企业在自己的网站上宣传企业形象和进行产品推广后收取的网络广告费用。这类网站主要通过提供优质的内容资源或服务来吸引更多的流量。

④ 会员与订阅费。会员与订阅费是用户注册为会员或在订阅一项服务时，企业按一定时间段（一个月或一年）向客户收取的费用。在订阅网站上通常会有些免费的服务让新用户来体验。

⑤ 联属推荐费。联属推荐费是企业拥有一些联属商家，企业网站上有通向这些联属商家网站的链接，访问者每次通过单击这些链接进入联属商家的网站上购买商品后，联属商家就要缴

纳一定的推荐费用。

（2）各类收入来源的资源与能力要求

企业获取这些收入的要求是什么？如果企业不具备这些要求，怎么办？如苹果公司要获取提供应用软件和音乐的服务收入，就需要其有能力开发和创作各类应用软件和音乐。显然，苹果公司不具备这方面的能力，因此它建立两个平台 App Store 和 iTunes，通过第三方来提供，从而解决了应用软件和音乐的供应问题。

（3）收入来源的定价机制

定价机制是企业对每种收入来源所依附的产品或服务的定价方法。一般来说，最常见的是固定标价，其次还有拍卖定价、按数量（或金额）梯度定价、谈判定价等。涉及第三方提供的，还需要制定与第三方的收入分成机制。

（4）发展阶段与收入来源

企业应结合不同发展阶段的运营情况，规划各阶段的收入来源。例如，企业在前期靠什么弥补投入？在中期靠什么扩大规模而实现赢利？在后期又如何实现对整个市场或产业的控制而获取大量收入。

6. 核心资源

核心资源是商业模式有效运行所必需的关键要素，是支撑企业商业模式的基础。核心资源可以是物理资源（厂房、设备等），也可以是无形资源（品牌、技术、专利、数据等）、人力资源、财务资源、渠道资源等。

7. 关键活动

关键活动是企业为了确保其商业模式可行必须做的最重要的事情。基于价值链模型理论，商业模式的运行是由多种业务活动构成的，尽管这些业务活动对于商业模式的运行都是必需的，但其重要性并不相同。即使同一行业的企业，由于商业模式不同，其关键业务活动也各不相同。例如，有些制造企业的关键业务是生产管理，而另一些企业则可能是供应链管理。

8. 重要合作伙伴

重要合作伙伴是保证商业模式有效运行的合作关系。企业构建合作关系一般基于以下三个动机。

（1）获取特定资源和业务

任何企业都不具备让其商业模式运行的所有资源，因此需要通过构建合作关系来获取其所需的资源。

（2）优化商业模式和运用规模经济

从价值链理论来说，企业往往不需要自己拥有所有资源和业务，因为企业并不是万能的。企业更需要专注于商业模式的核心环节，通过整合思维构建其合作关系，从而达到优化商业模式的目的，或通过合作关系建立规模经济优势。

（3）转移或分散商业风险

企业通过与合作伙伴建立合作关系可以增强企业商业模式的柔性，从而使企业在面对外部环境的不确定性或变化时能及时做出调整。另外，通过合作关系也能降低市场开拓的"公共性"所带来的风险。例如，某项技术要被市场所接受，往往需要企业在技术开发上做出巨大投入，同时还需要企业通过不断的市场开拓，引导客户接受该技术。而客户对技术的接受性具有某种公共性，这会加大企业的前期市场推广风险。企业若通过行业内的企业合作，共同进行市场推广则可以大大降低这种风险。同时，企业间的这种合作并不影响它们在其他领域的竞争。例如，

"蓝光联盟"就是一个由世界领先的竞争性的消费类电子产品、个人计算机和媒体内容生产商所构成的合作联盟。

9. 成本结构

成本结构由商业模式运行所引发的所有成本构成，一般包括固定成本和可变成本。固定成本属于沉没成本，一旦投入则不能改变，而可变成本是随业务量变化而发生改变的。有些商业模式是价值驱动型的，成本是完成价值创造、传递和获取所必须付出的代价，如豪华酒店；有些企业的商业模式是成本驱动型的，即在追求成本最小化的目标下，构建其商业模式，如一些廉价航空公司。投资方或运营方应该关注哪些关键业务以及核心资源的花费是最多的，能否去优化现有的成本结构来减少成本，从而去提高投入产出比？

降低商业模式的成本需要重点关注以下三个方面。

（1）关注总成本中比重较大的成本

在成本结构分析中，企业不仅要清楚支撑商业模式运营的总成本，更重要的是必须对构成总成本的各个组成部分进行分析，即了解总成本的构成，并重点关注比重较大的成本构成。简而言之，要减就减"大成本"。

（2）关注商业模式的前期固定资产投资

前期固定资产投资形成了创业项目的固定成本。轻资产运作模式之所以为投资人所青睐，就在于其投资风险低，而风险较低是因为通过商业模式设计可以有效地降低创业项目前期固定资产投资，从而使企业轻装上阵。

（3）规模经济与范围经济

降低成本还需要关注与成本相关的两类经济现象：①规模经济，即企业享有产量扩充所带来的成本优势，即随着加工材料数量的增加，单位成本会快速下降。②范围经济，即企业通过扩大经营范围，增加产品种类，生产两种或两种以上的产品而引起的单位成本降低。

4.3　商业模式创新

商业模式创新是指企业价值创造基本逻辑的创新变化，它既可能包括多个商业模式构成要素的变化，也可能包括要素间关系或者动力机制的变化。由于商业模式构成要素的具体形态表现、相互间关系和作用机制的组合几乎是无限的，因此，商业模式创新方式也有无数种。Morris等（2005）提出，有效的商业模式能够带来超高的价值，商业模式创新将成为企业家追求超高价值的有效方式。

4.3.1　商业模式创新的维度

Osterwalder（2004、2007）指出，在商业模式这一价值体系中，企业可以通过改变客户细分、价值主张、渠道、客户关系、收入来源、核心资源、关键活动、重要合作伙伴和成本结构中的一个或多个要素来刺激商业模式创新。一般商业模式创新可以从战略定位创新、资源能力创新、商业生态环境创新以及这三种创新方式相结合产生的混合商业模式创新四个维度进行，如图 4-2 所示。

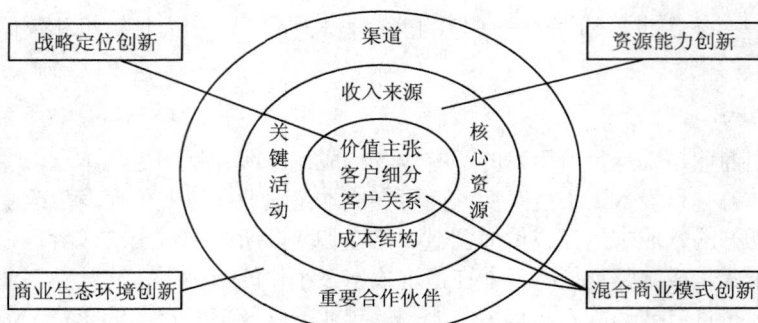

图 4-2　商业模式创新的四维模型

1. 战略定位创新

战略定位创新是围绕企业的价值主张、客户细分和客户关系方面的创新，具体指企业选择什么样的客户、为客户提供什么样的产品或服务、希望与客户建立怎样的关系，其产品和服务能向客户提供什么样的价值等方面的创新。在激烈的市场竞争中，没有哪一种产品或服务能够满足所有的客户，战略定位创新可以帮助企业发现有效的市场机会，提高企业的竞争力。

在战略定位创新中，企业首先要明白自己的目标客户是谁，其次是如何让企业提供的产品或服务在更大程度上满足目标客户的需求，在前两者都确定的基础上，再分析选择何种客户关系。合适的客户关系也可以使企业的价值主张更好地满足目标客户。

美国西南航空公司抓住了那些大航空公司热衷于远程航运而对短程航运不屑一顾的市场空隙，只在美国的中等城市和各大城市的次要机场之间提供短程、廉价的点对点空运服务，最终发展成为美国四大航空公司之一。

2. 资源能力创新

资源能力创新指企业对其所拥有的资源进行整合和运用能力的创新，主要是围绕企业的关键活动，建立和运转商业模式所需要的核心资源的开发和配置，成本结构和收入来源的创新。

在确定了企业的客户细分、价值主张和客户关系之后，企业可以进一步进行资源能力创新。战略定位创新是企业进行资源能力创新的基础，而且资源能力创新的四个方面也是相互影响的。一方面，企业要分析在价值链上自己拥有或希望拥有哪些其他企业不能代替的关键活动，根据这些活动进行资源的开发与配置；另一方面，如果企业拥有某项核心资源（如专利权），也可以针对其制定相关的活动。对关键活动和核心资源的创新也必将引起收入来源和成本结构的变化。

20 世纪 90 年代，美国通用汽车公司发现传统制造行业的利润越来越低时，改变行业中以提供产品为关键活动的商业模式，创新性地提出以利润和客户为中心的"出售解决方案"模式。在传统的经营模式中，企业的关键活动是为客户提供能够满足其需求的机械设备，但在"出售解决方案"模式中，企业的关键活动是为客户提供一套完整的解决方案，而设备则成为这一方案的附属品。有资料显示，美国通用汽车公司的这一模式令其在某些区域的销售利润率超过30%。此外，它还积极扩展其收入来源，建立了通用电气资本公司。在 20 世纪 80 年代中后期，通用电气资本公司年销售利润率达到 18%，远远超出其他部门 4%的平均值。

3. 商业生态环境创新

商业生态环境创新即企业将其周围的环境看作一个整体，打造一个可持续发展的共赢的商业环境。商业生态环境创新主要围绕企业的重要合作伙伴，包括供应商、经销商和其他市场中介进行。围绕重要合作伙伴的创新往往会引发渠道的改变。市场是千变万化的，客户的需求也在不断变化，由于单个企业无法完全满足客户需求的所有活动，因此，企业需要联盟，需要合作来达到共赢。

企业战略定位及内部资源能力都是企业建立商业生态环境的基础。没有良好的战略定位及内部资源能力，企业将失去挑选优秀外部合作者的机会以及与它们议价的筹码。一个可持续发展的共赢的商业环境也将为企业发展及运营能力提供保证。

20 世纪 80 年代，美国最大的连锁零售企业沃尔玛百货有限公司（以下简称沃尔玛）和全球最大的化学日用品制造商宝洁公司竞争不断，它们相互威胁与抨击，各种口水战和官司从未间断。由于竞争给双发都带来了损失，它们后来开始反思，最终建立了一种全新的供应商-零售商关系，把产销间的敌对关系转变成了双方均能获利的合作关系。保洁公司开发并给沃尔玛安装了一套"持续补货系统"，该系统使宝洁公司可以实时监控其产品在沃尔玛的销售和存货情况，然后协同沃尔玛共同完成相关销售预测、订单预测和持续补货计划。这种全新的协同商务模式为双方带来了丰厚的利润回报。美国贝恩公司的调查结果显示，2004 年宝洁公司 514 亿美元的销售额中有 8%来自于沃尔玛，而沃尔玛 2 560 亿美元的销售额中有 3.5%归功于宝洁公司。另一个建立共赢商业生态环境的是美国戴尔公司，它在全球建立了一个以自身的网络直销平台为中心、众多供应商环绕在其周围的共赢商业生态经营模式。

4. 混合商业模式创新

混合商业模式创新是一种战略定位创新、资源能力创新和商业生态环境创新相互结合的方式。企业的商业模式创新一般都是混合式的，因为企业商业模式的构成要素与战略定位、内部资源、外部资源环境之间是相互依赖、相互作用的，每一部分的创新都会引起另一部分相应的变化。这种由战略定位创新、资源能力创新和商业生态环境创新相结合的创新方式，会大幅度提高企业的经营业绩。

美国苹果公司的成功不仅因为其独特的产品设计，还源于其精准的战略创新。它瞄准了终端内容服务这一潜力巨大的市场，因此，它将自己从单纯的出售电子产品的企业转变为以终端为基础的综合性内容服务提供商。其 iPad+iTune 到后来的 iphone+App 都充分体现了这一创新。苹果公司的资源能力创新,突出表现在能够为客户提供充分满足其需求的产品这一关键活动上。每一次推出的新产品，都超出了人们对常规产品的想象，其独特的设计以及对新技术的采用都超出了客户的预期。例如，客户所熟知的重力感应系统、多点触摸技术和视网膜屏幕的现实技术都是率先在苹果公司的产品上使用的。另外，其成功也得益于其创造的共赢商业生态模式。2008 年 3 月，美国苹果公司开放开发包 SDK 的下载，以便第三方开发商针对 iPhone 开发出更多优秀的软件，这不仅为第三方开发商提供了一个方便又高效的平台，而且为自身创造了良好的商业生态环境。

4.3.2 商业模式创新的特点

1. 提供全新的产品或服务

即通过提供全新的产品或服务开创新的产业领域，或以前所未有的方式提供已有的产品或服务。例如，Grameen Bank 面向低收入人群提供小额贷款服务，开辟全新的领域。美国亚马逊公司（以下简称亚马逊）销售的书和其他零售书店没任何不同，但其采取的销售方式全然不同。美国西南航空公司提供的也是航空服务,但其提供服务的方式也不同于已有的全服务航空公司。

2. 有多个要素明显不同于其他企业

例如，Grameen Bank 不同于传统商业银行，以低收入的妇女为主要目标客户，贷款额度小、不需要担保和抵押等。亚马逊相比于传统书店，其产品选择范围更广，通过在线销售更加高效、便利等。美国西南航空公司也在多方面（如提供点对点基本航空服务、不设头等舱、只使用一种机型等）不同于其他航空公司。

3．有良好的业绩表现

良好的业绩表现体现在成本、赢利能力、独特竞争优势等方面。例如，Grameen Bank 虽然不以赢利为主要目的，但它一直是赢利的。亚马逊在一些传统绩效指标方面良好的表现，也体现了其商业模式的优势，如短短几年就成为世界上最大的在线书店，数倍于竞争对手的存货周转速度给它带来了独特的优势，消费者用信用卡支付时，资金通常在 24 小时内到账，而亚马逊付给供货商资金的时间通常是收货后的第 45 天，这意味它可以在长达一个半月的时间里利用客户的资金。美国西南航空公司的利润率连续多年高于采用全服务模式的同行。

4.3.3　商业模式创新的方法

商业模式创新就是对企业的基本经营方法进行变革。一般有改变收入模式、改变企业模式、改变产业模式和改变技术模式四种方法。

1．改变收入模式

改变收入模式就是改变一个企业的用户价值定义和相应的利润方程或收入模型。这就需要企业从确定用户的新需求入手。这并非是市场营销范畴中的寻找用户新需求，而是从更宏观的层面重新定义用户需求，即去深刻理解用户购买产品需要完成的任务或要实现的目标。其实，用户要完成一项任务需要的不仅是产品，而是一个解决方案。一旦确认了此解决方案，也就确定了新的用户价值定义，并可依此进行商业模式创新。

国际知名电钻企业喜利得（中国）有限公司一直以向建筑行业提供各类高端工业电钻闻名，但近年来，全球激烈的竞争使电钻成为低利标准产品。于是，其通过专注于用户所需要完成的工作，意识到他们真正需要的不是电钻，而是在正确的时间和地点获得处于最佳状态的电钻。然而，用户缺乏对大量复杂电钻的综合管理能力，经常延误工期。因此，该公司随即改变它的用户价值定义，不再出售而是出租电钻，并向用户提供电钻的库存、维修和保养等综合管理服务。为提供此用户价值，该公司变革其商业模式，从硬件制造商变为服务提供商，并把制造向第三方转移，同时改变了赢利模式。

2．改变企业模式

改变企业模式就是改变一个企业在产业链中的位置和充当的角色，也就是说，改变其价值定义中"造"和"买"的搭配，一部分由自身创造，其他部分由合作者提供。一般，企业的这种变化是通过垂直整合策略或出售及外包来实现的。例如，谷歌在意识到大众对信息的获得已从桌面平台向移动平台转移后，自身仅作为桌面平台搜索引擎会逐渐丧失竞争力，于是实施垂直整合，大手笔收购摩托罗拉手机和安卓移动平台操作系统，进入移动平台领域，从而改变了自身在产业链中的位置和商业模式。IBM 公司也是如此，它在 20 世纪 90 年代初期意识到个人计算机产业无利可图，便出售该业务，进入 IT 服务和咨询领域，同时扩展其软件部门，一举改变了它在产业链中的位置和原有的商业模式。

3．改变产业模式

改变产业模式是最激进的一种商业模式创新，它要求一个企业重新定义本产业，进入或创造一个全新产业。例如，IBM 公司通过推动"智慧的地球"计划和云计算，重新整合资源，进入新领域并创造新产业（如商业运营外包服务和综合商业变革服务等），力求成为企业总体商务运作的大管家。亚马逊公司也是如此，为各类商业用户提供如物流和信息技术管理的商务运作支持服务，并向他们开放自身的 20 个全球货物配送中心，大力进入云计算领域，成为提供相关平台、软件和服务的领袖。

4. 改变技术模式

正如产品创新往往是商业模式创新的最主要驱动力一样，技术变革也是如此。企业可以通过引进先进技术来主导自身的商业模式创新，如当年众多企业利用互联网进行商业模式创新。当今，最具潜力的技术是云计算，它能提供许多崭新的用户价值，从而为企业进行商业模式创新提供契机。另一项重大的技术革新是 3D 打印技术。如果该技术一旦成熟并能商业化，它将帮助许多企业进行深度商业模式创新。例如，汽车企业可用此技术替代传统生产线来打印零配件，甚至可采用戴尔公司的直销模式，让用户在线订货，并就近将所需零配件打印出来。

当然，无论采取何种方式，商业模式创新要求企业对自身的经营方式、用户需求、产业特征和宏观技术环境具有深刻的理解和洞察力，这才是成功进行商业模式创新的重点，也是难点。

习题

一、基本概念

商业模式　商业模式创新

二、单项选择题

1. （　　）描绘的是企业通过产品或服务为特定细分客户提供的价值。
　　A. 客户细分　　　　　B. 价值主张　　　　　C. 客户关系　　　　　D. 收入来源

2. 丰巢快递柜通过在居民社区提供自取、自寄服务，建立了（　　）客户关系。
　　A. 专用个人助理　　B. 自助化服务　　　C. 自动化服务　　　D. 社区关系

3. 美国西南航空公司只在美国的中等城市和各大城市的次要机场之间提供短程、廉价的点对点空运服务，这种创新属于（　　）。
　　A. 战略定位创新　　　　　　　　　　B. 资源能力创新
　　C. 商业生态环境创新　　　　　　　　D. 混合创新

三、多项选择题

1. 有效的客户细分需要满足的标准包括（　　）。
　　A. 可衡量性　　　　B. 可盈利性　　　　C. 可进入性　　　　D. 可区分性

2. 企业建立合作关系的主要动机有（　　）。
　　A. 获取特定资源和业务　　　　　　　B. 转移或分散商业风险
　　C. 运用规模经济　　　　　　　　　　D. 企业无法独立完成业务

3. 商业模式创新的特点表现在（　　）。
　　A. 提供全新的产品或服务　　　　　　B. 有多个要素明显不同于其他企业
　　C. 有良好的业绩表现　　　　　　　　D. 只要有创意，无须关注收益

4. 商业模式创新的方法一般包括（　　）。
　　A. 改变收入模式　　B. 改变企业模式　　C. 改变产业模式　　D. 改变技术模式

案例分析

Blue Nile公司颠覆了传统珠宝行业

Blue Nile 公司是一家成立于 1999 年的网络零售公司，专营珠宝和钻石。该公司利用 B2C

电子商务模式，避免了高成本的门店和中间环节，大幅度降低产品售价（下降 35%以上以与同行竞争），只用了很短的时间就占有了可观的市场份额。2007 年，该公司销售收入超过 3.2 亿美元，年增长 40%，成为美国 8 家规模最大的珠宝经营企业之一。一家实体珠宝销售企业如果要完成 3.2 亿美元的销售额，则需要 300 家以上的连锁店和约 3 000 名销售员。但是 Blue Nile 公司只有一个 10 000ft^2（1ft^2=0.093m^2）的仓库和 190 名员工。

人们一般认为，钻石、珠宝一定要去实体店购买。那么，Blue Nile 公司是如何挑战传统观念的呢？

Blue Nile 公司提供众多的钻石供消费者挑选，比实体的专营店提供更多的钻石信息。2010 年 11 月，Blue Nile 公司网站上可供选择的钻石有近 70 000 款，客户可用来制作个性化的婚戒。Blue Nile 公司还用浅显的英语介绍钻石的相关信息，让独立的第三方提供每一粒钻石的质量检测报告，客户可以清晰地了解钻石的透明度、切割工艺、色泽等。此外，公司网站还提供在线比较价格服务。最重要的是，该公司提出了 30 天无条件全额退款的保证，从而让客户放心购买，不用担心受到欺骗。这也使得该公司有了明显的竞争优势，因为一般的实体店在客户退货时是要收取一定费用的。该公司还专门针对手机用户开发了移动网站，开通了产品价格和质量比较、实时聊天、支付、个性化定制和礼品建议等功能。

在传统的供应链中，一颗钻石在到达零售商之前，要经历 5 个以上的中间环节，而 Blue Nile 公司跨越了层层的实体供应链，直接向原始供应商进货。2003 年，在激烈的市场竞争中，美国有 465 家小型珠宝店关闭。许多幸存者则专营手工定制店铺，而大的竞争者则精简供应链、强调客户服务，甚至也在线销售部分产品来进行反击。

【问题讨论】
1. 请应用商业模式画布模型，分析 Blue Nile 是如何颠覆整个行业的？
2. Blue Nile 公司若开拓中国市场，需要在哪些方面做出改进？

📖 拓展学习

CRM、SCM、ERP、BPR与电子商务的关系

企业电子商务的运营是面向供应链、从市场的角度出发对整个商务活动进行规划、设计和实施的整体结构，如图 4-3 所示。建立在 Extranet 基础上的客户关系管理（Customer Relationship Management，CRM）和供应链管理（Supply Chain Management，SCM）是企业电子商务的具体应用；以 Internet 为支撑体系的企业资源计划（Enterprise Resource Planning，ERP）是企业电子商务的基础和具体应用，三者使企业所有的商务活动得以协调完成，为企业开展 B2B 或 B2C 电子商务奠定了基础。通过建立在 Intranet 基础上的业务流程重组（Business Process Reengineering，BPR）连续不断地对企业原有的业务流程进行根本性思考和管理创新，则是企业实施电子商务，应用 CRM、SCM 和 ERP 的基础和组织保证。

1. 客户关系管理（CRM）

客户关系管理帮助企业解决以客户为中心的经营管理问题，使企业能够准确把握和快速响应客户的个性化需求，并让客户满意、忠诚，以留住客户，扩大市场。CRM 产品的功能一般包括客户数据管理、客户价值管理、客户服务管理、客户沟通管理四个。

（1）客户数据管理是 CRM 的基础，通过多个源头对客户数据进行捕捉，并将其存储到客户数据库中，通过提取、处理、解释后产生相应报告，为满足客户的个性化需求提供依据。

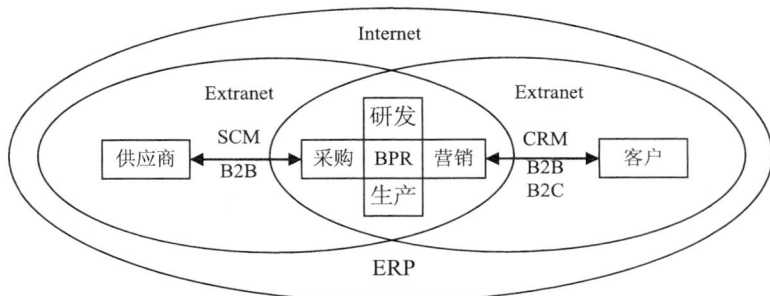

图 4-3　企业电子商务运营模式

（2）客户价值管理是 CRM 的重要内容，通过对客户数据管理积累起来的客户信息进行分析，可以对客户进行分类，以掌握不同客户的需求，细分客户需求市场，区别不同客户对企业的价值，从而采取不同的市场、销售和服务策略。

（3）客户服务管理是 CRM 的核心，根据客户价值管理得出的结论，针对不同客户提供相应的订购管理、销售和营销的自动化管理、客户服务等。

（4）客户沟通管理是 CRM 的门户，通过客户呼叫中心、电话沟通、在线交流、电子邮件、直接接触等途径，企业可以和客户保持互动，既为客户满意度提供条件，又为客户数据管理积累信息数据。

2. 供应链管理（SCM）

在以客户为中心的市场环境中，真正能使客户满意的是，将满足客户需求的产品在正确的时间按照正确的数量、正确的质量和正确的状态送到正确的地点。这就需要在客户、零售和服务商、批发商、研发中心和制造商、供应商，甚至供应商的供应商之间连成一个完整的网链结构，形成一条供应链，进行信息流、资金流和物流的传递，如图 4-4 所示。供应链管理是指对整个供应链系统进行计划、协调、操作、控制和优化的各种活动和过程，目标是使供应链上的各个主体形成极具竞争力的战略联盟，并使供应链运行的总成本最小或收益最大。

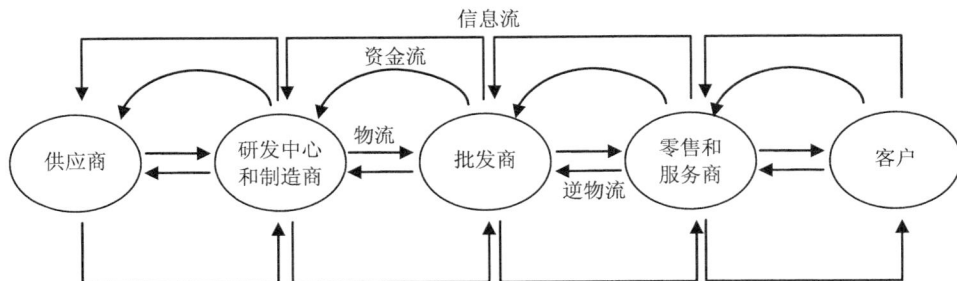

图 4-4　SCM 结构

3. 企业资源计划（ERP）

ERP 是一种以市场和客户需求为导向，以实现企业内外资源优化配置，消除生产经营过程中一切无效劳动，实现企业的物流、资金流、信息流、价值流和业务流的有机合成，以提高客户满意度为目的，以计划和控制为主线，以信息网络为平台，集客户、市场、销售、计划、采购、生产、质量、服务、信息集成和业务流程重组等功能为一体，面向供应链的现代企业管理思想和方法，也是一套进行企业全面一体化管理的管理信息系统，一般包括生产控制、物流管理、财务管理、人力资源管理等通用模块。

4. 业务流程重组（BPR）

电子商务系统的有效运行都要以科学的业务和管理流程为前提。BPR 管理思想是美国管理大师 Micheal. Hammer 和 James. Champy 于 20 世纪 90 年代初提出的，其目的是要对企业的业务流程进行彻底的变革，建立高效的运作机制，从而使企业在激烈的市场竞争中，缩短产品生命周期、降低成本、提高客户的响应度和满意度。要使企业的业务流程重组为客户满意度提供保证，就要正确理解面向客户满意度的业务流程的内涵，科学设计以客户为导向的业务流程。

业务流程就是企业以输入各种原材料和客户需求为起点，以企业创造出对客户有价值的产品或服务为终点的一系列活动。客户关心的只是流程的终点，但企业必须安排好整个流程，构成一套以客户为中心的流程体系，如图 4-5 所示。

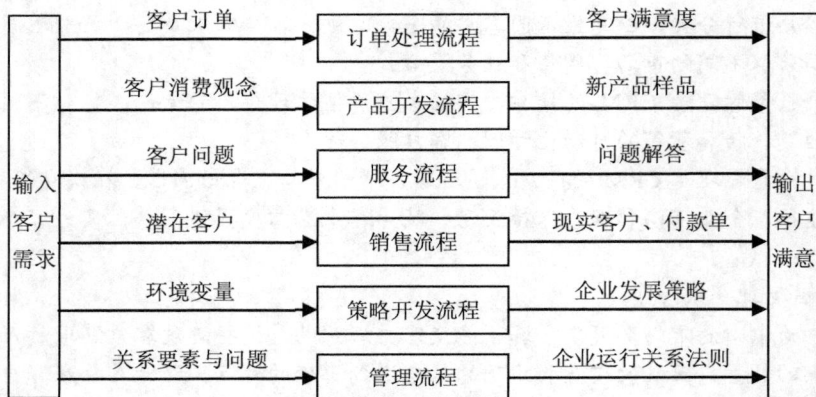

图 4-5　面向客户满意度的业务流程

📖 **拓展训练**

通过调查分析，提出一个电子商务创业项目，并通过商业模式画布模型为其设计合理的商业模式，完成一份商业模式策划方案。

第 5 章　基本的电子商务模式

📁【本章导读】

在市场经济中，参与市场交易活动的交易主体主要包括企业、消费者和政府。企业作为产品或服务的主要生产者和提供者，一般在市场交易活动中处于卖方的位置，但企业为了组织生产和经营活动，又需要从他人那里购进原材料、机器设备等生产资料，因此，企业同时也在市场交易中作为买方出现；而消费者作为产品或服务的需求者，在市场交易活动中主要处于买方的位置，但在某些情况下，消费者个人也会销售某些属于个人的物品，成为市场交易的卖方；政府在交易活动中作为管理者和服务者，向企业和个人提供公共服务。在电子商务初期，商业模式主要是以交易主体区分的，基本的电子商务模式在某种程度上可以说是企业之间、企业与消费者之间，以及消费者之间传统商务模式的电子化。

📁【学习目标】

- 掌握 B2B、B2C 和 C2C 的概念。
- 熟悉 B2B 的卖方模式、买方模式和交易市场模式的具体内容，并能够举例说明。
- 能绘制有形产品 B2C 模式的业务流程，罗列 B2C 网站的基本功能。
- 熟悉无形产品 B2C 模式的四种类型，并能够举例说明。
- 掌握 C2C 实物交易平台动作模式的网上开店流程、网上购物流程和 C2C 平台的信用机制，能够独立进行网上购物操作，并在常用的 C2C 平台完成店铺开设操作。
- 掌握威客模式的运作原理，并能够在常见的威客平台上注册成为威客，完成自己擅长的任务。
- 能够应用 B2B、B2C 和 C2C 相关理论分析实际的电子商务案例。

💼 引导案例

阿里巴巴的电子商务生态系统

阿里巴巴集团作为全球领先的第三方电子商务服务商，满足了企业与企业之间、企业与消费者之间、消费者与消费者之间的消费与服务需求。阿里巴巴凭借技术与资源优势，整合了厂家、渠道、终端、物流、人力、支付、资本等电子商务服务元素，吸引了海量的中小企业和创业者加入，基于海量用户所带来的网络正反馈效应，平台价值不断增加，从而又吸引了众多的商务服务等合作伙伴。马云曾指出："我们运营的不是一个公司，而是一个生态系统，一个用新技术、新理念组建而成，由全球数亿的消费者、零售商、制造商、服务提供商和投资者组成的仍在继续长大和进化的新经济体。"

阿里巴巴于1999年创立，定位于服务中小企业，让天下没有难做的生意，专注于整合中小企业间的交易信息，为其提供与商品信息匹配的平台。阿里巴巴实行会员制，推出"诚信通"会员和"中国供应商"会员等有偿服务，会员企业可以通过网站阅读行业新闻，了解行业动态，及时掌握供求状况，查询和发布供求信息，获得更多的交易机会。随着在B2B领域取得巨大成功，日渐壮大的阿里巴巴开始拓展自己的业务。

经过20多年的发展，阿里巴巴已全面覆盖了B2B、B2C、C2C业务模式，形成了一幅清晰的电子商务生态系统大图。该生态系统以提供电子商务平台的企业为领导种群，包括国际和国内贸易的网上B2B交易平台、网上零售平台淘宝网（C2C）、天猫商城（B2C）、网上购物搜索引擎（一淘网）、支付平台（支付宝）、物流开放平台（物流宝）、阿里软件、以数据为中心的云计算服务（阿里云）和互联网资讯、邮箱、搜索等基础服务（中国雅虎），它们通过构建第三方电子商务交易平台，并不断进行技术和管理方面的革新，从而更加贴近用户、支持用户；以阿里巴巴电子商务平台为之服务的海量中小企业和个人为关键种群，它们通过阿里巴巴的电子商务平台发布信息、寻找匹配信息，并深入沟通，创造价值；以与电子商务交易相关的金融支付机构、物流公司、认证、营销机构等为支持种群，它们为电子商务交易提供支持服务，促进电子商务交易的顺利完成；以商盟、广告商、软件商、培训机构、人才服务机构等为寄生种群，它们为网络交易提供各种增值服务。

综上所述，阿里巴巴商业生态系统对内不断迎合用户需求，创新服务种类，提高服务质量，对外建立与金融、物流、保险、IT等业务企业的合作伙伴关系，完善服务体系，为用户提供了强有力的支撑。阿里巴巴作为中国电子商务生态系统的核心型企业，在有效创造价值的同时，与自己的生态系统成员分享价值。

【案例启示】

在接触电子商务时，人们谈论了太多的商业模式和赢利点，试图去获取用户、缩减成本、聚集流量、引导销售，在对眼前小利不舍的时候，唯独忘记思考什么才是电子商务长盛不衰的原因。阿里巴巴的发展历程是中国整个电子商务行业发展的缩影，在经历互联网时代以B2B、B2C、C2C模式为主的传统电子商务之后，随着用户诉求和购物场景的变化，一个打通用户需求、流量入口、线上线下渠道、客户和商家，真正围绕"以用户为中心"的生态型电商平台才能可持续发展，才能够做到生生不息。

5.1　B2B电子商务模式

B2B电子商务模式是企业间通过网络（互联网、内联网、外联网、专用网等）等现代信息技术手段，以电子化方式开展的交易活动。这种交易可以发生在企业与供应链成员之间，也可以发生在企业与企业客户或任何其他企业之间。其主要特征是企业间通过自建网站或各种电子商务平台进行有效沟通、业务协作和电子化交易，从而降低彼此间的交易成本，提高经营效率和客户满意度。根据买卖双方的数量和参与模式，B2B交易分为卖方模式、买方模式和交易市场模式。

5.1.1　卖方模式

卖方模式是企业基于自有网站与其下游企业客户开展的以电子化分销或网络直销为核心的

各种商务活动，通常包括一个卖家和多个潜在的买家，是以卖方为主的电子交易市场。卖方有的是生产制造商，如海尔、戴尔的网上直销模式，有的则是中间商，如渠道商、批发商等。

以卖方企业为主的 B2B 交易主要有三种销售模式：①通过电子目录销售；②通过网络竞价销售；③通过谈判合同销售。

1. 通过电子目录销售：网络店铺

企业可以在互联网上用电子目录的形式直接销售产品。电子目录由产品数据库、目录和搜索功能构成，并且可以是交互式的。对于商家，电子目录的目的是对其产品与服务进行广告宣传和促销；对于客户，电子目录的目的是查找产品和服务信息。

早期的电子目录主要是复制印刷目录中的文本和图片。然而，电子目录不断发展，已变得更为动态化、定制化，并且可以与销售和购买过程融合起来。具体表现在以下几个方面。

（1）信息展示的动态性

在动态目录中，信息是通过动态图片或其他动态形式展示的，有时还附有声音效果。动态目录也可以是实时的，经常发生变化，如股票价格。

（2）定制化方式

在定制化目录中，内容、价格和实现方式都是根据特定客户的特点量身定做的。创建定制化目录的方式包括两种：①让客户从总目录中找出自己感兴趣的产品类别进行目录定制，以方便找到他们想要购买的产品，定位需要的信息，并快速配置订单；②基于客户的交易记录，让系统自动识别客户特征，利用数据挖掘技术提炼客户与其感兴趣的产品之间的关系。这种定制化目录增强了客户的交易体验，吸引他们再次访问网络店铺，从而提高对该网络店铺的品牌忠诚度。许多企业都为它们的大客户提供定制的页面和目录。

（3）与业务流程的整合

电子目录可以与购物车、订单获取和履行、电子支付系统、库存系统等集成，这样，企业就能为客户提供有关产品的可得性和预计交货时间信息。

在小范围内实施电子目录相当简单，但是要将大规模的目录转变为电子目录，需要建立一个与之相匹配的客户支持系统，并需要借助搜索引擎。

2. 通过网络竞价销售：正向拍卖

网络竞价销售在 B2B 电子商务中十分普遍。许多企业使用正向拍卖的形式将自己不需要的物资和设备处理掉。正向拍卖方便企业快速、便捷地处理多余或过时的各种产品，为企业提供了一个新的渠道，同时也有利于企业节省开支，增加网站的注册会员等。开展正向拍卖，企业需要将待处理的产品在拍卖网站上展示，并建立一套拍卖机制，以便快速出售，但企业需要花费资金去开发、维护拍卖网站。若企业已经有一个在线销售平台，那么只需要增加拍卖功能，不需要很多的投资。有些著名的大型企业（如美国通用汽车公司）经常自己组织网络拍卖活动。

3. 通过谈判合同销售：一对一销售

通过谈判合同销售是买卖双方通过网络谈判，就产品价格、数量、支付方式、配送方式、规格等达成一致意见，然后签订正式合同进行一对一销售，一般需要历经交易前的准备、洽谈和签订合同、办理合同履行前的手续、交易合同履行和交易后处理五个阶段。在交易前的准备阶段，交易双方主要进行产品相关信息的收集与发布；在洽谈和签订合同阶段，交易双方就交易细节进行网络谈判，并将磋商结果以电子合同的方式确定下来；在办理合同履行前的手续阶段，交易双方与其他参与主体（包括银行、海关、商检、物流公司、保险公司等）通过交换有关电子票据和电子单证，完成相应的手续；在交易合同履行阶段，交易双方完成货款结算和物流配送；交易后处理阶段主要涉及与产品相关的使用培训、维护保养等售后服务和违约索赔等处理事项。

5.1.2　买方模式

买方模式即采购商基于自有网站与其上游供应商开展各种商务活动，通常涉及一个买方和多个卖方，是以买方为主的电子交易市场，即电子采购。一般，企业可以在自有网站上发布采购信息、接受供应商网上投标报价、网上开标和公布采购结果。

以买方企业为主的 B2B 交易主要有两种采购模式：逆向拍卖和集中目录采购。

1. 逆向拍卖

逆向拍卖是一种在线招标形式，买方在自己的网站上开设网络市场，发布自己所需的产品或服务信息，然后邀请潜在的供货商竞标，最后出价最低的供应商中标。这种逆向拍卖中的"邀请"是一份称为报价请求的表格或文件。政府和大企业经常采用逆向拍卖的方式采购，这样可以节省很多开支，还能够较快地寻找到价格较低的产品或服务。

逆向拍卖分为两个环节：①买方在网站上约标，向潜在卖方发出投标邀请；②买方收到投标后，由负责合同及采购的管理部门对投标进行评估，并确定最终接受哪一家供应商供货。

2. 集中目录采购

集中目录采购是指一些大企业预先编制集中采购目录，对于纳入集中采购目录的项目企业必须集中采购，对于未纳入集中采购目录的项目，则由采购人自行独立采购。其具体做法：企业将供应商目录集中到公司服务器上，以实现采购的集中化。通过搜索引擎，企业可以找到所需要的产品，明确供应商的存货情况和送货时间，并填写电子订货单。集中目录采购的一个优点是可以减少供应商的数量，由于购买数量的增加，还可以促使价格下降。内部的电子目录可以人工更新，也可以使用软件代理更新。

5.1.3　交易市场模式

交易市场模式是借助 B2B 中介平台，将众多的企业买家、卖家，以及其他商务合作伙伴聚集在一起而形成的 B2B 网络市场，如图 5-1 所示。B2B 中介平台又称交易中心、网络市场、交易平台等。做市商和管理部门负责中介平台的运营，有时做市商本身就是中介平台的业主。中介平台除了参与交易活动外，往往还参与许多企业间的沟通活动，如传递行业新闻、在线讨论、博客、开展市场调研等。有些中介平台还提供支持服务，并可以开展咨询活动等。

1. B2B 中介平台的功能

（1）匹配买方和卖方

① 确定能够提供哪些产品。

② 将可供销售的产品分门别类地展示。

③ 提供产品价格及其他信息。

④ 组织拍卖、竞标、易货贸易。

⑤ 撮合供给和需求信息，验证供求双方的资格。

⑥ 提供产品价格及属性的比较。

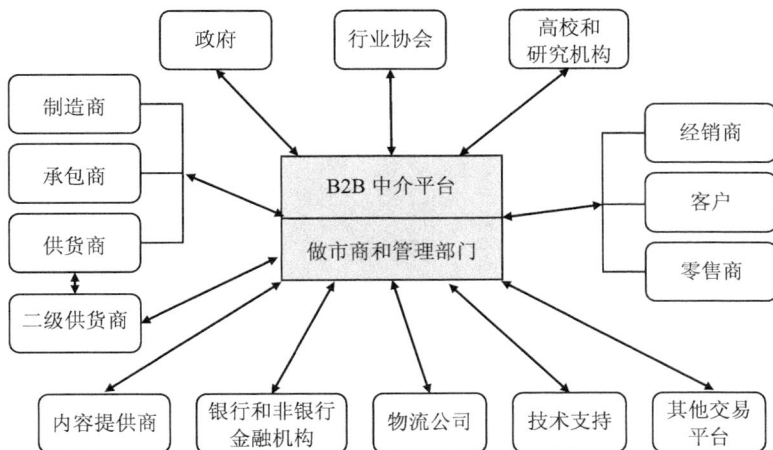

图 5-1　B2B 中介平台参与主体

⑦ 支持供求双方的谈判。

⑧ 提供买卖双方的名录。

（2）交易便利化

① 提供交易平台和相关支持技术。

② 提供和管理产品目录。

③ 提供账单和支付信息，提供保险、物流、订阅服务。

④ 提供信息查询服务，包括行业新闻等。

⑤ 向用户提供接入平台的便利，审核用户利用平台的资格。

⑥ 收取交易费用，提供相应软件。

⑦ 提供分析和统计数据。

⑧ 接受买卖双方的注册请求，确定资格。

⑨ 保证信息及交易的安全。

⑩ 安排团购。

（3）制定交易规则，维护交易平台基础设施

① 保证交易符合商务规则、合同法、进出口法、知识产权保护法等。

② 保证平台的技术支持，保证网站流量和速度，提供拍卖管理。

③ 向买卖双方提供标准的系统界面。

④ 接受合适的网站广告商，收取广告费和其他费用。

视野拓展 5-1

什么是团购？

团购也称集体采购，一般是指一些第三方机构通过互联网平台，将来自多个零散购买者的订单集中到一起，加大与供应商的谈判能力。根据薄利多销、量大价优的原理，供应商可以给出更低的团购价格和单独采购得不到的优质服务。

视野拓展 5-2

什么是易货交易？

易货交易是指在不使用货币的基础上交换货物和服务的行为，其基本思想是企业以自

己剩余的产品交换自己需要的产品。易货交易一般通过电子易货交易所进行人工搜索和匹配。在易货交易所里，企业将剩余物资提交给交易所，得到积点，然后使用这些积点来购买自己需要的产品。流行的易货交易对象有办公场地、闲置设备、产品和劳动力，甚至横幅广告。

2. B2B 中介平台的类型

按照中介平台面向的行业范围划分，B2B 中介平台可以分为垂直交易市场和水平交易市场。

（1）垂直交易市场

垂直交易市场也称行业性 B2B 电子商务平台。这类网站针对一个行业做深、做透，有着较强的专业性，但受众相对较少，短期内难以形成规模效应。

垂直交易市场的创办者大多数是该行业的从业者，拥有丰富的行业背景资源，谙熟行业发展态势。该类网站吸引的都是针对性较强的客户，所以更容易集中行业资源，吸引行业内多数成员的参与，同时也容易引起国际采购商和大宗买主的关注。因此，垂直交易市场越来越成为企业间电子商务推崇的发展模式。典型的垂直交易平台有中国化工网、中国医药网、中国纺织网等。

（2）水平交易市场

水平交易市场也称综合性 B2B 电子商务平台。这类网站涉及的行业范围很广，很多行业的企业都可以在同一个网站上开展商务活动，一般注重在广度上下功夫，在品牌知名度、用户数、跨行业等方面具有较大的优势，但在用户精准度和行业服务深度方面略有不足。典型的水平 B2B 交易平台有阿里巴巴、慧聪网、环球资源网、中国制造网等。

3. B2B 中介平台的发展阶段

B2B 中介平台需要获得收益才能维持运营。一般情况下，中介平台的收益模式包括收取交易费、注册费、服务费、广告费、拍卖费等，还可以向买方和卖方收取软件使用费、服务器租赁费、管理咨询费等。根据网站的运营和服务模式，B2B 中介平台历经信息服务、交易服务、资源整合三个发展阶段。

（1）信息服务阶段

信息服务型平台以提供信息服务为主，从信息咨询入手，通过信息资讯联通供需双方，以信息资讯平台带动商业平台，主要经营模式为信息黄页。该类平台主要以会员服务、广告展示、竞价排名和线下展会为赢利模式。

B2B 中介平台的
发展阶段

（2）交易服务阶段

交易服务型平台除了信息展示外，提供在线交易工具以满足企业间的线上交易需求，主要经营模式有自营、撮合、代售等。该类网站除了通过传统的会员、营销增值服务赢利外，还通过收取交易佣金、平台资金沉淀等新的方式赢利。

（3）资源整合阶段

资源整合型平台随着交易数据的积累，为买卖双方提供包括仓储、金融信贷、大数据分析等在内的一系列高附加值服务。通过打通供应链，赢利模式变得多样化，数据服务、信息服务、物流服务、金融服务都成为可以赢利的方式。

5.2 B2C 电子商务模式

B2C 是商业机构对客户的电子商务，具体是指通过信息网络以电子数据流通的方式实现企业或商业机构与客户之间的各种商务活动、金融活动和综合服务活动，是客户利用互联网直接参与经济活动的形式。按照交易对象划分，B2C 电子商务模式可以分为有形产品的 B2C 模式与无形产品和服务的 B2C 模式。

5.2.1 有形产品的 B2C 模式

有形产品是指传统的实体产品，有形产品的信息查询、订购和货款结算等活动可以在网上实现，但最终的产品交付需要借助于线下的物流配送渠道来完成。有形产品的 B2C 模式也称在线零售，企业实现在线零售主要有两种方式：①在网上开设独立的虚拟商店，如京东商城、苏宁易购、海尔等；②参与并成为网上购物中心的一部分，如天猫商城的店铺等。

1．B2C 电子商务业务流程

B2C 电子商务业务流程包括前台网上购物环节和后台订单处理环节，由相互联系、相互支持的前台系统和后台系统完成，它们共同构成了电子商务系统的有机整体，如图 5-2 所示。

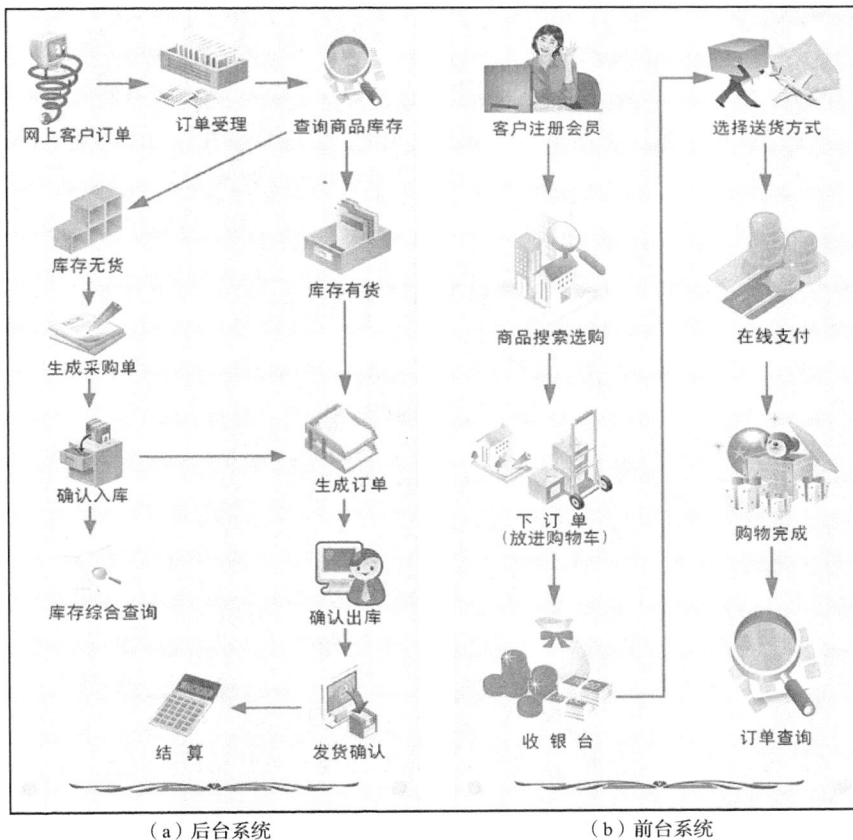

网上客户订单　　订单受理　　查询商品库存　　　客户注册会员　　　选择送货方式

库存无货　　　　　　　　库存有货　　　　　　　　　　　　　　　在线支付

生成采购单　　　　　　　　　　　　　　　商品搜索选购

确认入库　　　　　生成订单　　　　　　　下订单　　　　　　购物完成
　　　　　　　　　　　　　　　　　（放进购物车）

库存综合查询　　　确认出库

结　算　　　　　发货确认　　　　　　　收银台　　　　　　订单查询

（a）后台系统　　　　　　　　　　　（b）前台系统

图 5-2　B2C 后台系统和前台系统

B2C 前台系统是直接面向客户的网站，用于发布产品信息、接收客户需求。前台系统基于网站的交互功能和多媒体功能使得客户像在真实的超市中一样挑选产品。

B2C后台系统的主要功能是处理客户订单，满足客户需求。后台系统与企业内部的管理信息系统连接，以便快速地进行订单处理、进销存管理，更新财务数据，并和外部贸易伙伴进行电子数据交换，以实现快速电子订货。

2. B2C网站的基本功能

（1）B2C网站的前台功能

① 产品展示。B2C网站可以采用多种方式展示产品信息：多级产品目录区、产品资料图片列表区、推荐产品区、产品搜索区、热销产品排行榜。产品详细资料页显示产品大图、侧视图、详细文字介绍、规格、型号、价格等多种属性，以及产品的评论、产品投票评分、总浏览次数统计、相关产品链接、本类别产品的销售排行榜等。

② 会员中心。会员中心为会员提供注册、登录、密码管理等基本功能。会员中心汇集了会员在本网站上的所有操作功能，包括：创建订单、查询已提交订单的处理状态、查询历史订单、查询交易流水、查询当前账户余额、在线付款、维护会员信息（多个送货地址、联系方式、密码等）、处理收藏夹的产品、阅读站内所发文章（论坛发帖）与回复信息等。

③ 订单服务。客户完成订单填写之后，提交订单，关注订单的处理过程。然后商家对订单的内容和款项进行确认，最后对产品交付进行确认。在B2C领域，不考虑欠货和欠款的情况。在完成产品交付之后，这张订单成为历史订单，供查询、统计和参考使用。

④ 非会员购物流程。非会员购物流程是会员购物流程的简化。未登录的会员可在非会员产品区浏览产品，将产品加入购物车，然后去收银台结算。非会员购物必须在收银台填写送货地址和付款方式等信息，且不能使用会员功能，如使用产品收藏夹和订单查询等功能。

⑤ 新闻阅读。在前台按需创建多个文章资讯分类，前台显示每类资讯的前几条，单击后打开新闻阅读页面。单击"全部新闻"进入资讯频道显示该分类所有文章目录，同时列出其他分类的导航。

（2）B2C网站的后台功能

① 会员管理。会员管理包括会员的审核与账号清理、会员密码查询、会员预付款充值，以及会员消费扣款（从预付款中扣除费用）等。

② 产品管理。产品管理包括建立产品大类、小类、子分类目录，产品资料的上传、修改、删除，推荐产品，设置产品属性、关联产品，管理产品排名、产品评论等。

③ 价格管理。价格管理包括定义价格级别（非会员价、会员价、金牌会员价等）、设置产品价格、定义促销规则（数量折扣、捆绑销售、赠品）等。

④ 新闻管理。新闻管理包括新闻分类目录的维护、自定义资讯的分类、新闻内容的管理（包括上传、修改、删除、推荐、置顶和新闻移动）等。

⑤ 订单管理。客户在前台提交了订单之后，可以在后台查询订单的处理进程。网站系统的后台订单管理包括订单审核、财务处理、物流处理和订单转化率分析等内容。

● 未确认订单。由于网上购物的特殊性，并非所有提交订单的会员都是真实需要购买产品的。因此，一般企业在系统中应增加对"未确认订单"的管理，给予客户反悔的机会。可以通过电话、邮件等方式和会员联系。当会员正式确认需要购买产品时再确认订单，确认后订单就进入了"待处理订单"列表中。

● 待处理订单。"待处理订单"显示已经确认但未付款或未配送的订单。包括订单配送确认和收款确认步骤。进行收款确认时，系统自动发送邮件给客户，告知款已收到；进行配送确认时，系统发邮件告知客户已发货；完成了付款确认和配送确认后，可以将订单存档。

电子商务概论——基础、案例与实训（微课版）

- 已完成订单。"已完成订单"显示存档的历史订单，供日后查询使用。
- 订单查询统计。"订单查询统计"用来按时间统计销售额等信息。

⑥ 销售统计分析。销售统计分析为网站的运营团队提供详尽的分析报表，为经营者的广告投放、网站阵列方式提供指导依据，还提供日、周、月、季营收（销售、预售、实收）报表，产品销售报表（汇总/明细），以及产品类别销售报表（汇总/明细）。

⑦ 网站统计分析

网站统计分析对来访者 IP、地区、来访时间进行跟踪统计，提供图形化的统计分析工具，对本站内的产品访问进行统计。企业可以利用一些流量统计网站来完成网站统计分析，如数据专家和生意参谋等。

⑧ 站点管理。优质的网上商城绝非一成不变，应该根据市场需求进行相应改进。一般包括如下四个方面。

- 站点结构管理：网站主导航栏的设置、网页布局的设置，均可按要求重新设置。
- 站点样式管理：网站的主体风格、色彩搭配和图片等要素均可按要求调整。
- 站点数据管理：数据的安全备份与恢复。
- 站点安全管理：严密的权限策略、操作员权限配置。

⑨ 其他管理。其他管理包括物流进程监控管理、网站的内容管理、网站的功能管理和服务管理等。

5.2.2 无形产品和服务的 B2C 模式

无形产品和服务是指可以通过网络直接提供给客户的产品和服务，如电子信息、计算机软件、数字化试听娱乐产品等。一般包括网上订阅模式、付费浏览模式、广告支持模式和网上赠予模式。

1. 网上订阅模式

在网上订阅模式下，企业通过网络向客户提供无形产品和服务的直接订阅服务，客户可以在网上直接浏览信息或使用服务。这种模式主要被一些商业在线企业用来销售电子刊物、有限电视节目、课程订阅、在线娱乐等，如在腾讯课堂、淘宝大学上可以订阅电子商务方面的学习课程。

2. 付费浏览模式

付费浏览模式是指企业通过网络向客户提供按次或按时间收费的网上信息浏览和信息下载的电子商务模式。付费浏览模式可以让客户根据自己的需要，在网上有选择性地购买一篇文章、书的某章内容或者某一页。实际上，为知识、信息、咨询、教育、视频、音乐等无形产品付费都应该包括在其中。

对于客户来说，免费未必就是好的，会让他们产生一种廉价的感觉，从而看轻了整个平台的价值。客户为内容付费的前提，一是客户具备强烈的内容获取需求，二是内容具有稀缺性。目前，豆瓣、百度知道、天涯论坛等各类平台都推出了不同的付费浏览方式，如打赏模式、专栏模式、付费回答、付费转载、VIP（Very Important Person）会员等。可见，当虚拟世界跟现实世界融合得越来越深入时，打破互联网免费的惯例，开始收费将是常态。

3. 广告支持模式

在广告支持模式下，在线服务商通过免费模式向客户提供信息或在线服务来吸引流量，从而获得广告收入以支持网站的经营活动。由于广告支持模式需要企业的广告收入来维持，因此，企业网站能否吸引大量的广告就成为该模式是否成功的关键，而能否吸引广告主投放广告主要依赖于网站被访问的次数，而且网站必须对投放广告的效果提供客观的评价和测评方法，以便客观地确定广告费用的计费方法和计费额。例如，百度等在线搜索引擎服务网站就是主要依靠广告收入来维持经营活动的，搜狐、新浪等大型门户网站也采取这种模式。

4. 网上赠予模式

在网上赠予模式下，企业借助于互联网用户遍及全球的优势，向客户免费赠送产品，以提高企业的知名度和市场份额。采用网上赠予模式的企业通常是软件公司和在线出版商。软件公司在发布新产品或新版本时，通常在网上免费提供测试版供客户下载试用，这一方面有利于扩大测试群体，保证软件的测试效果；另一方面可以抢先占据一定的市场份额。当最终版本发布时，如果软件确实能满足客户的需求，那么客户很容易从免费用户转化为收费用户。在线出版商也经常采取网上赠予模式，让客户先试用后购买。例如，《华尔街日报》等在线出版商都提供免费试用期，其很大一部分客户后来都转化为了付费用户。

5.3　C2C 电子商务模式

C2C 电子商务是客户与客户之间通过互联网进行的个人交易。C2C 交易平台为买卖双方提供了在线交易场所。在该平台的支持下，卖方可以自行上网展示和销售产品；买方可以自行选购产品，拍下付款或以竞价方式在线完成交易支付。按照交易的产品类型划分，C2C 电子商务模式可以分为 C2S 实物交易平台运作模式和 C2S 智慧交易平台运作模式。

5.3.1　C2C 实物交易平台运作模式

C2C 实物交易平台本身并不提供产品和资金，不负责货运和仓储，其目的是通过为买卖双方提供一系列的配套服务，如产品搜索、即时通信、网络社区、信用评价、支付结算等，从而为买卖双方提供一个安全、便捷、稳定的交易平台。

C2C 网上店铺
开店流程

1. 卖方建立网上店铺的流程

（1）店铺定位规划

确定要开一间网店后，"卖什么"就成为最主要的问题了，即要准确定位自己的网店。在考虑卖什么的时候，卖方要根据自己的兴趣和能力而定，尽量避免涉足不熟悉、不擅长的领域，因为专业才能专注。同时，要确定目标客户，从他们的需求出发选择产品。从理论上说，任何产品都可以在网店中销售，但开网店的目的是赚钱，因此，网店选品时，应综合考虑各种因素。一般来说，适合网上销售的产品应具有以下特点。

① 产品的体积和质量不宜太大，要易于包装、方便运输，以节约物流费用。

② 价格合理，具有较高的附加值。

③ 产品具有一定的独特性和时尚性。

④ 产品易于通过图片和描述让客户了解，并能激发客户的购买欲望。

⑤ 具有比较高的品牌辨识度和售后保障。

⑥ 具有标准规格或者在实体店也不允许打开包装试用。

（2）选择开店平台

初次在网上开店需要选择一个好的网购平台。卖方在网购平台上开设店铺，对店铺的管理和宣传都可以依靠网购平台提供的技术和服务进行。所以，在人气高的网购平台上注册网店是店铺经营是否成功的第一要素。以前中国的 C2C 市场成三足鼎立局势，但腾讯拍拍网于 2016 年 4 月 1 日彻底关闭，目前可供店主选择的网上开店平台主要是淘宝网和易趣网。

① 淘宝网。淘宝网是目前国内最大的 C2C 电子商务平台，由著名的 B2B 网站阿里巴巴投资创办。淘宝网是国内人数最多、产品种类最全、服务类型最丰富的电子商务平台，已经成为国内最成熟的购物网站，汇聚了数万家网上店铺，以及数以千万计的产品，可以说，只要是客户需要的产品（法律允许范围内），就能够在淘宝网上购买到。淘宝网的成功源于较好的用户体验和布局分明的页面。淘宝网的产品分类清晰而且提供多种搜索方法、在线聊天工具（淘宝旺旺）、产品咨询及网购社区等配套服务，采用的支付宝付款模式为买卖双方提供了有效的安全保障。

② 易趣网。1999 年 8 月，易趣网在上海创立，2002 年易趣网与 eBay 结盟，更名为 eBay 易趣，并迅速发展成中国少有的几个在线交易平台之一。易趣网除了拥有品种繁多、价廉物美的国内产品资源外，于 2010 年 2 月正式推出了方便、快捷、安全的海外代购业务，给买方带来了全新的购物体验。2012 年 4 月，易趣网成为 Tom 集团的全资子公司。

（3）开店申请与店铺装修

不同的网购平台对于卖方的开店申请规定会有所不同，需要卖方登录到相应的平台详细了解。以淘宝网为例，淘宝网规定注册账号需通过支付宝实名认证，再成功上传 10 件产品，即可登录"我的淘宝"中"我是卖家"的"免费开店"页面进行店铺开设操作。支付宝实名认证的基本步骤包括：申请认证→填写个人身份信息并提交身份证复印件→填写账户信息→等待支付宝公司向用户所提交的银行卡随机转入 1 元以下的金额→查看银行卡上收到的具体金额→在"确认支付宝汇款金额"页面输入汇款金额，输入金额正确且审核通过后，即通过支付宝实名认证。

开店完成后，卖方可以利用淘宝网提供的店铺模版对网店进行装修，主要涉及宝贝图片的拍摄与美化处理、店铺公告栏制作、店标设计、宝贝描述模版制作等。待所有操作完成后，商家就会拥有属于自己的淘宝网店和相应的网络地址。

（4）进货

在网上开店，首要问题就是能否找到合适的进货渠道。在形形色色的批发商和商城之间，卖方需要根据自己的经营战略来选择合适的货源渠道。选择货源，成本控制是关键。进货渠道一般包括：①线下大型批发市场；②本地厂家货源；③外贸尾单货；④国外打折商品；⑤品牌积压库存；⑥代理品牌商家；⑦民族特色工艺品；⑧网上货源批发中心，如阿里巴巴、生意宝等网络贸易批发平台。

（5）发布产品

卖方需要将产品发布到自己的网店中，发布方式有一口价和拍卖两种。发布产品时，注意要把每件产品的名称、产地、所在地、性质、外观、型号、数量、交易方式、交易时限等信息填写清楚，做好搭配产品的图片，产品名称应尽量全面，优点突出。此外，还需要设置价格，通常网站会提供起始价、低价、一口价等项目由卖方设置。设置完成后，产品信息就会出现在淘宝网店中。

（6）营销推广

为了提升网店的人气，在开店初期适当地进行营销推广是非常必要的，而且要线上线下多种渠道一起推广。例如，通过购买"热门产品推荐"的广告位、将产品分类列表上的产品名称加粗、开通直通车、与其他网店或网站交换链接等方式，来增加网店和产品被客户关注的机会。

什么是淘宝直通车？

淘宝直通车是为淘宝卖方量身定制的，按点击付费的效果营销工具，可以实现产品的精准推广。淘宝直通车在带来产品曝光量的同时，其精准的搜索匹配也给产品带来了精准的潜在客户。它通过点击，让客户进入店铺，产生一次甚至多次的店铺内跳转流量，这种以点带面的关联效应可以降低整体推广的成本，提高整店的关联营销效果。同时，淘宝直通车还给卖方提供了淘宝首页热卖单品活动、各个频道的热卖单品活动，以及不定期的淘宝各类资源整合的直通车用户专享活动。

（7）交易与售后服务

客户在购买产品时会通过多种方式与客服进行沟通，这时客服就应充分做好沟通工作，具体交易方式可根据双方交流约定办理。此外，卖方发货时，应选择既方便又快捷省钱的物流方式。完善周到的售后服务是生意经久不衰的非常重要的条件之一，因此，网店应与客户保持联系，做好客户管理工作。不管是技术支持还是退换货服务，都要做到位，只有做好售后服务，才能赢得回头客。

（8）评价与投诉

为了共同建设网络信用环境，如果交易满意，客户最好给予卖方好评，评价信息将计入卖方的信用等级。因此，网店应尽力通过良好的服务获得客户的好评。反之，如果交易不满意，客户应给予差评，或者向网站投诉，以减少损失，并警示他人。因此，网店若遇到客户投诉，应尽快处理，以免为自己的信用留下污点。

2. 客户购买产品的交易流程

（1）搜索、浏览产品

客户可以利用淘宝网提供的关键词搜索、类目搜索和高级搜索等方式，搜索所需产品和网店，并可以对感兴趣的产品进行收藏。与此同时，客户还可以利用淘宝旺旺、站内信件、E-mail等多种工具与卖方进行沟通。

（2）购买产品

客户在淘宝网上找到所需产品后，可以单击"立即购买"，进入"确认购买信息"页面，输入购买数量、选择送货方式、填写收货地址，核对信息无误后，确认购买。

（3）付款

客户在确认购买后，即可进入支付页面。客户可以利用淘宝网提供的第三方支付平台——支付宝的账户余额进行付款；当支付宝账户余额不足时，也可以利用网上银行付款，付款成功后，等待卖方发货。

（4）收货与评价

客户收到货物并确认无误后，可单击"确认收货"，同时在支付宝交易管理页面将货款由支付宝转入卖方账户。如果对产品不满意，可以申请退货或换货。交易完成后，客户可以就卖方的产品和服务质量等进行评价，评价记录将计入卖方信用等级。

3. C2C 交易平台的信用体系

在虚拟的网购环境下，客户看不到产品实物，没有线下购物的亲身体验，只能依据网上的产品图片和文字描述来选购产品。因此，在网购过程中，可能会出现货不对版，卖方收款后不发货，或卖方发货后收不到货款等情况。目前，信用问题已成为网络购物发展的瓶颈。C2C 网络购物平台要生存与发展，必须解决买卖双方的信用问题。下面以淘宝网为例，介绍 C2C 电子商务交易平台的信用体系。

淘宝网的成功与其信用模式的建立密不可分。在建立之初，淘宝网就高度重视诚信建设，奉行"宝可不淘，信不可弃"的宗旨。

（1）注册认证

在淘宝网上交易的买卖双方要进行注册认证。进行注册认证的作用主要有三个：①防止非法用户趁机混入 C2C 平台从事商业欺诈行为；②确认用户的真实身份，对用户的交易进行监督；③建立用户个人档案，让所有的交易都可以记录在案，从而建立用户的信用指数，促使其在淘宝网上诚信交易。

对客户来说，在淘宝网上只需用网名注册，就可以建立相应的档案；对商家来说，必须进行实名认证，即进行身份认证（身份证）、手机认证、地址认证和银行账户认证。这样的认证可以在一定程度上鉴定商家的身份，减少商家欺诈客户的情况。

（2）信用评价

客户在淘宝网上购物时，信息搜索是影响最后购买行为是否会发生的关键，包括产品属性、商家信用度和产品评价信息的获得。其中，和淘宝网信用模式紧密相关的就是商家信用度的评价，它的实现有赖于淘宝网的信用评价体系。

客户在淘宝网每使用支付宝成功交易一次，就可以对交易商家做一次信用评价，评价分为"好评""中评""差评"三类，每种评价对应一个信用积分，"好评"加 1 分；"中评"不加分；"差评"扣 1 分，评价有效期为订单交易成功后的 15 天内。信用度共分为 20 个级别，其中 4 分～250 分用红心表示；251 分～10 000 分用蓝色钻石表示；10 001 分～500 000 分用蓝色皇冠表示；500 000 分以上用金色皇冠表示，具体如表 5-1 所示。商家的信用等级将显示在淘宝网店的页面上。

表 5-1　淘宝商家信用等级表

所积分数	等级图标	信用等级
4～10 分	♥	一星
11～40 分	♥♥	二星
41～90 分	♥♥♥	三星
91～150 分	♥♥♥♥	四星
151～250 分	♥♥♥♥♥	五星
251～500 分	◈	一钻
501～1 000 分	◈◈	二钻
1 001～2 000 分	◈◈◈	三钻
2 001～5 000 分	◈◈◈◈	四钻
5 001～10 000 分	◈◈◈◈◈	五钻
10 001～20 000 分	♛	一皇冠
20 001～50 000 分	♛♛	二皇冠
50 001～100 000 分	♛♛♛	三皇冠
100 001～200 000 分	♛♛♛♛	四皇冠
200 001～500 000 分	♛♛♛♛♛	五皇冠
500 001～1 000 000 分	♛	一金冠
1 000 001～2 000 000 分	♛♛	二金冠

所积分数	等级图标	信用等级
2 000 001～5 000 000 分		三金冠
5 000 001～10 000 000 分		四金冠
10 000 000 分以上		五金冠

具体的计分规则如下。

① 每个自然月中，相同客户和商家之间的评价计分不得超过 6 分（以支付宝系统显示的交易创建时间计算），超出计分规则范围的评价将不计分。

② 若 14 天内（以支付宝系统显示的交易创建时间计算）相同客户和商家之间就同一产品有多笔支付宝交易，则多个好评只计 1 分，多个差评只记-1 分。

淘宝搜索排名规则让信用等级高的网店优先排在前页；客户搜索产品时，也习惯按"信用从高到低"的排序方式；推荐收藏的网店也是信用等级高的。总之，信用等级高的网店在淘宝网占据了各种有利条件。因此，这种信用评级制度在一定程度上约束了网上交易行为，使其更诚信、更规范。为了达到更高的信用级别，获得客户的青睐，从而获得更多的人气，达到更大的交易量，形成良性循环，商家就会规范自己的交易流程，提高产品的质量，诚信服务，以获得客户的好评。

（3）第三方支付工具

支付宝是由阿里巴巴（中国）网络技术有限公司（以下简称阿里巴巴）创办的，为解决电子商务交易过程中的诚信问题而提供第三方支付服务，其实质是在买卖双方确认交易成功之前，替买卖双方暂时保管货款的一项增值服务。支付宝在设计之初就更多地考虑买方的利益，客户通过支付宝付款时，货款并不直接打到卖方的账户上，而是由支付宝暂时替买卖双方保管，只有客户确认收货，并在自己的支付宝账户中认可交易时，货款才会被转到卖方的账户中。第三方支付工具的应用极大地消除了网购的欺诈隐患。

（4）消费者保障服务

消费者保障服务是淘宝网推出的旨在保障网络交易中消费者合法权益的服务体系。"产品如实描述"是加入消费者保障服务的必选项。"7 天无理由退换货""假一赔三""虚拟物品闪电发货""数码和家电 30 天维修""正品保障"等都是其中的服务项目，由商家自行选择。消费者保障服务经商家申请，由淘宝网在确认接受其申请后，买方需针对其通过淘宝网同客户达成交易并经支付宝完成支付，并根据服务协议及淘宝网其他公示规程的规定，按其选择参加的消费者保障服务项目，向客户提供相应的售后服务保障。

（5）网上交流社区

淘宝网建立了网上交流社区，方便客户对网络购物的经历进行体验和交流，可以有效地防止欺诈行为的发生，也可以让客户之间相互学习购物经验，避免重蹈覆辙，被不诚信的商家损害利益，同时也起到了为诚信商家做宣传的目的。由此可见，网上交流社区是淘宝网信用体系之中的重要部分，对其他的信用措施可以起到完善补充的作用。

5.3.2　C2C 智慧交易平台运作模式

C2C 智慧交易平台交易的是个人的智慧，也称为威客网。威客网上的用户按照其行为分为提问者和回答者两类。提问者提出问题或发布任务，在获得合适的解决方案后支付报酬给回答者。回答者被称为威客（Wikey），是指通过互联网把自己的智慧、知识、能力、经验转换成实际收益的人。他们接受任务或回答问题，当他们提出的解决方案得到提问者认可后，可获得约定的报酬。

1. 威客模式

威客理论创始人刘锋指出：威客模式是指将人的知识、智慧、经验、技能通过互联网转换成实际收益，从而各取所需的互联网新模式，主要应用于解决科学、技术、工作、生活、学习等领域的问题，体现了互联网按劳取酬和以人为本的新理念。

威客网站的运营模型可以用一个公式形象地表示：

$$W=（U+Q+A+P）×Cr$$

式中，

W（witkey）：威客模式；

U（user）：威客模式网站的注册用户，主要由提问者和回答者两部分组成；

Q（question）：威客网站上待解决的各种问题和任务；

A（answer）：威客网站上针对问题进行解答所形成的答案，它同时也包含了威客网站注册用户发布的智力产品。这些答案和智力产品往往标注了一定的价格，供提问者查询和交易；

P（pay）：威客网站支付系统，支付系统不仅限于互联网在线支付手段，也包括线下的银行付款、邮局汇款和直接给付；

Cr（credit）：威客网站的信用系统，为了保证交易的正常进行，威客网站需要建立信用体系确保提问者、回答者、问题和答案的真实性。

2. 威客类型

根据参与方式的不同，威客可分为 A 型、B 型、C 型和 M 型四种。

A 型威客（Ask witkey）是知道型威客，也称知识问答型威客，是通过回答别人的问题获得利益的威客，通常是通过回答问题获得积分，然后通过积分兑换奖品，如百度知道、爱问知识人等。

B 型威客（Bid witkey）是悬赏型威客，通过对某个项目进行投标，并争取中标从而获得项目开发机会，最终获取收益，如猪八戒网等。

C 型威客（C2C witkey）是点对点威客，通过对自身能力进行展示、证明和良好的经营，将能力转化为产品，与需求者建立 C2C 的买卖交易关系。

M 型威客（Witkey map）是威客地图，是通过互联网将人的地理位置、专业特长或兴趣、联系方式、威客空间这四个最重要的属性（不排除其他次要的属性如年龄、职业、性别等）聚合在一起从而形成的关于人的搜索引擎。在威客空间中，威客把自己的知识、智慧、经验、技能形成作品进行出售。威客网站为每一个威客开辟空间，并建立信用评价体系，通过威客地图的衍生产品进行赢利，如知识交易、右侧广告、竞价排名、威客推荐、联系方式信息费等。

3. 威客的运营流程

（1）现金悬赏任务流程

现金悬赏任务流程在 2003 年 google answer 上得到应用，2004 年 K68 威客网将现金悬赏发展为"全额付款，永不退款，网站扣 20%"的制度（金牌会员扣 10%）。这一制度后来被许多中国威客模式网站所采纳。具体业务流程如下。

任务发布者发布任务→全额预付现金给威客网站→众多威客参与任务→任务奖金支付给作品最好的一名威客。

现金悬赏任务流程易于操作，主要适合的领域如下。

① 生活相关领域，如百度知道、雅虎知识堂用虚拟现金（积分）进行悬赏。

② 简单的在线工作，如取名、撰写文章、金额较低的图像设计、程序设计等。

③ 威客营销，如悬赏征集广告语、好点子、产品使用建议等。

（2）招标任务流程

现金悬赏任务流程的最大问题是参与者水平参差不齐，不能确保任务发布者获得满意的作品。2000年，中国深圳的"设计者之窗"开始用招标任务的方式为世界著名企业服务，将这些企业的设计任务通过互联网发送给高水平的设计师，2005年开始将招标任务应用在科技转移领域，帮助企业与相关专家进行对接。2008年更多威客模式网站将招标任务应用在复杂的在线工作领域。具体的业务流程如下。

任务发布者发布任务→支付少量定金或不支付定金→任务发布者选择合适的威客开始工作→根据工作进度由任务发布者或威客网站向威客支付酬劳。

招标任务流程避免任务发布者预先支付大量定金，但需要威客网站对威客和任务发布者进行信用管理，主要适合的领域如下。

① 金额较大，难度较高的在线工作任务，如高水平的翻译、网站建设、企业策划、法律问题、软件开发等。

② 科学技术领域，如化工、建筑、工程、电力、能源等。

（3）威客地图流程

威客地图流程需要威客网站为每一个威客开辟空间，并建立信用评价体系。目前，许多威客网站，包括全球设计网、中国赏金写手网、卓创威客网、创易网、K68威客网、任务中国、互帮中国等都已经为威客建立了威客空间或个人工作室，具体业务流程如下。

威客在威客网站开设威客空间或工作室→任务发布方通过技能关键词查询威客或智力作品/任务发布方通过全款悬赏、定金招标等任务挖掘威客或智力作品→双方通过站内留言、电话、直接见面等方式进行沟通，确定是否合作→合作后双方可以在威客网站上进行相互评价。

此外，一些主流威客网站还在威客地图的基础上加入了相应的"指定承接"任务与之匹配。具体业务流程如下。

威客在威客网站开设威客空间或工作室→发布方通过技能关键词查询威客或智力作品/任务发布方通过全款悬赏、定金招标等任务挖掘威客或智力作品→发布方通过指定承接任务向工作者发出邀请→威客接受邀请后，开始撰写任务执行合同→双方对执行合同达成共识后，威客开始完成任务内容→威客按照任务执行合同分阶段完成后，获得100%任务赏金→合作后双方可以在威客网站上进行相互评价。

威客地图的主要应用领域如下。

① 与生活相关，百度知道、新浪爱问、雅虎知识堂等积分网站可建立威客地图。

② 在线工作，无论是简单的任务还是复杂的任务都可应用威客地图。

③ 科技转移，可以在科学技术专家领域建立专家型威客地图。

4. 威客模式存在的问题

（1）智力成果标价问题

从互联网的现状看，用户虽然提出大量问题，但对求得这些问题答案而愿意付出现金的意愿并不高，那些为求得问题答案而愿意支付超过一个货币单位的用户只占很小的比例。按照二八原则，只有20%的问题提问者愿意支付超过一个货币单位的价格征求答案。而超过80%的大量问题还需要按互联网原有的方式得以解答。

（2）智力成果的分类问题

由于人类社会涉及的领域十分广泛，进行详细的分类很难。如果分类太细，互联网用户会感到非常不方便，如果划分太粗会使用户不容易定位到自己熟悉的领域。这一问题可以通过建立智力成果和各类问题信息索引的方法解决。

（3）智力产品的展示和试用问题

智力产品和实物产品在形态上有很大差别，实物产品可以让购买者观看后购买，但智力产品一旦让用户观看后就失去了价值。如果不让用户观看，用户会担心内容有欺诈而不敢购买。这一问题可以通过建立用户信用体系的办法解决。

（4）智力产品的知识产权问题

智力产品在第一次交易之前，知识产权归创作者所有，智力产品具有可多次重复消费的特点。第一次交易后的其他用户购买使用该智力产品时，存在智力产品的产权问题。这一点需要威客网站制定相关的约定和制度确认智力产品所有权和收益权的归属。

（5）威客模式中作弊的问题

威客模式中主要有两种作弊形式：①提问者提出问题后，根据回答者的答案用其他身份登录伪造一个新答案，然后提问者选择自己的答案进行成交。②提问者提出一个受人关注的问题，自己编制一个质量差的答案供大量需求者重复付费查看，这个问题同样需要建立用户的信用体系加以解决。

习题

一、基本概念

B2B 电子商务模式　卖方模式　买方模式　交易市场模式　B2C 电子商务模式　网上订阅模式　付费浏览模式广告支持模式　网上赠予模式　C2C 电子商务模式　威客模式　威客地图

二、单项选择题

1. 戴尔的网络直销模式属于（　　　）。
   A. 电子目录销售　　　B. 正向拍卖　　　　　C. 合同销售　　　　D. 逆向拍卖

2. 关于易货交易的说法，下列错误的是（　　　）。
   A. 易货交易一般通过易货交易所来完成
   B. 易货交易的对象一般包括闲置设备、办公场地等
   C. 易货交易一般需要易货交易所提供"积点"来充当交易的一般等价物
   D. 易货交易由于产品之间价值不一定等价，难以匹配交易

3. 下列属于 B2C 网站前台系统功能的是（　　　）。
   A. 会员管理　　　　　B. 产品管理　　　　　C. 会员中心　　　　D. 订单管理

4. 针对信息类产品，目前网络上的打赏模式、付费下载、VIP 会员服务等属于（　　　）。
   A. 网上订阅模式　　　B. 付费浏览模式　　　C. 广告支持模式　　D. 网上赠予模式

5. 下列属于 C2C 平台的是（　　　）。
   A. 天猫商城　　　　　B. 唯品会　　　　　　C. 淘宝网　　　　　D. 环球资源网

6. 威客平台"百度知道"属于（　　　）。
   A. A 型威客　　　　　B. B 型威客　　　　　C. C 型威客　　　　D. M 型威客

三、多项选择题

1. 电子目录一般由（　　　）构成。
   A. 数据库　　　　　　B. 目录　　　　　　　C. 搜索功能　　　　D. 购物车

2. 下列属于 B2B 买方模式的有（　　　）。
   A. 逆向拍卖　　　　　B. 集中目录采购　　　C. 电子目录销售　　D. 正向拍卖

3. B2B 中介平台的收益模式一般包括（　　　）。

    A. 交易费　　　　　　B. 注册费　　　　　　C. 广告费　　　　　　D. 销售收入

4. 下列属于在线零售平台的是（　　　）。

    A. 苏宁易购　　　　　B. 阿里巴巴平台　　　C. 天猫商城店铺　　　D. 猪八戒网

5. 下列哪些产品适合在互联网上销售？（　　　）

    A. 图书　　　　　　　B. 运动服饰　　　　　C. 宠物　　　　　　　D. 红酒

6. 淘宝网的信用体系包含哪些措施？（　　　）

    A. 对用户采取实名注册认证

    B. 采用红心、蓝钻、蓝色皇冠、金色皇冠的信用等级评价制度

    C. 利用支付宝作为交易的支付结算工具

    D. 提供 "7 天无理由退换货" "假一赔三" 等消费者保障服务

7. 目前，威客模式存在的问题主要包括（　　　）。

    A. 智力成果标价问题　　　　　　　　　　B. 智力产品的展示和试用问题

    C. 智力产品的知识产权问题　　　　　　　D. 作弊问题

案例分析

案例 5-1

二手闲置物品C2C交易平台——社区化的闲鱼

随着居民物质生活的不断富足，消费者个体所拥有的闲置物品越来越多，闲置物品的不断增加催生了二手交易市场蓝海。同时，信息技术和移动网络技术的发展优化了二手物品的交易流程，极大地增强了二手物品线上交易的吸引力。

目前，二手交易平台闲鱼背靠阿里巴巴公司信用保障和淘宝 "一键转卖" 的优势，占据综合性二手交易领域的头把交椅。闲鱼以鱼塘社区的运作驱动发展，将天猫、淘宝系交易的海量用户与一手成交资源带入平台，促成用户间基于兴趣、地域、校园的社交化交易，推动产品的二次流通，完善社交生态。阿里巴巴集团丰富的电商 SKU 资源、完善的支付体系、信用保障体系、物流等配套服务使闲鱼具有撮合二手物品交易的先天优势。

闲鱼通过强化 C2C 社交关系链推动二手交易。一方面为闲置物品在社区流通构建 C2C 交易支撑，如表 5-2 所示，目前已有 2 亿用户，1 600 万活跃卖家；另一方面通过社区化服务增加互动，更易达成交易（见表 5-3），目前拥有 45 万个鱼塘，41%的用户互动率。

表 5-2　为闲置物品在社区流通构建 C2C 交易支撑

丰富的 SKU	信任背书	物流支持	成交效率
淘宝海量交易；产品 "一键转卖" 至闲鱼；其他个人发布；淘宝拍卖并入	共享阿里巴巴算法、安全防控和大数据体系；对接芝麻信用、支付宝实名认证、引入支付宝担保交易、用户评价体系、提供征信安全保障	依托菜鸟物流的在线寄快递服务，解决卖家物流发货问题	针对 3C 产品上线信用速卖，以便捷性与高速成交促进交易快速达成

表 5-3　通过社区化服务增加互动达成交易

核心鱼塘	发布遵循社区玩法	从社交再到交易
基于兴趣和地域构建鱼塘社区，引入话题讨论，鼓励同城交易，增加交易安全性	要求发布产品不一定要卖，可求点赞，并对发布做了上限要求，重视用户互动参与胜于交易的发生	不同于淘宝立即购买的玩法，用户对在闲鱼上看上的产品，要先单击 "我想要" 跳转至聊天页面，交流后才能交易

【问题讨论】

1. 闲鱼这样的二手交易平台具有哪些优势和劣势?
2. 如果设计一个校园二手交易平台,你打算怎么做?

案例 5-2

食品全产业链B2B交易平台——粮人网

2015 年 9 月由北京双磁信息科技有限公司研发运营的"互联网+"食品交易平台——粮人网正式上线,在得到北京市场充分认可后,2016年年初推出"织网计划",从信息流、资金流、物流三大维度深度挖掘并整合传统行业现有资源,对传统食品产业链的模式和流程进行优化升级再造,逐步打造以"交易平台+物流平台+金融平台"为核心的业务模型,最终形成食品全产业链的生态系统。

传统食品产业从源头种植户到零售商及客户的中间环节,存在诸多问题,如图 5-3 所示。食品行业这辆庞大的火车拖着一节一节的中间商想要跑得更快,必须与互联网接轨,使产品价格更透明化,规格更标准化,市场更规范化,交易更流程化。

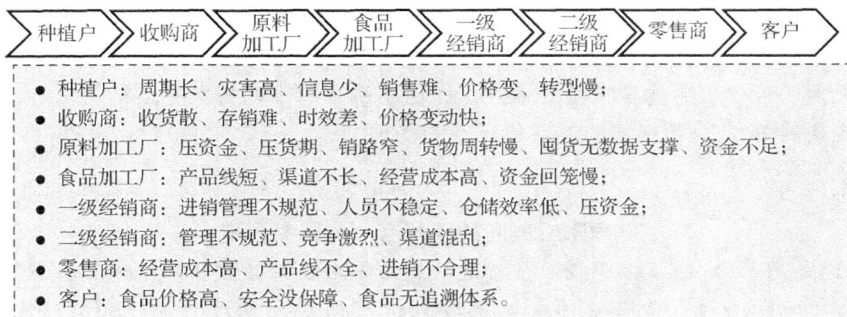

- 种植户:周期长、灾害高、信息少、销售难、价格变、转型慢;
- 收购商:收货散、存销难、时效差、价格变动快;
- 原料加工厂:压资金、压货期、销路窄、货物周转慢、囤货无数据支撑、资金不足;
- 食品加工厂:产品线短、渠道不长、经营成本高、资金回笼慢;
- 一级经销商:进销管理不规范、人员不稳定、仓储效率低、压资金;
- 二级经销商:管理不规范、竞争激烈、渠道混乱;
- 零售商:经营成本高、产品线不全、进销不合理;
- 客户:食品价格高、安全没保障、食品无溯源体系。

图 5-3 食品全产业链及核心问题

粮人网针对传统食品分销行业的积弊,通过互联网分销模式,建立终端商户与经销商之间的无缝连接,帮助经销商借助互联网平台掌握终端商户需求,帮助终端商户连接更多的一级优质经销商,使其跳过中间商赚取差价,随时掌握拟采购产品的价格和促销信息,提高议价能力,保证产品质量,并通过信息化手段优化交易环节、简化产品的库存管理,改变进与销两端商家的对立博弈现状,如图 5-4 所示。

图 5-4 粮人网的 B2B 分销模式

在粮人网的 B2B 分销平台上，经销商通过供货商系统把货品放到平台，使不同商家的不同食品品类聚合，终端商户直接通过粮人网平台渠道购买产品。经销商可以在后台进行订单管理、促销管理和财务管理等。终端商户通过手机关注公众号，在线选购产品，并通过移动支付工具下单即可。

对于终端商户，粮人网主要面向面积在 200m² 以下，以便利店和夫妻店形式为主的中小型超市/便利店等零售终端门店。这些商户承担着片区生活用品集散的功能，是服务于片区居民的主要快消市场。这类商户在三线、四线城市分布比较多，年龄普遍在 35～50 岁，对互联网的认知度较低，在产品采购环节处于弱势地位，且假货、临期现象严重，供货渠道不稳定。粮人网通过对这些商户进行整合，编织了巨大的食品分销网络。

对于经销商，粮人网采取与城市食品分销行业大流通品牌一级经销商合作，融入当地封闭供销体系，辅助以熟悉当地市场的城市经理，结合平台的活动政策，整合当地的供销体系，帮助优质的经销商做大做强，确保终端商户的产品质量和利润，最终融入某区域市场。

粮人网由于切入市场的方式更温和，阻力相对较小，以原生态的本土市场战略为先导，通过互联网将产品、形象、价格、进货到服务各环节整合成一套标准化的流程，不仅将散落的终端商户快速连接起来，还得到了合作经销商的一致认可。

【问题讨论】

1. 粮人网的价值主要体现在哪些地方？抓住了用户的哪些需求痛点？
2. 粮人网的 B2B 分销模式的特点体现在哪些地方？

案例 5-3

中国B2C电商的破局者——网易严选

网易严选是网易公司 CEO 丁磊一手打造的高品质生活类自营电商品牌，于 2016 年 4 月正式面世，以"好的生活，没那么贵"为品牌理念，通过原始设计制造商（Original Design Manufacture，ODM）模式与大牌制造商直连，剔除品牌溢价和中间环节，为国人甄选高品质、高性价比的优质产品。

1. 网易严选的孵化

网易严选孵化于网易的邮箱部门。当初，网易严选团队发现日本某知名毛巾在中国制造的出厂价只有十几元人民币，就找到工厂定制了一批毛巾，以接近出厂价的价格在网易内部销售。团队成员只发出 250 封内部邮件，便获得了 30 万的销售额。这个意料之外的结果使得丁磊将网易严选从部门试验项目升级为公司项目。邮箱作为互联网最早期的形态之一，是重要的流量来源，也是获取客户最有效的渠道。因此，网易严选最早期的客户就是网易邮箱用户。这些用户大多数是男性商务人士，他们的客单价、黏度高。

2. 网易严选的 ODM 模式

在 ODM 模式下，当某些制造商设计出一款产品之后，若被一些品牌制造商青睐，那么后者会要求前者将该产品贴上品牌进行生产，或者对产品进行一些修改后贴牌生产。这种生产模式在笔记本电脑领域是常见的（如笔记本电脑使用不同的外壳或者键盘，使不同的产品看起来差别更大），电商平台却使用不多。网易严选就是采用了 ODM 模式（即工厂去设计生产，然后由严选进行销售），采购人员深入各个原材料的核心产区，从原料选择到产品设计、打样都与制造商保持密切联系，剔除中间环节，从根本上保证产品质量，去掉高昂的品牌溢价、挤掉广告公关成本，使价格回归理性，从而为客户提供物超所值的优质产品。

网易严选通过 ODM 模式可以找到为一线大品牌（包括爱马仕、CK、无印良品、优衣库、新秀丽等知名品牌）提供服务的制造商，获得同等质量和设计水平的产品，但价格却比名牌产品低很多，这使得客户非常信任网易严选的产品。

3. 网易严选的运营

网易严选上线半年时，拥有 3 000 万注册用户、月流水超过 6 000 万元。从试运营时期以毛巾、拖鞋为主的几十种家居产品，到目前拥有家居、餐厨、鞋包配饰、服装、电器、洗护、婴童、饮食等十多个品类，近 7 000 种产品。网易严选在未来会开发更多家具、玩具等类目，打造全品类的生活电商品牌。

网易严选团队通过严格把控生产、质检、销售、售后等各个环节，与一线大牌制造商合作，而且要求所有上架销售产品必须通过全球顶尖质检机构（如 ITS，SGS 等机构）认证，从而为客户提供高品质产品。

网易严选通过顺丰物流配送产品，提供 30 天退货和 2 个工作日快速退款的服务，为客户提供了卓越的购物体验。

【问题讨论】

1. 分析网易严选采用 ODM 模式的优势和劣势。
2. 登录网易严选网站进行购物体验，分析网易严选与其他 B2C 网站的区别。

拓展学习

价值链和虚拟价值链

价值链是美国哈佛商学院著名教授迈克尔·波特（Michael E. Porter）于 1985 年在其著作《竞争优势》中提出的理解企业行为和指导企业竞争的重要理论方法。价值链是原材料经过一系列的价值增值活动，最终转化为满足客户所需要的产品或服务的过程。这些活动紧密衔接，使物流和信息流顺畅流通，而且每项活动及其衔接都要强调对客户的增值，整个价值链就成为一条价值增值链。为了更好地分析价值的增值过程，价值链模型将业务活动分为基本活动和辅助活动两大类。基本活动是指那些在价值链中直接创造价值的活动，包括进货后勤、生产作业、发货后勤、销售和售后服务；辅助活动是指那些支持价值创造的活动，包括企业基础设施、人力资源管理、研究与开发和采购管理等，如图 5-5 所示。

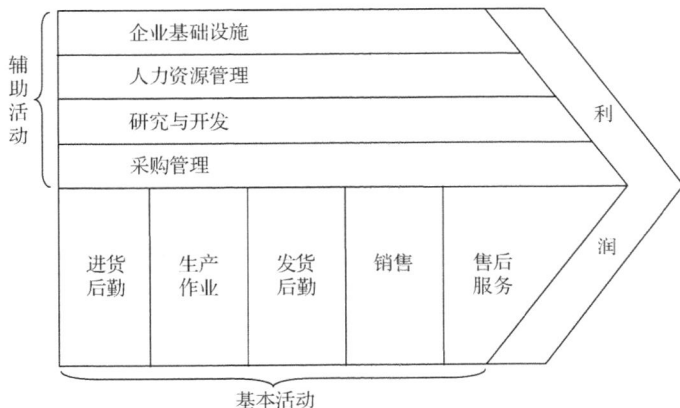

图 5-5 价值链模型

商务电子化和信息化的发展，使企业运营突破了时空的限制，可以同时在现实和虚拟两个世界里运营。在此基础上，美国哈佛商学院杰弗里·F. 雷鲍特（Jeffrey F. Rayport）和约翰·J. 斯维奥克拉（John J. Sviokla）两位学者于 1995 年在《开发虚拟价值链》中首次提出了虚拟价值链的概念，认为进入信息经济时代的企业要在两个不同的世界中进行竞争。传统价值链通过实体活动创造价值，虚拟价值链通过信息加工活动创造价值，如图 5-6 所示。

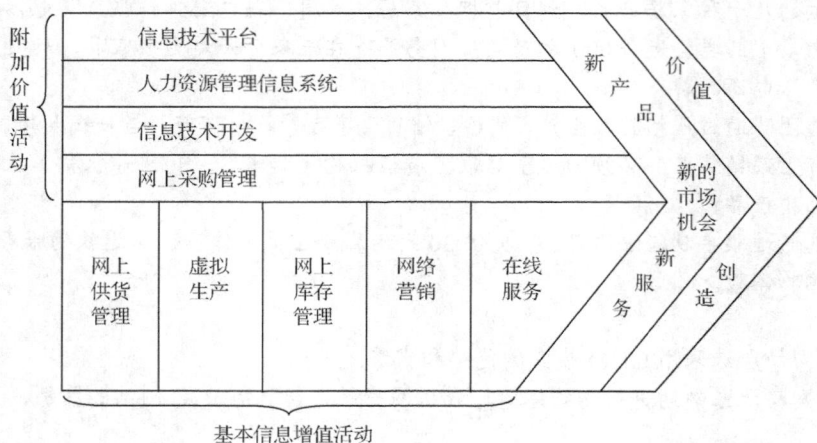

图 5-6　虚拟价值链模型

从传统价值链到虚拟价值链，企业需要对不同层次的信息进行加工，即传统价值链上每一价值增值活动的信息都可以通过收集、组织、选择、合成和发布五个环节的加工过程来构成虚拟价值链上相应的信息增值活动。信息不仅有助于理解或者改变实体世界，还可以超越实体世界，提供生产新产品、新服务和开拓新市场的机会。尽管虚拟价值链以传统价值链为基础，是传统价值链的信息化反映，但是它又高于传统价值链。虚拟价值链和传统价值链是一种相辅相成的关系，虚拟价值链为企业提供了新的战略思维。

虚拟价值链的信息加工活动是电子商务的产物，可以派生出许多新的电子商务模式。虚拟价值链的价值增值表现在：①充分利用先进的信息技术，对价值链上的各类信息进行收集、组织、选择、合成和发布，以促进价值链上各项实体活动的工作效率、服务水平和合作能力的提高。②对传统价值链的精简和优化，一批不能增值的中间商可能会被淘汰。旧的中间环节的减少，并不代表互联网非中介化，仍然会产生一些能增值的新中间商，如连接买卖双方的信息中介。

拓展训练

利用问卷星，针对大学生的网络购物特点及其影响因素（也可以针对具体某类产品，如女装、男装、化妆品、外卖、电子产品、零食等）进行问卷设计并进行网络调查，至少发放问卷200 份，完成调查分析报告。

第6章 新兴的电子商务模式

【本章导读】

电子商务要想不断发展，创新是永恒的主题。电商行业从来不缺少这样一群人，他们从不满足于行业内的传统商业模式，总是想方设法地探索和创新。他们会遇到各种各样的挑战，未来等待他们的可能是光明大道，也可能是悬崖峭壁。然而无论如何，正是有了这样一群人，电子商务领域才会源源不断地涌现新兴的商业模式，这些新模式给电商领域注入了新鲜血液，赋予了电商行业持续的生命力。

【学习目标】

- 掌握 C2B 模式的运作特征和内在逻辑。
- 掌握 O2O 模式的运作思路。
- 掌握社区化电子商务模式的内涵。
- 掌握跨境电子商务的运作方式。
- 能够应用新兴的商业模式理论分析实际的电子商务案例。
- 能够借助互联网思维，通过商业模式创新，解决企业面临的实际问题。

引导案例

"互联网+"行动计划

实施"互联网+"行动计划的本质是要贯彻落实创新驱动战略，激发"大众创业、万众创新"的活力，全面推进经济社会各领域互联网的深入应用。通过利用互联网技术和思维，强化技术应用，创新服务模式，加快促进传统产业转型升级和提质增效；通过融合发展培育新业态，拓展和优化竞争发展空间格局，培育新的经济增长点，推动我国经济社会全面转型升级。

"互联网+"行动计划将推动移动互联网、云计算、大数据、物联网等与现代制造业结合，促进电子商务、工业互联网和互联网金融的健康发展。

在"互联网+"时代，传统企业正在遭受各种煎熬（见图 6-1），对于如何为企业解决这些痛点，互联网思维（见图 6-2）为我们提供了创新思路，"互联网+"可以实现物联互动、数据交换、效率提高、产业变革、社会转型、动态优化，从而产生了各种新的创业机会（见图 6-3）和新的电子商务模式（见图 6-4）。

图 6-1 "互联网+"时代企业之痛

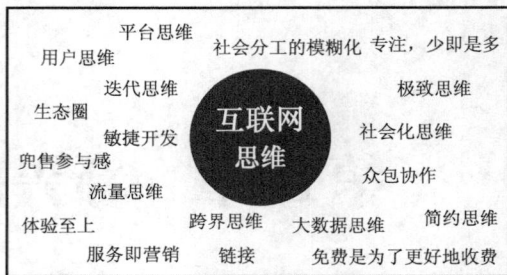

图 6-2 互联网思维

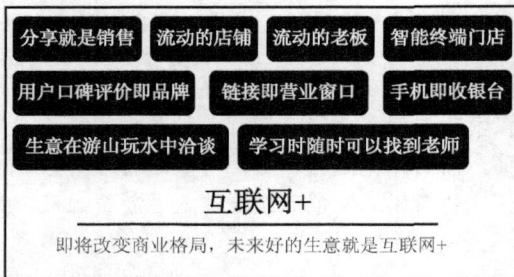

图 6-3 互联网创业机会

图 6-4 互联网创新模式

【案例启发】

"互联网+"就是"互联网+各个传统行业",但这并不是简单的相加,而是利用信息技术以及互联网平台,让互联网与传统行业进行深度融合,创造新的发展生态。当然,"互联网+"中的"+"不仅是互联网在技术和模式上带来的颠覆和变革,而且是思维与理念上的突破与创新。因此,"互联网+"最有价值的地方在于找出传统行业的痛点,用互联网思维对传统行业进行转型升级,形成更广泛的以互联网为基础设施和实现工具的经济发展新形态。

6.1　C2B 模式

C2B 模式的核心是聚合相对弱势群体,增大其与强势主体进行交易的话语权,并最终获得更大的利益空间。C2B 模式是对工业时代 B2C 模式的彻底颠覆,它将产品的主导权和先发权,由厂商转移给了消费者。

1. C2B 模式的主要特征

（1）消费者驱动

工业时代的商业模式是广义上的 B2C 模式——以厂商为中心,而信息时代的商业模式则是 C2B 模式——以消费者为中心。真正的 C2B 模式要求消费者先提出需求,然后生产企业按需求组织生产。这就需要企业具备用户思维,站在消费者的角度看问题,准确把握他们的心态与需求。在"互联网+"时代,消费者越来越重视参与感、体验感、尊重感和成就感。因此,企业处理好这"四感",才能赢得消费者的认可。

（2）以消费者参与定制等方式创造独特价值

通常在 C2B 模式下,消费者根据自身需求定制产品和确定价格,或主动参与产品设计、生产和定价,然后由生产企业进行定制化生产。消费者在不同程度、不同环节上的参与,使其个性化需求得到充分满足，这将在供过于求的时代创造独特的体验价值。

（3）网络化的大规模协作

过去二三十年发展起来的线性供应链已经难以满足 C2B 模式运行的要求，需要在基于互联网，可开展大规模、实时化、社会化协作的供应链平台上，完成以消费者为中心的社会化分工与协作。

（4）基于互联网和云计算平台

随着一个又一个环节被互联网化，合作各方需要通过互联网实时共享重要的商业数据，云计算中心作为信息时代最具代表性的商业基础设施，可以大大提高商业协同和决策效率。

2. C2B 模式的发展阶段

C2B 模式与电子商务实践相结合，大致分为以下三个阶段。

（1）基于价格的团购

该阶段属于 C2B 模式的初始阶段，由第三方平台通过聚合众多消费者形成相对较大的采购订单，从而让企业提供更大的优惠空间。这种方式可以使企业提前锁定客户群，有效缓解 B2C 模式下盲目生产带来的资源浪费，降低企业的生产及库存成本，提高产品周转率，对于商业社会的资源节约起到极大的推动作用。

（2）基于产品的团购

该阶段通过第三方平台聚合为数众多的消费者，促使企业按照他们的需求进行设计和生产，甚至可能改变企业所提供的产品内容，如材质、外观设计、组合方式等。

（3）个性化定制

该阶段的 C2B 模式极具创新性。对企业而言，其需要在满足消费者个性化定制所需的更高成本和群体采购所要求的低价格之间达到平衡。

3. C2B 模式的支撑体系

（1）个性化营销

互联网对商业的变革，最先发生在营销环节。互联网提供了一个信息互动和人际交互的大平台，极大地提高了营销效率。从精准的为效果付费（Pay for Performance，P4P）广告，走向口碑相传的社交网站（Social Network Site，SNS）营销，在短短十余年间，互联网正在快速催生个性化营销的全新平台。企业由此可直达海量的个性化需求，并使之聚合为相对规模化、标准化、能够支持个性生意的碎片化市场。与此同时，消费者也可以借此与企业更有效地互动，并以不同形式参与到设计、生产乃至研发环节中。个性化营销使双方围绕蓬勃发展的个性化需求，形成一种新的动态平衡。

（2）柔性化生产

柔性化生产要求供应链具有足够的弹性，产能可以根据市场需求快速做出反应，即"多款式的小批量"可以做，大批量翻单、补货也能快速完成，而且无论大单、小单，都能做到品质统一可控、成本相差无几、及时交货。互联网大量分散的个性化需求，正在以倒逼之势，推动企业在生产方式上具备更强的柔性化能力，并将进一步推动整条供应链乃至整个产业，使之在效率响应、行动逻辑和思考方式上逐步适应快速多变的需求。

（3）社会化供应链

在过去的二十多年间，在信息技术的支撑下，伴随现代零售业和物流业的发展，发达国家的企业经历了一场供应链重组的变革。沃尔玛百货有限公司（以下简称沃尔玛）与美国宝洁公司（以下简称宝洁），就是零售商与生产商无缝协作的典范。不过，在互联网普及之前出现的这种供应链体系，在很大程度上是一种以降低成本为导向、协作范围相对有限的线性供应链。由于供应链天然的社会化协作属性，现在这种供应链形态正面临着如何"互联网化"的巨大挑战，也就是如何让供应链各个环节在互联网上"跑起来"。基于网络化的数据共享而开展社会化协作，能够大幅提高协同和决策的效率。

目前，一些适应较快、更加懂得运用电子商务的企业，已经开始借助互联网交互的特点，实现了产品和业务的创新。在服装、鞋、家具、农产品等实体行业，以及家政护理、旅游、婚庆等服务行业中都出现了一些尝试 C2B 定制的企业。

案例 6-1

爱定客：C2B个性化定制

2012 年 6 月，全球首家个性化定制潮鞋网站爱定客成功上线。消费者只需单击鼠标，根据不同颜色、材质、涂鸦的备选方案，选择鞋头、鞋跟、鞋带等 6~10 个部件，最后再附以个性化签名，即可自己动手设计一款球鞋。工厂则按照消费者的设计方案进行个性化生产，再把产品配送到消费者手中。过去消费者处在整个庞大制造业的末端，如今爱定客尝试的 C2B 个性化定制模式借助互联网的力量将整个过程颠倒过来了。

爱定客的 C2B 模式

1. 唤醒消费者需求

爱定客认为，消费者有时候并不清楚自己想要什么，商家所要做的是通过技术手段去贴近、唤醒和确认消费者需求。例如，让消费者凭空设计一双鞋很难，但商家可以通过模块化设计、主题设计（如影视剧的主题）、设计师款来引导、启发消费者，消费者在这些基本款上稍作改动就能完成一双认为是自己设计的独一无二的鞋。另外，通过 SNS 营销，消费者能轻而易举地把自己的设计分享给好友并与其一起讨论。在爱定客，来自微博的订单转化率是其官网的 5 倍。

2. 前、后端系统连接需求和生产

通过前端电商系统和后端 ERP 系统的对接，生产流水线上的工人能够直接通过信息系统看到个性化订单的设计数据及要求，如尺码、面料和颜色等。从消费者的订单完成到工厂的启动生产，整个过程仅需 10 分钟。

3. 柔性化生产做到 7 天发货

爱定客高度柔性化的生产流程是经过特殊改造而成的。从工人接到订单开始，一双为某个消费者定制的鞋就开始投入生产了，从裁料、成型、包装到快递，整个过程 3~7 天内即可完成。

爱定客走了一条与目前传统鞋业相反的路，从传统鞋业的高库存、低利润走向零库存、高周转率。传统线下鞋业品牌商的交货期是 45~60 天，销售周期一般需要 1~2 个月，从采购到回款的周期一般是 70~100 天，而爱定客的回款周期最快可以做到 15 天。在鞋行业利润率越来越透明的今天，爱定客的资金周转率成为其重要的竞争力。与其他众多鞋业厂商相比，爱定客的人工等制造成本虽然高出平均水平 20%~30%，但因为没有仓储成本和库存风险，加上直接销售给消费者，去掉了所有中间商，所以拥有价格优势与较高的利润。

6.2 O2O 模式

O2O 即将线下商务的机会与互联网结合在一起，让互联网成为线下交易的前台，线上平台为消费者提供消费指南、优惠信息、便利服务（预订、在线支付、地图等）和分享平台，而线下商家则专注于提供服务。这样线下产品或服务就可以在线上来推广，消费者可以在线筛选产品或服务，并在线完成结算，然后线下提货，体验商家服务，如图 6-5 所示。

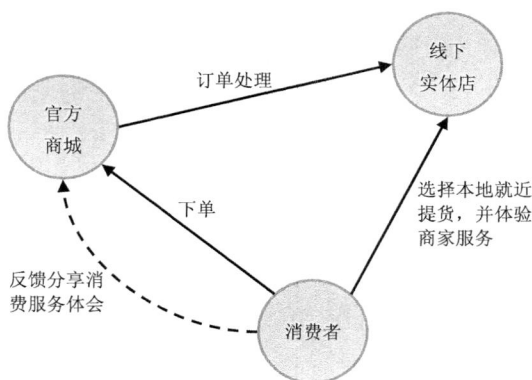

图 6-5　O2O 模式

1. O2O 模式的适用企业

O2O 模式的诞生会促进很多新生网络公司提供该服务，尤其是团购类网站，以及本地信息生活服务类平台。对于传统企业来说，究竟什么样的企业适合利用 O2O 模式呢？

（1）连锁加盟型的零售企业

像流行美、卡顿、哎呀呀之类，或者大型渠道流通品牌商，由于加盟门店分布广，并且有线下服务优势，并不适合 B2C 模式，所以可以采取自建官方商城+连锁分子店铺的形式，使消费者可以直接向最近门店的网络店铺下单购买，然后线下体验服务。而在这个过程中，品牌商提供在线客服服务和随时调货支持（在缺货情况下），加盟商收款发货。这种方式适合全国连锁型企业，可以实现线上和线下店铺一一对应。

（2）连锁类餐饮企业

像小肥羊、真功夫、嘉旺之类，因为产品无法快递，只能在线下体验服务，所以，可以借助全国布局的第三方平台，如 58 同城网、赶集网、窝窝团等，实现加盟企业和分站系统的完美结合，并且借助第三方平台的巨大流量，通过线上下单、线下服务的方式迅速推广，抢占更多消费者。

（3）本地生活服务企业

酒吧、会所、餐饮、健身、电影院等，可以通过网上商城开展各种促销和预付款活动，实现线上销售、线下服务。

2. O2O 模式的特点

（1）将线下的服务优势更好地发挥，具有体验营销的特色，相对信任度更高，成交率也更高。例如，某发饰连锁加盟企业的核心优势是购买产品免费终身盘发，但是由于是连锁加盟，所以门店只对区域内会员服务，而这是 B2C 模式无法解决的问题。

（2）通过网络能迅速掌控消费者的最新反馈信息，易于进行更个性化的服务和获取高黏度的重复消费。

（3）对于连锁加盟型零售企业来说，O2O 模式一方面能够顺利解决线上线下渠道利益冲突的问题；另一方面，对于加盟商的管控会更方便和直接，能将品牌商、加盟商和消费者三者紧密连联系起来。

3. O2O 模式的升级

O2O 模式是通过线上营销带动线下消费的电子商务模式，通过促销、打折、提供信息、服务预订等方式，把线下商店的消息推送给互联网用户，是单向度的。其不足之处在于将线上、线下分得太清楚，并让二者以一种表面和浅层的方式相互融合，实则还是各不相同。实际上，商业本没有线上、线下之分，而是应该全渠道，全盘打通、融合在一起的。无论在线上还是线下，商业所要思考的本质问题，不外乎是在什么样的场景下，给消费者提供什么样的服务，创造什么样的价值。

2016 年以来，中国零售业出现了很大的变化，纯电商流量红利消失，大型零售超市关店潮不断侵袭，就连有 19 年零关店纪录的大润发超市也宣布首次关店。整个传统零售业呈现增速放缓、利润下降的趋势。覆盖实体店、电子商务、移动端和社交媒体的新零售体系的出现，似乎成了解决零售业发展难题的最优解。

"新零售"这一概念，最早是由马云在 2016 年云栖大会上提出来的。马云指出："未来 10 年、20 年将没有电子商务这一说法，只有新零售这一说法。也就是说，线上、线下和物流必须结合在一起，才能诞生真正的新零售。线下的企业必须走到线上去，线上的企业必须走到线下来，线上、线下与现代物流结合在一起，才能真正创造新的零售。"

新零售是指企业以互联网为依托，通过运用大数据、人工智能等先进技术手段，对产品的生产、流通与销售过程进行升级改造，对线上服务、线下体验和现代物流进行深度融合，进而重塑业态结构与生态圈。新零售是 O2O 的升级版本，正在帮助更多传统零售商家实现线上、线下叠加式增长。

2017 年，参加天猫"双十一"活动的商家包括 10 万家智慧门店、60 万家零售小店、5 万家金牌小店、3 万家村淘点。阿里数据显示，优衣库 2017 年全国 500 多家门店都支持了天猫下单、门店自提服务，至 2017 年 11 月 11 日下午五点，优衣库成交额就已达到了 2016 年"双十一"全天全渠道成交额的 4.5 倍。

2017 年"双十一"期间，在全国线下已布局的超过 160 家京东之家和京东专卖店、近 200 家京东母婴体验店、超过 1 700 家京东帮服务店、超过 5 000 家京东家电专卖店，以及沃尔玛在全国的 400 余家门店、京东合作品牌商家的近万家门店，和加入京东掌柜宝的数十万家便利店都通过京东的数据系统，与京东线上平台融合，共同参与了"双十一"全球好物节。

案例 6-2

传统企业玩转O2O的三种境界

2013 年 12 月 10 日，阿里巴巴公司与海尔集团联手，共同打造大件商品电商物流。在 2013 年"双十一"期间，海尔日日顺已开始尝试 O2O，约两千家线下门店参加了 O2O 活动。客户在线上订购海尔的产品，大概两个小时产品就能收到。通过 O2O 活动，天猫海尔官方旗舰店的转化率高达 7.52%。

为海尔日日顺、全友家居、鄂尔多斯集团提供 O2O 技术服务的维富友软件公司总经理李远晖介绍，拥有实体门店和传统品牌的传统企业做 O2O，将经历 3 个阶段。

1. 线上下单，门店送货

消费者在线上下单，送货服务由线下实体门店完成。这种模式将线上流量和实体门店的货源对接，电商接单后派给线下渠道发货，打通了物流和仓储信息，提升了消费者的购物体验。例如，2013 年"双十一"期间，鄂尔多斯集团的线上订单中就有 50%订购的是线下商品，其中 1 个线下经销商 1 天完成单个门店 1 年的销售额指标。

2. 门店消费者，线上下单

到达实体门店的消费者还需要在线上下单的原因是实体门店存在很高的缺货率。拿服装来说，消费者选中某款衣服后，实体门店中可能没有其喜欢的颜色或合适的尺码，这种缺货比例有 5%~10%。于是，实体店的销售员拿出平板电脑让消费者在线上下单，通过系统调用最近仓库的货源，给消费者送货，避免 5%~10% 的订单流失。

3. 人人导购，店店发货

通过二维码等技术，任何一个消费者都可以成为某个品牌的导购员。消费者可在手机、平板电脑、计算机等任何终端上分享自己喜欢的商品。而这个商品上带有二维码和消费者的 IP，如果其他消费者通过这个链接完成交易，分享者就能拿到扣点，同时订单将被派给离消费者最近的实体店来处理。

6.3　社区化电子商务模式

社区化电子商务并不向用户直接销售商品，而是让用户在分享和交流经验的过程中获得其他买家的意见和建议，从而产生购物欲望。简单地说，社区化电子商务就是将关注、分享、沟通、讨论、互动等社交化元素应用于电子商务交易过程的一种商业模式。

2010 年，美国 Pinterest 模式在不到一年的时间内在我国被大规模复制，美丽说、蘑菇街、爱物网等获得爆发式增长。在社区化电子商务中，用户可以关注人，也可以分享、收藏自己感兴趣的内容，图片瀑布流的视觉冲击、兴趣的采集分享、精准的信息导购，使全新的社区化电子商务有了一个较为清晰的模式。

目前蘑菇街和美丽说等社区的本质还是发现"时尚"和分享"喜欢"。美丽说有接近 3 万"美丽达人"，她们会在社区中充当意见领袖的角色，分享自己的购物、搭配心得，同其他用户交流有关时尚、美丽的话题等，兴趣话题的引导提高了用户的参与度。有调查显示，网友的意见在所有的购买行为影响因素中位居第一，成为打动网民购买的第一因素。可见，网民在产生网络消费行为之前更依赖于其他买家的意见和建议，因此，社区化电子商务具有巨大的发展潜力。

目前，该类平台的赢利主要由两部分组成：①平台通过与其他电商合作，从每件成交商品中抽取一定的返现比例；②社区化电商拥有庞大的流量和用户资源数据，通过对用户信息的整合和分析，把握用户喜欢和需要的商品，然后同电商企业合作，利用平台投放精准广告，从而获取广告费。

总体而言，社区化电商的核心在于"场景+内容+社群"，场景可以从根本上激发购买行为，形成刚需和流量；内容则产生有效链接；社群是整个链条的驱动力量。

案例 6-3

蘑菇街

蘑菇街是杭州卷瓜网络旗下的一个专注于提供发现美与时尚、分享购物乐趣、结交志趣相投的好友，将购物与社区相结合的自由交流平台，被称为中国最时尚最流行的女性社区网站。

蘑菇街的价值网络以蘑菇街自身为中心，由 B2C 商家、广告主、用户所构成，如图 6-6 所示。从蘑菇街和用户之间的关系来看，首先用户在蘑菇街微博互动营销的促使下，到蘑菇街发现、分享购物信息，蘑菇街结合女性消费的特殊需求，为用户呈现瀑布流式的时尚热销商品信息，蘑菇街还引进了"反向团购"模式。从蘑菇街和 B2C 商家的关系来看，蘑菇街通过图片链接将对商品感兴趣的用户导入淘宝、天猫、京东等平台购买商品，实现交易之后，蘑菇街从商家手中获取交易佣金。另外，蘑菇街聚集了大量的细分时尚购物人群，极大地满足了广告主实现精准广告发布的需求，蘑菇街向广告主收取一定的广告费。

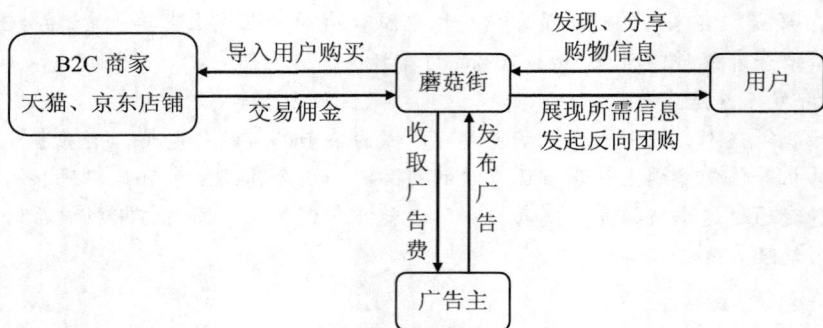

图 6-6　蘑菇街的价值网络

1．目标战略

蘑菇街的愿景是在未来的 3～5 年内成为女性线上购物的重要入口。蘑菇街的使命是发现"时尚"和分享"喜欢"。蘑菇街为宅女们提供了一个很好的平台，在这里，用户可以随便逛逛，追逐当前的时尚，选择自己喜欢的商品。在这里，用户可以分享自己的网购经验，让更多的人在这里发现时尚，分享快乐。

2．目标用户

蘑菇街将目标用户定位在二线、三线城市对时尚敏感度高的"90 后"女性，这部分人群具有收入不高但有高度的时尚追求，喜爱购物与分享的特点。她们认为，相较于购买一些价格高的品牌服饰，在网络上淘货更为划算。而她们淘货的目标主要是当季的盛行元素，更倾向于听取身边好友及其他网友的建议。同时，在当前营销手段眼花缭乱的时代，商家如要实现精准化营销就需要深入研究消费者心理，针对目标用户聚集的地方重点投放商品信息。蘑菇街作为一个以兴趣为聚合基点，以分享为主题的社会化媒体平台，对于广大有推广需求的商家来说无疑是一个很好的投放平台。

3．赢利模式

（1）佣金收入

在蘑菇街上，在每件商品通过链接交易成功后，网站会得到一定比例的佣金。用户在蘑菇街分享自己新买的商品，跟其他用户交流购买心得。如果其他用户喜欢，生成了新的购买记录，蘑菇街就可以获得佣金。蘑菇街平均每日能够从天猫获得十多万元的分成收入。蘑菇街 60%的收入是来自天猫的佣金收入。

（2）合作收益

蘑菇街同其他企业或者 B2C 商家合作开展活动，获得市场推广收益。通过一系列的活动进行合作，让合作方的网站为人所知，商品的知名度有所提高，达到一定的推广效果，实现双方共赢的目标。

（3）精准广告

蘑菇街通过建立一个社会化平台，把拥有共同爱好的人组织起来，根据群体的行为和决策，对商品进行排序、分类和陈列，帮助用户迅速发现想要的东西，长期下来就会形成一定的用户规模和黏性，从而获得精准的广告投放效果。

（4）团购收益

蘑菇街通过团购提供有吸引力的商品，提供超级优惠折扣，吸引用户购买，并通过奖励用户推广等吸引用户通过社交化的方式进行网络传播，从而带来规模效应。

6.4　跨境电子商务模式

跨境电子商务的"跨境"意指"跨越海关边境"，主要指电子商务交易方位于不同国家/贸易区的情形，包括跨境 B2B、跨境 B2C/C2C（零售）及相关的服务。与境内不同，跨境的交易行为将导致进出口贸易的发生。跨境电子商务来源于原贸易环节的电子化，同时具有贸易属性和电子商务属性。从贸易属性上来说，跨境电子商务参与者必须考虑跨境贸易中涉及的进出口流程、贸易和监管政策；从电子商务属性上来说，跨境电子商务需要依托电子商务平台，跃过部分中间贸易环节。

1. 跨境电子商务的参与主体

（1）跨境电子商务商家

跨境电子商务商家可以是生产企业、贸易企业，也可以是在平台中注册的个人商家。

（2）跨境电子商务客户

跨境电子商务客户可以是企业，也可以是消费者个人。

（3）跨境居间人

跨境居间人（如跨境代购者）主要接受国内客户的需求指令，购买国外网站或零售店的商品，并带回给国内消费者。

（4）跨境电子商务平台和服务商

跨境电子商务平台涵盖信息平台、交易平台、综合服务平台。信息平台主要进行商品和商家信息的展示；交易平台除进行信息展示外还要进行跨境交易的达成和支付等；综合服务平台则是为进出口通关监管提供多种服务和相关方的集成，实现一条龙服务和一站式无纸化申报。相关的服务商包括传统货代、物流服务商、金融机构等。

2. 跨境电子商务的应用模式

（1）跨境 B2B 模式

该模式的商家和客户都是企业，主要支持企业之间通过互联网开展跨境贸易。该模式往往批量较大，有时还需要安排生产（非现货）。主要涉及询盘回盘、签约、收款、安排生产、通关、订船、收汇退税等步骤，周期较长。跨境 B2B 模式主要按照一般贸易的要求来通关和交税。跨境 B2B 平台往往以提供信息服务为主。当前，也出现了企业间的在线直接批发和交易的模式，适用于小单现货的快速交易。B2B 跨境电子商务平台一般通过"交易佣金+服务费"和"会员费+推广服务"模式来获取收入。我国跨境 B2B 平台网站的代表有阿里巴巴、环球资源网、敦煌网等。阿里巴巴已经成为全球最大的国际 B2B 网站。

跨境电子商务平台

（2）跨境 B2C（零售）模式

该模式的客户是个体消费者，商家可以是工厂、贸易商或者注册的个体商户。跨境 B2C 采用直接在线交易的方式来销售商品，往往按照个人物品通关，以空运的快递小包等为主要的物流方式。跨境 B2C 可以分为出口和进口两个方向。我国出口 B2C 代表网站有阿里巴巴旗下的全球速卖通（Aliexpress）、Amazon、eBay、兰亭集势和 WISH 等。进口 B2C 的典型代表有阿里巴巴旗下的天猫国际、网易考拉海淘、小红书等。在天猫国际采用保税进口的模式下，经过审核的品牌卖家从境外发货到保税区仓库，再用直邮方式单件发货到客户手中。跨境 B2C 的特点就是商品明码标价、消费者单击交易、直接支付、快速发货。这种交易模式与传统一般贸易不同，其发货批量很小（通常是单件），而且绕过了中间贸易商，直接将货物销售到个体客户手中。

（3）跨境 C2C 模式

在该模式下，分属不同关境的个人卖家向个人买家进行在线商品销售和服务，由个人卖家通过第三方电子商务平台发布商品和服务信息，由买家进行筛选并最终通过电子商务平台进行交易、支付结算和跨境物流配送等一系列国际商务活动。典型的 C2C 跨境电子商务平台有淘宝全球购和洋码头等。

3. 跨境电子商务的支持服务

（1）跨境支付服务

跨境支付主要涵盖信用卡支付、跨境第三方支付等多种方式。当前，信用卡支付依赖于国际信用卡组织的成员机构，跨境第三方支付份额在不断扩大，典型企业有 PayPal、支付宝等。

（2）跨境物流服务

跨境物流服务涵盖海运、空运、陆运等多种运输业务，还包括各类保税仓、海外仓、边境仓等仓储服务。跨境物流的参与者众多，包括船运公司[如中国远洋运输（集团）总公司、中国海运（集团）总公司等]、快递公司（如 DHL、联邦快递 FedEx 等）、邮政公司（如中国邮政集团公司、新加坡邮政等）。

（3）跨境进出口环节服务

跨境进出口环节服务涵盖通关、结汇、税收等服务，目前的代表是"外贸综合服务"模式，典型的是阿里巴巴旗下的一达通外贸综合服务。一达通可以向企业提供一站式的通关、结汇、退税等基础服务和金融、物流等增值服务，保障企业高效完成进出口监管环节的工作。

（4）跨境电商的衍生服务

跨境电商的衍生服务包括代运营、旺铺、翻译、培训等各种服务。

案例 6-4

蜜芽："二孩"推动跨境母婴产品爆发式增长 用户体验成竞争关键

伴随着全面二孩等利好政策的出台，母婴电商将迎来新一轮快速发展潮。由于母婴类商品的受众特性，用户在购买时对于其品质安全性有严苛的要求。

随着国内居民收入水平的快速提高，海外优质的母婴商品开始受到越来越多父母的青睐，人们开始将购物的目光转移到国外，跨境消费的需求得到快速释放。在巨大的市场需求刺激下，大量的母婴电商平台开始进入跨境消费市场，将海外的优质母婴商品以在线交易的方式引入国内市场。

蜜芽自 2014 年上线以来，抢占了跨境、母婴两大领域，在不足两年半的时间内完成 4 轮融资，总金额近 2.5 亿美元。通过革新式的营销策略快速占领市场，借势跨境业务的巨大利好，成为中国母婴电商的行业领导者。

实际上跨境业务虽在国家层面得到了大力支持，但是这个全新的商业领域依旧存在不成熟部分，特别是在物流方面，发货延迟等导致跨境用户体验不佳是急需重点解决的。蜜芽 CEO 刘某说："现在没有一家跨境电商可以把这块做好，它涉及国家政策、海关、商家的仓储运输等多方面问题，我们需要不断推动，让更多细节问题得到解决。"2015 年 9 月，蜜芽又拿到了百度的战略投资 1.5 亿美元，开始利用这笔资金率先解决跨境用户体验问题。

2015 年 10 月的蜜芽周年庆是蜜芽在完成 D 轮融资后开展的首次大型活动，其对售后体验的优化初现成效。近 200 万单商品在 7 天内均完成发货工作，其中发货流程更为复杂的跨境商品占整体的 60% 以上。为支持蜜芽店庆，宁波、重庆两地的海关均连夜加班，其中重庆西永海关开启 7×24 小时无休状态，确保包裹随时查验出库；重庆邮政 EMS 更是临时调用了 1 000 名外协人员配合此次大促销，实现 24 小时不间断收件。

此外，蜜芽还通过自有研发系统与海关系统对接，在整个系统下层层监控订单流，确保订单信息流流畅。同时优化仓储流程，缩减上架周期。

蜜芽仓储物流总监卓某表示："物流服务是保障电商企业消费者体验的关键点。"当下物流服务面临的主要问题是时效、成本、服务质量如何把控与平衡，进一步提升用户体验将是蜜芽构建品牌壁垒的新方向。

习题

一、基本概念

C2B 模式　O2O 模式　新零售　社区化电子商务　跨境电子商务

二、单项选择题

1. C2B 模式是以（　　　）为中心的。
   A. 厂商　　　　　　　B. 消费者　　　　　C. 产品　　　　　D. 价格

2. "新零售"最早是由（　　　）提出来的。
   A. 比尔·盖茨　　　　B. 马云　　　　　　C. 马化腾　　　　D. 杰夫·贝佐斯

3. 下列不属于社区化电子商务模式的网站的是（　　　）。
   A. 爱物网　　　　　　B. 美丽说　　　　　C. 猪八戒网　　　D. 蘑菇街

4. 下列属于跨境 B2C 电子商务平台的是（　　　）。
   A. 敦煌网　　　　　　B. 全球速卖通　　　C. 阿里巴巴　　　D. 环球资源网

三、多项选择题

1. C2B 模式的支撑体系包括（　　　）。
   A. 个性化营销　　　　B. 柔性化生产　　　C. 社会化供应链　D. 竞争性价格

2. 传统实体企业应用 O2O 模式的方式一般包括（　　　）。
   A. 线上下单，门店送货　　　　　　　　　B. 门店消费者，线上下单
   C. 人人导购，店店发货　　　　　　　　　D. 线上下单，线下体验

3. 社区化电商的核心是（　　　）。
   A. 场景　　　　　　　B. 内容　　　　　　C. 产品　　　　　D. 社群

4. 跨境电商需要哪些支持服务？（　　　）
   A. 跨境支付服务　　　　　　　　　　　　B. 跨境物流服务
   C. 跨境进出口服务　　　　　　　　　　　D. 翻译、培训等服务

案例分析

电商奇迹背后的互联网思维

1. 雕爷牛腩

一个毫无餐饮行业经验的人开了一家餐馆，仅用了两个月时间，就成了所在商场餐厅评效第一名，获得风险投资（Venture Capital，VC）6 000 万元，估值 4 亿元人民币，这家餐厅就是雕爷牛腩餐厅（以下简称雕爷牛腩）。

雕爷牛腩只有 12 道菜，花了 500 万元人民币买断香港食神戴龙牛腩配方；每双筷子都是定

制、全新的，消费者吃完饭还可以带回家；老板每天花大量时间倾听针对菜品和服务的不满声音；开业前花掉 1 000 万元人民币做了半年封闭测试，其间邀请各路名人、美食达人、微博大号们免费试吃……

2. 三只松鼠

这是一个淘品牌，2012 年 6 月在天猫上线，2012 年在 "双 11" 活动中创造了日销售额 766 万元人民币的奇迹；2013 年 1 月单月销售额超过 2 200 万元人民币；2016 年，实现销售额过 50 亿元。成立以来，累计获得风险投资 2 800 多万美元。这个品牌就是三只松鼠。

三只松鼠在配送商品的同时，将带有品牌卡通形象的包裹、开箱器、快递大哥寄语、坚果包装袋、封口夹、垃圾袋、传递品牌理念的微杂志、卡通钥匙链，还有湿纸巾等一起配送给客户。

3. 小米

这是一家 2010 年创立的企业，2011 年实现销售额 5 亿元人民币；2012 年销售额达到 126 亿元人民币；2013 年销售额突破 280 亿元人民币。在新一轮融资中，估值达 100 亿美元，位列国内互联网公司第四名。

更令人不解的是，其采用了几乎 "零投入" 的营销模式，通过论坛、微博、微信等社会化营销模式，凝聚粉丝的力量，将自身快速打造为知名品牌。这家企业就是北京小米科技有限责任公司（以下简称小米）。

【问题讨论】

1. 雕爷牛腩为什么这样安排？背后的逻辑是什么？
2. "三只松鼠" 作为一个淘品牌，为什么要煞费苦心地做这些芝麻小事呢？
3. 参与感是小米成功的最大秘密，怎样理解参与感？小米是如何做的？

📖 拓展学习

互联网思维——"独孤九剑"

互联网思维是指在（移动）互联网、大数据、云计算等技术不断发展的背景下，对市场、用户、产品、企业价值链乃至对整个商业生态进行重新审视的思考方式。通过互联网思维去重塑及颠覆各类传统行业，就像用 "独孤九剑" 破解天下各派武功一样，强调 "无招胜有招"。

1. 用户思维

用户思维是指在价值链各个环节中都要 "以用户为中心" 去考虑问题，只有深度理解用户才能生存。用户思维涵盖了最经典的品牌营销 Who-What-How 模型：Who，目标消费者；What，消费者需求；How，怎样实现。

（1）得用户者得天下

成功的互联网产品多抓住了用户的需求。当某款产品不能让用户成为产品的一部分，不能和他们连接在一起时，则该产品必然是失败的。腾讯 QQ、百度、淘宝网、微信、小米，无一不是携用户以成霸业。

（2）参与感

用户参与的一种情况是按需定制，厂商提供满足用户个性化需求的产品即可，如海尔的定制化冰箱；另一种情况是在用户的参与中去优化产品，如淘品牌 "七格格"，每次新品上市时，都会把设计的款式放到其管理的粉丝群组里，让粉丝投票，这些粉丝决定了最终的潮流趋势，他们自然也会为这些产品买单。

（3）体验至上

好的用户体验应该从细节开始，并贯穿于每一个细节，能够让用户有所感知，并且这种感知要超出用户预期，给用户带来惊喜。微信新版本对公众账号的折叠处理，就是很典型的"用户体验至上"的体现。

2. 简约思维

互联网时代，信息爆炸，用户的耐心越来越不足，所以，必须在短时间内抓住他。

（1）专注，少即是多

专注才有力量，才能做到极致。做不到专注，就可能面临生存危机。美国苹果电脑公司于1997年接近破产，乔布斯回归，砍掉了70%的产品线，重点开发4款产品，使得其扭亏为盈，起死回生。品牌定位也要专注，要给消费者一个选择的理由。网络鲜花品牌RoseOnly的品牌定位是高端人群，买花者需要与收花者身份证号绑定，且每人只能绑定一次，意味着"一生只爱一人"。RoseOnly于2013年上线仅仅半年，销售额就接近1 000万元人民币。

（2）简约即是美

大道至简，越简单的东西越容易传播，越难做。在产品设计方面，要做减法。外观要简洁，内在的操作流程要简化。谷歌（Google）搜索首页永远都是清爽的界面，苹果的外观、特斯拉汽车的外观，都是简约设计。

3. 极致思维

极致思维就是把产品、服务和用户体验做到极致，超越用户预期。

（1）打造让用户"尖叫"的产品

用极致思维打造让用户"尖叫"的产品，必须做到：①"需求要抓得准"（痛点、痒点或兴奋点）；②"自己要逼得紧"（做到极限）；③"管理要盯得紧"（得产品经理得天下）。在这个社会化媒体时代，好产品自然会形成好的口碑传播。

（2）服务即营销

阿芙精油是知名的淘宝品牌，其对服务体验的极致追求表现在：①客服24小时轮流上班，使用联想Thinkpad小红帽笔记本电脑工作，因为使用这种电脑切换窗口更加便捷，可以让消费者少等几秒；②设有CSO，即首席惊喜官，每天在用户留言中寻找潜在的推销员或专家，找到之后给对方寄出包裹，为这个可能的"意见领袖"制造惊喜。

4. 迭代思维

敏捷开发是互联网产品开发的典型方法论，是一种以人为核心、迭代、循序渐进的开发方法，允许有所不足，不断试错，在持续迭代中完善产品。

（1）从小处着眼，进行微创新

"微"即从细微的用户需求入手，贴近用户心理，在用户参与和反馈中逐步改进。

（2）精益创业，快速迭代

迭代思维意味着要及时乃至实时关注消费者的需求，把握消费者需求的变化，只有快速地对消费者需求做出反应，产品才更容易贴近消费者。例如，Zynga游戏公司每周对游戏进行数次更新，小米MIUI系统坚持每周迭代，就连雕爷牛腩的菜单也是每月更新。

5. 流量思维

流量意味着体量，体量意味着分量。流量即金钱，流量即入口，流量的价值不言而喻。

（1）免费是为了更好地收费

互联网产品大多数用免费策略极力争取用户、锁定用户。当年的360安全卫士，用免费杀毒入侵杀毒软件市场，如此估计没有多少计算机还会安装卡巴斯基、瑞星等杀毒软件了。"免费是最昂贵的"，不是所有的企业都能选择免费策略，需因产品、资源、时机而定。

（2）坚持到质变的"临界点"

任何一个互联网产品，只要用户活跃数量达到一定程度，就会开始产生质变，从而带来商机或价值。腾讯QQ若没有当年的坚持，也不可能有今天的商业帝国。在注意力经济时代，先把流量做上去，才有机会思考后面的问题，否则连生存的机会都没有。

6．社会化思维

社会化商业的核心是网，企业面对的客户以网的形式存在，这将改变企业生产、销售、营销等整个形态。

（1）利用好社会化媒体

有一个做智能手表的品牌，通过10条微信，在近100个微信群中讨论，发动3 000多人转发，在11个小时内预订售出18 698只T-Watch智能手表，订单金额超过900万元人民币。这就是微信朋友圈社会化营销的魅力。当然，口碑营销不是自说自话，一定是站在用户的角度，以其喜欢的方式进行沟通。

（2）众包协作

众包是以"蜂群思维"和层级架构为核心的互联网协作模式，维基百科就是典型的众包产品。美国InnoCentive网站引入"创新中心"模式，把企业外部的创新比例从原来的15%提高到50%，研发能力提高了60%，目前已成为化学和生物领域科技研发的众包网络平台。

7．大数据思维

大数据思维是指对大数据的认识，对企业资产、关键竞争要素的理解。

（1）小企业也要有大数据

用户在网络上一般会产生信息、行为、关系三个层面的数据，这些数据的沉淀，有助于企业进行预测和决策。企业必须构建自己的大数据平台，即便是小企业，也要有大数据平台。

（2）每个人都是用户

在互联网和大数据时代，企业的营销策略应该是针对个性化用户做精准营销。银泰网上线后，在购物中心铺设免费Wi-Fi，打通了线下实体店和线上的会员账号。当某位已注册账号的客人进入实体店后，一旦他的手机连接Wi-Fi，他与银泰网的所有互动记录都会在后台系统呈现，银泰网就能据此判别其购物喜好，推荐相应的商品和信息。

8．平台思维

互联网的平台思维就是开放、共享、共赢的思维。

（1）打造多方共赢的生态圈

平台模式的精髓在于打造一个多方共赢互利的生态圈。未来的平台之争，一定是生态圈之间的竞争。百度、阿里巴巴、腾讯三大互联网巨头围绕搜索、电商、社交各自构筑了强大的产业生态圈。

（2）善用现有平台

在不具备构建生态型平台实力的时候，企业就要思考怎样利用好现有的平台。

（3）让企业成为员工的平台

互联网巨头的组织变革，都是围绕着如何打造内部平台型组织的。内部平台化就是要变成自组织而不是他组织。他组织永远听命于别人，自组织是自己来创新。例如，海尔将8万多员工分为2 000个自主经营体，让员工成为真正的"创业者"，让每个人成为自己的CEO。

9．跨界思维

随着互联网和新科技的发展，很多产业的边界变得模糊，互联网企业的触角已无孔不入，如零售、图书、金融、电信、娱乐、交通、媒体等。

（1）携"用户"以令诸侯

很多互联网企业靠用户参与赢得跨界竞争。他们一方面掌握用户数据，另一方面又具备用户思维，自然能够携"用户"以令诸侯。阿里巴巴、腾讯相继申办银行，小米做手机、做电视，都是这样的道理。一旦用户的生活方式发生根本性变化，来不及变革的企业必定遭遇危机。

（2）用互联网思维，大胆进行颠覆式创新

一个一流的企业，一定是拥有用户和数据资源，敢于跨界创新的组织。李彦宏指出："互联网产业最大的机会在于发挥自身的网络优势、技术优势、管理优势等，去提升、改造线下的传统产业，改变原有的产业发展节奏，建立新的游戏规则。"

拓展训练

针对某传统产业（如洗车、废品回收、二手物品、旅游、课外培训、家政服务等），利用互联网思维对其进行创新，并设计可行的新型商业模式。

第 3 篇

支持服务篇

第7章 电子商务安全

📂 【本章导读】

　　以互联网为主的计算机网络正在以惊人的速度发展着，它在提高人们工作效率的同时，也在改变着人们的生产和生活方式。社会生活的各个方面对计算机网络的依赖性日益增强，百姓出行、政府政务、求医问药、企业经营等日常生活都离不开网络的正常运行。计算机网络能够取得如此大的成功，在很大程度上取决于网络所具有的开放性和匿名性等特征。但是，正是这些特征使网络不可避免地存在着各种安全威胁和隐患。网络一旦出现安全问题，轻者可以使个人遭受损失、企业运行瘫痪，重者可以使整个社会陷入混乱状态。因此，电子商务安全已经成为电子商务交易和发展的关键问题。

📂 【学习目标】

- 能够比较全面地陈述电子商务面临的安全威胁及现状。
- 掌握电子商务的安全性要求。
- 熟悉各项电子商务安全技术的基本原理，并能够在相关认证中心网站完成数字证书的申请、安装和查看等操作。
- 能够利用电子商务安全管理体系分析和解决实际的安全问题。
- 养成安全上网和使用计算机的习惯，具备良好的网络诚信素养。

💼 引导案例

2017年中国网络安全十大事件

　　2017年，伴随"永恒之蓝"出现的勒索病毒席卷全球、信息泄露事件频发、贩卖隐私黑色产业浮出水面……这众多事件让人们对网络安全的关注达到前所未有的高度。

　　1. 揭露地下黑产——央视曝光网上贩卖个人信息新闻

　　2月16日，央视"新闻"频道报道了记者亲身体验购买个人信息，揭秘个人信息泄露黑市状况的新闻。记者暗访得知，只提供一个手机号码，就能买到一个人的身份信息、通话记录、位置等多项隐私信息。泄露的是个人信息，留下的是各种隐患，贩卖个人信息的黑色产业如果不加以整治，势必影响整个社会，威胁公民人身安全。

　　2. 中国战队问鼎全球——奇虎360代表中国队夺冠

　　2017年3月18日，在由美国五角大楼网络安全服务商ZDI主办的Pwn2Own 2017世界黑客大赛上，来自中国的奇虎360安全战队成功实现了对苹果公司macOS、Safari、Adobe Reader、Adobe Flash和微软Windows 10五大项目的破解，加冕Master of Pwn（世界破解大师）总冠军，代表中国在网络攻防最高水平的对决中登上世界之巅。

3. 勒索风暴肆虐全球——WannaCry 勒索病毒造成巨大损失

5 月 12 日，WannaCry 勒索病毒在全球爆发，以类似于蠕虫病毒的方式传播，攻击主机并加密主机上存储的文件，然后要求以比特币的形式支付赎金。WannaCry 勒索病毒爆发后，至少150 个国家、30 万名用户中招，造成损失达 80 亿美元，已经影响到金融、能源、医疗、教育等众多行业，造成严重的危机管理问题。奇虎 360 在勒索病毒爆发的第一时间推送了修复补丁，向全球首发勒索病毒文件恢复工具和自救教程。据统计，在席卷全球的勒索病毒风暴中，安装360 安全卫士的用户无一中招。

4. 网络安全有法可依——《中华人民共和国网络安全法》正式实施

《中华人民共和国网络安全法》于 2017 年 6 月 1 日正式实施，在保障网络安全，维护网络空间主权和国家安全、社会公共利益，保护公民、法人和其他组织的合法权益，促进经济社会信息化健康发展方面具有重要意义。

5. "大安全时代"来临——互联网安全大会成功召开

9 月 11—13 日，2017 中国互联网安全大会在北京国家会议中心盛大召开。大会的主题为"万物皆变，人是安全的尺度"。在此次大会上，奇虎 360 创始人兼 CEO 周鸿祎首次提出了"大安全"的概念，"我们正处于一个大安全时代。网络安全已经不仅仅是网络本身的安全，更是国家安全、社会安全、基础设施安全、城市安全、人身安全等更广泛意义上的安全。"

6. "半个世界"被盗——雅虎 30 亿用户账号信息泄露

2017 年 10 月，雅虎公司 30 亿个用户账号可能全部受到了黑客攻击的影响，公司已经向更多用户发送"请及时更改登录密码以及相关登录信息"的提示。据悉，雅虎此次被盗信息内容包括用户名、邮箱地址、电话号码、生日以及部分用户加密或未加密安全识别的问题和答案等，网络安全专家提醒所有使用雅虎邮箱登录微博的用户提高警惕，及时修改相关信息。

7. 物联网的灾难——Reaper 僵尸网络病毒每天可感染 1 万台物联网设备

2017 年 10 月，奇虎 360 安全研究人员率先发现一个新的针对物联网（Internet of Things, IoT）设备的僵尸网络病毒，并将其命名为 IoT_reaper。据悉，该僵尸网络病毒利用路由器、摄像头等设备的漏洞，将僵尸程序传播到互联网中，感染并控制大批在线主机，从而形成具有规模的僵尸网络。当时，感染量达到 200 万台设备，且每天新增感染达 2 300 多次。

8. 全国多省"掉包投毒"案——软件升级劫持噩梦重温

2017 年我国境内多省爆出了多起手法相近的大规模软件升级劫持事件。根据 360 网络安全研究院的监测数据，数十款软件的升级地址遭遇了网络劫持，被利用强制安装流氓推广软件，高峰期间日攻击量达 4 000 万次，直至 360 发布安全预警后攻击力度才降低。

9. "挖矿工"异军突起——挖矿木马病毒来势汹汹

挖矿木马病毒起缘于"数字货币"，而"数字货币"交易价格的走高、自身隐蔽性、漏洞攻击武器等种种因素，都助长了挖矿木马病毒数量的增加。360 安全卫士就截获了一款利用"永恒之蓝"传播的门罗币挖矿木马病毒，由于搭载了重磅攻击弹药，该木马病毒传播量庞大，高峰时每天达 10 万次，360 安全卫士拦截的攻击超百万次。为了防止计算机成为黑客挖矿苦力，奇虎 360 提醒网民确保安装补丁软件，以阻止各类利用"永恒之蓝"的攻击，同时打开 360 安全卫士全面防御各类挖矿木马病毒。

10. 办公助手也来添堵——Office 高危漏洞导致恶意邮件窃取隐私

2017 年 12 月，360 安全中心监测到利用 Office 漏洞（CVE-2017-11882）实施的后门攻击爆增。恶意文档通过带有"订单""产品购买"等字样的垃圾邮件附件传播，诱骗用户单击并盗取其隐私信息。恶意邮件每天传播量达千余次且正持续快速增长。360 安全中心提醒，该漏洞危害巨大，可影响所有主流 Office 版本，打开文档就会中招，且不排除黑客通过后门程序实施其他恶意操作，请网民尽快打开安全软件以阻止攻击。

【案例启示】

随着网络技术的发展，网络威胁呈现多元化，除了传统的网络钓鱼、病毒木马和系统漏洞外，针对移动互联网和物联网的服务器及智能设备等的恶意程序攻击、分布式拒绝服务攻击、智能硬件蠕虫病毒等也频繁出现。移动互联网和物联网的普及，云计算、大数据的快速发展，都给网络安全带来了更多新的挑战。随着企业和个人信息安全意识的加强，加上政策逐步落地，我国的网络安全环境日趋完善。

7.1　电子商务安全威胁与安全性要求

7.1.1　电子商务安全威胁

2018 年 4 月 25 日，国家计算机网络应急技术处理协调中心（National Internet Emergency Center，CNCERT）在北京发布的《2017 年我国互联网网络安全态势报告》显示，我国互联网的安全威胁主要表现在恶意程序、安全漏洞、拒绝服务攻击、网站安全、工业互联网安全、互联网金融安全等方面。

2017 年，我国境内感染计算机恶意程序的主机数量约 1 256 万台，其中感染远程控制木马、僵尸网络木马和流量劫持木马病毒的主机数量分列前三位。为有效控制计算机恶意程序感染主机引发的危害，2017 年，CNCERT 组织基础电信企业、域名服务机构等成功关闭 644 个控制规模较大的僵尸网络，通过自主捕获和厂商交换获得移动互联网恶意程序数量 253 万余个，其中恶意程序的恶意行为排名前三的分别为流氓行为类、恶意扣费类和资费消耗类，目前活跃在智能联网设备上的恶意程序家族超过 12 个，这些恶意程序及其变种产生的主要危害包括用户信息和设备数据泄露、硬件设备遭控制和破坏、被用于分布式拒绝服务攻击（Distributed Denial of Service，DDOS）或其他恶意攻击行为等。

自 2013 年以来，国家信息安全漏洞共享平台（China National Vulnerability Database，CNVD）收录安全漏洞数量年平均增长率为 21.6%，但 2017 年较 2016 年收录的安全漏洞数量增长了 47.4%，达 15 955 个，收录安全漏洞数量达到历史新高，如图 7-1 所示。其中，关于联网智能设备安全的漏洞有 2 440 个，涉及的类型主要包括设备权限绕过、远程代码执行、弱口令等，涉及的设备类型主要包括家用路由器、网络摄像头、会议系统等。

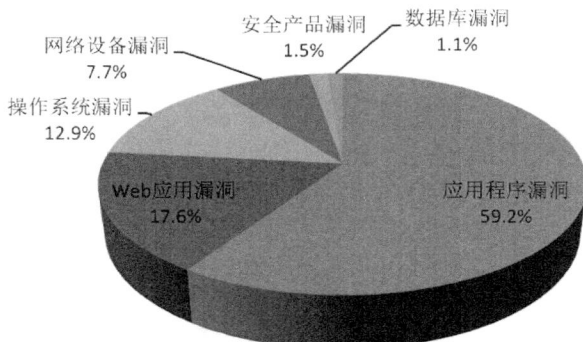

图 7-1　2017 年 CNVD 收录漏洞按影响对象类型分类统计

据 CNCERT 抽样监测，2017 年我国遭受 DDoS 攻击依然严重，攻击峰值流量持续攀升，发现存在 21 个控制端全年连续 6 个月发起攻击，271 个被控端全年连续 8 个月被利用发起攻击，101 个反射服务器全年连续 8 个月被利用发起攻击。

2017 年，CNCERT 监测发现约 4.9 万个针对我国境内网站的仿冒页面，境内外约 2.4 万个 IP 地址对我国境内 2.9 万余个网站植入后门，我国境内约 2 万个网站被篡改，其中被篡改的政府网站有 618 个，从网页被篡改的方式来看，被植入暗链的网站占全部被篡改网站的比例为 68.0%。

2017 年全年发现超过 245 万起（较 2016 年增长了 178.4%）境外针对我国联网工控系统和设备的恶意嗅探事件，我国境内 4 772 个联网工控系统或设备型号、参数等数据信息遭泄露，涉及西门子、摩莎、施耐德等多达 25 家国内外知名厂商的产品和应用程序。

2017 年，CNCERT 抽取 1 000 余家互联网金融网站进行安全评估检测，发现跨站脚本漏洞、SQL 注入漏洞等网站高危漏洞 400 余个，存在严重的用户隐私数据泄露风险，如图 7-2 所示；对互联网金融相关的移动 App 进行抽样检测发现安全漏洞 1 000 余个，严重威胁互联网金融的数据安全、传输安全等。

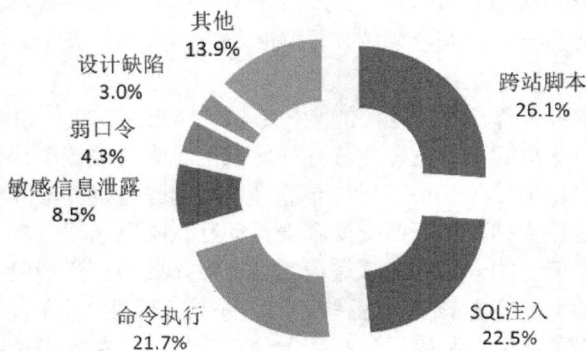

图 7-2 2017 年互联网金融网站高危漏洞类型分布

大量数据表明，黑客入侵、病毒传播等给电子商务带来了巨大的安全隐患。除此之外，网络假冒伪劣、虚假广告、取消订单、虚假交易、侵犯隐私、退换货难等信用问题日益凸显，严重侵犯了消费者的合法权益，制约了电子商务的健康发展。国家工商总局发布的数据显示，2017 年全国工商和市场监管部门共受理消费者投诉 240.04 万件，其中网络购物类投诉 68.57 万件，同比增长 184.4%，投诉量大幅增加。从消费者诉求看，主要问题集中在广告、质量、合同、售后服务和商标等。这些安全问题概括起来可以分为计算机网络系统安全和商务交易安全两大类。

1. 计算机网络系统安全威胁

计算机网络系统安全威胁是指对网络系统中缺陷的潜在利用，从而导致信息泄露、系统资源耗尽、非法访问、资源被盗、系统或信息被破坏的可能性。网络系统安全威胁来自多个方面，并且会随着信息技术的进步而不断变化。

（1）硬件安全威胁

硬件安全威胁是指各种计算机硬件设施是否安全，能否正常运行。任何设备，无论价格高低，都会有一定的缺陷，由于长时间使用或其他原因会出现故障，从而造成数据的丢失、破坏。尤其是网络服务器的硬件安全，更是直接影响着电子商务系统能否正常运行、用户信息资料能否正常存储和传输。所以，硬件设备的稳定性是安全的一个重要方面。

（2）软件漏洞威胁

随着技术的不断发展，各种各样的软件越来越多，许多软件在设计开发时，存在先天的安全漏洞，一些软件即使在设计时考虑了安全问题，也可能由于软件过于庞大，使相关人员在测试时很难将漏洞完全找出，这都会给用户使用软件留下安全隐患，给恶意攻击者留下出入系统的"后门"。软件漏洞一般包括操作系统的安全漏洞、网络协议的安全漏洞，以及网络服务软件的安全漏洞。

（3）计算机病毒威胁

计算机病毒是一种人为制造的、隐藏在计算机系统的数据资源中、能够自我复制并进行传播的程序，具有传染性和破坏性。如果某计算机病毒通过某个外界来源进入网络，则网络上的其他主机便会感染该病毒。由于 Internet 的开放性，病毒在网络上的传播速度比以前快了许多，各种新病毒层出不穷，杀伤力也大大提高。专门窃取账号和密码的蠕虫病毒、木马病毒等给很多企业和网络消费者造成了经济损失。

（4）网络黑客攻击威胁

在电子商务环境中，因为信息多为商务数据，具有商业价值，所以系统资源被黑客攻击的可能性很大。随着信息技术的进步，黑客恶意攻击的手段层出不穷、方式灵活多变，令人防不胜防。

（5）安全管理不完善威胁

安全管理不完善，缺乏有效的监督机制，也是计算机网络系统面临安全威胁的重要原因。很多企业在安全方面没有能够建立良好的防范措施和实施步骤，从而给电子商务系统留下了安全隐患。

2. 商务交易安全威胁

（1）信息安全威胁

① 非法进入系统。非授权人通过一定的手段进入计算机系统内部，从而实现对系统资源的占领，轻易地实现对用户信息的篡改、窃取和非法使用。这种威胁是致命的，因为入侵者不仅可以轻易地盗取系统资源、发布虚假信息，还可能在系统内植入木马、后门程序等来破坏系统。

② 截获数据。攻击者通过互联网、公共电话网、搭线或在电磁波辐射范围内安装截收装置等方式，截获传输的机密信息；或通过对信息流量和流向、通信频率和长度等参数的分析，获得有价值的信息。

③ 篡改数据。攻击者截获数据后，可以改变信息流的次序，更改信息的内容，如篡改购买商品的收货地址等；或删除某条信息的某个部分；或在信息中插入另外一些信息，让接收方读不懂或接收错误的信息。

④ 重发信息。攻击者在截获网络上的相关信息后，并不是将其破译，而是把这些数据再次发给有关的服务器，以实现其恶意目的。

（2）信用威胁

① 来自买方的信用问题。个人消费者可能存在在网络上使用信用卡进行支付时恶意透支，或使用伪造的信用卡骗取卖方货物的行为；企业购买者可能存在拖延货款的情况；购买者还存在确认了订单而事后不承认的可能等，这些都是卖方需要承担的风险。

② 来自卖方的信用问题。卖方不能按质、按量、按时配送消费者所购买的货物，或者不能完全履行与企业购买者签订的合同而不承认原有的交易，从而造成买方的安全风险。

（3）法律保障威胁

电子商务的技术设计是先进的、超前的，具有强大的生命力。但随着我国电子商务的迅速发展，相关的法律制度建设滞后于电子商务的发展，电子商务法律不完善的问题日益突出。因此，在网上交易可能会承担由于法律制度滞后而造成的安全风险。

7.1.2 电子商务的安全性要求

电子商务面临的安全威胁导致了对电子商务安全的需求。为了保障网上交易各方的合法权益、确保电子商务活动安全顺利地开展，需要从技术和管理两方面构建完整的综合保障体系，使电子商务系统满足以下安全性要求。

1. 信息保密性

信息保密性是指敏感的商业信息或个人信息在传输过程不被非授权用户窃取而泄露。例如，信用卡的账号和用户名被他人知道，就有可能遭受资金盗用风险；订货和付款信息被竞争对手获悉，就有可能丧失商机。电子商务是在一个开放的网络环境中开展的，攻击者可能采取各种手段破坏信息的保密性，如通过安装接收装置或在数据包通过的网关和路由器上截获数据等方式获取传输的机密信息，或通过对信息流向、通信频率和长度等参数的分析，获得其中有用的信息，包括消费者的银行账号、密码，以及企业的商业机密等，这些都将直接损害企业或消费者的合法权益。显然，维护商业机密和个人隐私信息是电子商务全面推广应用的重要保障。要预防信息在传输过程中被非法窃取的情况发生，一般可通过加密技术对传输的信息进行加密处理。

2. 信息完整性

信息完整性是指信息在传输过程中的一致性，即确保信息在传输过程中未被篡改过，使接收方接收到的信息和发送方发送的信息没有任何差别。在电子商务交易过程中，数据传输过程中的信息丢失、信息重复或信息传送次序差异，都有可能导致交易各方信息的差异，从而影响贸易各方的交易顺利完成，甚至造成纠纷。因此，要预防信息的随意生成、修改和删除，防止数据传送过程中信息的丢失和重复，并保证信息传送次序的统一。信息是否完整一般可通过提取信息的数字摘要来验证。

3. 身份验证性

身份验证性是指要确认交易对方的真实身份。由于网上交易中各参与主体无法面对面地完成商业活动，在交易过程中，不仅商家需要考虑客户的真实性，客户也会担心网上的商家是黑店。因此，验证交易者身份的真实性是保障电子商务顺利进行的前提。目前，主要通过数字证书对交易主体的身份进行鉴别，为交易者身份的真实性提供保证，使交易双方能够在相互不见面的情况下确认对方的身份。

4. 不可抵赖性

不可抵赖性是指信息的发送方和接收方在交易过程中均不得否认已发送或已接收到的信息。交易一旦达成是不能被否认的，否则就会损害对方的利益。交易抵赖包括多种情况，如客户下了订单却不承认，商家卖出商品后因质量或价格原因而不承认原有的交易等。在传统的纸面交易中，交易双方通过在交易合同、契约或贸易单据等书面文件上手写签名或加盖印章来确定合同、契约、单据的可靠性，并预防抵赖行为的发生，即人们常说的"白纸黑字"。在无纸化的电子商务方式下，无法通过手写签名和加盖印章来确认已经发送或接收过的信息，主要采取交易方对发送的信息进行数字签名的方式来对交易活动进行确认，一旦确认，就不得否认自己的交易行为，以此来保证交易的不可抵赖性。

5. 系统有效性

系统有效性又称可用性，是指系统要保证商业信息及时被获取，以及服务不被拒绝。在开展电子商务的过程中，参与各方能否及时进行数据交换，客户的服务请求能否及时响应，都将关系到电子商务的正常进行。因此，要对电子商务系统的硬件故障、网络故障、操作错误、应用程序错误、系统软件错误及计算机病毒所产生的潜在威胁加以控制和预防，以保证贸易数据在确定的时刻、确定的地点是有效的。一般通过杀毒软件、防火墙技术等来保证系统的有效性。

6. 访问控制性

访问控制性是指防止对进程、通信及信息等各类资源的非法访问。安全管理人员要能够控制用户的权限，分配或终止用户的访问、操作、接入等权利，使系统拒绝为未被授权的用户提供信息和服务。一般通过身份认证、防火墙等技术来保证信息的访问控制性。

7.2 电子商务安全技术体系

电子商务安全技术体系是保证电子商务系统中数据安全的一个完整的逻辑结构，由网络服务层、加密控制层、安全认证层、安全协议层、应用系统层五个部分组成，如图 7-3 所示。

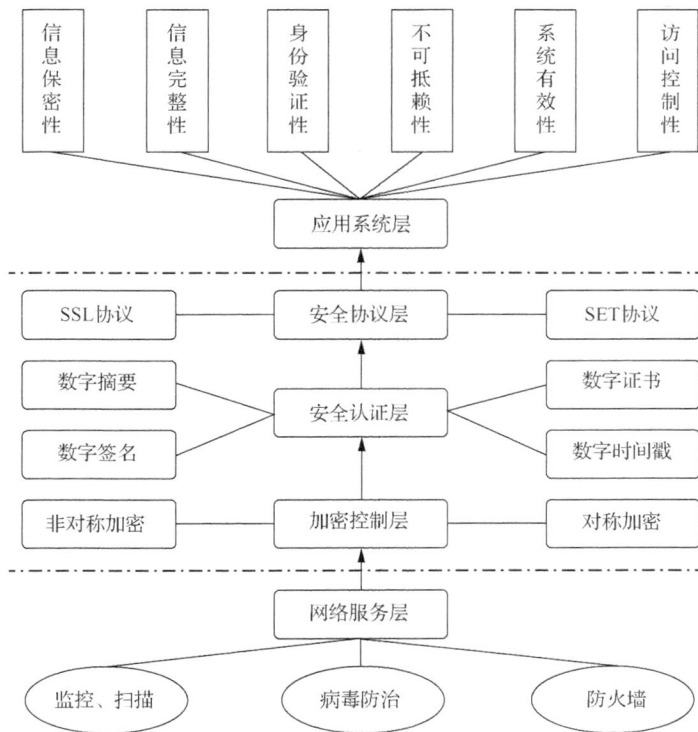

图 7-3 电子商务安全技术体系结构

构成电子商务技术框架的底层是网络服务层，它提供信息传输的载体和用户接入的手段，是各种电子商务应用系统的基础，为电子商务系统提供了基本的网络服务。一般采用入侵检测、安全扫描、病毒防治、防火墙等安全机制保证网络服务层的安全。在此基础上，为保证电子交易数据的安全，电子商务系统还必须拥有完善的加密技术和认证机制，即构筑加密控制层、安全认证层和安全协议层，为电子商务系统提供加密、认证和安全协议等多种安全技术。实现电子商务交易安全所需技术平台的关键是应用系统层，它是加密控制层、安全认证层和安全协议层的安全控制技术的综合运用和完善，也是实现电子商务交易中信息保密性、信息完整性、身份验证性、不可抵赖性、系统有效性和访问控制性等安全要求的基础平台。

在电子商务安全技术体系中，下层是上层的基础，为上层提供技术支持；上层是下层的扩展与递进。各层次之间相互依赖、相互关联，构成了统一整体，通过不同的安全控制技术，实现各层的安全策略，共同保障电子商务系统的安全。

7.2.1　网络服务安全技术

1．防火墙技术

（1）防火墙的概念

防火墙是一个由软件和硬件设备组合而成的，在可信网络和非可信网络之间（如内部网和外部网之间、专用网和公共网之间）的界面上建立的保护屏障，如图 7-4 所示。

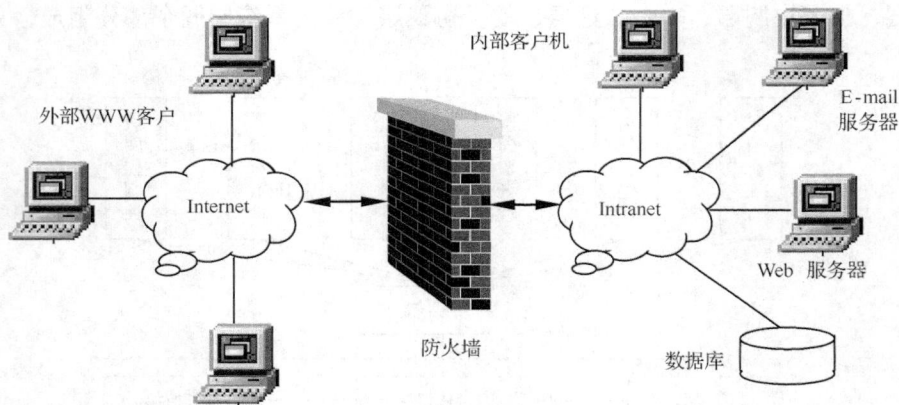

图 7-4　防火墙示例图

防火墙能保障网络用户访问公共网络时面临最低风险，与此同时，也保护专用网络免遭外部袭击。所有的内部网和外部网、专用网与公共网之间的连接都必须经过此保护层，在此进行各种检查、认证和连接。只有被授权的通信才能通过此保护层，从而使内部网与外部网、专用网与公共网在一定意义下隔离，这样可以防止非法入侵和非法使用系统资源，执行安全管理措施，记录所有可疑的事件。

（2）防火墙的类型

根据防范的方式和侧重点不同，防火墙可分为数据包过滤型防火墙、应用级网关型防火墙和代理服务型防火墙三大类。

① 数据包过滤型防火墙。数据包过滤技术在网络层对 IP 数据包进行选择，选择的依据是系统内设置的过滤逻辑，称为访问控制表（Access Control List，ACL）。通过检查数据流中每个

数据包的源地址、目的地址、所用的端口号、协议状态等因素，或通过检查它们的组合来确定是否允许该数据包通过，如图 7-5 所示。

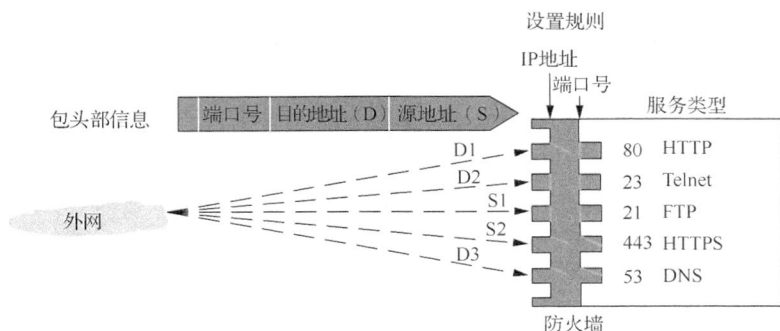

图 7-5　数据包过滤型防火墙

数据包过滤型防火墙具有逻辑简单、价格便宜、易于安装和使用、网络性能和透明性好的优点。它通常安装在路由器上。路由器是内部网与 Internet 之间必不可少的连接设备，因此在原有网络上增加这样的防火墙几乎不需要任何额外的费用。

数据包过滤防火墙的缺点有：a. 非法访问一旦突破防火墙，即可对主机上的软件和配置漏洞进行攻击；b. 数据包的源地址、目的地址以及端口号都在数据包的头部，很有可能被窃听或假冒。

② 应用级网关型防火墙。应用级网关型防火墙是在网络应用层上建立协议过滤和转发功能的防火墙。它针对特定的网络应用服务协议使用指定的数据过滤逻辑，并在过滤的同时，对数据进行必要的分析、登记和统计，形成报告。实际中的应用级网关型防火墙通常安装在专用工作站系统上。

数据包过滤型防火墙和应用级网关型防火墙有个共同的特点：依靠特定的逻辑判断是否允许数据通过。一旦满足逻辑，则防火墙内外的计算机系统建立直接联系，防火墙外部的用户便有可能直接了解防火墙内部的网络结构和运行状态，这不利于抗击非法访问和攻击。

③ 代理服务型防火墙。代理服务型防火墙是针对数据包过滤和应用网关技术存在的缺点而引入的防火墙技术。代理服务技术作用在应用层，用来提供应用层服务的控制，其特点是将所有跨越防火墙的网络通信链路分为两段，如图 7-6 所示。防火墙内外计算机系统间应用层的"链接"，由两个中止于代理服务器上的"链接"来实现，外部计算机的网络链接只能到达代理服务器，从而起到了隔离防火墙内外计算机系统的作用。此外，代理服务还具有实施较强的数据流监控、过滤、记录和报告等功能。代理的缓存功能可以加速访问，但对于每一种应用服务都必须为其设计一个代理软件模块来进行安全控制，而每一种网络应用服务的安全问题各不相同，应用协议分析困难，实现也很困难。

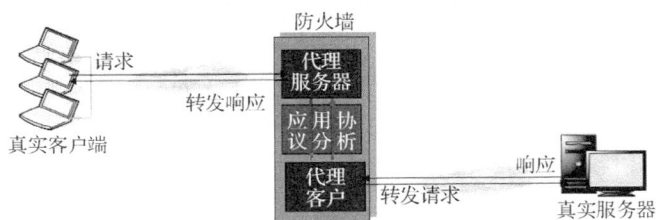

图 7-6　代理服务型防火墙

（3）防火墙的功能

① 防火墙是内外部网络之间的安全屏障。防火墙决定了哪些内部服务可以被外界访问，外界的哪些人可以访问内部的服务，以及哪些外部服务可以被内部人员访问。因此，一个防火墙（作为阻塞点、控制点）能极大地提高一个内部网络的安全性，并通过过滤不安全的服务而降低风险。

② 可以强化网络安全策略。其通过以防火墙为中心的安全方案配置，能将所有安全软件（如口令、加密、身份认证、审计等）配置在防火墙上。与将网络安全问题分散到各个主机上相比，防火墙的集中安全管理更经济。例如，在网络访问时，一次一密口令系统和其他的身份认证系统完全可以不必分散在各个主机上，而集中在防火墙身上。

③ 对网络存取和访问进行监控审计。防火墙可以记录所有通过它的访问，并能提供统计数据，提供预警和审计等功能。

④ 防止内部信息的外泄。利用防火墙对内部网络的划分，可以实现对内部网络重点网段的隔离，从而限制局部重点或敏感网络安全问题对全局网络造成的影响。同时，使用防火墙可以阻止攻击者获取、攻击网络系统的有用信息，从而堵住内部网络的某些安全漏洞。

（4）防火墙的不足

防火墙是保护 Intranet 免受外部攻击的有效方式，它是整体网络安全计划中的重要组成部分，但并非是万能的，它具有以下局限性。

① 防火墙可以阻断攻击，但不能消灭攻击源。在互联网上因病毒、恶意试探等造成的攻击行为络绎不绝。设置得当的防火墙能够阻挡它们，但是无法清除攻击源。即使防火墙进行了良好的设置，使得攻击无法穿透，但各种攻击仍然会源源不断地向防火墙发出尝试。

② 防火墙不能抵抗最新的未设置策略的攻击漏洞。就如杀毒软件与病毒一样，总是病毒出现后，杀毒软件分析出特征码并将其加入到病毒库内后才能查杀。防火墙的各种策略，也是在该攻击方式经过专家分析给出其特征后设置的。如果新发现某个主机漏洞的黑客把第一个攻击对象选为了该网络，那么防火墙也没有办法阻止。

③ 防火墙的并发连接数限制容易导致网络拥塞或者数据溢出。由于要判断、处理流经防火墙的每一个数据包，因此防火墙在某些流量大、并发请求多的情况下，很容易导致网络拥塞，成为整个网络的瓶颈从而影响其性能。而当防火墙数据溢出时，整个防线就如同虚设，原本被禁止的连接也能从容通过了。

④ 防火墙对服务器合法开放的端口攻击大多无法阻止。某些情况下，攻击者利用服务器提供的服务进行缺陷攻击。例如，利用开放的3389端口（Windows 2000/2003 Server 远程桌面的服务端口）取得没安装过 Service Pack（SP）补丁程序的 Windows 2000 的超级权限，利用动态服务器主页（Active ServerPage，ASP）程序进行脚本攻击。由于其行为在防火墙看来是"合理"和"合法"的，因此就被简单地放行了。

⑤ 防火墙对待内部主动发起连接的攻击一般无法阻止。"外紧内松"是一般局域网的特点。一道严密防守的防火墙的内部网络也可能一片混乱。通过发送带木马的邮件、带木马的统一资源定位器（Uniform Resource Locator，URL）的方式，由感染木马的机器主动对攻击者连接，将铁壁一样的防火墙瞬间破坏掉。另外，面对内部各主机间的攻击行为，其也只能如旁观者一样冷视而爱莫能助。

拓展视野 7-1

社会工程学是一种通过对受害者心理弱点、本能反应、好奇心、信任、贪婪等心理陷阱采取欺骗、伤害等危害手段取得自身利益的手法。当今世界是一个离不开网络的时代，密码及个人重要信息依然是黑客攻击的重要对象。有时候，黑客换了一种思路，不需要花费九牛二虎之力去破解、开发攻击程序便可以取得这些信息，做到四两拨千斤之效。

⑥ 防火墙不能防止病毒。尽管许多防火墙检查所有外来通信以确定其是否可以通过内部网络，但这种检查大多数是对源地址、目的地址和端口号进行的，而不是对其中所含数据进行的。即使可以对通信内容进行检查，但由于病毒的种类太多且病毒在数据中的隐藏方式也太多，所以防火墙中的病毒防护也是不实用的。

2. 入侵检测技术

入侵检测技术通过收集和分析网络行为、安全日志、审计数据、其他网络上可以获得的信息以及计算机系统中若干关键点的信息，检查网络或系统中是否存在违反安全策略的行为和被攻击的迹象，从而提高系统管理员的安全管理能力。

入侵检测技术作为一种积极主动的安全防护技术，提供了对内部攻击、外部攻击和误操作的实时保护，在网络系统受到危害之前拦截和响应入侵，因此被认为是防火墙之后的第二道安全闸门，在不影响网络性能的情况下能对网络进行监测。假如防火墙是一幢大楼的门锁，那么入侵检测系统（Intrusion Detection Systems，IDS）就是这幢大楼里的监视系统。一旦小偷爬窗进入大楼，或内部人员有越界行为，监视系统能发现情况并发出警告。

按照检测方式的不同，入侵检测技术可分为实时入侵检测和事后入侵检测。实时入侵检测在网络的连接过程中进行，通过攻击识别模块对用户当前的操作进行分析，一旦发现攻击迹象就转入攻击处理模块，如立即断开攻击者与主机的连接、搜集证据或实施数据恢复等。事后入侵检测根据计算机系统对用户操作所做的历史审计记录，判断是否发生了攻击行为。

3. 病毒防治技术

（1）计算机病毒的定义及特征

根据1994年2月18日国务院颁布的《中华人民共和国计算机信息系统安全保护条例》，计算机病毒是指编制或者在计算机程序中插入的破坏计算机功能或者破坏数据，影响计算机使用，并能够自我复制的一组计算机指令或者程序代码。

计算机病毒具有传染性、寄生性、潜伏性、触发性和破坏性等特征。

① 传染性。传染性是计算机病毒的基本特征，是指计算机病毒能够借助各种渠道，从已感染的计算机系统扩散到其他计算机系统中。

② 寄生性。计算机病毒寄生在其他程序中，当执行这个程序时，病毒的破坏作用就会被激发，而在未启动这个程序之前，它是不易被人发觉的。

③ 潜伏性。由于计算机病毒往往寄生在某些程序中，因此，在未发作时，具有很强的潜伏性和隐蔽性。

④ 触发性。计算机病毒一般要在一定的条件下才被激活，诱使计算机病毒实施感染或进行攻击的特性被称为可触发性。当感染计算机病毒的文件运行时，触发机制检查预定条件是否满足，如果满足，启动感染或破坏动作，使计算机病毒进行感染或攻击；如果不满足，则使计算机病毒继续潜伏。

⑤ 破坏性。计算机病毒往往具有一定的破坏性，可能会导致磁盘的可用空间减小、正常的程序无法运行、删除程序或文件、破坏数据等。

（2）计算机病毒的传播途径

计算机病毒具有自我复制和传播的特点，能够进行数据交换的介质都可能成为计算机病毒的传播途径。目前，计算机病毒的传播途径通常有以下几种。

① 通过移动存储设备进行传播。使用被病毒感染的优盘、移动硬盘等移动存储设备使计算机感染病毒，并将病毒传染给未被感染的其他移动存储设备。不加防护地在计算机上使用各种移动存储设备，是造成计算机病毒传播的重要原因。

② 通过光盘传播。以谋利为目的的非法盗版光盘在生产和制作过程中，不可避免地会写入某些计算机病毒，且由于大多数光盘属于只读式光盘，不能进行写操作。因此，光盘上的计算机病毒无法通过杀毒软件进行清除，由此造成了计算机病毒的传播。

③ 通过网络传播。随着互联网的高速发展，计算机病毒也走上了高速传播之路，网络已经成为计算机病毒的第一传播路径，其影响面越来越大，所造成的危害也越来越严重。除了传统的文件型计算机病毒以文件下载、电子邮件的附件等形式传播外，新兴的病毒，如 QQ 病毒、"美丽莎"病毒、"我爱你"病毒等则是完全依靠网络来传播的，甚至还有利用网络分布计算技术将自身分成若干部分，隐藏在不同的主机上进行传播的计算机病毒。

（3）计算机病毒的防治措施

计算机一旦遭到病毒侵害，系统即会出现或大或小的损坏乃至崩溃，用户的数据安全更是无法得到保证。因此，必须要采取科学的措施对计算机病毒进行有效防治。计算机病毒的防治应当"以预防为主，杀毒为辅"。具体可以采取如下措施。

① 在系统开机"设置"（Setup）中将 Virus Warning（病毒报警）一栏设为 Enable，以防止病毒感染硬盘引导区。

② 及时升级系统软件（如 IE），以防止病毒利用软件的漏洞进行传播。

③ 安装流行的正版防病毒软件对病毒进行实时监测。

④ 及时更新防病毒软件及病毒特征库，防止新病毒的入侵。

⑤ 将网络系统中易感染病毒的文件属性（如权限）进行设置，如各终端用户允许只读权限，阻断病毒入侵的渠道。

⑥ 掌握计算机中毒的判断方法及中毒后的紧急处理方法。例如，若计算机可能感染病毒了（如速度变慢、无故出现程序错误等），正在上网的用户应马上断开网络连接，备份、转移文档和邮件等，然后关闭正在运行的程序，启动杀毒软件进行病毒查杀。

小贴士
计算机病毒日常防范小技巧
（1）不随意复制和使用未经安全检测的软件。

（2）系统中的重要数据，最好不要存储在系统盘上，并且随时进行备份。

（3）不要打开来历不明的邮件，更不要访问不知底细的网站。

（4）采取必要的病毒检测措施，养成定期检测和清理病毒的习惯。

（5）高度警惕网络陷阱，对非常诱人的广告和免费使用的承诺，保持高度警惕。

7.2.2　加密控制技术

信息加密技术就是用基于数学方法的程序和保密的密钥对原始信息进行重新编码，把原始数据变成一堆杂乱无章、难以理解的字符串从而隐藏信息的内容，也就是把明文变为密文的过程。这样，即使非法接收者得到密文，也无法辨认明文；对于合法接收者，其由于掌握正确的密钥，可以通过解密过程得到原始信息。

数据加密技术经常涉及的术语如下。

① 明文。人或机器能够读懂和理解的信息被称为明文，它可以是文本、数字化语音流或数字化视频信息等。

② 密文。明文通过数据加密的手段，被转换成的晦涩难懂的信息为密文。

③ 加密过程。将明文转换成密文的过程。

④ 解密过程。加密的逆过程，即将密文还原为明文的过程。

⑤ 密钥。用于加/解密的钥匙，它是控制明文和密文之间变换的关键。密钥可以分为加密密钥和解密密钥，分别适用于加密过程和解密过程。

⑥ 密码算法。实现加密和解密过程的特定算法。

发送方使用加密密钥，通过加密算法对需要传输的数据进行加密，得到密文，并将密文传输出去；接收方收到密文后，用解密密钥对密文进行解密，还原为明文。加密和解密的一般过程如图 7-7 所示。

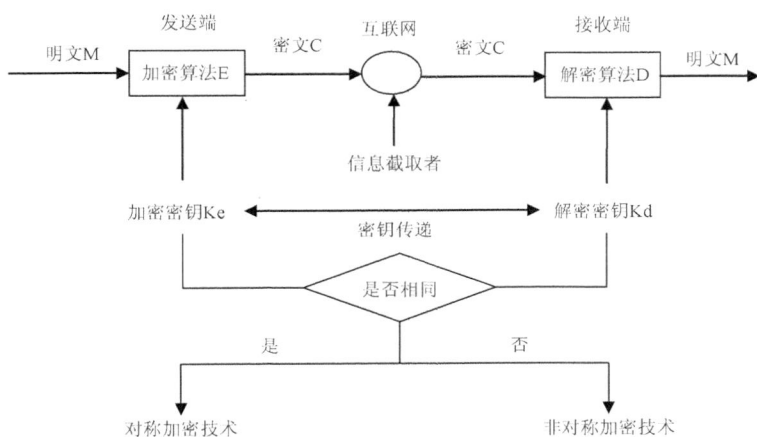

图 7-7　加密和解密的一般过程示意图

加密技术是最基本的信息安全技术，是实现信息保密性的一种重要手段，目的是防止非法接收者获取敏感机密信息。按照加/解密过程所使用的密钥是否相同，加密技术可以分为对称加密技术和非对称加密技术两类。

1. 对称加密技术

对称加密技术又称私有密钥加密，是指使用同一把密钥对信息进行加密或解密的技术，即把明文加密成密文和把密文解密成明文用的是同一把密钥，一般将这把密钥称为会话密钥。

（1）对称加密技术的实现原理

在对称加密技术中，通信双方必须都要获得会话密钥，并保证其机密性。整个加密和解密过程如图 7-8 所示。

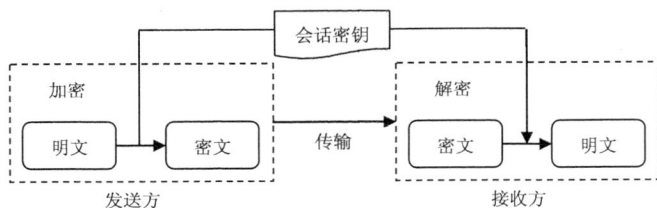

图 7-8　对称加密和解密过程

具体实现过程如下。

① 发送方用会话密钥对要发送的信息进行加密。

② 发送方将加密后的信息通过网络传送给接收方。

③ 接收方用发送方进行加密的会话密钥对接收到的加密信息进行解密，得到信息明文。

在这一过程中，交易双方采用相同的密码算法，只交换共享的会话密钥。如果进行通信的交易方能够确保会话密钥在密钥交换阶段未发生泄露，就可以通过对称加密技术处理和发送机密信息。会话密钥的安全交换是关系到对称加密有效性的核心环节。

目前，常用的对称加密算法有数据加密标准（Data Encryption Standard，DES）、国际数据加密算法（International Data Encryption Algorithm，IDEA）、三重数据加密算法（Triple DES，3DES）等，其中 DES 是目前使用最广泛的对称加密方法，该标准由 IBM 公司开发，1997 年被美国国家标准局接纳为美国联邦标准，1981 年被采纳为金融业标准，是近几十年来用于保护政府及商业部门机密信息的主要算法，并被 ISO 作为数据加密的标准加以推广。

（2）对称加密技术的优/缺点

对称加密技术的优点在于算法相对简单、加/解密速度快、效率高，适合对大量数据文件的加/解密过程；由于加密和解密使用同一密钥，且应用简单，适用于专用网络中通信各方相对固定的情况，如金融通信专网、军事通信专网、外交及商业专网的加密通信。但是，对称加密技术也存在着一些问题。

① 密钥的安全分发过程比较复杂。密钥是对称加密系统保证通信安全的关键，通信双方必须要持有同一把密钥，且不能让他人知道，一旦密钥泄露，信息就失去了保密性。所以发送方必须安全、妥善地把密钥发送到接收方。如何才能把密钥安全地发送到接收方，是对称加密技术的主要问题。

② 密钥的管理难度较大。当企业与多个贸易伙伴进行交易时，为了保证数据的安全性，对于不同的贸易伙伴必须使用不同的密钥。在 Internet 这一用户众多的通信渠道上，对称密钥的数量非常巨大。如果网络中有 n 个用户两两通信时，将需要$[n(n-1)/2]$个密钥。任何一个交易方需要拥有（$n-1$）个密钥，才能与网络中其他（$n-1$）个交易方进行加密通信。这时，密钥的分配、保持和管理将面临极大的困难。

③ 难以进行用户身份的认定。采用对称加密技术进行信息传输，只是解决了信息的保密性问题，并不能认定信息发送者的身份，因而无法对发送者身份的真实性和不可抵赖性进行确认。

2. 非对称加密技术

非对称加密技术也称公开密钥加密，是指分别使用公开密钥（加密密钥）和私有密钥（解密密钥）完成信息的加密和解密的加密技术。在非对称加密体系中，用户掌握两个不同的密钥，其中一个是公开密钥（加密密钥），可以通过非保密方式向他人公开，另一个是私有密钥（解密密钥），需要保密。公开密钥用于对机密信息的加密，私有密钥则用于对加密信息的解密。任何人都可以使用公开密钥给信息加密，但只有与该公开密钥相配的私有密钥的拥有者才能解密信息。

（1）非对称加密技术的实现原理

采用非对称加密技术对数据进行加密时，需要信息的接收方拥有一对密钥，且这对密钥无法相互推导。整个加密和解密过程如图 7-9 所示。

具体实现过程如下。

① 发送方用接收方的公开密钥对要发送的信息进行加密。

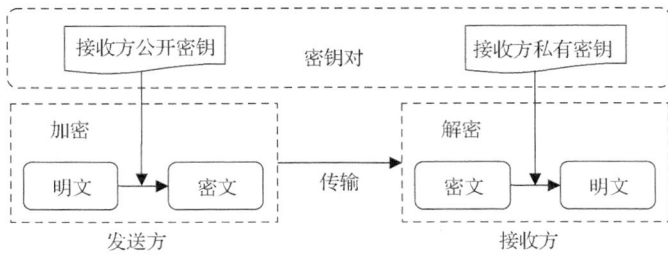

图 7-9　非对称加密和解密过程

② 发送方将加密后的信息通过网络传送给接收方。

③ 接收方用自己的私有密钥对接收到的加密信息进行解密，得到信息明文。

目前，使用最广泛的非对称加密算法是 RSA（Rivest Shamir Alderman）算法，该算法的加/解密过程由密钥对生成、加密和解密三部分组成。非对称加密算法还有 Elgamal、DSA（Digital Signature Algorithm）等。

（2）非对称加密技术的优/缺点

非对称加密技术具有以下优点。

① 由于非对称加密技术必须要由两个密钥的配合使用才能完成加密和解密的全过程，因而有助于加强数据的安全性。

② 密钥少，便于管理。通信双方只需要妥善保存好自己的私有密钥（解密密钥）即可。

③ 不需要通过秘密的通道和复杂的协议来传送、分发公开密钥。

④ 可以通过非对称加密技术实现数字签名。如果私有密钥的拥有者利用私有密钥对数据进行加密，那么，只有用对应的公开密钥才能解密，由于私有密钥只能为特定的发送方所拥有，因此，人们就可以采用这种方式确认信息发送者的身份。

非对称加密技术存在的不足：非对称加密算法复杂，加密、解密花费时间长、速度慢，一般不适合对数据量较大的文件进行加密，而只适合对少量数据（如密钥）加密。

（3）两种加密技术的结合使用

对称加密技术和非对称加密技术各有所长，因此，在实际应用中，通常将两种加密技术结合起来使用，既充分发挥对称加密算法的高速简便性，又充分利用非对称加密算法对密钥管理的方便性和安全性，在保证数据安全的基础上，提高加密和解密的速度。

发送方和接收方对信息进行加密和解密的实际应用如图 7-10 所示。

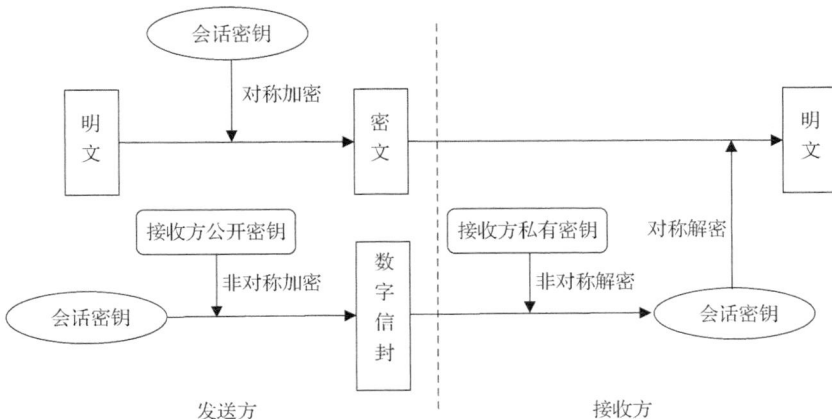

图 7-10　对称加密和非对称加密技术结合的实际应用

具体实现过程如下。

① 发送方生成一个共享会话密钥，并对要发送的信息用该密钥进行对称加密。

② 发送方用接收方的公开密钥对会话密钥进行加密，形成的会话密钥密文被称为数字信封。

③ 发送方将加密后的信息和数字信封通过网络传送到接收方。

④ 接收方用自己的私有密钥对发送方传送过来的数字信封进行解密，得到双方共享的会话密钥。

⑤ 接收方用会话密钥对接收到的加密信息进行解密，得到信息的明文。

7.2.3 身份认证技术

电子商务交易安全在技术上要解决安全传输和身份认证两大问题。数据加密能够解决网络通信中的信息保密问题，但不能验证网络通信双方身份的真实性。因此，数据加密仅解决了电子商务交易安全问题的一半，另一半需要身份认证技术来解决。身份认证技术是防止信息被篡改、删除和伪造的一种有效方法，它能够使发送的信息具有被验证的能力，使接收者能够识别和确认信息的真伪。身份认证的实现包括数字摘要、数字签名、数字时间戳和数字证书等技术。

1. 数字摘要

数字摘要是指发送方通过使用单向散列函数对某个被传输的信息报文进行加密处理，形成具有密文性质的摘要值。发送方将此摘要值与原始信息报文一起发送给接收方，接收方收到报文后，用相同的方法进行变换运算，若得到的结果与发送来的摘要值相同，则可断定报文在传输过程中未被篡改，反之，则认为报文的完整性在传输过程中被破坏，具体实现过程如图 7-11 所示。因此，接收方可应用数字摘要来检验信息报文在传递过程中是否发生改变，并确定报文信息的真实性。

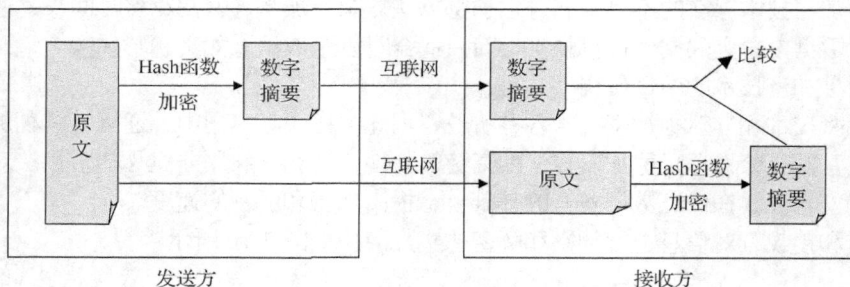

图 7-11　数字摘要实现过程

数字摘要一般采用安全的哈希（Hash）编码法（Secure Hash Algorithm，SHA）。该编码法采用单向 Hash 函数将需要加密的明文"摘要"成一串 128 位的密文，这一串密文也被称为数字指纹。它具有固定的长度，与明文是一一对应的，即不同的明文摘要成密文，其结果总是不同的，而同样的明文其摘要必定一致。因此，利用数字摘要可以验证通过网络传输的明文是否为初始的、未被篡改过的信息，从而确保数据的完整性和有效性。

2. 数字签名

传统书信或文件是根据签名或印章来证明其真实性的，但在计算机网络中传输的信息报文又是如何盖章以证明其身份呢？这就是数字签名要解决的问题。数字签名必须保证以下几点：①接收方能够核实发送方对报文的签名；②发送方事后不能抵赖对报文的签名；③接收方不能伪造对报文的签名。

数字签名也称电子签名,是指利用加密技术在要发送信息中附加一个特殊的唯一代表发送方身份的标记,用来证明信息是由发送方发出的。

数字签名技术是实现交易安全的核心技术之一,它是非对称加密和数字摘要技术的联合应用,具体实现过程如图7-12所示。

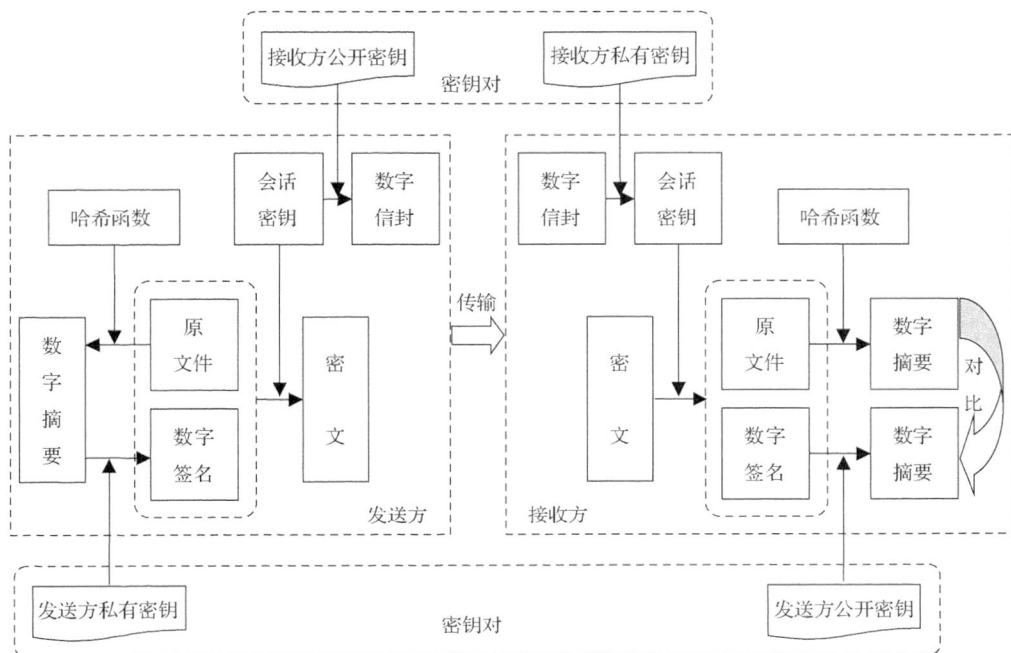

图 7-12　数字签名过程

① 发送方首先用哈希函数将原文件生成一个数字摘要,然后用自己的私有密钥对这个数字摘要进行加密来形成发送方的数字签名。

② 发送方将数字签名作为原文件的附件和原文件一起用会话密钥加密后生成密文。

③ 发送方用接收方的公开密钥加密会话密钥生成数字信封。

④ 发送方将密文和数字信封一起发送给接收方。

⑤ 接收方用接收方的私有密钥打开数字信封,获得会话密钥。

⑥ 接收方用会话密钥解密密文,获得原文件和发送方的数字签名。

⑦ 接收方用发送方公开密钥对原文件附加的数字签名进行解密。

⑧ 接收方用同样的哈希函数对接收到的原文件进行加密,得到一个新的数字摘要。

⑨ 将解密后得到的摘要与接收方重新加密产生的新摘要进行对比,如果相同,接收方就能够确认该数字签名是发送方的,传输过程中信息没有被破坏和篡改。

综上可知,数字签名在保证信息完整性的同时,能够确保信息的真实性和不可否认性,以及确认信息发送方的身份。数字签名技术一般包括签名算法和验证算法两个组成部分。签名算法和签名密钥是秘密的,只由签名人掌握;验证算法应当是公开的,以便他人进行验证。

数字签名相对于手写签名在安全性方面具有以下好处:数字签名不仅与签名者的私有密钥和签名算法有关,还与报文的内容有关,因此,不能将签名者对一份报文的签名复制到另一份报文上,同时也能防止报文内容被篡改。

3. 数字时间戳

在书面合同中，文件签署的日期和签名是同等重要的，是防止文件被伪造和篡改的关键性内容。在电子交易中，同样需要对交易文件的日期和时间信息采取安全措施，数字时间戳（Digital Time Stamp，DTS）专用于提供电子文件发送时间的安全保护。DTS 是网络安全服务项目，由专门的机构提供。

数字时间戳是一个经加密后形成的凭证文档，共包括三个部分。

① 需要加盖时间戳的文件的摘要。

② DTS 收到文件摘要的日期和时间。

③ DTS 的数字签名。

数字时间戳产生的过程，如图 7-13 所示。

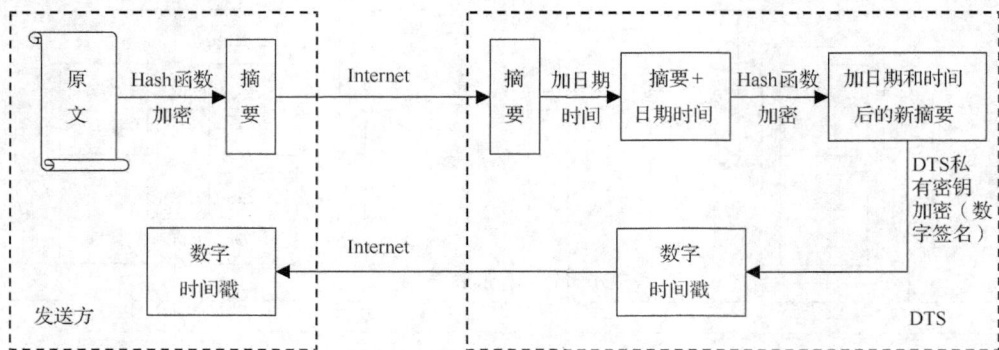

图 7-13　数字时间戳实现过程

书面签署文件的时间是由签署人自己写上的，而数字时间戳则不然，它是由认证机构 DTS 来加的，以 DTS 收到文件摘要的时间为依据。

4. 数字证书与认证中心

通过数字签名技术，可以实现对通信双方身份的确认和验证，但要求验证签名的一方必须知道签名和信息发送方的公开密钥；同时，如果想使用非对称加密技术给对方发送加密信息，也需要对方的公开密钥。这就涉及公开密钥的分发和认证问题。

（1）数字证书

数字证书是一个经证书认证机构数字签名的包含用户身份信息和公开密钥信息的电子文件。在网上交易中，交易伙伴可以利用数字证书来交换彼此的公开密钥，若交易双方出示了各自的数字证书，并用它来进行交易操作，那么双方都可不必为对方的身份真伪而担心。

① 数字证书的内容。数字证书由权威、公正的第三方机构，即认证中心签发。目前，证书的格式一般由国际电话电报委员会（CCITT）颁布的 X.509 国际标准所规定。一个标准的 X.509 数字证书包括以下内容。

- 证书的版本信息。
- 证书的序列号（每个证书都有一个唯一的证书序列号）。
- 证书所使用的签名算法。
- 证书的发行机构名称。
- 证书的有效期。
- 证书主题。
- 证书所有人的公开密钥信息。

- 证书发行者对证书的数字签名。

只有下列条件均为真时，数字证书才有效。

- 数字证书没有过期。所有的证书都有一个有效期，只有在有效期限内才有效。
- 密钥没有修改。如果密钥被修改，就不应该再使用，密钥对应的证书应当收回。
- 用户有权使用密钥。如员工离开了公司，就不能再使用公司的密钥，密钥对应的证书就需要收回。
- 证书不在无效证书清单内。认证中心负责回收证书，发布无效证书清单。

② 数字证书的类型。数字证书一般分为个人证书、企业证书和开发者证书三种类型。

- 个人证书。个人证书主要为个人用户提供，以帮助个人用户和其他用户交换信息或者使用在线服务时，验证用户的身份，确保信息的安全，主要是针对个人的电子邮件安全。个人证书通常安装在客户端的浏览器内，利用个人证书可以发送带有个人数字签名的电子邮件，也可以利用对方的数字证书向对方发送加密邮件。
- 企业证书。企业证书主要为网上的某个 Web 服务器提供。拥有数字证书的服务器可以自动与客户进行加密通信，具有数字证书的 Web 服务器会自动地将其与客户端的 Web 浏览器的通信加密。服务器拥有了证书，就可以进行安全的电子交易了。服务器得到数字证书后，就会有一对密钥（公开密钥和私有密钥），它与服务器之间密不可分。数字证书与这对密钥共同代表了该服务器的身份，是整个认证的核心。
- 开发者证书。开发者证书通常为互联网中被下载的软件提供，借助这种数字证书，软件开发者可以为软件做数字标识，在互联网上进行安全地传送。当客户从开发者网站上下载经过数字标识的软件时，就能够确认该软件的确来自于开发者，而且没有被改变或破坏。

（2）认证中心

在电子商务系统中，数字证书的发放和管理工作，需要一个具有权威性和公正性的第三方认证机构来承担，这个第三方认证机构就是认证中心（Certificate Authorities，CA）。认证中心就是承担网上安全电子交易服务、签发并管理数字证书、为交易各方提供身份认证服务的专门机构。认证中心通常是企业性的服务机构，主要职能是受理数字证书的申请、签发及对数字证书的管理。《中华人民共和国电子签名法》第十七条规定了认证机构的资质。

- 具有与提供电子认证服务相适应的专业技术人员和管理人员。
- 具有与提供电子认证服务相适应的资金和经营场所。
- 具有符合国家安全标准的技术和设备。
- 具有国家密码管理机构同意使用密码的证明文件。
- 法律、行政法规规定的其他条件。

① 认证中心的职能。认证中心是一个负责发放和管理数字证书的权威机构，具有证书的颁发、更新、查询、作废和归档等职能。

- 证书的颁发。CA 接收、验证用户的数字证书申请，将申请的内容进行备案，并根据申请的内容确定是否受理该数字证书申请。如果 CA 接受该数字证书申请，则进一步确定给用户颁发何种类型的证书。
- 证书的更新。CA 可以定期更新所有用户的证书，或者根据用户的请求来更新用户的证书。
- 证书的查询。证书的查询可以分为两类：①证书申请的查询，CA 根据用户的查询请求返回当前用户证书申请的处理过程；②用户证书的查询，CA 根据用户的请求返回适当的证书。
- 证书的作废。证书的作废分为两种情况：当用户的私有密钥由于泄密等原因造成用户证书需要申请作废时，用户需要向 CA 提出证书作废请求，CA 根据用户的请求确定是否将该证书作废；若证书过了有效期，CA 将自动将该证书作废。CA 通过维护证书作废列表来完成上述功能。

- 证书的归档。证书作废以后，用户不能将作废的证书简单丢弃，因为有时可能需要验证以前的某个交易过程中产生的数字签名，这时就需要查询作废的证书。因此，CA 还应当具备管理作废证书和作废私有密钥的功能。

② CA 认证体系的结构。认证体系具有一定的层次结构。根据职能不同，认证中心分成根认证中心、品牌或区域认证中心、面向最终用户的认证中心等不同的等级，不同等级的认证中心负责发放不同的证书。例如，持卡人证书、商户证书、支付网关证书分别由持卡人认证中心、商户认证中心、支付网关认证中心颁发；而持卡人认证中心证书、商户认证中心证书和支付网关认证中心证书则由品牌认证中心或区域性认证中心颁发；品牌认证中心或区域性认证中心的证书由根认证中心颁发。通过这种层次结构，用户可以逐级向上验证认证中心的可靠性。CA 认证体系结构如图 7-14 所示。

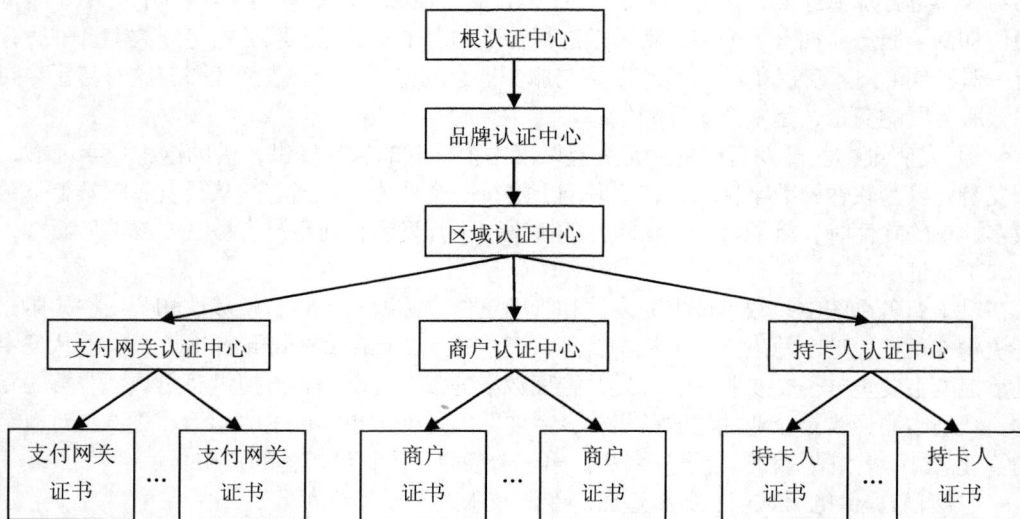

图 7-14　CA 认证体系结构

为了促进电子商务在中国的发展，自 1998 年中国第一家认证中心——中国电信认证中心（CTCA）成立以来，我国的认证中心发展迅速，目前全国已经有超过 30 家认证中心，其中既有金融、海关等行业性的认证中心，也有上海认证中心、广东认证中心、海南认证中心、中国西部（宁夏）认证中心等区域认证中心。我国的认证中心建设与国外相比还有一定的差距，因此，加强认证中心建设，进一步完善认证中心的功能，强化其权威性，对于推动电子商务的发展具有重要意义。

拓展视野 7-2

根证书是认证中心给自己颁发的证书，是信任链的起始点。根证书是一份特殊的证书，它的签发者是认证机构本身，下载根证书就表明用户对该根证书以下所签发的证书都表示信任，而技术上则是建立起一个验证证书信息的链条，证书的验证追溯至根证书即结束。所以用户在使用自己的数字证书之前必须先下载根证书。

7.2.4　电子商务安全协议

安全协议是加密技术和安全认证技术的综合运用和完善。在国际上，电子商务安全机制正在走向成熟，并逐渐形成了国际规范，比较有代表性的安全协议是 SSL 协议和 SET 协议。

1．SSL 协议

安全套接层（Secure Socket Layer，SSL）协议是由 Netscape 公司推出的一种安全通信协议，它基于 TCP/IP 的客户端/服务器（C/S）应用程序提供了服务器和客户端的鉴别、数据完整性和信息保密性等安全措施，旨在保证客户与所联系的服务器之间的安全会话。

SSL 协议工作在 TCP/IP 体系结构的应用层和传输层之间，利用传输层 TCP 提供可靠的端到端安全传输，并且与应用层协议独立无关，应用层协议（如 HTTPS、FTPS、Telnets 等）能透明地建立在 SSL 协议之上。SSL 协议不是一个单独的协议，而是两层结构，主要包括握手协议和记录协议两个子协议，如图 7-15 所示。

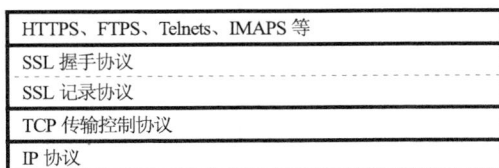

HTTPS、FTPS、Telnets、IMAPS 等
SSL 握手协议
SSL 记录协议
TCP 传输控制协议
IP 协议

图 7-15　SSL 协议与 TCP/IP 的关系

（1）SSL 握手协议

SSL 握手协议用于完成通信前的一系列参数协商，为服务器端与客户端（C/S）双方通信建立安全链接。当支持 SSL 的浏览器首次链接至安全 Web 服务器时，在初始化阶段，浏览器和服务器使用握手协议互通安全信息，从而在通信双方之间建立安全传输通道。

SSL 协议同时使用对称加密算法和非对称加密算法。前者在速度上比后者要快很多，但是后者可以实现更加可靠的安全验证。为了综合利用这两种算法的优点，SSL 协议用非对称加密算法使服务器端在客户端得到验证，并传递会话密钥，然后再用会话密钥来更快地加密、解密数据。具体实现过程如图 7-16 所示。

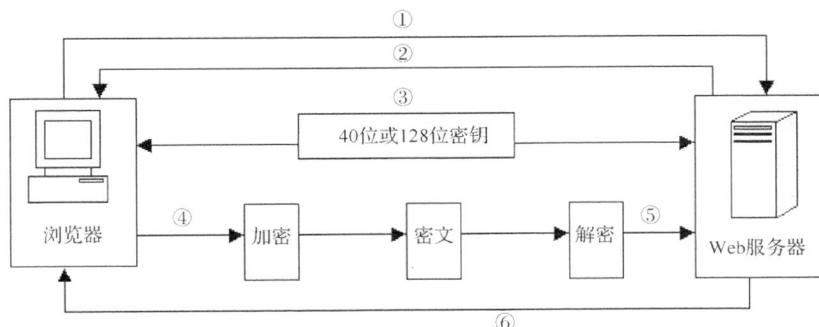

图 7-16　SSL 协议的握手过程

① 浏览器请求与 Web 服务器建立安全会话。

② 浏览器与 Web 服务器交换密钥证书以便双方相互确认，其中在服务器端验证客户是可选的。

③ Web 服务器与浏览器协商密钥位数（40 位或 128 位），客户机提供自己支持的加密算法

和压缩算法清单，服务器选择它认为最有效的密钥生成算法和压缩算法。

④ 浏览器将产生的会话密钥用 Web 服务器的公开密钥加密传给 Web 服务器。

⑤ Web 服务器用自己的私有密钥解密，获得会话密钥。

⑥ Web 服务器和浏览器用会话密钥加密和解密，实现信息的安全传输。

（2）SSL 记录协议

SSL 记录协议位于低层，它基于可靠的传输层协议，从高层接收到数据后对它们进行分段、压缩和加密等处理，最后由传输层发送出去。在发送端，SSL 记录协议对来自高层的数据进行分组，对每一分组进行压缩（使用在握手阶段双方协商好的压缩算法），并利用 MAC（Message Authentication Codes）算法计算其 MAC 值，然后将它们一起加密（使用在握手阶段 C/S 双方协商好的对称加密算法和会话密钥），通过传输层发送出去；在接收端，SSL 记录协议对来自传输层的数据进行解密，取出压缩分组，计算其 MAC 值，并与解密后的接收数据携带的 MAC 值进行比较，如果相同则保证了数据的完整性，最后将压缩分组解压缩并重新组合成原来的数据传输给高层。这一过程为 SSL 连接确保了消息的机密性和完整性。另外，在 SSL 协议中，所有的传输数据都被封装在记录中，故 SSL 协议也规定了记录头和记录数据的格式。

综上所述，SSL 协议能提供三方面的服务。

① 认证客户和服务器。确保数据被发送到正确的客户端和服务器端。

② 加密数据。确保信息传递过程中的保密性。

③ 维护数据的完整性。确保数据在传输过程中没有被修改。在在线支付过程中，SSL 协议就可以保证银行卡号码以及其他信息只会被认证过的服务器安全获取。

（3）SSL 协议评价

由于 SSL 协议被大部分 Web 浏览器和 Web 服务器所内置，所以很容易应用。凡构建于 TCP/IP 上的 C/S 模式需要进行安全通信时都可以使用。目前，很多网上支付系统通过 SSL 链接传输银行卡卡号的方式来构建，在线银行和其他金融系统也常常构建在 SSL 协议之上，但 SSL 协议提供的保密连接也存在一定的漏洞。

① 不能使客户确信商家接受银行卡支付是否得到授权。

② 不对应用层的消息进行数字签名，所以不能确保交易的不可否认性。

③ 由于客户认证是可选的，其无法保证购买者就是该银行卡的合法拥有者。

2. SET 协议

安全电子交易（Secure Electronic Transaction，SET）协议是由 VISA 和 MasterCard 两大国际信用卡组织会同一些计算机软/硬件供应商联合开发的，是一种专门应用于开放网络环境中解决消费者、商家、银行之间通过银行卡支付完成交易而设计的安全电子支付规范。

SET 协议

SET 协议工作在应用层，提供了消费者、商家和银行之间多方的认证，确保交易信息的保密性、完整性和不可否认性。值得一提的是，SET 协议还使用双重签名（Dual Signature）技术，它对使用 SET 协议交易过程中的消费者订单信息和支付信息分别使用商家的公开密钥和支付网关的公开密钥进行加密，然后将这两段信息打包在一起发给商家，商家将其中的支付信息提取出来，发给支付网关，交由结算中心处理。通过这种方式，商家看不到支付信息，只能对消费者的订单信息解密，所以商家没有访问银行卡信息，从而免去了在其数据库中保存好银行卡信息的责任，因此，SET 协议具有保护消费者银行卡号不暴露给商家的优点；金融机构看不到交易内容，只能对支付和账户信息解密，从而充分地保证了消费者的账号和订

购隐私信息的安全性。

（1）SET支付系统的主要参与者

采用SET协议进行网上电子交易时，主要涉及持卡人、商家、支付网关、收单银行、发卡银行和认证中心。

① 持卡人。持卡人是网上消费者或客户，持卡人要参与网上交易，首先要向发卡银行申请，经批准后从银行取得专用软件，并将其安装在自己的计算机上；然后，由发卡银行委托第三方认证中心（SET CA）为客户颁发数字证书。

持卡人软件的主要功能为：发送信息、接收信息、存储自己的签名公开密钥、存储其他交易方的公开密钥、管理证书和密钥对、申请身份认证、存储交易记录等；采用双重数字签名的方式分别对订购信息和支付信息加密；同时，完成数据解密。

② 商家。商家是网上交易中产品和服务的提供者。商家要参与网上SET交易，首先要获得收单银行的许可，通过信用评估并达成合作协议，银行保证接受来自商家的银行卡支付，并负责交易中的资金清算工作；其次，商家的网上商店系统要集成专用的SET商家软件；最后，商家必须获得SET CA颁发的商家数字证书。

商家在线支付服务器的主要功能：处理持卡人的支付请求、与支付网关通信、存储自己的签名公开密钥、存储其他交易方的公开密钥、申请身份认证、存储交易记录等。在线支付服务器只能看见用户的订购信息，并将支付信息完整地转给支付网关。

③ 支付网关。支付网关是由收单银行或由其授权的第三方机构提供的专用系统，它是Internet与银行内部网的一道隔离屏障，也是支付信息的协议转换工具。支付网关获得SET CA颁发的支付网关证书后，方可参与网上支付活动。

④ 收单银行。收单银行是商家的开户银行，专门为商家处理支付授权和支付业务。收单银行接收来自支付网关的支付请求，处理工作完全在银行内部进行，与Internet没有关系。

⑤ 发卡银行。发卡银行是持卡人的开户银行，负责对经过授权的交易进行付款。发卡银行接收来自收单银行的付款请求，资金划拨借助于传统银行卡系统在内部网络上完成。另外，发卡银行为持卡人配发持卡人软件，是持卡人数字证书的审核批准单位。

⑥ 认证中心。按照SET交易中的角色不同，认证机构负责向持卡人颁发持卡人证书、向商家颁发商家证书、向支付网关颁发支付网关证书，利用这些证书来判断参与交易方的真实身份，是整个SET交易的信用支柱。

（2）基于SET协议的购物流程

采用SET协议的购物流程如图7-17所示。

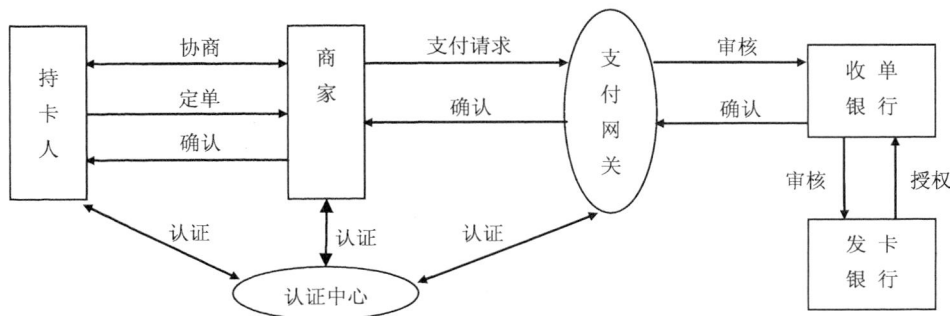

图 7-17 基于SET协议的购物流程

① 持卡人通过浏览器访问商家的Web网站，在线查看商品目录，浏览商品信息或使用部

分功能，然后选择需要购买的商品。

② 持卡人填写商品订单，订单一般有固定的格式，主要内容包括名称、数量、收货地址、运输方式等，价格一般是由商家确定好的，有的系统可以在线协商。订单可以从商家的 Web 网站获得，也可以由持卡人电子钱包软件产生。

③ 持卡人选择结算方式，这里选择银行卡，向商家发出初始请求。此时 SET 开始介入，以后按照 SET 协议规范操作。

④ 商家服务器产生一个不含任何机密的初始响应信息，将商家的数字证书和支付网关的数字证书一起生成数字摘要，并用私有密钥对该数字摘要、商家数字证书和支付网关数字证书进行数字签名，然后发给持卡人。

⑤ 持卡人利用商家的公开密钥验证商家的数字签名，并得到商家产生的数字摘要、商家数字证书和支付网关数字证书。持卡人利用同样的算法产生商家数字证书和支付网关数字证书的数字摘要，与商家产生的数字摘要进行比较。如果相同，则表示该信息有效，否则丢弃。

⑥ 持卡人利用电子钱包软件将订购信息和自己的数字证书、账户信息打包成一个购买请求信息，并对其进行双重数字签名，发给商家。

⑦ 商家认证持卡人的数字证书，检查数据的完整性，并从购买请求信息中提取订购信息，然后产生支付请求信息，发送给支付网关。

⑧ 支付网关检查数据的完整性，认证商家和持卡人的数字证书，提取支付信息，发送给收单银行。至此完成了 SET 流程，转入银行内部网处理。

⑨ 收单银行将支付请求信息发给发卡银行，经核实后，发卡银行给出支付授权，由收单银行完成货款结算，并通过支付网关将确认信息发给商家。

⑩ 商家将订单确认的信息发给持卡人，并组织商品的配送或在线服务。

⑪ 持卡人软件记录交易日志。

（3）SET 协议评价

SET 协议通过制定标准和采用各种技术手段，解决了一直困扰电子商务发展的安全问题，目前已在国际上被大量实验性地使用并经受住了考验，成为公认的银行卡网上支付的国际标准。虽然，SET 1.0 版本于 1997 年就推出了，但它的实际应用比较缓慢，这主要是因为：

① SET 协议过于复杂，使用起来比较麻烦，要进行多次加密解密、数字签名、验证数字证书等，导致成本高、处理效率低、商家服务器负荷重。

② 只适用于银行卡支付业务，对其他支付方式是有所限制的。

③ 要求消费者、商家、银行都要安装相应的软件。

3．SSL 协议与 SET 协议的比较

① 在认证要求方面，SET 协议的安全认证要求较高，要求所有参与 SET 协议交易的成员都必须先申请数字证书来识别身份，较好地解决了消费者与银行、客户与商家、商家与银行之间的多方认证问题；SSL 协议要求商家端的服务器必须认证，而消费者认证是可选的。

② 在安全性方面，SET 协议的安全性较 SSL 协议高，因为在基于 SET 协议的整个交易过程中，从持卡人到商家、商家到支付网关再到银行网络，都受到严密的保护。而 SSL 协议的安全范围只限于持卡人到商家的信息交流。

③ 在应用领域方面，SSL 协议主要是和 Web 应用一起工作，而 SET 协议是为银行卡交易提供安全保障的。因此，如果电子商务应用只是通过 Web 或电子邮件，则无须使用 SET 协议，但如果电子商务应用是一个涉及多方交易的过程，则使用 SET 协议更安全、更通用。

④ 在运行效率方面，SET 协议非常复杂且运行速度较慢。

⑤ 在部署成本方面，SSL 协议已被大部分的浏览器和 Web 服务器内置，无须安装专门的软件；而 SET 协议中的客户端要安装专门的电子钱包软件，在商家服务器和银行网络上也需安装相应的软件，部署成本较高。

7.3　电子商务安全管理体系

7.3.1　安全管理制度

除了在技术上保证电子商务系统的网络安全以外，制定一些安全管理制度，规定电子商务从业人员安全工作的规范是很有必要的。健全的电子商务安全管理制度的科学制定和有效实施是保证网上交易和商务活动安全顺利进行的重要基础。一般电子商务安全管理制度主要包括以下内容。

1. 人员管理制度

电子商务从业人员不仅应具有较强的技术和业务能力，而且需要具备良好的安全意识和职业道德。对电子商务从业人员的管理一般应遵循双人负责原则、任期有限原则和最小权限原则。

计算机网络犯罪

① 双人负责原则。重要业务不要安排一个人单独管理，实行两人或者多人相互制约的机制。

② 任期有限原则。任何人不得长期担任与交易安全有关的职务。

③ 最小权限原则。明确规定某一岗位完成任务所需的职责权限，如规定只有网络管理员才可进行物理访问和进行软件安装工作等。

2. 保密制度

电子商务涉及厂商的市场、生产、财务、供应等多方面的机密信息，如客户资料、公司财务状况、工艺技术资料、密钥等，需要建立完善的保密体系，对信息的安全等级进行划分，确定安全防范的重点，提出相应的保密措施。哪些是公司普通员工可以访问的，哪些是客户可以访问的，哪些又是高层管理者才能访问的，这些都应该通过保密制度明确规定。

3. 跟踪、审计、稽核制度

跟踪制度是要求企业建立电子商务网络交易系统的日志机制，用来记录系统运行的全过程。系统日志文件是自动生成的，内容包括操作日期、操作方式、登录次数、运行时间、交易内容等，它对系统的运行进行监督、维护分析、故障恢复，对于防止案件的发生或在发生案件后为侦破提供监督数据可以起到非常重要的作用。

审计制度的内容包括经常对系统日志进行检查、审核，及时发现故意入侵系统的行为记录和违反系统安全功能的记录，监督和捕捉各种安全事件，保存、维护和管理系统日志。

稽核制度是指工商管理、银行、税务人员利用计算机及网络系统，借助于稽核业务应用软件调阅、查询、审核、判断辖区内各电子商务参与单位业务经营活动的合理性、安全性，堵塞漏洞，保证网上交易的安全，发出相应的警示或做出处理处罚的有关决定的一系列步骤和措施。

4. 网络系统的日常维护制度

网络系统的日常维护制度的内容包括软/硬件的日常维护和管理、数据备份工作等。

（1）硬件的日常管理和维护

用户通过互联网设备与相关计算机硬件参与电子商务，其日常管理和维护非常重要，特别是对运行关键任务的企业内部网的管理和维护，如银行、邮电、税务等。

网络管理人员必须建立系统档案，其内容应包括设备型号、生产厂家、配置参数、安装时间、安装地点、IP 地址、上网目录和内容等。对于服务器和客户机还应记录内存、硬盘容量和型号、终端型号及数量、多用户卡型号、操作系统名、数据库名等。这些内容可存于小型数据库中，以方便查询和管理。

对于网络设备，一般都可以用相应的网管软件对网络拓扑结构进行自动识别、显示和管理、网络系统节点配置与管理系统故障诊断等，还可以进行网络系统调优、负荷平衡等。对于网关软件无法管理的设备，应通过手动操作来检查状态，做到定期检查和随机抽查相结合，以便及时准确地掌握网络的运行状况，一旦发生故障能及时处理。

对于内部线路，应尽可能采用结构化布线。虽然采用布线系统在初期会增加投资，但可大大降低网络故障率，有故障时也容易排除。

（2）软件的日常维护和管理

对于系统软件，一般需要进行定期清理日志文件、临时文件、定期执行整理文件系统，检测服务器上的活动状态和用户注册数，处理系统运行的中断情况。

对于应用软件，主要是版本控制。设置一台安装服务器，当远程客户机软件需要更新时，可从网络上远程安装。注意选择网络负荷较低时进行，以免影响网络的正常运行。

（3）数据备份工作

对于重要数据，应定期地转储到不可更改的介质上，并要求集中和异地保存，保存期限至少 2 年，保证系统发生故障时能够快速恢复。重要数据的存储应采用只读式数据记录设备，备份的数据必须指定专人负责保管。数据保管员必须对备份数据进行规范的登记管理，备份数据保管地点应有防火、防热、防潮、防尘、防磁、防盗设备等。

5. 用户管理

每个系统都设置了若干角色，用户管理的任务就是添加或者删除用户和用户组号，并为用户分配权限。用户管理最重要的是要做到统一管理和配置。

6. 应急措施

即在计算机灾难事件发生时，能够利用应急计划、辅助软件和应急设施排除灾难和故障，保障计算机继续运行。灾难事件有自然灾害直接导致的系统不能运行，发电厂事故、信息服务商的问题导致的系统非正常运行，计算机本身所发生的数据丢失等。因此，在开展电子商务之初，就必须制定交易安全计划和应急方案，以防患于未然。如此一旦发生意外，可以最大限度地减少经济损失，使系统恢复正常，保证交易正常进行。

7.3.2 诚信体系建设

电子商务领域的信用缺失是社会信用状况的集中体现。要解决这些问题，不仅需要电子商务平台不断完善相关机制设计，更需要将其纳入社会信用体系建设大局之中。国家发展和改革委员会联合相关部门于 2016 年 12 月 30 日发布了《关于全面加强电子商务领域诚信建设的指导意见》（以下简称《意见》），明确表示通过多种手段、发挥多方力量着力解决该领域的诚信缺失问题，无论是对于遏制电子商务活动中的失信行为，还是提高市场监管和社会治理水平，都有着重要意义。

关于全面加强电子
商务领域诚信建设
的指导意见

1. 构建全流程电子商务信用体系

加强电子商务领域诚信建设靠的是信用体系建设，是制度性的、而不是临时性的，既针对现有问题，也注重强化长效机制建设。梳理《意见》所提措施，一个突出特点是对信用体系建设各个环节、电子商务活动各个环节都做了明确部署，构建了全链条的电子商务信用体系。

（1）明确了信用建设链条上的各项工作

信用体系建设链条上的关键节点在于建立信用信息记录和应用信用产品。《意见》提出要全面推动电子商务信用信息共建共享，电子商务信用信息将涵盖电子商务平台以及为电子商务提供支撑服务的代运营、物流、咨询、征信等相关机构和从业人员，还将包括入驻商家、个人卖家等市场主体，并将依托全国信用信息共享平台，依法依规归集电子商务领域信用信息，实现各地区、有关行业主管、监管部门信用信息的互联互通和共享交换。在信用信息共建共享基础上，将大力实施电子商务信用监管和加大联合奖惩力度，实现对信用记录的开发和使用。

（2）全面覆盖了电子商务的各个环节

在交易前环节，提出要建立和落实实名登记和认证制度，事前信用承诺制度，产品信息溯源制度等；在交易中环节，提出要完善网络支付服务体系，建立邮寄信用体系，实施"先行赔付"制度，强化消费者权益保障措施；在交易后环节，提出要进一步完善网络交易信用评价体系，建立对电子商务平台、入驻商家和上下游企业的综合信用评价机制。

2. 注重发挥多主体力量协同治理

信用体系建设是一项系统工程，需要多主体共同发力、协同推进。《意见》对政府、电子商务平台、第三方机构和社会组织等都赋予了较为明确的角色，充分发挥上下联动、多方协同的合力。

（1）充分发挥政府的组织、引领和推动作用

《意见》将政府角色贯穿在各个环节，主要有四类职责：①立法和规范。加快推动制定电子商务领域诚信建设相关法律法规和标准规范，让该领域的各事项推进都有法可依、有规可循。②促进信用信息共享。主要是要依托全国信用信息共享平台，整合部门监管、大数据监测、电子商务平台推送、群众举报等渠道形成的电子商务领域失信信息，实现信息的互联互通和共享交换。③强化监管。提出健全政府部门协同监管机制，构建以信用为核心，以实时监控、智能识别、风险预警、科学处置为主要特点的电子商务新型市场监管体系，建立常态化，长效化的多部门联合执法检查工作机制。④组织实施联合惩戒措施。加大信用信息公示力度，建立和规范电子商务领域守信主体红名单制度和失信主体黑名单制度，加强对违法失信行为的打击整治。

（2）落实电子商务平台主体责任

电子商务平台是该领域诚信建设的重要主体，具有相当程度的监管职能。平台通过相应的机制设计能够在很大程度上规范相关活动主体的诚信行为。充分发挥平台作用是构建新型监管体系应重点考虑的。《意见》明确要强化落实电子商务平台的主体责任，对不积极履行主体责任的电子商务平台，要及时采取约谈、通报等措施，并依法做出行政处罚。对于电子商务平台的角色定位主要有四类：①构建大数据监管模型，有效识别和打击失信商家；②建立健全内部信用约束机制，运用大数据技术加强信用管控；③建立商家信用风险预警制度，对销售假冒伪劣商品、恶意刷单炒信的严重失信商家，及时公示，发布风险提示；④建立完善举报投诉处理机制，及时将相关线索报送相关行业主管、监管部门，配合有关部门进行查处。

（3）更好地发挥第三方机构和社会组织在电子商务信用监管中的积极作用

信用建设不能只依靠政府，政府在公共信用信息供给和行政监管过程应用信用信息等方面可以发挥更主要的作用，而在对相关主体进行信用评价以及其他信用服务时，就更需要信用服务机构积极发挥作用。《意见》提出支持信用服务机构以需求为导向，依法采集电子商务平台、交易主体及其物流等相关服务企业的信用信息，加大信用产品研发力度，提供信用调查、信用评估、信用担保、信用保险等信用产品和服务。引入第三方机构和社会组织，需要注意：①保障信息安全，规范信用服务机构利用相关信息的范围，确保信用信息依法依规使用。②保持第三方机构的独立客观性，特别是政府部门在使用第三方信用服务机构的信用产品和服务时，应建立相应的遴选和隔离机制，规范流程，防止第三方机构与被评价主体产生利益关联从而使评价有失公允。

3. 联合奖惩是重要抓手

联合奖惩措施意在优化信用主体进行诚信度决策的制度条件，也就是提高守信的收益而增大失信的成本，使各主体更倾向于选择守信而不是失信。实施电子商务信用联合奖惩将大大增强信用约束的力量，通过监管部门、金融机构、平台企业等多个主体综合发力，让守信者一路畅通、失信者寸步难行。在信用信息全面真实的基础上，切切实实的收益成本显而易见，将会很明显地推动行为主体自觉守信，形成良好的电子商务信用环境。《意见》提出的信用联合奖惩措施强调加大力度，包括公示力度、激励力度、惩戒力度和对违法失信行为的打击力度。目前，已发布《关于对电子商务及分享经济领域炒信行为相关失信主体实施联合惩戒的行动计划》，专门针对电子商务及分享经济领域非常典型的"炒信"行为开展联合惩戒，落实到"炒信"行为责任单位及其法定代表人、主要负责人、直接责任人，效果反应良好。

总体上，《意见》对电子商务领域的信用问题做了全面系统的布局，既针对现阶段的典型行为，也注重构建长效机制。同时，电子商务领域的互联网技术应用比较深入，各政府部门、平台及其他社会组织既有意愿，也有相对先进的技术方法来落实相关部署，相信能够从根本上更长远地提高电子商务领域诚信水平，促进我国电子商务产业健康发展。

7.3.3 安全法律保障

电子商务安全法律制度是通过法律制度来规范和约束在线商务活动中人们的思想和行为，将电子商务安全纳入规范化、法制化和科学化的轨道，是保障电子商务长远发展的根本。因此，政府应加快制定有关网上知识产权保护、隐私权保护、网上信息管制、虚拟财产保护等方面的法律法规，不断完善我国电子商务法制环境，大力推动我国电子商务的发展。

📖 **习题**

一、基本概念

防火墙　入侵检测技术　计算机病毒　数字摘要　数字签名　数字时间戳　数字证书　SSL 协议　SET 协议

二、单项选择题

1. 数据包过滤型防火墙一般设置在（　　　）。

　　A. 网络层　　　　　　B. 应用层　　　　　　C. 传输层　　　　　　D. 会话层

2. 关于计算机病毒的说法，下列不正确的是（　　　）。

　　A. 计算机病毒感染计算机后，不一定马上发作，具有一定的潜伏性

　　B. 计算机病毒的本质是一段程序代码

　　C. 只要计算机上安装有正版杀毒软件，就可以完全避免病毒

　　D. 计算机病毒产业获得的收益属于非法收益

3. 数字信封的生成需要应用（　　　）。

　　A. 发送方公开密钥　　B. 发送方私有密钥　　C. 接收方公开密钥　　D. 接收方私有密钥

4. 数字签名的验证需要应用（　　　）。

　　A. 发送方公开密钥　　B. 发送方私有密钥　　C. 接收方公开密钥　　D. 接收方私有密钥

5. 下列（　　　）不属于数字证书上包括的内容。

　　A. 证书所有者的公开密钥　　　　　　　　B. 证书的签名算法

　　C. 证书发行者的数字签名　　　　　　　　D. 证书所有者的私有密钥

6. 关于 SSL 协议与 SET 协议区别的说法，下列错误的是（　　　）。

　　A. SET 协议的安全性比 SSL 协议高

　　B. 采用 SET 协议的成本比 SSL 协议高

　　C. SET 协议使用范围受限，仅适用于银行卡支付

　　D. SET 协议的普及率较 SSL 协议高

三、多项选择题

1. 电子商务交易的安全威胁包括（　　　）。

　　A. 计算机硬件安全威胁　　　　　　　　　B. 信息安全威胁

　　C. 信用威胁　　　　　　　　　　　　　　D. 法律保障威胁

2. 电子商务的安全性要求包括（　　　）。

　　A. 信息的保密性　　　B. 信息的完整性　　　C. 身份的验证性　　　D. 系统的有效性

3. 关于防火墙的说法，下列正确的是（　　　）。

　　A. 防火墙是为了保障内部网的安全

　　B. 防火墙不能阻止来自网络内部的破坏

　　C. 防火墙不能防止病毒

　　D. 有了防火墙，黑客完全没有机会攻击企业内部网

4. 关于数字摘要的说法，下列正确的是（　　　）。

　　A. 数字摘要具有固定的长度，与明文一一对应

　　B. 不同的明文摘要成密文，其结果总是不同的

　　C. 同样的明文其摘要必定一致

　　D. 以上都不正确

5. 数字时间戳包括（　　　）。

　　A. 需要加盖时间戳的文件　　　　　　　　B. 需要加盖时间戳的文件的摘要

　　C. DTS 收到文件的日期和时间　　　　　　D. DTS 的数字签名

6. 数字签名与（　　　）相关。

　　A. 签名者的私有密钥　　　　　　　　　　B. 需要签名的报文

　　C. 签名时使用的签名算法　　　　　　　　D. 签名者的用户名

7. SSL 协议主要包括（　　　）。

　　A. 握手协议　　　　　　　　　　　　　　B. 传输控制协议

　　C. 超文本传输协议　　　　　　　　　　　D. 记录协议

8. 电子商务的安全管理体系包括（　　　　）。

    A. 安全管理制度　　　B. 诚信体系建设　　　C. 安全技术体系　　　D. 安全法律保障

案例分析

360猎网平台的网络诈骗"攻守道"

随着互联网技术的不断发展和移动支付的日益普及，网络诈骗犯罪手段也在同步进化，人们的钱包成了不设防地带，稍有不慎便会损失惨重。2015年5月，北京市公安局联合360互联网安全中心共同推出警民联合网络诈骗举报平台——猎网平台，在攻与守两条阵线上向网络诈骗全面宣战。

1. 攻，打破网络诈骗不对称优势

随着打击网络犯罪的"猫鼠游戏"不断升级，与网络诈骗犯罪低成本相对应的是警方破案的高成本。网络诈骗犯罪分子越来越善于通过跨域作案、远程遥控、伪造身份、分工洗钱等多种手段消耗警方有限的人力物力。只有打破网络诈骗不对称优势，才能点中犯罪分子的命门，这也是猎网平台的攻之道。

在猎网平台首页，网民可以直接向360互联网安全中心举报恶意程序、恶意网站、诈骗电话、诈骗账户等诈骗信息，通过文字、图片、录音、影像等多种方式向平台提供自己被骗的经过和犯罪分子的详细信息。作为纯公益项目，猎网平台还与全国400多个地区的公安机关建立合作关系，开发公安机关专用网页客户端，协助网络诈骗案件侦查，有效降低了警方的破案成本。

猎网平台自上线以来，已协助各地公安机关侦破100多起重大网络诈骗犯罪案件，涉案金额1.7亿元，打掉了10余个组织严密、分工明确的大型诈骗团伙。

2. 守，构筑反网络诈骗联合防护网

全年龄段的网民都面临着网络诈骗的严峻威胁，而构筑反网络诈骗联合防护网就成了猎网平台的守之道。

"在积累了大量反网络诈骗数据与经验的基础上，猎网平台接入了网购先赔功能，在网民提交举报信息的时候可联动申请先行赔付，如果是因为360安全卫士未能及时拦截钓鱼网站或者网购木马程序，而导致网民遭受财产损失，我们将为用户提供一定额度的现金赔付。但现在网络诈骗犯罪分子的手段也越来越狡猾，如他们会先黑入企业的正规注册网站、微信公众号、电子邮箱，再以官方身份开展诈骗活动，以此来规避我们的反网络诈骗监控、博取受害者信任。"360公司核心安全事业部网络安全研究员徐某说，"很多骗术超乎常人想象，的确让网民防不胜防。所以我们在猎网平台上打造了猎网直播厅，将网络诈骗典型案例拍成视频，帮助网民提高自身防范意识。"

减少网络诈骗，不仅需要通过技术手段进行及时的拦截与提醒，更需要对广大网民进行网络安全教育。猎网平台自成立以来，每天通过微博、微信、官方网站等线上渠道发布最新骗术及防骗提醒，每月在学校、企业、社区开展线下防骗宣传活动，惠及千万用户。除此之外，猎网平台还向网民公开黑名单，网民遇到不能判定的诈骗信息时可以咨询查证。猎网平台到目前累计公开发布各类电信网络诈骗研究报告30余份，主要揭秘各类流行诈骗手法，分析网络诈骗发展趋势。

2016年4月，北京市公安局与360公司联合发起成立猎网联盟，主动把网民举报的诈骗数据、360安全产品识别拦截的钓鱼网站和欺诈电话等数据信息，第一时间同步发送给联盟成员。

联盟内成员自行发现的诈骗信息也相互同步，由对应企业进行拦截和删除，进一步提高了联盟内企业发现诈骗信息的效率，迅速阻止其蔓延，最终做到从根源上删除诈骗信息。目前已有包括百度、京东、58 同城等百余家主流互联网企业加入，涵盖新闻网站、搜索引擎、大型商业门户、知名电商、生活服务平台、域名服务商等各种类型的网络公司。

"网络安全靠人民。对付网络诈骗需要一个行之有效的方式，那就是打一场网络安全的人民战争。只有公司、执法机构、行业部门加强共同协作，加大技术和数据信息的交换交流力度，才能真正解决网络安全问题。"360 公司董事长周某多次强调，而这也正是猎网平台所践行的核心理念。

【问题讨论】

1. 猎网平台的"攻"策略和"守"策略分别包括哪些内容？
2. 你如何看待电子商务安全问题？如何营造良好的电子商务安全环境？

📖 拓展学习

《中华人民共和国网络安全法》解读

《中华人民共和国网络安全法》（以下简称《网络安全法》）自 2017 年 6 月 1 日起施行，作为我国网络安全领域的基础性法律，其在网络安全史上具有里程碑的意义。

对于国家来说，《网络安全法》涵盖了网络空间主权、关键信息基础设施的保护条例，有效维护了国家网络空间主权和安全；对于个人来说，《网络安全法》明确加强了对个人信息的保护，打击网络诈骗，从法律上保障了广大人民群众在网络空间的利益；对于企业来说，《网络安全法》对如何强化网络安全管理、提高网络产品和服务的安全可控水平等提出了明确的要求，指导着网络产业的安全、有序运行。

1. 基本原则

（1）网络空间主权原则

《网络安全法》第 1 条明确规定要维护我国网络空间主权。第 2 条明确规定《网络安全法》适用于我国境内网络以及网络安全的监督管理。这是我国网络空间主权对内最高管辖权的具体体现。

（2）网络安全与信息化发展并重原则

《网络安全法》第 3 条明确规定，国家坚持网络安全与信息化并重，遵循积极利用、科学发展、依法管理、确保安全的方针；既要推进网络基础设施建设，鼓励网络技术创新和应用，又要建立健全网络安全保障体系，提高网络安全保护能力，做到"双轮驱动、两翼齐飞"。

（3）共同治理原则

网络空间安全仅仅依靠政府是无法实现的，需要政府、企业、社会组织、技术社群和公民等网络利益相关者的共同参与。《网络安全法》坚持共同治理原则，要求采取措施鼓励全社会共同参与，政府部门、网络建设者、网络运营者、网络服务提供者、网络行业相关组织、高等院校、职业学校、社会公众等都应根据各自的角色参与网络安全治理工作。

2. 明确了网络空间治理目标，提高了我国网络安全政策的透明度

《网络安全法》第 7 条明确规定，我国致力于"推动构建和平、安全、开放、合作的网络空间，建立多边、民主、透明的网络治理体系。"这是我国第一次通过国家法律的形式向世界宣示网络空间治理目标，明确表达了我国的网络空间治理诉求，提高了我国网络治理公共政策的透明度，与我国的网络大国地位相称，有利于提升我国对网络空间的国际话语权和规则制定权，

促成网络空间国际规则的出台。

3. 明确了政府各部门的职责权限，完善了网络安全监管体制

《网络安全法》将现行有效的网络安全监管体制法制化，明确了网信部门与其他相关网络监管部门的职责分工。第 8 条规定，国家网信部门负责统筹协调网络安全工作和相关监督管理工作，国务院电信主管部门、公安部门和其他有关机关依法在各自职责范围内负责网络安全保护和监督管理工作。这种"1+X"的监管体制，符合当前互联网与现实社会全面融合的特点和我国监管需要。

4. 强化了网络运行安全，重点保护关键信息基础设施

《网络安全法》第三章规范了网络运行安全，特别强调要保障关键信息基础设施的运行安全。关键信息基础设施是指那些一旦遭到破坏、丧失功能或者数据泄露，可能严重危害国家安全、国计民生、公共利益的系统和设施。网络运行安全是网络安全的重心，关键信息基础设施安全则是重中之重，与国家安全和社会公共利益息息相关。为此，《网络安全法》强调在网络安全等级保护制度的基础上，对关键信息基础设施实行重点保护，明确关键信息基础设施的运营者负有更多的安全保护义务，并配以国家安全审查、重要数据强制本地存储等法律措施，确保关键信息基础设施的运行安全。

5. 完善了网络安全义务和责任，加大了违法惩处力度

《网络安全法》将原来散见于各种法规、规章中的规定上升到国家法律层面，对网络运营者等主体的法律义务和责任做了全面规定，包括守法义务、遵守社会公德和商业道德义务、诚实信用义务、网络安全保护义务、接受监督义务、承担社会责任等，并在"网络运行安全""网络信息安全""监测预警与应急处置"等章节中进一步明确、细化。在"法律责任"中提高了违法行为的处罚标准，加大了处罚力度。

6. 将监测预警与应急处置措施制度化、法制化

《网络安全法》第五章将监测预警与应急处置工作制度化、法制化，明确国家建立网络安全监测预警和信息通报制度，建立网络安全风险评估和应急工作机制，制定网络安全事件应急预案并定期演练。这为建立统一高效的网络安全风险报告机制、情报共享机制、研判处置机制提供了法律依据，为深化网络安全防护体系，实现全天候全方位感知网络安全态势提供了法律保障。

拓展训练

登录中国数字认证网、中国金融认证中心、上海电子商务认证中心等网站，查阅认证中心的相关资料，了解数字证书的具体功能、作用和提供的业务。选择一个电子商务认证中心网站，为自己申请一个数字证书，安装并查看证书，记录证书的内容。

第8章 电子商务支付技术

【本章导读】

电子商务应用水平的不断提高，要求有更快捷、更高效的资金流与之相匹配，解决支付环节的问题成为电子商务应用与发展的关键。对资金流的匹配需求推动着电子支付的发展。近年来，随着网络技术特别是网络安全技术的不断进步，电子支付相关的技术和手段也得到快速发展。2005年，中国电子支付市场高速增长，很多电子支付法规得到完善，人们把这一年称为电子支付元年。随后，电子支付产业快速增长，网上支付、移动支付等多种支付形式不断涌现，尤其是支付宝、微信支付、QQ支付和财付通等第三方支付工具越来越受到人们的欢迎，出现了一种"出门不用带现金，一部手机全搞定"的现象。显然，电子支付的快速发展越来越迎合了人们追求方便、快捷，节省时间和精力的现代生活方式。

【学习目标】

- 理解电子货币与传统货币的区别。
- 掌握电子支付系统的基本构成和各要素间的逻辑关系。
- 掌握各种支付工具的基本原理和特点，会使用我国通行的各种电子支付工具，并能够针对不同场景设计合适的电子支付模式。
- 了解网上银行的概念、特点和业务种类，会应用网上银行办理各种银行业务。
- 具有电子支付安全防范意识。

引导案例

微支付卷土重来

早在20世纪90年代，FirstVirtual、CyberCash和DigiCash等公司都曾尝试过为互联网小额大批量交易提供便利支付服务，但均以失败告终。21世纪初，BitPass和Peppercoin公司再次进行了尝试，也始终未见成效。但不可否认的是，目前这些情况正在改变，微支付重新为互联网打开一扇机会大门，而用户也不断发现虚拟世界在娱乐休闲与社交互动等方面提供的真正价值。

2009年，Facebook站内支付系统正式亮相。用户可以通过微支付系统在Facebook网站内兑换信用币，并用它来提高自己的威望等级或购买虚拟礼物。这一类似腾讯Q币的业务引起了业界的广泛关注。分析人士认为，此举将有助于这家快速成长的社交网站实现赢利，同时减少对广告的依赖。同样希望摆脱广告锐减窘境的传统媒体也对微支付寄予厚望。2008年5月，美国新闻集团宣布于2008年秋季推出针对《华尔街日报》网站个别文章和高级订阅内容的微支付服务。尽管收费金额当时尚未确定，但全年订阅不会超过100美元。这一变革被同行《金融时报》称为"新闻业竞相寻找更好在线商业模式的里程碑之举"。

目前，已经有越来越多的消费者特别是年轻群体开始习惯付费下载或购买虚拟服务。他们虽然可能很少会为咨询类、新闻类产品掏钱，但却从不吝于为网络游戏和其他网络休闲娱乐服务买单。例如，Facebook 上的宠物社区推销单价 1 美元数字饰品的生意广受人们追捧；苹果公司已在 iTunes 上售出逾 60 亿首单价为 1 美元的歌曲；Skype 公司依靠廉价的网络电话业务，在 2007 年有 5.5 亿美元入账；腾讯推出的各种 QQ 虚拟增值服务在 2008 年创收 7.19 亿美元。在备受用户欢迎的网络游戏服务上，这样的微支付成功案例更是数不胜数。

美国市场调查机构 Strategy Analytics 在一份虚拟世界战略服务研究报告中表达了对微支付前景的乐观看法：在 2009 年—2015 年，全球社交虚拟世界的年复合增长率将达到 23%，虚拟世界的总收入中约有 86% 的份额来自于微交易。其中，微交易的收入规模从 2008 年的刚过 10 亿美元增长到了 2015 年的 173 亿美元。

当然，对于微支付的前景也不乏质疑声：早已习惯享用免费大餐的网民可能并不愿意付出哪怕是微不足道的花销。目前，互联网上新闻早已泛滥，会有多少新闻让用户心甘情愿付费一读？况且，又有谁会愿意烦琐地注册多家网站并为它们逐一付费呢？

事实上，网站提供的服务内容本身是否吸引消费者，才是微支付能否茁壮成长的关键。用户也许不会对几美分一条的名人花边新闻感兴趣，但如果以同样的价格购买"经济危机下巴菲特独家专版传授投资秘籍"的新闻呢？用户还会紧揣住自己的口袋不放吗？

【案例启示】

我国作为世界上人口最多、小额支付需求十分普遍且通信环境已具相当水平的国家，具有得天独厚的电子支付群众基础。随着电子支付的逐步普及，人们的消费方式正朝着现代化、智能化、便捷化的方向发展。目前，电子支付应用正逐步推向全国，惠及广大人民群众，除了数字化产品之外，更是涉及公共交通、便利店、商场、超市、餐饮服务等与人们日常生活密切相关的领域，有效地缓解了以往群众常遇到的"出行难、排队难、零钞找付难"等问题。

8.1 电子支付概述

支付是指在商务活动过程中，为了清偿商品交换和劳务活动引起的债权和债务关系，一方向另一方付款的过程。电子支付是在传统支付功能的基础上，综合运用电子技术、计算机技术、网络技术和信息安全技术等产生和发展起来的，能够充分体现电子商务方便、快捷、低成本的优越性，是开展电子商务的基础。

8.1.1 电子货币

随着人类社会经济和科学技术的发展，货币的表现形式经历了实物货币、金属货币、纸质货币、信用货币和电子货币等重大变革。电子货币是计算机介入货币流通领域后产生的新的货币形式。在未来的数字化社会和数字化经济浪潮中，电子货币将成为主宰。

电子货币作为现代金融业务与科学技术相结合的产物，和传统货币相比，具有以下特征。

（1）存在的形态不同

传统货币以实物形式存在，大量的货币必然占据较大的空间，且形式比较单一；电子货币是一种电子符号，所占空间很小，体积几乎可以忽略不计，一个智能卡或一台计算机可以存储无限数额的电子货币，且其存在形式随处理的媒介而不断变化。

（2）安全手段不同

传统货币的安全性主要依赖于普通的防伪技术和一定的安全保卫措施；电子货币的安全性则依赖于现代信息技术，如用户的密码、信息加/解密技术、防火墙等。

（3）传递渠道不同

传统货币传递所需的时间长，尤其是较大数额传统货币的传递，往往需要组织人员押运；电子货币是用电子脉冲代替纸张来传输和显示资金的，通过计算机处理和存储，可以在很短时间内进行远距离传递，借助互联网可瞬间转到世界各地，且风险较小。

（4）计算方式不同

传统货币的清点和计算通常通过人工利用各种计算工具进行，需要花费较多的时间和人力，直接影响交易的速度。电子货币的计算在较短时间内就可利用计算机完成，大大加快了交易速度。电子货币的最后持有者需要向电子货币发行者提出对等资金的兑换要求。

（5）具有依附性

电子货币具有依附性是因电子货币与科技进步和经济发展有依附关系。从技术上看，电子货币的发行、流通、回收等都采用现代的电子化手段，依附于相关设备的正常运行。与此同时，新技术和新设备可产生电子货币新的业务形式。

8.1.2 电子支付

1. 电子支付的定义

电子支付是指电子商务的交易主体，包括消费者、商家和银行利用网络以电子数据形式进行的货币支付或资金流转。具体来说，电子支付是以金融电子化网络为基础，以通用电子化工具为媒介，以计算机技术和通信技术为手段，以电子数据形式存储在银行的计算机系统，利用安全技术实现方便、快捷、安全的网上资金流通与支付。

2. 电子支付的特点

传统的支付方式是以现金、票据以及银行的汇兑方式来完成资金的转移和结算的，因此，传统的支付结算运作成本高，凭证传递时间长，在途资金积压大，资金周转慢，处理效率低。与传统的支付方式比较，电子支付具有以下特点。

① 电子支付方式是以电子化的形式来完成款项支付的。与传统支付方式相比，电子支付更加快捷，并且减少了许多人工环节，使出现误差的可能性降到了更低的水平。

② 电子支付在相对开放的系统平台上，至少需要三方才能够完成整个流程。传统支付是在较为封闭的系统中运行的，一般由买卖双方直接完成。

③ 电子支付的实现需要先进通信手段的支持，对软件、硬件的要求很高，一般要求有联网的计算机、相关的软件及其他一些配套设施，具有较强的技术性，而传统支付则没有这些要求。

④ 电子支付不需要太多的人工干预，因而能够节省大量的人工成本，降低企业、银行的费用，同时，电子支付可以真正实现 24 小时的服务保证，具有方便、快捷、高效、经济的优势。传统的支付系统要求银行、银行职员、自动取款机及相应的电子交易系统来管理现金和转账，成本较高。

就目前来说，电子支付仍然存在一些问题，一方面，支付的安全性得不到绝对保证。要想大规模地推广电子支付，得到用户的信任，必须有效防范和解决黑客入侵、病毒攻击、内部作案等涉及资金安全事件的发生。只有在安全的电子支付环境下，电子支付系统才能更好地为电子商务交易的实现提供服务；另一方面，支付的条件难以完全满足。消费者所采用的电子支付工具必须满足多个条件才能顺利使用。①由消费者账户所在的银行发行；②有相应的支付系统；③有商户所在银行的支持，并被商户所认可。如果消费者使用的支付工具得不到商家的认可，或缺乏相应的系统支持，电子支付将难以实现。而对消费者来说，要求同时持有各种流行的支付工具，也是不现实的。因此，电子支付的推广要求商家认可并支持多种支付工具，各种电子支付系统能够互相兼容和通用。

8.1.3　电子支付系统

电子支付系统（Electronic Payment System，EPS）是由提供支付服务的中介机构、管理货币转移的法规以及实现支付的电子信息技术手段共同组成的，用来清偿经济活动参与者在获取实物资产或金融资产时所承担的债务，融购物流程、支付工具、安全技术、认证体系以及电子化的金融体系为一体的综合大系统。即把新型支付手段（包括电子现金、银行卡、智能卡、电子支票等）的支付信息通过网络安全传送到银行或相应的处理机构来实现电子支付。因此，电子支付系统是电子交易顺利进行的重要基础设施，也是社会经济良好运行的基础和催化剂。

基于互联网的电子支付系统是一个由客户、商家、银行、认证中心、电子支付工具、支付网关等组成的综合系统，其基本结构如图 8-1 所示。

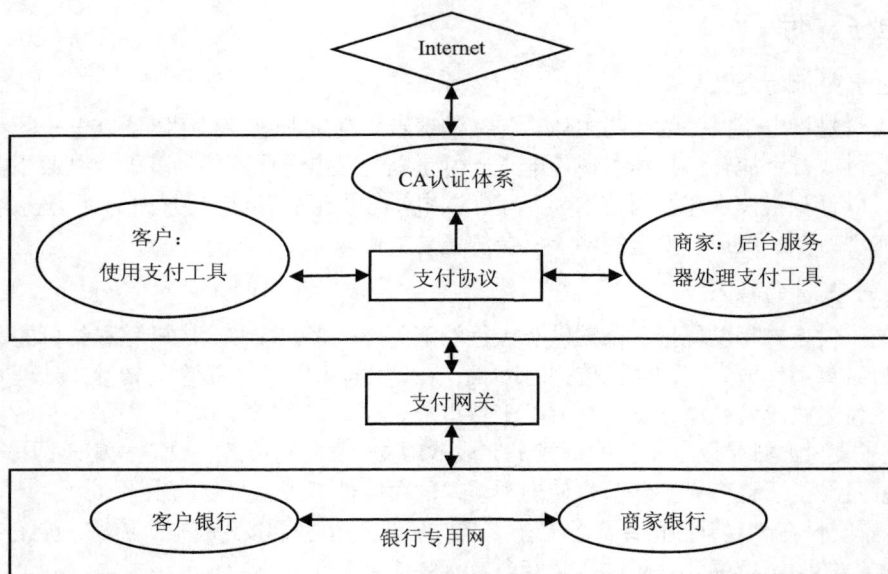

图 8-1　电子支付系统的基本结构

1. 客户

客户是指利用电子交易手段与商家进行电子交易活动的单位或个人。它们通过电子交易平台与商家交流信息，签订交易合同，用自己拥有的网络支付工具进行支付。

2. 商家

商家是指向客户提供商品或服务的单位或个人。在电子支付系统中，它必须能够根据客户发出的支付指令向金融机构请求结算，包括客户身份的认证和不同支付工具的处理。这一过程一般由商家设置一台专门的服务器来完成。

电子商务概论——基础、案例与实训（微课版）

3. 银行

电子商务的各种支付工具都要依托于银行信用，没有信用就无法运行。作为参与方的银行包括客户银行、商家银行和银行专用网等。

（1）客户银行

客户银行是指为客户提供资金账户和网络支付工具的银行，在利用银行卡作为支付工具的网络支付体系中，客户银行又称为发卡行。客户银行根据不同的政策和规定，保证支付工具的真实性，并保证对每一笔认证交易付款。

（2）商家银行

商家银行是为商家提供资金账户的银行，因为商家银行是依据商家提供的合法账单来操作的，所以又称为收单行。客户向商家发送订单和支付指令，商家将收到的订单留下，将客户的支付指令提交给商家银行，然后商家银行向客户银行发出支付授权请求，并进行它们之间的清算工作。

（3）银行专用网

银行专用网是银行内部及银行之间进行通信的专用网络，具有较高的安全性。我国的银行专用网主要包括中国现代化支付系统（CNAPS）、中国人民银行电子联行系统、中国工商银行电子汇兑系统和银行卡授权系统等。

4. 支付网关

支付网关是完成银行网络和互联网之间的通信、协议转换和数据加/解密，保护银行内部网络安全的一组服务器。它是互联网公用网络平台和银行内部金融专用网络平台之间的安全接口，电子支付的信息必须通过支付网关进行处理后才能进入银行内部的支付结算系统，进而完成支付授权和支付款项转移。支付网关关系着支付结算的安全以及银行自身的安全。

5. 认证中心

为确认交易各参与方的真实身份，认证机构需要向参与商务活动的各方发放数字证书，以保证电子商务支付过程的安全性。认证机构必须确认交易参与方的资信状况（如交易方的银行账户情况、与银行交往的历史信用记录等），因此，认证过程也离不开银行的参与。

6. 支付工具与支付协议

目前，经常使用的电子支付工具包括银行卡、电子现金、电子支票等。在电子商务交易中，客户发出的支付指令在由商家送到支付网关之前，是在公用网络中传递的。支付协议的作用就是为网上支付工具的使用、支付信息的流动制定规则并进行安全保护。目前，比较成熟的支付协议主要有 SET 协议、SSL 协议等，这些支付协议构成了电子商务交易的安全环境。

8.2 电子支付工具

8.2.1 银行卡

1. 银行卡的概念

银行卡是银行或金融机构发行的，是授权持卡人在指定的商店或场所进行消费结算的凭证，是一种特殊的金融商品或金融工具。银行卡一般具有转账结算、透支信贷、通存通兑、储蓄存款与取款等功能。客户提供有效的卡号和有效期，商家就可以通过银行网络与客户进行结算。

采用银行卡支付的最大优点是持卡人可以不用现金，凭卡购买商品和享受服务。

银行卡中最常见的两种类型是借记卡和贷记卡。借记卡是银行向社会发行的具有消费信用、转账结算、存取现金等功能的支付工具，不能透支。贷记卡是由银行或信用卡公司向资信良好的个人和机构签发的一种信用凭证。持卡人可以在规定的特约商户购物或获得服务，并让银行先行支付。银行针对不同信用级别的客户赋予不同的信用额度。因此，贷记卡可以透支，是持卡人信誉的标志。

2. 基于银行卡的支付流程

随着互联网的迅速发展，相当一部分电子商务活动是使用银行卡来进行支付的。网上银行卡支付系统必须确保网上交易双方的权益，提供公平、安全的交易环境。常用的银行卡交易协议主要包括 SSL 协议和 SET 协议。

采用 SSL 协议的网上银行卡交易流程如图 8-2 所示。

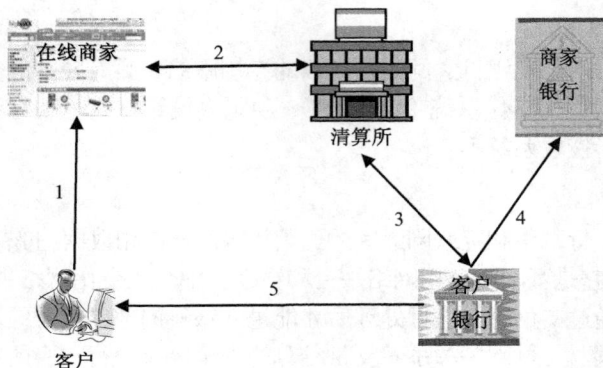

图 8-2　基于 SSL 协议的网上银行卡交易流程

① 客户在在线商家选择好想要购买的商品放入购物车后，准备支付，此时就可以利用 SSL 协议在客户端和商家服务器之间建立安全链接。

② 商家服务器在接收到客户发送的银行卡信息后，与清算所进行联系。

③ 清算所是一个金融中介机构，此时负责与客户银行联系，验证银行卡的真实性并审核账户余额。

④ 确认后，客户银行借记消费者账户，贷记商家银行中的商家账户（一般在夜间批处理时进行）。

⑤ 每月结账日，客户银行把客户账户的借记情况以每月账单的形式发送给客户。

采用 SET 协议进行银行卡网上支付时，商家、客户和银行卡处理中心等各方都要进行身份认证，且付款指令都要有客户的数字签名并加密，使商家看不到持卡人的账号信息，以确保支付过程的安全性。

8.2.2　电子现金

1. 电子现金的概念

电子现金又称数字现金，是一种以电子形式存在的现金货币，它把对应的现金数值转换成为一系列的加密序列数，通过这些序列数来表示现实中各种金额的币值。客户只要在发行电子现金的机构开设账户并在账户内存钱，就可以在接受电子现金的商店购物了。电子现金一般适用于小额支付。

2. 电子现金的特性

（1）不可重复性

为了维护交易的公平性及安全性，避免违法行为的发生，以维护商家及客户的权益，必须防止电子现金的复制和重复使用。

（2）可存储性

电子现金要有安全可靠的载体。为了加强电子现金不易被复制或篡改的特性，电子现金必须存储于安全性较高的装置中，如智能卡等安全设备。

（3）匿名性

电子现金的使用与银行账户间不存在任何关联性，具备较高的匿名性。因此，客户不用担心个人的消费行为会被泄露，可以自由地利用电子现金来进行任何消费。

（4）货币价值

电子现金必须具备货币价值，所以电子现金必须具有传统的货币、银行信用认证的支持，以代表电子现金所具有的实际货币价值。

（5）可交换性

电子现金必须具备可交换性，以便和传统货币、银行存款、银行本票等货币相互交易。

（6）安全性

电子现金必须能够防止伪造和盗用，以防被恶意破坏，以保障客户的合法权益。

3. 电子现金支付系统解决方案

按电子现金的载体来划分，电子现金支付系统主要包括两类：①智能储值卡电子钱包支付系统；②软件形态的电子钱包支付系统。

（1）智能储值卡电子钱包支付系统

智能储值卡电子钱包需要持卡人预先在卡中存入一定的金额，交易时直接从储值账户中扣除交易金额，属于实物形态的电子钱包。典型代表有 Mondex 卡和 Visa Cash 等。

下面以 Mondex 卡为例，介绍实物形态电子钱包的支付流程。

Mondex 是由英国西敏寺银行开发和倡议的以智能卡为存储介质的电子钱包系统，其支付流程如下。

① 客户申请兑换 Mondex 电子现金，发卡行受理后向客户发放等额币值的智能卡或给其智能卡充值。

② 客户可持卡向自己开户行的银行账户进行存款与取款。

③ 客户采用 Mondex 卡向商家支付货款，持卡人把 Mondex 卡插入商家的专用读卡终端中，将本次消费金额输入终端机。

④ Mondex 卡与商家读卡终端之间通过数字签名验证对方身份，完全不需要银行参与。

⑤ 通过身份验证后，商家读卡终端从 Mondex 卡中扣除消费金额并打印出数据。若是网上支付，则通过双方专用的卡读写器，直接在双方的卡之间建立通信，将付款人卡中一定数额的币值转移到收款人卡中。

⑥ 商家可以选择是否将收到的电子现金向发卡行请求兑换成传统现金，也可以选择继续流通使用。

（2）软件形态的电子钱包支付系统

软件形态的电子钱包可存放电子现金、电子银行卡、所有者数字证书、所有者地址、交易记录以及在电子商务网站的收款台上所需的其他信息，并可以实现电子安全证书的管理、安全电子交易、自动支付，以及账户信息管理等功能。使用电子钱包的用户一般需要先从电子钱包服务商网站下载电子钱包软件到客户端，并将相关信息存放到该钱包中。如果某商家支持该电子钱包，则在购物时单击电子钱包就可以将所需信息一次传送到交易系统并与购物车集成形成订单信息。典型代表有 E-Cash、Cyber Cash、Net Cash 等。

下面以 E-Cash 为例，介绍软件形态电子钱包支付系统的支付流程。

E-Cash 是一种实现无条件匿名的电子现金系统，由 DigiCash 公司开发。E-Cash 支付系统的主要参与方有客户、商家和电子现金发行机构。使用 E-Cash 时，客户和商家必须在发行 E-Cash 的机构建立一个账户，E-Cash 发行机构向他们提供 Purse 软件，用于管理和传送 E-Cash。然后，资金从常规账户转到 Purse 软件上并在支出前存储在客户的内置硬盘上。具体支付流程如图 8-3 所示。

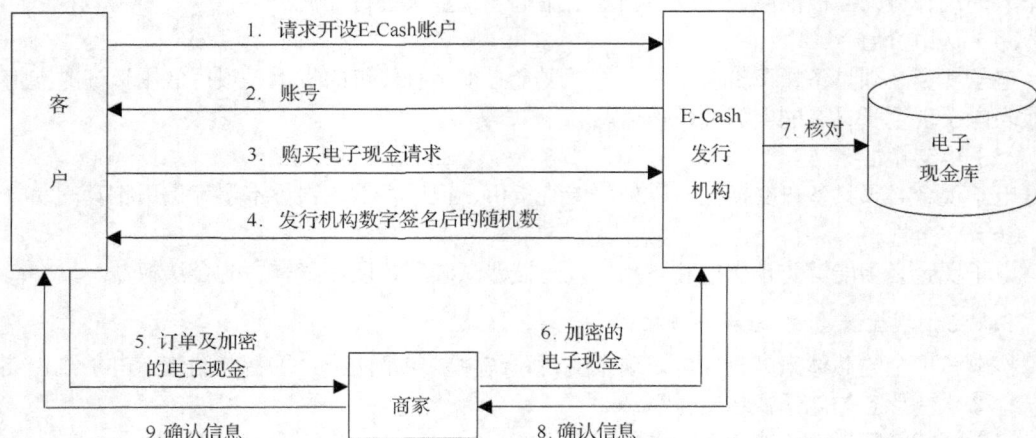

图 8-3　E-Cash 电子现金的支付流程

① 购买 E-cash。客户在电子现金发行机构开通 E-cash 账户，并将足够的资金存入该账户，以支持从发行电子现金机构（或银行）的网上货币服务器购买电子现金。

② 存储 E-cash。使用 PC 终端电子钱包软件从 E-cash 账户取出一定数量的 E-cash 存在硬盘上。一旦建立起账户，客户就可以使用电子钱包软件产生一个随机数，它是电子现金发行机构使用"盲签名"进行数字签名的随机数，以实现电子现金的完全匿名。

③ 用 E-cash 购买商品或服务。客户向同意接受电子现金的商家订货，用商家的公开密钥加密 E-cash 后，传送给商家。

④ 资金清算。接收 E-cash 的商家与 E-cash 发行机构之间进行清算。商家首先联机向 E-cash 发行机构验证 E-cash 真伪以及是否被复制过。为了检验电子现金是否重复使用，发行机构将从商家收到的电子现金与存放已经使用过的电子现金数据库进行比较。但是，这种检验方式十分麻烦，尤其是对于小额支付而言。然后，商家向 E-Cash 发行机构兑付电子现金，E-Cash 发行机构收回 E-Cash 现金，保留其序列号备查，再将等值的货币存入商家的账户。

⑤ 确认订单。商家获得付款后，向客户发送订单确认信息。

在实践中，电子商务活动中的电子钱包软件通常都是免费提供的。客户可直接使用与自己银行账号相连接的电子商务系统服务器上的电子钱包软件。目前，已有许多信息厂商开始开发电子钱包软件，像 Microsoft 公司的 Microsoft Wallet、IBM 的 Consumer Wallet 和 Cyber Cash 的 Internet Wallet，大部分都是将电子钱包软件设计为浏览器的 Plug-In 软件，加载在 IE 或是 Netscape 的浏览器上。

软件形态的电子钱包支付系统的特点如下。

① 发行 E-Cash 的机构和商家之间应有协议和授权关系。

② 客户、商家和 E-Cash 发行机构都需使用 E-Cash 软件。

③ E-Cash 发行机构负责客户和商家之间资金的转移。

④ 电子现金的验证由 E-Cash 发行机构本身完成。

⑤ 电子现金与普通钞票一样会丢失。

4. 我国电子现金的发展模式

2013 年 2 月，中国人民银行颁布了《中国金融集成电路（IC）卡规范（3.0 版）》，该项金融行业标准扩展和完善了电子现金在公交、地铁、高铁、景区门票等多种交易场景的应用能力。目前，我国已经形成了基于金融 IC 卡的电子现金体系，它是基于金融 IC 卡的新型小额快速支付应用，与金融 IC 卡借记或贷记应用共存于一张卡片，可共享使用金融 IC 卡的受理终端、转接网络、密钥体系等基础设施，具有无须接触、无须联网即可支付的特点，持卡人可通过预先充值，将存款账户中的一定可用金额转到金融 IC 卡芯片中的电子现金账户，然后随时在各种提供小额、脱机消费的领域采用刷卡、插卡等现场扣款的方式来代替现金支付。我国基于金融 IC 卡的电子现金既弥补了传统银行卡无法用于日常生活快速小额支付的空白，又避免了众多预付卡无法跨地域和跨行业通用的弊端，有效地发挥了现金货币的电子替代手段作用，成为我国电子货币体系的重要组成部分。迄今为止，我国在公共交通等公共服务领域尝试电子现金支付应用方面已经探索和积累了一定的经验。

2008 年，我国开始在宁波试点电子现金应用，至 2012 年，宁波小额支付领域电子现金充值金额达到 1.5 亿元，支付数超过 525 万笔，支付金额超过 4 500 万元，取得了良好的社会效益和经济效益，极大地方便了群众生活。2012 年，金融 IC 卡在全国 47 个城市开展试点应用，电子现金在更大领域推广使用，能惠及更多百姓的生活。

8.2.3　电子支票

1. 电子支票的概念

电子支票（Electronic Check，eCheck）是客户向收款人签发的、无条件的数字化支付指令，将支票的全部内容电子化，然后借助于互联网完成支票在客户之间、银行与客户之间，以及银行之间的传递，实现银行与客户间的资金结算。电子支票中包含与纸质支票完全相同的支付信息，如收款方名称、付款方账户、金额和日期等。同时，以数字签名代替手工签名，以数字认证来验证付款者、付款银行和银行账号等信息，防止对银行和客户的欺诈，提高电子支票的安全性，保证信息的真实性、保密性、完整性和不可否认性等，如图 8-4 所示。

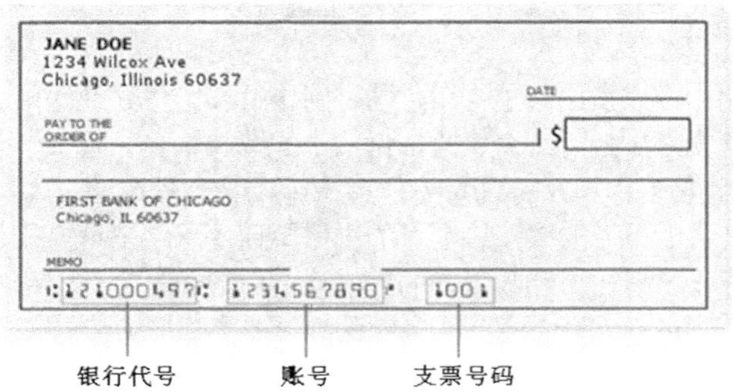

图 8-4　电子支票示意图

2. 基于电子支票的支付流程

基于电子支票的支付流程中包含三个实体，即客户、商家和金融机构。通常情况下，电子支票的收发双方都需要在银行开有账户，让支票交换后的票款能直接在账户间转移，而电子支票支付系统则提供身份认证、数字签名等，以弥补无法面对面交换所带来的缺陷。

目前，电子支票主要是通过专用网络系统进行传输。客户可以在网络上生成电子支票，然后通过网络将电子支票发向商家的电子信箱，同时把电子付款通知单发到客户开户银行。像纸质支票一样，电子支票需要经过数字签名，收款人数字签名背书，使用数字凭证确认付款方/收款方身份、支付银行以及账户，如此金融机构就可以根据签名和认证后的电子支票把款项转入商家的银行账户。具体支付流程如图 8-5 所示。

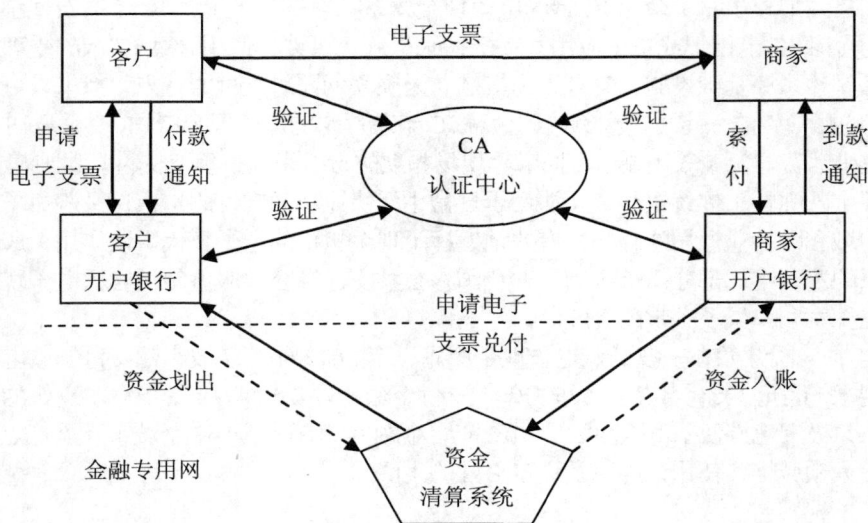

图 8-5 电子支票的支付流程

（1）申请电子支票

客户首先必须在提供电子支票服务的银行注册，申请电子支票。注册时可能需要输入银行账户信息以支持开具支票。电子支票应具有银行的数字签名。客户需要下载名为"电子支票簿"的软件用于生成电子支票。

（2）电子支票支付

① 客户和商家达成购销协议选择使用电子支票支付。

② 客户在计算机上开具电子支票，电子支票包含付款人姓名、付款人账户名、收款人姓名、支票金额等。客户用自己的私有密钥在电子支票上进行数字签名，用商家的公开密钥加密电子支票，形成电子支票文档。

③ 客户通过网络向商家发出电子支票，同时向银行发出付款通知单。

④ 商家收到电子支票后进行解密，验证付款方的数字签名，背书电子支票，填写进账单，并对进账单进行数字签名。

⑤ 商家将经过背书的电子支票及签名过的进账单通过网络发给商家开户银行。

⑥ 商家开户银行验证付款方和收款方的数字签名后，通过金融网络发给客户开户银行。

⑦ 客户开户银行验证商家开户银行和商家的数字签名后，从客户账户划出款项，商家开户银行在商家账户存入款项。

（3）电子支票支付方式的特点

① 电子支票与传统支票的业务流程基本相同，客户易于理解和接受。

② 加密的电子支票比数字现金更易于流通,买卖双方的开户银行只要用公开密钥认证确认支票即可，数字签名也可以被自动验证。

③ 电子支票很容易与 EDI 应用结合，推动 EDI 基础上的电子订货和支付。

④ 电子支票技术将公共网络联入金融支付和银行清算网络，以达到通过公共网络连接现有付款体系，最大限度地利用当前银行系统自动化潜力。

目前，电子支票应用系统主要有 FSTC、NetBill 和 NetCheque 等。2006 年，渣打银行宣布其电子旅行支票"易世金"正式在中国上海上市。这一创新产品是渣打银行联手通济隆集团、VISA 共同推出的，其外形与银行卡类似，兼具支票额度限制和银行卡支付便利两项优势，仅限于在境外使用。目前，在出境前最多可存入 20 000 美元，客户外出旅游将不再需要携带大量现金，可以随时在境外约 2 400 万家接受 VISA 卡的餐厅、宾馆和商店内支付购物和服务的消费，也可以在境外标有 VISA 标志的 ATM 上提取当地货币，该产品还提供失窃报告、紧急医疗、法律咨询、翻译、短信等服务。行程结束后，旅行支票的余额可在下次出游时继续使用，也可提现。2012 年 12 月 4 日，美国运通公司宣布与中国工商银行合作，推出美元的美国运通易世通电子旅行支票，欧元与英镑的产品随后面世。中国光大银行于 2013 年也推出了美国运通易世通电子旅行支票。

8.2.4　第三方支付

电子商务业务流程中的信息流、资金流和物流是促进电子商务发展的关键。由于电子商务中的商家和客户之间的交易是在网上进行的，物流与资金流在时间和空间上分离，这导致了商家与客户之间的博弈：商家不愿先发货，担心货发出后不能收回货款；客户不愿先支付，担心支付后拿不到商品或商品质量得不到保证，这最终可能导致网上交易无法进行。第三方支付平台的出现，为商家与客户提供了可信的交易平台，满足了双方对信誉和安全的要求，它的出现是电子市场发展的必然要求。

拓展视野 8-1

什么是第三方支付牌照？

第三方支付牌照也称支付业务许可证，企业如果要开展第三方支付业务，那么必须要有这个许可证才是合法的。第三方支付牌照是为了加强对从事支付业务的非金融机构的管理，根据《中华人民共和国中国人民银行法》等法律法规而制定的。中国人民银行对于第三方支付企业采取的是牌照制的监管方式，2010 年 6 月公布了《非金融机构支付服务管理办法》，要求从事支付业务的机构需要获得第三方支付牌照。

自 2011 年 5 月份首次发放第三方支付牌照以来，中国人民银行迄今已发出了 9 批共 271 张支付牌照。在随后的时间里，有 28 张支付牌照因为合并、违规或主动申请而注销，截至目前仅剩 243 张第三方支付牌照。第三方支付牌照不可以倒买倒卖，其他公司如想快速获得，只能通过直接收购第三方支付公司的方式将支付牌照收入囊中，这使得支付牌照的市场存量越来越少。据支付之家网了解，近年来第三方支付企业被上市公司、互联网企业等收购的现象频现，如小米收购捷付睿通、万达收购快钱、唯品会收购浙江贝付、美团网收购钱袋宝、海立美达收购联动优势、新大陆收购国通星驿等。

1. 第三方支付的概念

第三方支付是指具备一定实力和信誉保障的第三方独立机构采用和国内外各大银行签约的方式，提供与银行支付结算系统接口的交易支持平台的网上支付模式。第三方支付平台以银行的支付结算功能为基础，向用户提供中立的、公正的个性化支付结算与增值服务。

第三方支付

第三方支付平台具有如下特征。

① 第三方支付平台提供一系列应用接口程序，将多种银行卡支付方式整合到一个界面上，负责交易结算中与银行的对接，使网上购物更加快捷、方便。

② 不需要客户和商家在不同的银行开设不同的账户，可以帮助客户降低网上购物成本，帮助商家降低运营成本，还可以帮助银行节省网关开发费用，并为其带来一定的潜在利润。

③ 第三方支付平台以与其合作的银行信用为依托，能够较好地突破网上交易中的信用问题，有利于推动电子商务的快速发展。

④ 商家和客户之间的交涉由第三方平台来完成，这使网上交易变得更加简单。

2. 第三方支付的业务流程

在第三方支付模式中，买卖双方需要事先在第三方支付平台上开立账户，具体的业务流程如图 8-6 所示。

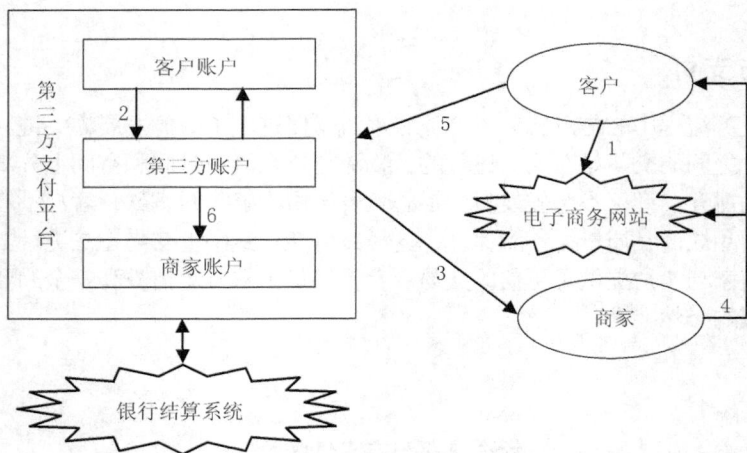

图 8-6　第三方支付业务流程

① 客户登录电子商务网站，浏览自己所需商品的信息，填写订单，并提交其账户和密码，以及所付货款金额等信息给第三方支付平台。

② 第三方支付平台接收到客户提供的银行账户信息后，按照银行支付网关的技术要求，将其传递到客户账户所在银行，并由其对该账户信息进行验证。验证成功后，将应支付的货款划拨到第三方支付平台所在的账户，对其进行临时保管。

③ 第三方支付平台通知商家客户应付货款已收到，准备发货。

④ 商家配送商品到客户手中。

⑤ 客户收到商品后进行验货，如果满意就发送信息给第三方支付平台，确认商品已经验收，同意付款。

⑥ 第三方支付平台接收到客户确认信息后，将其临时保存的货款转到商家账户，这就完成了一次完整的支付过程。

由此可见，第三方支付平台对整个支付流程全面介入，进行监管。客户或商家任何一方出

电子商务概论——基础、案例与实训（微课版）

现不满意，都可以通过第三方支付平台进行调节，直至双方满意为止。这样就使支付能够顺利完成，减少了交易的风险和成本，促进了电子商务的发展。

3. 第三方支付平台的类型

（1）宿主型

宿主型第三方支付平台依托于某个电子商务网站，由电子商务网站自行开发，它主要为自己的电子商务网站提供交易支付服务，当然也可以和其他购物网站签约为其提供支付服务。例如，eBay 的 PayPal、淘宝网的"支付宝"、易趣的"安付通"和腾讯的"财付通"等。此类第三方支付平台虽然附属于某个电子商务网站，但不属于任何一个特定的卖方或买方，而是独立出来作为一个公平的第三方对买卖双方的支付过程进行全面监督和保障。

（2）独立型

独立型第三方支付平台独立于任何一个电子商务网站和银行，只专注于提供第三方支付平台服务。这类支付平台尽管缺少自有购物网站的支持，但其独立的特点也让不少购物网站青睐。与宿主型支付平台相比，它们的支付业务各具特色，如快线的生活类支付业务丰富，环讯支付的网游支付业务支持种类较多，首信易支付开展了不少支付返现的优惠活动等。还有中国银联旗下的电子支付平台 ChinaPay，作为"国"字号的支付平台，拥有的银行资源最为丰富，通过中国银联平台，用户可以选择不同的银行卡进行网上支付。

案例 8-1

第三方支付平台——支付宝

支付宝（中国）网络技术有限公司（以下简称"支付宝"）是国内领先的提供网上支付服务的互联网企业，致力于为中国电子商务提供各种安全、方便、个性化的在线支付解决方案，由阿里巴巴公司创办。

截至 2017 年年底，在第三方支付市场上，支付宝以 54.26% 的份额遥遥领先，且呈现持续增长态势。截至 2018 年 3 月 31 日，支付宝与其全球合资伙伴一起为全球约 8.7 亿活跃用户提供服务。支付宝已然成为全球最大的第三方支付服务商。

支付宝庞大的用户群也吸引了越来越多的互联网商家主动选择集成支付宝产品和服务。目前除淘宝网和阿里巴巴公司外，支持使用支付宝交易服务的商家已经超过 100 万家，涵盖了虚拟游戏、数码通信、商业服务、酒店机票等行业。这些商家在享受支付宝服务的同时更是拥有了一个极具潜力的消费市场。为了满足商家和消费者的支付需求，支付宝不断推出新的支付方式，呈现多样化趋势。

① 支付宝账户余额。用户可以选择快捷支付（储蓄卡）、网上银行、卡通充值、话费充值卡、网汇 E、网点充值、找朋友代充值等方式给支付宝账户充值，购物时再选择余额付款的方式对交易进行付款。

② 网上银行。用户提交订单后，进入付款页面（支付宝收银台），选择网上银行跳转银行网银页面，按银行要求的信息进行支付。各银行存在不同的网上银行支付限额。

③ 快捷支付。支付宝联合各大银行推出了全新支付方式，用户开通后只需在支付宝端输入密码即可完成付款，无须开通网银，即可绑定银行卡，且不受支付额度限制，与手机绑定验证，是一种安全便捷的支付方式。支付时无须跳转网银页面，也无须使用 U 盾（USBkey）。

④ 信用卡支付。若商家开通了信用卡支付服务，且商品支持信用卡交易，则用户可以通过支付宝选择上百家银行的信用卡进行支付，且无须支付手续费。用户还可以通过支付宝推出的信用卡还款服务，使用支付宝账户的可用余额、快捷支付（含卡通或网上银行），轻松实现跨行、

跨地区地为自己或为他人的信用卡还款。支持个人类型支付宝账户，公司类型账户不支持。

⑤ 余额宝。余额宝是支付宝打造的余额增值服务。用户把钱转入余额宝即购买了由天弘基金管理有限公司提供的余额宝货币基金，可获得收益。余额宝内的资金还能随时用于网购支付，灵活提取。余额宝根据不同的消费场景，会有不同的消费额度限制。余额宝还可以通过计算机端和支付宝钱包操作设置自动转入。

⑥ 蚂蚁花呗。蚂蚁花呗是蚂蚁金服推出的消费信贷产品，花呗的用户被授信透支额度。开通成功后，用户本月花，下月付，按时还款还不用付费。用户还可设置自动还款，还款日当天依次从余额、余额宝、银行卡中扣款。

⑦ 国际信用卡。国际信用卡支付是支付宝与 VISA、MasterCard、JCB 国际银行卡组织合作推出的信用卡网上支付产品，覆盖全球大多数国家和地区。使用国际信用卡支付，需要支付一定的手续费。

⑧ 支付宝卡。支付宝卡是由支付宝发行的预付卡，卡内资金可以在所有支付宝支持的商家购买商品时使用，目前暂支持天猫商城及淘宝网，面值有 100 元和 200 元可供选择。

⑨ 智能手表或手环。用户在手机上绑定智能手表或手环后，支付时将智能手表或手环上的付款码给收银员扫一扫就可完成支付。

在支付的安全设置上，支付宝支持密码、指纹、声纹和人脸等生物识别方式。此外，还提供付款码、乘车码免密支付。

2015 年 7 月，支付宝手机端新增了"朋友"功能，打造基于场景的关系链，满足用户在不同场景下的沟通需求。支付宝业务贯穿消费、金融理财、生活、沟通等人们生活的各种场景。显然，在"互联网+"背景下，支付宝由网络支付工具向移动生活与金融服务平台转型升级已成必然趋势。

8.3 网上银行

8.3.1 网上银行的概念

网上银行是依托信息技术和互联网的发展，基于互联网平台向客户提供各种金融服务的新型银行机构与服务形式。如通过 Internet 向客户提供开户、销户、查询、对账、行内转账、跨行转账、信贷、网上证券、投资理财等传统服务，使客户可以足不出户就能够安全便捷地管理活期和定期存款、支票、信用卡及个人投资等。可以说，网上银行是在 Internet 上的虚拟银行柜台。网上银行的含义可以从机构和业务两个层次来理解。

从机构上来说，网上银行是指完全建立在互联网上纯粹的虚拟银行，没有实际的物理营业网点支持，采用互联网等高科技服务手段与客户建立密切的联系，提供全方位的金融服务。这类网络银行一般只有一个办公地址，拥有独立的品牌和经营目标，需要从监管当局获得专门的营业执照。如 1995 年 10 月诞生的世界第一家将营业厅设立在互联网上的网络银行——美国安全第一网络银行（Security First Network Bank，SFNB）就属于这种模式，它开创了虚拟银行之先例，当时银行的员工只有 19 人，主要工作就是对网站的维护和管理。我国的微众银行也可以说是纯虚拟的网上银行，由腾讯、深圳市百业源投资有限公司和深圳市立业集团等多家知名企业发起设立，于 2014 年 12 月获得由中国银行业监督管理委员会深圳监管局（以下简称深圳银监局）颁发的金融许可证，成为我国首家上线的互联网民营银行。微众银行严格遵守国家金融法律法规和监管政策，以合规经营和稳健发展为基础，致力于为普罗大众、微小企业提供差异化、有特色、优质便捷的金融服务，主要包括消费金融、财富管理和平台金融三大业务线。

从业务上来说，网上银行是指传统银行利用互联网作为新的服务手段，为客户提供各种在线金融服务，包括传统银行业务和因信息技术应用带来的新兴业务。提供该类网络银行服务的机构是银行的一个内设部门，并不独立。这也是目前我国绝大多数商业银行采取的网上银行发展模式。

8.3.2　网上银行的特点

与传统银行相比，网上银行突破了时空局限，以开放的服务界面改变了银行服务模式，拓展了银行运作空间，为传统银行业找到了高效率、低成本的新出路。

1. 金融服务标准化、个性化和综合化

随着网络经济的发展，金融服务面临标准化和个性化两极化趋势，即一方面以更低的价格大批量提供标准化的传统金融服务；另一方面在深入分析客户信息的基础上为客户提供个性化的金融服务，重点在理财、咨询和客户参与业务设计等方面。网上银行在提供标准化、大批量产品的同时，还能充分利用信息技术深入分析客户，为客户提供个性化的服务、量身定制的小批量金融服务。

另外，网上银行服务的综合性体现在能突破传统银行的局限，将存款、现金管理等零售业务及部分批发银行业务与咨询信息、综合金融服务及个性化金融服务等融合在一起，提供一揽子高附加值的综合金融服务。

2. 金融服务手段网络化

网上银行通过互联网技术为公众提供相应的金融服务。首先，网上银行改变了传统银行以机构网点数量、地理位置为客户提供服务的经营思想，转而通过网络为客户提供即时、便利的优质金融服务。其次，网上银行借助知识和智能，通过与非金融机构、软件公司、电信运营商、中介机构等合作，依靠少数脑力劳动者提供全方位金融服务。最后，网上银行借助于网络技术还大大缩短了客户与传统银行之间的距离，在点对点为客户提供人性化服务的同时，也为银行自身业务的空间扩张奠定了基础。

3. 金融服务空间扩大化

网上银行打破了传统银行网点扩大的地域限制，能够在全球范围内提供金融服务。由于高科技对银行业的渗透，银行的发展更有赖于和计算机网络通信服务商、资讯科技服务商等其他非银行服务机构的合作与发展。

4. 金融服务透明化

网上银行通过"无缝"链接客户，减少了传统银行服务中信息不对称的现象。由于数字化信息可同时提供给多名用户几乎无消耗、无边际成本地重复使用，并具有可塑性更强、检索效率高以及传输成本极低等特点，网上银行在营造高透明的竞争氛围、降低信息不对称引发的交易成本等方面发挥着不可替代的作用。

8.3.3　网上银行业务

一般来说，网上银行的业务品种主要包括基本业务、网上投资、网上购物、个人理财助理、

企业银行和其他金融服务。

1. 基本业务

商业银行提供的基本网上银行业务包括：在线查询账户余额、交易记录、下载数据、转账和网上支付等。

2. 网上投资

由于金融服务市场发达，可以投资的金融产品种类众多，国外的网上银行一般提供包括股票、期权、共同基金投资等多种金融产品服务。

3. 网上购物

商业银行的网上银行设立的网上购物协助服务，极大地方便了客户网上购物，为客户在相同的服务品种上提供了优质的金融服务或相关的信息服务，加强了商业银行在传统竞争领域的竞争优势。

4. 个人理财助理

个人理财助理是国外网上银行重点发展的一个服务品种。各大银行将传统银行业务中的理财助理转移到网上进行，通过网络为客户提供理财的各种解决方案，提供咨询建议，或者金融服务技术援助，从而极大地扩大了商业银行的服务范围，降低了相关的服务成本。

5. 企业银行

企业银行是网上银行服务中最重要的部分之一，其服务品种比个人客户的服务品种更多，也更为复杂，对相关技术的要求也更高。企业银行一般提供账户余额查询、交易记录查询、总账户和分账户管理、转账、在线支付各种费用、储蓄账户与支票账户资金自动划拨、商业信用卡等服务。此外，还包括投资服务等。

6. 其他金融服务

除了银行自身服务外，各商业银行还通过与其他金融服务网站联合，为客户提供多种金融服务产品，如保险、抵押和按揭贷款等，以扩大网上银行的服务范围。

习题

一、基本概念

电子支付　电子支付系统　支付网关　银行卡　电子现金　电子支票　第三方支付　网上银行

二、单项选择题

1. 关于电子支付与传统支付的区别，下列说法错误的是（　　）。
   A. 电子支付的支付费用是传统支付的几十倍，甚至几百倍
   B. 电子支付采用先进的技术通过数字流转来完成信息传输，而传统的支付方式则通过现金的流传、票据的转让等物理实体的流转来完成款项支付
   C. 电子支付基于开放的系统平台进行，而传统支付在较为封闭的系统中运作
   D. 电子支付使用最先进的通信手段，而传统支付使用传统的通信媒介

2. 关于银行卡的说法，下列错误的是（　　）。
   A. 银行卡是银行或金融机构发行的一种金融商品

电子商务概论——基础、案例与实训（微课版）

B. 借记卡可用于转账结算，实现网上支付

C. 贷记卡可以透支，是持卡人信誉的标志

D. 常用的银行卡交易协议只有 SET 协议

3. 关于电子现金的说法，下列错误的是（   ）。

A. 发行电子现金的机构和商家之间应有协议和授权关系

B. 客户、商家和 E-Cash 发行机构都需要使用 E-Cash 软件

C. E-Cash 发行机构负责客户和商家之间资金的转移

D. 电子现金的验证由数字认证中心来完成

4. 关于电子支票的说法，下列错误的是（   ）。

A. 客户需要使用"电子支票簿"软件用于生成电子支票

B. 客户向商家发出电子支票的同时，要向银行发出付款通知单

C. 电子支票与传统支票的业务流程基本相同，具有较高的普及率

D. 电子支票适宜通过 EDI 系统进行传输

5. 关于第三方支付平台的说法，下列错误的是（   ）。

A. 第三方支付将多种银行卡支付方式整合到了一个界面上

B. 使用第三方支付平台只能为消费者带来便利，对商家来说，没有好处

C. 支付宝属于第三方支付平台

D. 第三方支付方式能够有效避免拿钱不发货，或拿货不给钱的现象

三、多项选择题

1. 下列（   ）属于电子支付系统的组成部分。

A. 客户　　　　　　B. 银行　　　　　　C. 商家　　　　　　D. 认证中心

2. 下列（   ）属于电子现金的特性。

A. 重复使用　　　　B. 匿名性　　　　　C. 安全性　　　　　D. 可交换性

3. 下列（   ）属于第三方支付平台。

A. 支付宝　　　　　B. 安付通　　　　　C. 财付通　　　　　D. 诚信通

4. 网络银行的特点包括（   ）。

A. 服务标准化　　　B. 服务手段网络化　C. 服务空间扩大化　D. 服务透明化

📖 **案例分析** ════════════════════════════════

中国拥有世界上最便捷的移动支付系统

在中国大城市，目前你只要有一部智能手机，就可以毫无后顾之忧地到处探索。

美国有线电视新闻网（CNN）记者威尔·雷普利在美国生活时，经常不用现金支付，他写支票支付房租，在网上支付大部分账单，但他必须永远随身携带信用卡或借记卡。在北京，他惊讶地发现，自己可以完全不用钱包，而且生活非常轻松便捷。

早晨起来，雷普利在路边的早餐车上买了一个 6 元的煎饼，然后用手机扫描了早餐车上的二维码并输入密码，几秒就完成了交易，完全省去了找零钱的麻烦。而在美国，用手机付钱需要打开移动 Web 浏览器，输入信用卡信息或前往 PayPal，会浪费不少时间。

上午，雷普利在喝咖啡的过程中，用手机只花了几秒就支付了家里的水费。他经常用这种方式支付各种账单，包括房租。喝完咖啡，雷普利用手机打了一辆出租车，与手机支付应用程序 Mileslife 的联合创始人顾某见了面。

顾某告诉雷普利，许多在中国城市生活的人很少用信用卡，因为他们更喜欢手机支付。"这就是我所说的后发优势。"顾某说，"中国并没有建立非常有利可图的信用卡系统，所以我们跳过了信用卡，直接来到了手机支付这一阶段。"一路上，顾某向雷普利讲述了移动支付的种种好处，如免去了沉甸甸的硬币和皱巴巴的纸币被弄坏或丢失的烦恼，有便于跟踪记录消费行为的电子收据，人们不再需要随身携带笨重的钱包。他们来到北京三里屯共进午餐，并用手机支付进行代数平均（Algebraic Average，AA）制付账。在北京，人们还可以通过手机支付购买电影票、餐馆外卖和其他许多商品。

在北京，从街头小贩到大型连锁店，越来越多的商家接受移动支付。对企业而言，此举不仅方便快捷，还可以通过大数据追踪消费者的消费喜好。正如 CNN 所说，在数亿人使用的支付宝和微信推动下，中国的移动支付市场快速发展，把美国远远抛在了后面。

在现代中国的各大城市，雷普利的经历并不鲜见。《华尔街日报》记者黄某也在深圳成功体验过 24 小时无现金生活。对许多年轻人来说，主要通过支付宝和微信进行的移动支付，已成为生活不可或缺的一部分。

在蓬勃发展的移动支付市场中，阿里巴巴和腾讯公司之间的竞争造就了世界上最简便、最完整的支付系统。同时，便捷的交易支付平台能够使它们收集到更多数据，为准确地调整财富管理、贷款等金融服务产品提供依据。

【问题讨论】

1. 移动支付为什么受到用户的青睐？其未来发展趋势如何？
2. 移动支付是否存在一定的安全隐患？表现在哪些方面？

拓展学习

中国智能支付终端发展现状与趋势

相对于传统支付终端设备，智能支付终端不但能够支持银行卡支付，还能对扫码支付等多种支付方式提供支持，凭借机器中的智能操作平台，让商业用户在一台机器上实现订单的归集和管理、会员触达和营销，以及店铺经营分析、统计等功能。

1. 智能支付终端市场发展现状

（1）支付终端保有量持续增加

随着移动支付场景渗透逐渐深入，居民消费习惯更加依赖支付终端交易。商业银行利益、潜在特约商户规模和支付终端机存量更换需求都推动着支付终端数量保持持续增长的趋势。2013—2017 年，全国联网销售终端（Point of Sale，POS）保有量保持持续增长，2017 年总量超过 3 000 万台，增量同比增加 288%。

（2）智能支付终端产品现两级分化，轻质化布局优势凸显

2017 年至今，轻质化智能终端得到迅速普及，市场占有率飞速提高，价格优势较大；多功能智能终端则针对客户需求，开发更多应用性服务，支持更多支付功能。轻质化智能终端与多功能智能终端的比较如表 8-1 所示。

表 8-1　轻质化智能终端与多功能智能终端比较

对比项	轻质化智能终端	多功能智能终端
支付功能	支持扫码支付、近场通信支付等	不但支持银行卡刷卡支付，还支持各种移动支付方式

对比项	轻质化智能终端	多功能智能终端
操作系统	Android 操作系统	操作系统有 Windows、Linux、Android 等
单机价格	价格优势较大，售价多集中在 200～500 元，采购价格更低	1 500～3 000 元
赢利模式	硬件一次性售出	流水分成+增值服务
开放性	开放性偏低，不可写入应用	可写入应用，应用不限于内部，向互联网商家开放
增值服务	功能较为单一	除了聚合支付方式，还提供会员管理、营销、店铺管理等多种增值服务
普及速度	市场适应性更强，直达用户根本诉求	在连锁等大型商场超市普及性更强

（3）智能支付终端成商户端第一入口，应用场景大幅度增加

当智能支付终端随着移动支付发展成为承载线上和线下的连接器以后，就成了商户端的第一入口，能够帮助商家完成店铺的全面升级改造，进一步满足了店铺升级后的多方面需求。轻质化后的智能支付终端在公共交通、食堂、无人收款店等多个场景均得到大范围应用。

2. 智能支付终端市场发展趋势

（1）智能支付终端市场活跃度仍将持续提高

① 供给侧。智能支付终端产品日渐丰富，逐步适应各行业对于不同支付终端的需求。轻质化智能支付终端公司、传统第三方支付公司、传统支付终端生产商等与日俱增。

② 需求侧。线上线下商业融合令移动支付普及速度加快，一线、二线城市的部分场景需求趋于饱和，但广大的三线、四线城市，以及公共交通、食堂、停车场等场景的改革才刚刚开始。

③ 宏观层。社会消费品零售总额预计仍将持续增长，国民消费能力仍未完全放开，国家在扩大内需的目的下，不排除未来再出台相关利好政策，带动相关产业的发展。

④ 数据层。互联网数据、政府数据、传统产业数据等多层次数据，客户端数据和商家端数据的广泛融合，均为智能支付终端行业的进一步发展提供了多种可能。

（2）智能支付终端厂商和第三方支付行业上下游融合加速

智能支付终端因移动支付兴起而需求增加，但智能支付终端企业的自身渠道不足。为了不在渠道上受制于人，智能支付终端厂商将不可避免地加速与行业上下游融合。一方面，传统支付终端生产商选择收购收单和移动支付牌照；另一方面，新兴的智能支付机构加速向软件即服务（Software-as-a-Service，SaaS）等方向转型，最终达到提高店铺服务能力，增加店铺使用黏性的效果。

（3）智能支付终端将进一步为"新零售"赋能

智能支付终端作为店铺管理入口，已经被加入如店铺管理、卡券营销、会员管理、综合支付等增值服务，加入一个智能支付终端就等于加入了多个外卖和团购平台。同时，智能支付终端的无限可扩展性也令其可支持包括智慧运营在内的多种扩展应用，全面、高效地实现智能场景管理。加之智能支付终端能够完成票据打印、发票秒开等多种智能功能，也在流程上进一步简化了商户的应用成本。智能支付终端赋能"新零售"，如图8-7所示。

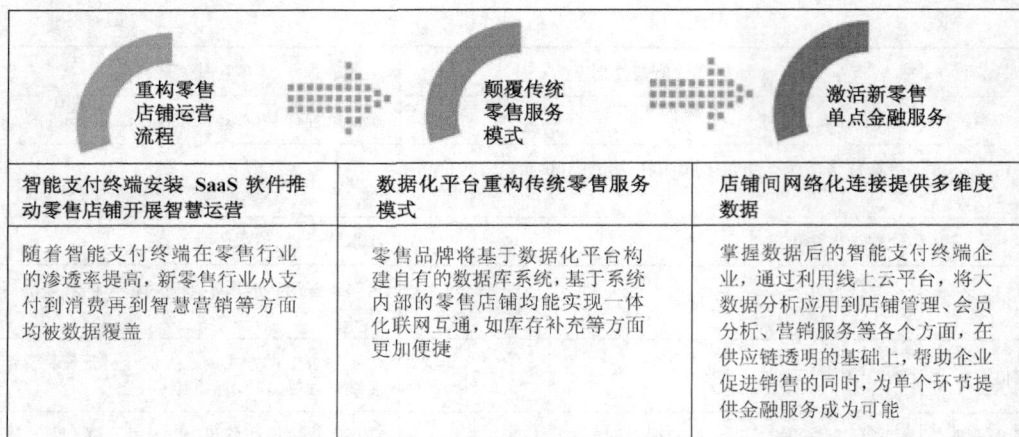

智能支付终端安装 SaaS 软件推动零售店铺开展智慧运营	数据化平台重构传统零售服务模式	店铺间网络化连接提供多维度数据
随着智能支付终端在零售行业的渗透率提高,新零售行业从支付到消费再到智慧营销等方面均被数据覆盖	零售品牌将基于数据化平台构建自有的数据库系统,基于系统内部的零售店铺均能实现一体化联网互通,如库存补充等方面更加便捷	掌握数据后的智能支付终端企业,通过利用线上云平台,将大数据分析应用到店铺管理、会员分析、营销服务等各个方面,在供应链透明的基础上,帮助企业促进销售的同时,为单个环节提供金融服务成为可能

图 8-7　智能支付终端赋能"新零售"

拓展训练

　　开通某家商业银行的网上银行业务,并登录该网上银行账户,同时下载网上银行客户端 App,了解该银行提供的网上银行服务内容和具体的操作流程。

第 9 章　电子商务物流管理

【本章导读】

随着电子商务行业竞争的白热化，物流作为电子商务的瓶颈环节，已经成为电商巨头们决心打造的新的核心竞争力，甚至一度有人喊出"得物流者得天下"。我国电子商务的发展尤其是网络购物的爆发式增长大大促进了电子商务物流服务业尤其是快递服务业的发展，使其成为社会商品流通的重要渠道。据统计，我国规模不等的快递公司至今已有两万余家，快递业务量每年以 60%～120%的速度递增。中华人民共和国商务部电子商务和信息化司副司长张佩东曾表示，在日常生活中，消费者在体验网购的巨大变化和便利时，首先体会的是物流快递服务。电商的快速崛起和发展为快递业提供了巨大的发展空间，同时快递业的及时跟进和发展，又将成就电商更快速的发展。

【学习要求】

- 理解物流的定义和内涵。
- 理解物流的基本功能。
- 从供应链角度分辨不同的物流类型。
- 理解物流管理的定义，明确物流管理的内容、基本原则和目标。
- 理解现代物流管理理念，并能够用于指导实际物流管理活动。
- 理解电子商务与物流的关系。
- 掌握电子商务自营物流模式、第三方物流模式和物流联盟模式的基本理论，并能够根据企业实际业务情况，选择合适的物流模式。
- 掌握电子商务物流信息技术的基本原理和应用场景。

引导案例

阿里的物流新图谱

2011 年，阿里巴巴宣布大物流战略并随后推出"物流宝"，真正拉开了进军物流行业的大幕。"物流宝"的主要功能定位为数据应用与服务平台，它不仅可以向发货方和运货方提供供需信息、价格参考以及仓储占用状况，而且还能向市场参与者发出物流预警雷达，避免资源空置或者重置，提高物流供需方的匹配效率。"物流宝"面世之前，国内快递每逢"双十一"都要经历爆仓的痛苦，用户投诉接连不断。有了"物流宝"的导向和牵引，面对比平时翻了十几倍的快递量，整个快递行业基本能在两周内消化完毕，并将商品如同平日那样准时送到消费者手中。

2013 年 5 月 28 日，阿里巴巴集团、银泰集团联合复星集团、富春控股、顺丰集团、四通一达（中通、圆通、中通、汇通、韵达）、宅急送等国内金融机构和物流巨头共同挽手成立了新经济实体——菜鸟网络科技有限公司（以下简称菜鸟网络），其中阿里巴巴集团出资 21.5 亿元，取得占股为 43%的控股地位，马云出任董事长。菜鸟网络希望用 8～10 年搭建一个遍布全国的开放式、社会化的中国智能物流骨干网（简称 CSN），使之能够支持日均 300 亿元的网络零售额，并让全国任何一个地区做到 24 小时内送货必达。CSN 主要包括两部分：①在全国几百个城市通过"自建+合作"的方式建设物理层面的仓储设施，即"地网"。菜鸟网络自成立以来，累计投资 3 000 亿元进行大规模的"圈地运动"来铺展"地网"；②利用物联网、云计算等技术，建立基于这些仓储设施的数据化分析及追踪应用平台，即"天网"。

尽管"天网"解决了物流数据化问题，"地网"能够破除物流干线仓储的瓶颈，但物流的终极目的是将商品快速、准确和保质地送达到消费者手中，为此，阿里巴巴集团构建出地理覆盖面积广泛的"人网"，即菜鸟驿站解决"最后一公里"问题。菜鸟驿站是由菜鸟网络牵头建立的面向社区、校园的第三方末端物流服务平台。该平台为客户提供包裹代收、代寄等服务，致力于为消费者提供多元化的"最后一公里"服务。

2018 年 2 月，菜鸟网络与天猫国际共同宣布，已经启用区块链技术跟踪、上传、查证跨境进口商品的物流全链路信息，这些信息涵盖了生产、运输、通关、报检、第三方检验等商品进口全流程，将给每个跨境进口商品打上独一无二的"身份证"，供消费者查询验证。

【案例启示】

近年来，飞速发展的电子商务迫切需要有与之配套的物流服务。一个完整的电子商务交易过程一般都包含信息流、资金流和物流。物流是信息流和资金流最终实现的根本保证，没有高效的物流，电子商务的优势就无法体现。随着 C2B 与个性化消费的发展，纯电商的消费模式即将过去，新零售时代款款而来。随着第三次技术革命的渗透，物流行业将发生翻天覆地的变化。一个自由、开放、分享、透明、信用的新物流体系，将是物流发展的未来。

9.1 物流概述

9.1.1 物流的概念

物流一词于 20 世纪初期形成于美国，当时称为实物分配或货物配送（Physical Distribution，PD）。1935 年美国销售协会阐述了实物分配的概念："实物分配是包含于销售之中的物质资料和服务在从生产场所的流动过程中所伴随的种种经济活动"。

20 世纪 50 年代，"物流"概念流入日本，直接从 Physical Distribution 翻译过来，译为"物的流通"。20 世纪 80 年代中期，日本开始采用 Logistics 一词。Logistics 与 Physical Distribution 的区别体现在：Logistics 已突破商品流通的范围，把物流活动扩大到生产领域。物流不再局限于从产品出厂开始，而是包括原材料采购、加工制造、产品销售、售后服务，直到废旧物品回收等的整个商品流通过程。现在，Logistics 已经取代 Physical Distribution 成为"物流"的代名词，它包含生产领域的原材料采购、生产过程中的物流搬运、厂内物流以及流通过程中的销售物流等。

1985 年，美国物流管理协会重新定义物流：对货物、服务及相关信息从起源地到消费地等有效率、有效益的流动和储存进行计划、执行和控制，以满足客户要求的过程。该过程包括进向、去向和内部、外部的移动，以及以环境保护为目的的物流回收。

1994 年，欧洲物流协会对物流的定义：在一个系统内对人员及商品的运输、安排及与此相关的支持活动的计划、执行与控制，以达到特定的目的。

国家标准《物流术语》（GB/T 18354-2006）对物流的定义：物品从供应地向接收地的实体流动过程。根据实际需要，将运输、储存、装卸、搬运、包装、流通加工、配送、信息处理等基本功能实现有机结合。

尽管"物流"概念在世界范围内尚无统一表述，但下列对物流的理解基本得到了业内学者的一致认同。

① 物流是一个实体物品从供应地向需求地流动的过程，如网上数字商品的下载就不属于物流的范畴。

② 物流过程由若干环节组成，包括运输、储存、装卸搬运、包装、流通加工、配送、信息处理等。

③ 物流是流通各环节的有机整合，其目的是提高整体效率，即以最少的投入达到最佳的物流效果。

④ 物流过程所追求的是满足客户要求，物流过程的设计、策划、整合，均应以满足客户要求为最终目标。一切物流活动，均应围绕客户的需求来展开。

⑤ 物流改变了物品从供应地到需求地之间的时间差、空间差，及其形状性质，因而通过物流活动可以创造物品的空间价值、时间价值和附加加工价值。

⑥ 物流是一种经济活动，不带有经济性质的社会活动不属于物流研究范围，如学生将书包从宿舍带到教室。

9.1.2 物流的基本功能

物流的基本功能是指物流活动应该具有的基本能力，以及通过对物流活动的有效组合，形成物流的总体功能，以达到物流的最终经济目的。一般来说，一个完整的物流体系应包括运输、储存、包装、装卸搬运、流通加工、配送、信息处理等基本功能。

1. 运输

运输是指采用一定的设备和工具，实现货物从一个地点到另一个地点运送的物流活动，可以创造物品的空间效用。运输的形式主要有铁路运输、公路运输、航海运输、航空运输和管道运输等。

选择何种运输手段对于物流效率具有十分重要的意义。在决定运输手段时，组织者必须权衡运输系统要求的运输服务和运输成本，可以将运费、运输时间、周期、运输能力、货物的安全性、时间的准确性、适用性等运输工具的服务特性作为判断基准，从而选择技术、经济效果最好的运输方式或联运组合，以及确定合理的输送路线。

2. 储存

储存包括对进入物流系统的货物进行堆存、管理、保管、保养、维护等一系列活动。储存以改变"物"的时间状态为目的，在克服供需之间时间差异的同时，创造物品的"时间效用"。

随着电子商务的发展，少品种、大批量物流时代进入多品种、小批量和多批次物流时代，客户需要的不仅是在物流中心储存商品，而且需要通过储存环节保证市场分销活动的开展，同时尽可能降低库存资金占压，减少储存成本。因此，储存功能从重视保管效率逐渐转变为重视流通功能的实现。专业物流中心需要配备高效率的分拣、传送、储存和拣选设备，科学确定库存数量，既起到缓冲和调节的作用，也要具有创值和增效的功能。

3. 包装

包装是指在物流过程中，为保护产品、方便储运、促进销售等，采用一定的技术方法，运用相关的容器、材料和辅助物等所进行的产品出厂包装、生产过程中在制品和半成品包装以及在物流过程中换装、分装和再包装等作业活动。包装所选用的容器、材料、包装技法等取决于内装货物的需要，是其内装物的附属品。

物流包装作业的目的不是改变商品的销售包装，而是通过对销售包装进行组合、搭配和加固，形成适合物流和配送的组合包装单元。对包装活动的管理应根据物流方式和销售要求来确定，要全面考虑包装对产品的保护、促销、提高装运率的作用，包、拆、装的便利性以及废包装的回收与处理等因素。包装管理还需要根据物流全过程的经济效果来具体决定包装材料、强度、尺寸和方式等。

4. 装卸搬运

装卸搬运是在同一地域范围内进行的，以改变物料的存放状态和空间位置为主要内容和目的的活动，它是随运输和储存而产生的必要物流活动，是将运输、储存、包装、流通加工等物流活动衔接起来的中间环节，也是在储存和运输等活动中为进行商品检验、维护和保养所进行的支持性活动。

对装卸搬运的管理，主要是对装卸搬运方式、装卸搬运机具的选择、合理配置与使用，以及装卸搬运合理化的管理，旨在尽可能减少搬运次数，降低物流费用和物品的损坏率，从而获得较好的经济效益。专业物流中心往往配有专业化的装载、卸载、提升、运送和码垛等装卸搬运机械，以提高装卸搬运作业的效率，减少作业对商品造成的损毁。

5. 流通加工

流通加工是指在商品已经离开生产领域，进入流通领域，但还未进入消费的过程中，为了促进商品销售、维护商品质量和实现物流效率化，对商品进行加工处理，使商品发生物理或化学性变化，具体包括再包装、分割、计量、分拣、刷标志、栓标签、组装等简单作业。

流通加工是在流通过程中对商品进行进一步的辅助性加工，可以弥补企业、物资部门、商业部门在生产过程中加工程度的不足，更有效地满足客户的需求，更好地衔接生产和需求环节，使流通过程更加合理化，这是物流活动中的一项重要增值服务，也是现代物流发展的一个重要趋势。

6. 配送

配送是指按客户的订货要求，在配送中心或其他物流据点进行集货、分拣、配货、组配等作业，并按时送达到指定地点的物流活动。配送是物流系统中由运输派生出的功能，是短距离、小批量、多批次、多品种的运输。

配送是直接与客户相连的活动，服务对象满意与否，与配送质量直接相关。只有在客户希望的时间内，以希望的方式，配送所需要的商品，客户才会满意。因此，配送管理主要涉及配送方式的合理选择、不同商品配送模式的选择、配送中心建设、配送中心设施的内部布置等问题。

7. 信息处理

物流信息是对物流活动的内容、形式、过程及发展变化的反应，是由物流活动引起并能反映物流活动状态的各种消息、情报、文书、资料、数据等的总称。物流信息处理是物流活动的神经中枢。在物流各环节的活动中，会产生大量的信息，如运输工具选择、运输路线选择、库存决策、订单管理等，同时还有来自物流系统以外的信息，如市场信息、商品交易信息等，要

电子商务概论——基础、案例与实训（微课版）

进行有效的物流管理，提高物流活动的效率和效益，就必须要有物流信息处理的高效和准确作为保证。

物流信息管理，要求建立信息系统和信息渠道，正确地选定信息点和内容，以及信息的收集、汇总、统计和使用方式，以确保信息的可靠性和及时性，通过物流信息的管理来控制和引导物流作业。

9.1.3 物流的分类

社会经济领域中的物流活动无处不在，但由于物流对象、目的、范围和特性不同，物流分为多种类型。本书基于物流在供应链管理中的作用，将物流分为供应物流、生产物流、销售物流、回收物流和逆物流等不同类型。图 9-1 描述了一个以生产企业为核心的供应链上的物流过程。

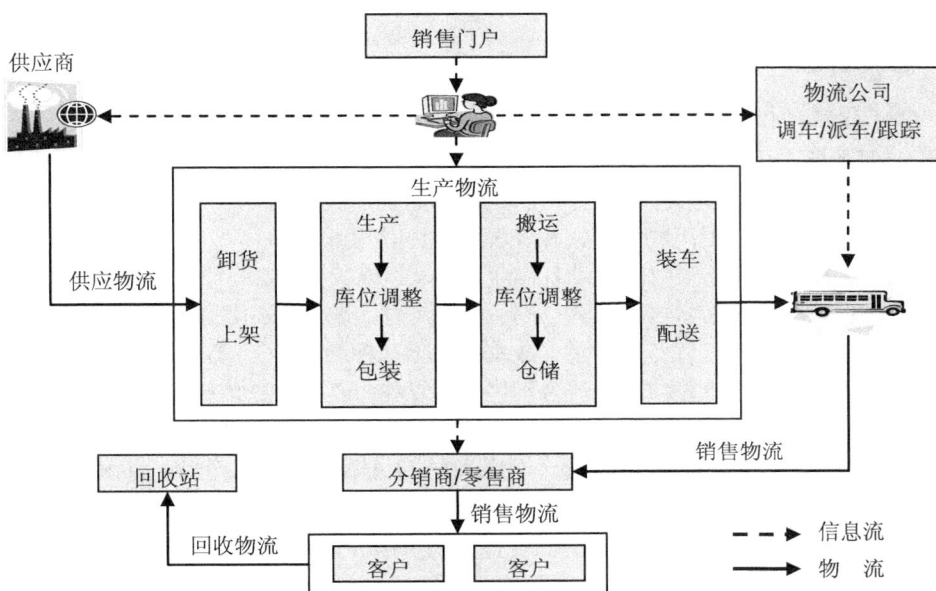

图 9-1　供应链上的物流过程

1. 供应物流

供应物流是指生产企业、流通企业或消费者购入原材料、零部件或商品时所产生的物流过程。这是在从买方角度出发的交易行为中所发生的物流。供应物流对企业生产的正常和高效进行具有重大影响。供应物流不仅要保证供应的目标，还要在最低成本、最少消耗、最大保证等限定条件下来组织供应物流活动，因此，供应物流必须有效解决供应网络、供应方式和准时制生产（Just In Time，JIT）等问题。

2. 生产物流

生产物流是指企业在生产过程中，从原材料采购入库，到在制品、半成品等各道生产工序的加工，最后到产成品进入仓库或配送的全过程物流活动。生产物流活动是与整个生产工艺过程相伴相生的，实际上已构成了生产工艺过程的一部分。

3. 销售物流

销售物流是指生产企业、流通企业在出售商品的过程中，伴随销售活动将商品所有权及商品送达给客户的物流活动。这是在从卖方角度出发的交易行为中所发生的物流。在现代社会，市场是一个供过于求的买方市场，因此，销售物流活动带有极强的服务性，以满足买方的需求，最终实现销售。

4. 回收物流

回收物流是指对生产、供应和销售环节产生的各种边角余料、废料、残损品、包装物等进行回收、分类、再加工及重复使用过程中发生的物流活动。如果对回收物料的处理不当，会造成资源浪费和环境污染。

5. 逆物流

逆物流是指不合格物品的返修、退货等从需求方返回到供应方所形成的物流过程。由于主、客观因素的影响，供应、生产和销售过程中均存在逆物流问题。图 9-1 中的与供应物流、生产物流和销售物流反方向的物品流动都是逆物流。

9.1.4 物流管理

1. 物流管理的概念

物流管理是指在社会再生产过程中，根据物质资料实体流动的规律，应用管理原理和方法，对物流活动进行计划、组织、指挥、协调、控制和监督，从而使各项物流活动实现最佳的协调与配合，降低物流成本，提高物流效率和经济效益。

物流管理的内容包括：对物流活动各作业环节（运输、储存、装卸搬运、包装、流通加工、配送）的管理；对物流系统各要素（人、财、物、方法、信息）的管理；对物流活动中具体职能（物流系统规划与设计、服务、质量、成本、战略、标准化等）的管理。

物流管理最根本的原则是实现物流合理化，即以尽可能低的物流成本，提供让客户满意或可接受的物流服务，或以一定的物流成本达到尽可能高的物流服务水平。

美国密西根大学的斯麦基教授曾提出，物流管理的目标应该由 7R 组成，即 Right Quality（优良的质量）、Right Quantity（合适的数量）、Right Time（适当的时间）、Right Place（恰当的场所）、Right Impression（良好的印象）、Right Price（适宜的价格）、Right Commodity（适宜的商品）。

2. 现代物流管理理念

（1）市场延伸观念

日本学者羽田升史提出，物流可以成为市场的延伸。基于这个理念，专家学者提出一些新的现代物流观念：①企业可以通过为客户提供物流服务来开拓市场；②企业应该将物流业务和物流设施建设看作潜在的市场机会；③企业可以将物流服务作为市场竞争的手段和策略；④企业可以将物流服务塑造为企业的核心竞争力。

（2）物流服务观念

现代物流应该以客户服务为导向，随着服务观念的深化，物流服务出现了层次性变化，从物流的基本服务延伸到增值服务。物流管理的目的不仅仅在于为企业节约消耗、降低成本或增加利润，更重要的是提高企业对客户的服务水平以及提高企业的竞争能力。

（3）物流价值与利润观念

世界著名管理学家彼得·德鲁克在《经济的黑色大陆》中，强调应高度重视流通以及流通过程中的物流管理，并将物流看作是"降低成本的最后边界"和"第三利润源泉"。日本早稻田大学的西泽修教授在《主要社会的物流战》一书中称："现在的物流费用犹如冰山，大部分潜在海底，可见费用只是露出海面的一小部分。"以此引起人们对物流管理的关注。目前，物流价值和利润观念已经被人们所接受。

（4）物流系统化观念

物流系统是一个复杂的、庞大的系统，在这个系统中又有众多子系统，系统间又具有广泛的横向和纵向联系。从社会角度来看，整个社会是一个物流运行的系统，通过物流管理让物流活动具有最佳的目的性和经济性，消除整个价值链上的浪费现象，从而提高整个社会的资源利用水平，增强整个社会的竞争力；从供应链的角度来看，现代物流跨越企业的边界，物流管理强调供应链的整合协调，并致力于降低整个供应链系统的总成本；从企业角度来看，物流管理包括对采购、运输、仓储、物料供应、装卸搬运、包装、配送、信息处理等分散的物流作业的综合协调管理。物流系统化要求具有专业化的物流管理人员和技术人员，并充分利用专业化物流设备、设施，实现物流运作的专业化。

9.2 电子商务与物流

电子商务使贸易洽谈可以足不出户在网上解决，然而交易的最终实现还有赖于线下的物流产业，物流企业是商品流通运作的最主要载体。所以，在电子商务环境下，物流被提到了前所未有的重要地位。发展现代物流，推动电子商务发展是大势所趋。

9.2.1 物流在电子商务中的作用

过去，人们对电子商务运作过程的认识往往局限于信息流、资金流和商流的电子化与网络化，忽视了物流的电子化过程。随着电子商务的推广和应用，物流的重要性及其对电子商务活动的影响日益明显。

1. 物流是电子商务运作的重要组成部分

电子商务整体运作过程是信息流、资金流、物流和商流的流动过程，其中物流是信息流、资金流，以及商流最终实现的根本保证。在电子商务环境下，人们可以借助计算机和网络通信设备进行快捷、高效的信息处理，从而解决信息流、商流和资金流的问题，但还需将商品及时配送到客户手中，即通过物流完成商品的空间转移，这才标志着电子商务活动的结束。因此，现代物流是电子商务运作过程的重要组成部分，是实现电子商务的有力保障。

2. 物流现代化是发挥电子商务优势的基础

电子商务的开展，从原材料的采购、各工艺流程的生产到成品的交付，都离不开物流活动的参与，只有在高效的物流系统支持下，电子商务才能发挥有效缩短供货时间和生产周期、简化订货程序、降低库存水平、使客户关系管理更加富有成效等优势。同时，只有通过物流将商品或服务完全转移到客户手中，才能使客户真正享受到电子商务带来的低成本、高效率和便利性。因此，没有高效、合理、畅通的物流系统支持，电子商务所具有的优势就难以得到有效发挥；没有与电子商务相适应的物流体系，电子商务就难以得到长远发展。从某种程度上说，电子商务成功与否的关键，取决于物流现代化水平的高低。

9.2.2 电子商务对物流的影响

在电子商务环境下，随着绝大多数的商店、银行虚拟化、商务事务处理信息化，物流公司实际上成为连接生产企业、供应商与客户之间的唯一纽带，物流公司既是生产企业、供应商的仓库，又是客户的实物供应者。电子商务对物流的影响主要表现在以下几个方面。

1. 电子商务改变了传统的物流观念

电子商务是基于计算机和网络的商务活动，它为物流创造了一个虚拟的运作空间。传统的物流主要关注物品的送达，对物流成本、物流系统关注较少，且物流方式单一，效率低下。在电子商务环境下，物流的各种功能以信息化的方式得到发挥，企业可以通过各种物流方式及其组合，追求物流效率与物流成本的平衡，实现物流的合理化。

2. 电子商务改变了物流的运作方式

传统的物流活动在其运作过程中，不管是以生产为中心，还是以成本或利润为中心，其实质都是以商流为中心，所以，传统的物流运作方式是伴随着商流来进行的，即物流和信息流是形影相随的。但在电子商务环境下，物流的运作是以信息为中心的，即物流和信息流是分离的，而且信息流先行一步。信息流不仅决定了物流的运动方向，还决定着物流的运作方式。建立在信息技术基础上的物流活动，可以通过网络实现信息的高效、实时传递，从而有效地实施对物流的实时控制，实现物流的合理化。此外，电子商务环境下的物流运作具有更加显著的整体性。覆盖全球的互联网可使物流在更大范围内实施整体的实时控制，物流分工与协作得到进一步加强。

3. 电子商务改变了物流企业的经营形态

传统物流往往是以某一企业为核心进行组织和管理的，而且企业之间往往通过降低物流服务费用来竞争。电子商务则要求从社会的角度打破传统物流的分散状态，对物流实施系统的组织和管理，这就要求企业在组织、管理物流活动的过程中，不仅要考虑本企业的物流运作情况，还要同时考虑全社会物流整体系统能否高效运行。电子商务时代需要全球性的物流系统来保证商品实体的合理流动，这就需要物流企业联合起来，在竞争中形成一种协同状态，以实现物流的高效化、合理化、系统化运作。

4. 电子商务将促进物流基础设施的完善和物流技术水平的提高

电子商务高效率、全球性的特点使得客户对物流的期望值不断提高，而且电子商务小批量、多频率的购买模式也要求物流系统具备良好的响应性，这就对物流管理水平提出了更高的要求。良好的交通运输网络、通信网络等基础设施是实现高效物流的基本保证；先进的物流硬件技术和管理技术与方法是提高物流效率的重要因素。因此，电子商务的快速发展将推动物流基础设施的不断改善，促进物流技术和管理水平的不断提高。

9.2.3 电子商务物流的特点

在电子商务时代，由于企业销售范围的扩大，企业销售方式及最终消费者购买方式的转变，使得物流业的发展具有非常广阔的前景，也促使电子商务物流呈现出新的特点。

电子商务物流的
特点

1. 信息化

在电子商务环境下，商品与生产要素在全球范围内自由流动，这需要物流系统具备良好的信息处理和传输能力，以赢得客户的信赖。物流信息化表现为物流信息的商品化、物流信息收集的数据库化和数字化、物流信息处理的电子化和计算机化、物流信息传递的标准化和实时化、物流信息存储的数字化等。物流效率的提高更多依赖于信息管理技术。因此，条码技术、数据库技术、电子订货系统、电子数据交换、快速反应、有效客户反馈及企业资源计划等技术在物流管理过程中得到普遍应用。信息化是一切的基础，没有物流的信息化，任何先进的技术设备都无法应用于物流领域。可以说，没有现代化的信息管理，就没有现代化的物流。

2. 自动化

物流自动化的基础是信息化，其核心是实现物流过程的机电一体化。物流自动化使物流作业能力不断提高、劳动生产率大幅度提高、物流作业的差错减少、物流运作时间缩短。实现物流自动化的设施很多，如射频自动识别系统、自动分拣系统、自动存取系统、自动导向搬运车、货物自动跟踪系统、自动立体式仓库、机器人、机械手等。物流自动化新技术近年来发展很快，国内外成套设备供应商已经装备了许多大型企业的物流自动化生产线，使企业的物流自动化水平跃上一个新台阶，如海尔集团、新华书店等。

3. 网络化

物流网络化的基础也是信息化。物流网络化包含两层含义：①信息管理的网络化，包括物流配送中心与上游的供应商或制造商、与下游客户的联系都需要通过网络来完成。例如，配送中心向供应商提出订单这个过程就可以借助于电子订货系统和电子数据交换技术来自动实现，也可以通过计算机网络自动收集下游客户的订货。②组织结构的网络化，即在企业内部构建内联网，并将其与外联网、互联网等通信网络互联互通，实现组织与各伙伴间的信息资源共享。例如，我国台湾地区的计算机业在 20 世纪 90 年代创造出"全球运筹式产销模式"，这种模式的基本特点就是按照客户订单组织生产，采取分散生产形式，即将全世界的计算机资源都利用起来，将一台计算机的所有零部件、元器件、芯片外包给世界各地的制造商生产，然后通过全球的物流网络将这些零部件、元器件、芯片发往同一个物流配送中心进行组装，由该物流配送中心将组装的计算机迅速发给客户。这一过程需要高效的物流网络支持，当然物流网络的基础是信息网络。

4. 智能化

物流智能化是物流自动化、信息化发展后的更高层次应用。在物流作业过程中，涉及大量的运筹和决策问题，包括合理库存量的确定、运输路径的选择、自动导向车的运行轨迹和作业控制、自动分拣机的运行等，这都需要用到人工智能的理论和方法加以解决。物流智能化就是利用人工智能的理论和方法与计算机系统相结合，通过计算机智能系统，如专家系统、机器人和智能控制系统等解决物流过程中遇到的各种运筹和决策难题。

5. 柔性化

物流柔性化本来是为实现"以客户需求为中心"的理念而在生产领域提出的，但要真正做到柔性化，即真正地根据客户需求的变化来灵活调节生产工艺，没有配套的柔性化物流系统是不可能实现的。20 世纪 90 年代，生产领域纷纷推出弹性制造系统、计算机集成制造系统、企业资源计划和供应链管理等，这些概念和技术的实质是将生产、流通进行集成，根据需求端的需求组织生产，安排物流活动。因此，柔性化的物流正是适应生产、流通与消费的需求而发展起来的一种新型物流模式，这就要求物流配送中心根据消费需求"多品种、小批量、多批次、短周期"的特色，灵活组织和实施物流作业。

6. 全球化

随着全球经济一体化的发展，越来越多的商品涌入或走出中国市场。这当中，除了跨境电商为客户提供选择平台之外，快递物流业的配送更是不可或缺。2010 年前后，跨境电商开始起步，2015 年起数量开始激增。跨境电商能够成功的关键在于节约成本、提高效率、提升用户体验，这背后的决定因素就是物流体系的搭建。无论是国内商品销往国外，还是反过来，商品的运输配送效率都十分重要。目前，即使物流网络的搭建需要耗费比其他环节更多的精力，国内外电商企业为了在新兴市场抢夺生存空间，也不约而同地将着力点放在了物流上。据相关预测，中国物流企业的海外市场规模将迅速超过千亿元。中国物流行业的全球化，正引领全球物流行业重构升级。

9.3 电子商务物流模式

9.3.1 自营物流模式

1. 自营物流概述

自营物流是指企业自身投资建设物流的运输工具、仓库等基础设施，经营管理企业的整个物流运作过程。在这种方式下，企业有时也会向仓储企业购买仓储服务，向运输企业购买运输服务，但是这些服务都只限于一次或一系列分散的物流功能，是临时性的纯市场交易服务，物流公司并不按照企业独特的业务流程提供独特的服务。

如果企业有很高的客户服务需求标准，物流对企业经营成功的影响程度很大，物流成本占总成本的比重较大，而企业自身的物流管理能力较强时，企业宜采用自营物流模式。

目前，采用自营物流的电子商务企业主要有以下两类。

（1）资金实力雄厚且业务规模较大的电子商务公司

电子商务在我国兴起的时候，在国内第三方物流的服务水平还不能满足当时电子商务公司成本控制目标和客户服务要求的情况下，这些电子商务公司为了抢占市场的制高点，不惜动用大量资金，在一定区域甚至全国范围内自行建立适应业务需要的畅通、高效的物流系统，并可向其他物流服务需求方提供第三方综合物流服务，以充分利用其物流资源，实现规模效益。例如，京东早在 2007 年就开始建设自有的物流体系，2009 年年初，京东斥资成立物流公司，开始全面布局全国的物流体系。

（2）开展电子商务的传统大型制造企业或批发企业

这类企业由于自身在长期的传统商务中，拥有覆盖面很广的代理、分销和连锁店，已经建立起初具规模的销售网络和物流配送体系，因此，在开展电子商务时只需将其加以改进、完善，就可以满足电子商务条件下物流配送的要求。例如，2011 年发展起来的苏宁易购等传统零售商也开始自营物流。

2. 自营物流的优点

（1）企业拥有对物流系统运作过程的有效控制权

自营物流模式使企业可以通过内部行政权力控制物流运作的各个环节，易于与其他业务环节密切配合，全力专门地服务于本企业的运营管理，使企业的供应链更好地保持协调、稳定，从而提高物流的运作效率。

（2）反应快速、灵活

在自营物流模式中，整个物流体系属于企业内部的一个组成部分，与企业经营部门关系密切，以服务于本企业的生产经营为主要目标，能够更好地满足企业在物流业务上的时间、空间要求，特别是要求物流配送较频繁的企业，自营物流能更快速、更灵活地满足企业的需求。因此，企业通过自营物流可有效保证供货的准确性和及时性，保证服务客户的质量，维护企业和客户间的长期关系，有利于提高企业的整体市场形象。

3. 自营物流的缺点

（1）企业财务压力过大

企业自己建立物流系统投入较大，时间较长，需要占用大量的资金，而且物流体系建成后对物流业务规模的要求很高，大规模才能降低成本，否则将会长期处于亏损的境地。因此，对于资金和业务规模有限的企业来说，自建物流体系是一个很大的负担。

（2）企业需承担跨行业经营风险

电子商务的信息业务和物流业务是截然不同的两种业务，企业必须对跨行业经营产生的风险进行严格评估。而且自营物流需要企业具备较强的物流管理能力，否则，企业即使有足够的财力购置物流设施，也无法高效经营。

9.3.2 第三方物流模式

1. 第三方物流概述

第三方物流（Third-Party Logistics，3PL 或 TPL）是指独立于买方和卖方之外的专业化物流公司，长期以合同或契约的形式承接供应链上相邻组织委托的部分或全部物流功能，因地制宜地为特定企业提供个性化的全方位物流解决方案，也称为外包物流。第三方物流公司通过与"第一方"发货人或"第二方"收货人的合作来为对方提供专业化的物流服务，它不拥有商品，不参与商品买卖，而是为客户提供以合同约束、以结盟为基础的、专业化、规模化、个性化、信息化的物流代理服务，是物流专业化和社会化的体现。这就要求物流企业和委托企业之间相互信任，充分共享信息，共担风险和共享收益，从而实现双赢。第三方物流的发展程度体现了一个国家物流产业发展的整体水平。

如果物流对于企业成功不是很关键，物流并不是其核心战略，企业内部物流管理水平也不高，那么将物流业务外包给第三方物流公司就有利于降低成本，提高客户服务质量。

2. 第三方物流的优点

在当今竞争日趋激烈和社会分工日益细化的大背景下，采用第三方物流模式解决物流问题具有明显的战略优势，主要表现在以下三个方面。

（1）企业能更好地集中精力于核心业务

由于资源都是有限的，企业很难成为在业务上面面俱到的专家。因此，在日趋激烈的市场竞争环境下，企业不得不将主要精力放在核心业务上，将运输、仓储等辅助业务环节交由更专业的物流公司来打理。这样，企业可以集中资源，增强核心能力，大力发展核心主业，把主业做大、做强、做精，走集约化的发展道路。

（2）有助于降低企业经营成本

将物流外包给第三方物流公司有助于降低经营成本，这主要体现在以下两个方面：①减少固定资产投资，加速资金周转。使用第三方物流不仅可以减少设施投资，还减少了仓库和运输工具方面的资金占用，加速了资金周转；②第三方物流公司的规模优势、专业化优势、信息化优势等的发挥能最大限度地帮助企业减少库存量，降低库存成本。

（3）为客户提供优质服务

专业化的第三方物流公司会利用其健全的物流网络、先进的物流设施和专业的运作能力，为客户提供更加灵活多样的高品质服务，创造更高的客户让渡价值。此外，企业还可以利用第三方物流提供商的专业物流技术，缩短交货期，从而改进电子商务企业的形象。

3. 第三方物流的缺点

第三方物流以其突出的优势和特点成为适合电子商务的一种全新物流模式，已在国际范围内蓬勃发展。当然，与自营物流相比，第三方物流意味着企业放弃了对客户的直接控制，放弃了对物流专业技术的开发，具有一定程度的风险性和不确定性，也会给企业带来诸多不利影响，主要体现在以下两个方面。

（1）第三方物流尚未完全成熟

我国第三方物流总体尚未完全成熟，没有完全规模化与专业化，缺乏合格的专业人员设计和评估物流系统，服务质量尚不能完全满足外包方的需求，成本节约、服务改进的优势并不明显。

（2）企业不能直接控制物流职能，容易受制于人

企业将物流业务外包给第三方物流公司时，就意味着不能像自营物流那样对物流各环节的活动进行自如的控制，物流的服务质量与效率得不到完全的控制与保证。对物流公司来说，它们对电子商务企业有依赖，但不强烈；但对电子商务企业而言，物流服务质量与效率将对企业的正常经营活动产生重大影响。因此，物流公司往往会利用这种有利的地位产生种种机会主义行为，损害委托方的利益。由于我国第三方物流还不够成熟，如果电子商务企业过分依赖物流公司，容易受制于人，在供应链关系中处于被动地位，对供应链的控制能力较差。

9.3.3 物流联盟模式

1. 物流联盟概述

物流联盟是指两个或两个以上的经济组织为实现特定的物流目标，通过各种协议、契约而结成的优势互补、风险共担、利益共享的物流伙伴关系。物流联盟是为了达到比单独从事物流活动取得更好的效果，联盟企业之间不完全采取导致自身利益最大化的行为，也不完全采取导致共同利益最大化的行为，只是在物流方面通过契约形成优势互补、要素双向或多向流动的中间组织。联盟是动态的，只要合同结束，双方又变成追求自身利益最大化的单独个体。

一般来说，组成物流联盟的企业之间具有很强的依赖性，物流联盟的各个组成企业明确自身在整个物流联盟中的优势和担当的角色，内部对抗和冲突减少，分工明确，注意力集中在向客户提供指定的服务上，从而满足电商企业跨地区、全方位的物流服务要求。

如果物流对于企业成功很关键，物流是企业战略的核心，但企业的物流管理能力不足，那么在这种情况下组建物流联盟，企业将会在物流设施、运输能力、专业管理技巧上收益较大。好的合作伙伴在企业现有的，甚至还未进入的市场上拥有物流设施，可以向企业提供自营物流模式无法获得的物流服务及专业化的管理。但在这种情况下要注意选择合作的多样性或将一部分物流服务与他人合作，避免物流伙伴掌握客户资源后在整个供应链中占据支配地位而使你受制于人。

如果企业的物流活动不那么重要，但是企业的物流管理能力较高，有专业管理人员，那么企业就会主动寻找需要物流服务的伙伴，通过共享物流系统，提高货物流量，实现规模经济，降低企业成本。

另外，许多物流企业也利用物流联盟来提高竞争力和竞争效率。许多物流联盟致力于把专门承担特定服务的物流企业的内在优势汇集在一起，使不同地区的物流企业共同为某个电子商务客户服务，满足其跨地区、全方位的物流服务要求。

2. 物流联盟的优点

（1）有助于企业开拓全球市场

大企业通过物流联盟迅速开拓全球市场，如 Laura Ashley（罗兰爱思）正是与联邦快递联盟，完成其全球物流配送，从而使业务在全球范围内展开的。

（2）有利于降低企业风险

企业通过物流联盟，有助于降低风险。单个企业的力量是有限的，它对一个领域探索失败的损失会很大。如果几个企业联合起来，在不同的领域分头行动，就会减少风险，而且联盟企业在行动上有一定的协同性，因此对于突如其来的风险，能够共同分担，这样便减少了各个企业的风险，提高了抵抗风险的能力。

（3）有助于降低企业物流成本

企业（尤其是中小企业）通过与物流服务提供商结成联盟，能有效降低物流成本，提高企业竞争能力。由于我国物流业发展还不够成熟，企业间进行联盟能够在物流设备、技术、信息、管理、资金等各方面互通有无，优势互补，减少重复劳动、降低成本，达到共同提高、逐步完善的目的，从而使物流业朝着专业化、集约化方向发展，提高整个行业的竞争能力。此外，物流联盟有助于物流合作伙伴之间在交易过程中减少相关交易成本。物流合作伙伴之间经常沟通与合作，互通信息，相互信任，可减少履约风险；即使在服务过程中产生冲突，也可通过协商加以解决，从而避免无休止地讨价还价，甚至提起法律诉讼产生费用。

（4）有助于提高物流公司的服务水平

第三方物流公司通过联盟有利于弥补在业务范围内服务能力的不足。例如，联邦快递（Fedex）公司发现自己在航空运输方面存在明显的不足，于是决定与 Fritz 集团联盟，把一些不是自己核心竞争力的业务外包给 Fritz 集团。

3. 物流联盟的缺点

物流联盟的缺点在于企业容易产生对战略伙伴过分的依赖，由于资产专用性和信息不对称的问题，企业可能蒙受损失，甚至造成核心竞争力的丧失。因此，电子商务企业应对过度依赖于物流伙伴的局面做周全考虑。例如，淘宝网探讨的独特物流策略——推荐物流，即淘宝网与物流公司签约，签约物流公司进入淘宝网的推荐物流企业行列，这些物流公司可以直接在与淘宝网对接的信息平台上接受客户的订单，这种模式降低了淘宝网对单一物流公司的依赖性。

9.4 电子商务物流信息技术

物流信息技术是指现代信息技术在物流各个作业环节中的应用，各种新兴的信息技术是电子商务物流得以实现的基本前提。信息技术的发展极大地推动了物流的发展，反之，发展中的物流对技术的要求也越来越高。因此，只有充分理解物流信息技术及其与物流业务的关系，才能使电子商务物流发展到一个新的高度。

9.4.1 条码识别技术

条码识别技术是在计算机的应用实践中产生和发展起来的，它是为实现对信息的自动扫描而设计的，也是实现快速、准确、可靠地采集数据的有效手段。条码识别技术的应用解决了数据录入和数据采集的瓶颈问题，为电子商务物流管理提供了有力的技术支持。

1. 条码的概念

条码是由一组规则的、宽度不同的条和空，及其对应字符组成的标记，用以表示一定的信息。条码由若干黑色的"条"和白色的"空"所组成，其中黑色条对光线的反射率较低，而白色空对光线的反射率较高。

条码识别技术是迄今为止最经济、最实用的一种自动识别技术，具有输入速度快、可靠性高、信息采集量大、成本低、灵活实用等优点。因此，条码在各行业得到了广泛应用。

2. 条码的类型

按照条码形成的空间不同，条码可分为一维条码和二维条码。

（1）一维条码

一维条码是只在一个方向上存储和表达信息的条码，可用作商品条码和物流条码。

① 商品条码。商品条码是用于标识国际通用商品代码的一种条码。目前，条码的码制多种多样，欧洲物品编码（European Article Number，EAN）是国际上通用的商品代码，我国通用商品条码也采用 EAN 条码结构，它通常由 13 位数字及相应的条码符号组成，分为前缀码、厂商识别码、商品代码和校验码四个部分，如图 9-2 所示。

图 9-2　EAN 条码结构

- 前缀码：由 3 位数字组成，前缀码是国家的代码，我国为 690～692，它是国际物品编码协会统一分配的。
- 厂商识别代码：由 4 位数字组成，由我国物品编码中心统一分配并统一注册，一厂一码。
- 商品代码：由 5 位数字组成，表示每个制造厂商的商品，由厂商自行编码确定。在编制商品代码时，厂商必须遵守商品编码的基本原则：对同一商品必须编制相同的商品代码；对不同的商品必须编制不同的商品代码。保证商品与其标识代码一一对应，即一种商品只有一个代码，一个代码只标识一种商品。
- 校验码：由 1 位数字组成，用以校验前面各码的正误。

例如，听装健力宝饮料的条码为 6901010101098，其中 690 代表我国 EAN 组织，1010 代表广东健力宝公司，10109 是听装饮料的商品代码。这样的编码方式就保证了无论在何时何地，6901010101098 唯一对应该种商品。另外，图书和期刊作为特殊的商品也采用了 EAN13 码表示 ISBN 和 ISSN。前缀 977 用于期刊号 ISSN，图书号 ISBN 用 978 作为前缀，我国被分配使用 7 开头的 ISBN 号，因此我国出版社出版的图书上的条码全部为 9787 开头。

② 物流条码。根据国际物品编码协会（EAN International，EAN）和美国统一代码协会（Uniform Code Council，UCC）的编码规范，国际上通用的物流条码码制有 EAN 条码（消费单元条码）、ITF 条码（储运单元条码）、EAN/UCC 条码（物流条码）三种。

物流条码是物流过程中以商品为对象，以集合包装商品（如纸箱、集装箱等）为单位使用的条形码。物流条码所表示的物品信息内容主要有两部分：①固定项目标识，如厂商信息、产品编码信息等；②动态项目标识，如系列货运包装箱代码信息、生产日期、有效期、批号、数量、参考项目（客户购货订单代码）、位置码、特殊应用（医疗保健业等），以及内部使用信息等。

（2）二维条码

随着条码技术应用领域的不断扩大，传统的一维条码渐渐表现出它的局限性：①一维条码通常仅仅是对物品的标识，而不能对物品进行描述。因此，使用一维条码必须通过链接数据库的方式提取信息才能明确条码所表达的信息含义，对商品信息，如生产日期、价格等的描述必须依赖数据库的支持，因此在没有数据库或不方便联网的地方，一维条码的使用就受到了限制；②一维条码表达的只能是字母和数字，而不能表达汉字和图像，在一些需要应用汉字的场合，一维条码就不能满足要求。随着电子商务的发展，人们迫切需要用条码在有限的空间内表达更多的信息，以满足千变万化的信息表示需要。二维条码是能够在横向和纵向两个方向同时表达信息的条码，不仅能在很小的面积内表达大量的信息，而且可以表达汉字和存储图像信息，从而解决了一维条码难以解决的问题。因此，从应用角度看，一维条码用于对物品进行标识，二维条码用于对物品进行描述。

目前，二维条码主要分为行排式和矩阵式两大类，如图 9-3 所示。

（a）行排式　　　　　　　　　　　　　　　　（b）矩阵式二维条码

图 9-3　二维条码的类型

- 行排式二维条码又称堆积式二维条码或层排式二维条码，其编码原理建立在一维条码基础之上，按需要堆积成两行或多行。有代表性的行排式二维条码有 PDF417、CODE49、CODE16K 等。

- 矩阵式二维条码又称棋盘式二维条码，在一个矩形空间内通过黑、白像素在矩阵中的不同分布进行编码，具有更高的信息密度。在矩阵相应元素的位置上，用点的出现表示二进制"1"，点的不出现表示二进制"0"，点的排列组合确定了矩阵式二维条码所代表的意义。具有代表性的矩阵式二维条码有 QR Code、Data Matrix、Maxi Code、Code one 等。

二维条码可把照片、指纹编码于其中，有效地解决了证件的可机读和防伪问题，因此，可广泛应用于护照、身份证、行驶证、军人证、健康证、保险卡等。另外，在海关报关单、长途货运单、税务报表、发票、保险登记表上，人们也都有使用二维条码技术来解决数据输入及防伪等问题。

3．条码识读设备

条码识读设备主要有以下几种，如图 9-4 所示。

（1）光笔条码扫描器

光笔条码扫描器是一种轻便的条码读入装置。在光笔内部有扫描光束发生器及反射光接收器。阅读条码信息时，扫描器应与待识读的条码接触或相距极短的距离，一般仅 0.2mm～1mm。

（a）光笔条码扫描器 （b）手持式枪型条码扫描器

（c）台式条码扫描器 （d）激光条码扫描器

图 9-4　条码识读设备的类型

（2）手持式枪型条码扫描器

手持式枪型条码扫描器内一般都装有控制扫描光束的自动扫描装置。阅读条码时不需与条码接触，扫描头与条码标签的距离近的在 0～20mm 范围内，远的可达到 500mm 左右。手持式枪型条码扫描器具有光点匀速扫描的优点，阅读效果比光笔条码扫描器好，扫描速度快。

（3）台式条码扫描器

台式条码扫描器适合于不便使用手持式枪型条码扫描器阅读条码信息的场合。这种扫描器可以安装在生产流水线传送带旁的某一固定位置，等待标有条码标签的待测物体以平衡、缓慢的速度进入扫描范围，对自动化生产流水线进行控制。

（4）激光条码扫描器

激光条码扫描器的最大优点是扫描光照强，可以远距离扫描，而且扫描速度快。扫描器内部光学系统可以将单束光转变成十字光或米字光，从而保证被测条码从各个角度进入扫描范围时都可以被识别。

4. 条码应用系统

条码本身必须与其他计算机设施结合组成条码应用系统才能发挥功效。条码应用系统是由条码标签、条码识读设备、计算机处理系统（包括数据库）等组成的条码识读和数据处理信息系统，如图 9-5 所示。

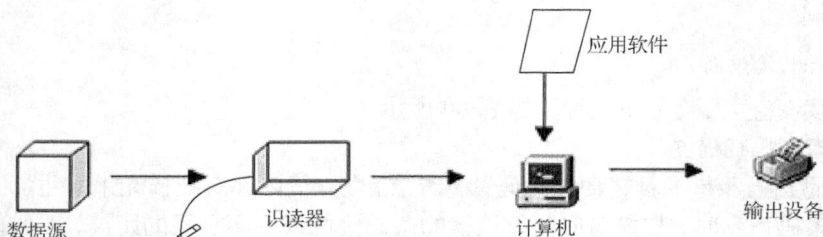

应用软件

数据源　　　识读器　　　计算机　　　输出设备

图 9-5　条码应用系统工作原理

在具体应用中，当条码识读设备扫描条码时，条码将被一种红外线或可见光源照射，黑色的条吸收光，空则将光反射回扫描器中；扫描器将光波转译成模仿条码中的条与空的电子脉冲，一个解码器用数学程序将电子脉冲译成一种二进制码，并将译码后的资料信息传递给计算机处理系统进行后续信息处理。因此，对条码信息的完整处理需要多个组件共同协作才能完成。对于普通的一维条码来说，人们必须事先通过数据库建立条码与商品信息（如商品名称、单价、库存等信息）的对应关系，如此当条码数据传到计算机上时，计算机上的应用程序才能从数据库中找到该条码对应的商品记录，对数据进行操作和处理。因此，普通的一维条码在使用过程中仅作为识别信息，它的意义是通过在计算机系统的数据库中提取相应的信息。对于二维条码来说，大家不必在数据库中建立条码与商品信息的对应关系，即可实现对数据的操作和处理。

条码应用系统的典型应用有以下几个。

（1）销售信息系统

在商品上贴上条码后，该系统就能快速、准确地利用计算机进行销售和配送管理。其过程为：对销售商品进行结算时，通过扫描设备读取信息并将信息输入计算机，然后输入收款机，收款以后开出收据。同时，通过计算机处理，能够掌握进、销、存的实时数据。

（2）库存系统

其在库存物资上应用条码技术，尤其是规格包装、集装、托盘货物上，入库时自动扫描并输入计算机，由计算机处理后形成库存信息，并输入入库区位、货架、货位的指令，出库程序则与销售信息系统一样。

（3）分货拣选系统

企业在配送商品和仓库出货时，需要快速处理大量的货物，由于在每件物品外包装上都印（贴）有条码，利用条码技术便可自动进行分货拣选，并实现有关的管理。

（4）物流跟踪系统

客户将包裹委托给物流公司，并获取反馈的客户编码，同时该编码以条码形式粘贴在包裹上，并在计算机系统内建立一条对应的记录存放到计算机信息中心。当包裹从托运地开始向目的地转运时，每经过一个转运中心，条码识别系统都会扫描该包裹，计算机系统就会对该条码对应的记录进行更新，包括当前地址、状态是否正常等，并将更新结果保存到计算机信息中心。这一更新过程一直维持到收货人提取物品为止。托运方和接收方均可利用客户编码在线查询包裹状态。

9.4.2　无线射频识别技术

无线射频识别技术是 20 世纪 90 年代兴起的一种自动识别技术，它可以通过非接触方式识读信息，通过感应、无线电波或微波能量进行双向通信，保密性和抗恶劣环境的能力较强。

1. 无线射频识别技术的概念

无线射频识别（Radio Frequency Identification，RFID）技术是一种非接触式的自动识别技术，主要通过射频信号自动识别目标对象并获取相关数据，无须人工干预，可工作于各种恶劣环境。RFID 技术最突出的特点是可以非接触识读（识读距离可从 10 厘米到几十米），它具有可识别高速运动物体、抗恶劣环境，以及可同时识读多个识别对象的优点，操作快捷、方便。

2. RFID 应用系统

（1）RFID 应用系统的构成

最基本的 RFID 应用系统由电子标签、阅读器、天线和数据处理系统四部分构成。

① 电子标签。电子标签（Tag）也称射频识别卡，相当于条码技术中的条码符号，用来存储需要识别和传输的信息。与条码不同的是，电子标签必须能够自动或在外力的作用下，把存储的信息主动发射出去。有些 RFID 标签支持读写功能，目标物体的信息能随时更新。

② 阅读器。阅读器是读取（在读写卡中还可以写入）标签信息的设备，可无接触地读取并识别电子标签中所保存的电子数据，从而达到自动识别目标的目的。它可进一步与计算机系统（即数据处理系统）相连，将识别的数据传递给数据处理系统。有些阅读器有内置天线，有些阅读器必须外接天线。

③ 天线。天线是电子标签和阅读器之间传输数据的发射、接收装置。

④ 数据处理系统。数据处理系统主要接收阅读器发来的识别数据，并进行相应的处理。

（2）RFID 应用系统的工作原理

RFID 应用系统的工作原理如图 9-6 所示。

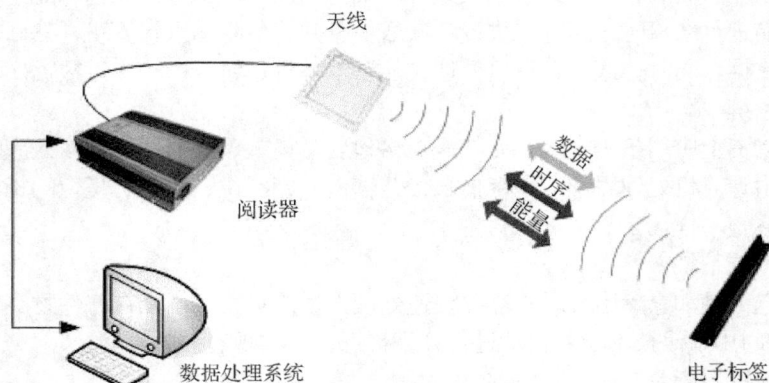

图 9-6　RFID 应用系统工作原理

① 阅读器通过天线发送一定频率的射频信号，当电子标签进入天线发射信号区域时会产生感应电流，此时电子标签获得能量被激活。

② 电子标签将自身编码等信息通过卡内置发送天线发送出去。

③ 天线接收到电子标签发送来的载波信号，经天线调节器传送给阅读器。

④ 阅读器对接收的信号进行解调和解码，然后送到数据处理系统进行相关处理。

⑤ 数据处理系统针对不同的设定做出相应的处理和控制。

RFID 技术的典型应用主要涉及物流和供应链管理、生产制造与装配、航空行李处理、邮件/快运包裹处理、图书馆管理、门禁控制、电子门票、道路自动收费等。

9.4.3　地理信息系统

物流运作和决策的许多活动都离不开与地点、位置相关的空间（地理）信息的支持，如车辆和货物跟踪、配送路线优化、仓库选址等，而运用先进的空间数据（地理信息）管理与追踪定位技术，能有效支持这些物流决策和运作活动。

1. 地理信息系统概述

地理信息系统（Geographic Information System，GIS）是将空间数据（地理数据）和属性数据结合起来进行可视化、地图化分析的一种特殊的信息系统。其中，空间数据是指与物体位置相关的数据，如某仓库的经度、纬度等；属性数据是指物体一般的、非位置相关的数

电子商务概论——基础、案例与实训（微课版）

据，如仓库的名称、容量、联系人等数据。

GIS 可根据物体的地理坐标对其进行管理、检索、评价、分析、结果输出等处理，提供决策支持、动态模拟、统计分析、预测预报等服务。GIS 带来的不仅是地图显示，还将各种数据进行直观的、可视化的分析和查询，发掘隐藏在数据中的各种潜在的联系，为用户提供一种崭新的决策支持能力。

GIS 与无线通信技术结合是其发展的主要方向之一，目前主要有网上地图、手机地图和掌上电脑地图等，能显示用户的位置及其周围的环境、商品和服务所在地等。

2. 地理信息系统在物流中的应用

GIS 应用于物流中，主要是指利用 GIS 强大的地理数据功能来完善物流系统。完善的物流系统集成了一些典型的物流分析模型，包括车辆路线模型、设施定位模型、网络物流模型、分配集合模型等。这些模型既可以单独使用，解决某些实际问题，也可以作为基础，进一步开发可适合不同需要的应用程序。

（1）车辆路线模型

车辆路线模型用于解决在一个起点、多个终点的货物运输问题中，如何降低操作费用并保证服务质量，包括决定使用多少车辆，每个车辆经过什么路线的问题。在物流系统中，在一对多收发货点之间存在着多种运输路线可供选择的情况下，企业应以物资运输的安全性、及时性和低费用为目标，综合考虑，权衡利弊，选择合理的运输方式并确定费用最低的运输路线。

（2）设施定位模型

设施定位模型用来确定仓库、商店、配送中心等一个或多个设施的最佳位置，其目的同样是提高服务质量，降低操作费用，以及使利润最大化等。在物流系统中，仓库和运输线共同组成了物流网络，仓库处在网络的节点上，运输线就是连接各个节点的线路，节点决定着线路。设施定位模型根据供求的实际需要并结合经济效益等原则，能够解决在既定区域内设置多少仓库，每个仓库的地理位置在什么地方，每个仓库应有多大规模（包括吞吐能力和存储能力），这些仓库的物流关系如何等问题。

（3）网络物流模型

网络物流模型用于解决诸如寻求最有效的分配货物路径或提供服务路径问题，即物流系统中具有战略意义的网点布局问题。例如，将货物从 m 个仓库运到 n 个零售商店，每个商店有固定的需求量，这时，需要确定哪些仓库供应哪些零售商店，从而使运输代价最小。

（4）分配集合模型

分配集合模型可以根据各个要素的相似点把同一层的所有或部分要素分成几组，用于解决确定服务范围、销售市场范围等问题。很多物流问题中都涉及分配集合模型。例如，某公司要设立 x 个分销点，那么应该如何划分各个分销点的服务范围，才能使这些分销点覆盖整个地区，且每个分销点的客户数目大致相等。

综上所述，把 GIS 融入物流配送的过程中，可以更容易地处理物流配送中货物的运输、仓储、装卸、配送等各个环节，并对其中涉及的问题，如运输路线的选择、仓库位置的选择、仓库的容量设置、合理装卸策略、运输车辆的调度和配送路线的选择等进行有效的管理和决策分析，这样才符合现代物流的要求，才有助于物流配送企业有效利用现有资源，降低消耗，提高效率。随着电子商务、物流和 GIS 本身的发展，GIS 将成为全程物流管理中不可缺少的组成部分。

9.4.4 全球定位系统

1. 全球定位系统概述

全球定位系统（Global Position System，GPS）是由美国国防部开发，结合卫星及通信技术，利用导航卫星进行测时和测距，具有海、陆、空全方位实时三维导航与定位能力的卫星导航与定位系统，可实现全天候精确定位全球任何位置上物体的三维坐标、速度和时间。

GPS 的问世标志着电子导航技术发展进入了一个新时代。GPS 的特点有以下几个。

① 全球地面连续覆盖。GPS 卫星数目较多且分布合理，地球上任何地点均可连续同步地观测到至少 4 颗卫星，满足了全球、全天候连续实时导航和定位的需要。

② 功能多、精度高。GPS 可为各类客户连续地提供高精度的三维位置、三维速度和时间信息。

③ 实时定位速度快。目前 GPS 接收机的一次定位和测速工作在 1s 甚至更少的时间内便可完成，这对高动态客户来说尤为重要。

④ 抗干扰性能好、保密性强。GPS 采用了伪码扩频技术，GPS 卫星所发送的信号具有良好的抗干扰性和保密性。

2. 全球定位系统的构成

全球定位系统由空间卫星系统、地面监控系统和客户接收系统三部分构成。

（1）空间卫星系统

空间卫星系统由均匀分布在 6 个轨道平面上的 24 颗高轨道工作卫星构成，各轨道平面相对于赤道平面的倾角为 55°，轨道平面间距 60°。在同一轨道平面内，各卫星升交角距差 90°，任一轨道上的卫星比西边相邻轨道上的相应卫星超前 30°。该卫星系统能够保证全球任一时刻、任一地点都可对 4 颗以上的卫星进行观测，实现连续、实时的导航和定位。

（2）地面监控系统

地面监控系统由监测站、主控站和注入站组成。监测站的主要任务是对每颗卫星进行连续不断的观测，并向主控站提供观测数据；主控站接收各监测站的 GPS 卫星观测数据、卫星工作状态数据、各监测站和注入站的工作状态数据，并根据各类数据，及时编纂每颗卫星的导航电文并传送给注入站、控制和协调监测站间和注入站间的工作、检验注入卫星的导航电文是否正确，以及卫星是否将导航电文发给了 GPS 客户接收系统、诊断卫星的工作状态、改变偏离轨道的卫星位置及状态、调整备用卫星取代失效卫星等；注入站的主要任务是接收主控站送达的各卫星导航电文并将之注入飞越其上空的每颗卫星。

（3）客户接收系统

客户接收系统主要由以无线电传感和计算机技术支撑的 GPS 卫星接收机和 GPS 数据处理软件构成。GPS 卫星接收机的任务是实时获得导航定位数据或采用测后处理的方式，获得定位、测速、定时等数据；GPS 数据处理软件的功能是对 GPS 接收机获取的卫星测量记录数据进行"粗加工""预处理"，并对处理结果进行平差计算、坐标转换和分析综合处理，解得测站的三维坐标，测体的坐标、运动速度、方向和精确时刻。

3. 基于 GPS 的跟踪定位系统

物流行业有很大的车辆跟踪定位需求，应用 GPS 进行车辆跟踪和定位，通常要和 GIS、无线网络（如 GSM、GPRS、CDMA）等技术联合应用才能实现。例如，基于 GIS、GPS、GSM 的车辆跟踪监控系统由监控中心、车载终端和 GSM 无线网络三部分组成，如图 9-7 所示。

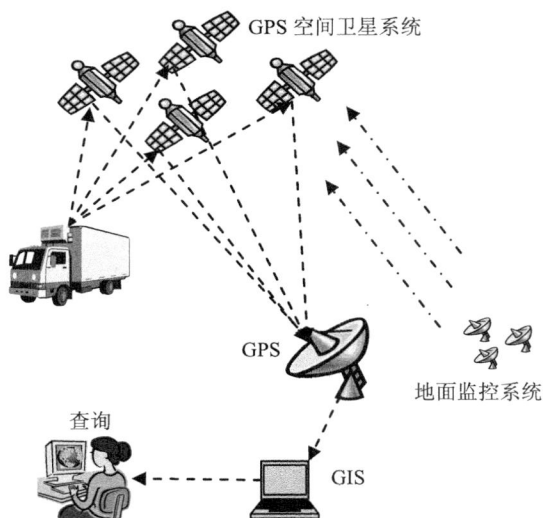

图 9-7　车辆跟踪监控系统

车辆跟踪监控系统的工作流程如下。

（1）车载终端的 GPS 接收模块接收 GPS 卫星信号，经车载终端计算处理后得到车辆的实时动态位置信息，包括经纬度、速度等信息，然后连同车辆的一般信息、状态信息、时间信息、报警信息等，利用车载终端发送模块发送给移动通信网中的通信服务器。

（2）通信服务器再通过专线（如 DDN）将信息发送至监控中心，监控中心计算机在收到坐标数据及其他数据后，与 GIS 的电子地图相匹配，并在电子地图上直观地显示车辆的准确位置，这样控制中心就可以清楚和直观地掌握车辆的动态位置，从而把握车辆的运营情况。监控中心也可以根据车辆的运行情况给车辆发送指挥信息以调度车辆。

（3）监控中心还可以联上互联网，将监控信息通过互联网发布给自己的客户或商业伙伴，让客户能够通过互联网登录监控中心的系统，查看跟自己有关的监控信息。

习题

一、基本概念

物流　供应物流　生产物流　销售物流　回收物流　逆物流　物流管理　自营物流
第三方物流　物流联盟　条码　条码应用系统　RFID　地理信息系统　全球定位系统

二、单项选择题

1. 下列哪项物流功能创造了物品的空间效用。（　　）

　　A. 运输　　　　　　　B. 仓储　　　　　　　C. 包装　　　　　　　D. 流通加工

2. 在电子商务环境下，物流和信息流之间的关系表现为（　　）。

　　A. 物流运作以信息流为中心　　　　　　B. 物流和信息流形影相随

　　C. 物流引导信息流　　　　　　　　　　D. 物流决定信息流

3. 资金实力雄厚且业务规模较大的电子商务公司适合采取的物流模式为（　　）。

　　A. 自营物流　　　　B. 第三方物流　　　　C. 物流联盟　　　　D. 以上都不合适

4. 一维条码可应用于（　　）。

　　A. 商品识别　　　B. 发票验证　　　C. 身份证可机读性　D. 护照的防伪

5. 关于 RFID 技术的表述，下列错误的是（　　　）。

    A. RFID 技术是一种接触式自动识别技术

    B. RFID 技术可识读高速运动物体

    C. RFID 技术可同时识读多个物体

    D. RFID 技术通过射频信号来获取电子标签中的信息

三、多项选择题

1. 关于物流的说法，下列正确的有（　　　）。

    A. 物流过程所追求的是"满足客户要求"

    B. 物流可以创造物品的空间价值、时间价值和附加加工价值

    C. 物流的目的强调提高整体效率

    D. 物流是产品从供应地向需求地的流动过程

2. 下列（　　　）属于现代物流的理念。

    A. 市场延伸观念　　　B. 物流独立观念　　　C. 物流系统化观念　　　D. 物流服务观念

3. 电子商务物流的特点表现为（　　　）。

    A. 信息化　　　　　　B. 自动化　　　　　　C. 智能化　　　　　　D. 柔性化

4. 企业采用第三方物流模式的优点包括（　　　）。

    A. 企业能够集中精力于核心业务　　　　　　B. 企业拥有对物流系统的有效控制权

    C. 能够为客户提供优质服务　　　　　　　　D. 投资成本大，规模要求高

5. 条码可应用于（　　　）。

    A. 库存系统　　　　　B. 门禁控制系统　　　C. 销售信息系统　　　D. 分货拣选系统

6. GPS 系统由（　　　）组成。

    A. 空间卫星系统　　　B. 地面监控系统　　　C. 客户接收系统　　　D. 地图识别系统

案例分析

中邮速递易多端布局　全面领跑快递柜新生态圈

    2012 年，速递易首创物流末端配送交付智能设备——智能快递柜正式面世，开启了智能快递柜时代，成为行业独一领袖。2015 年，速递易累计包裹入柜量首次过亿，布局城市超过 70 座，成了当年全球最大的智能快递柜企业。2016 年，速递易再度首创逆向物流生态平台，推出全新的逆向物流寄件自助设备——小黄筒，以社区服务为导向，建立起了最先 100m 的末端交付体系。2017 年，速递易正式更名为中邮速递易，研发推出全新的交付设备——智能信报箱。

    中邮速递易通过将大数据、移动互联网、智能物联网、自动化技术与智能化设备相结合，解决了物流末端收派 24h 标准化服务问题和快递最后 1km、最先 100m 及最近 10m 的配送难题，开创了智慧物流交互新局面，让包裹交付更简单。

    1. 智能快递终端——智能快递柜

    2012 年 9 月，速递易在中国推出第一台"速递易"智能快递柜。智能快递柜的 24h 自助派送服务规范了物流末端配送，极大地提高了配送效率，解决了客户和快递员之间因时间不交集而造成包裹无法及时收，或暂存至某些人工站点导致包裹丢失等问题，在实现物流便民服务的同时，还带动了整个物流行业的高效运转，促进了整个物流行业降本增效。

    智能快递柜主要在居民小区、企事业单位等地进行布点。2017 年投递峰值高达 327.6 万件，包裹日均投递量 220 万件。截至 2018 年 5 月，中邮速递易（含邮政易邮柜）覆盖了 225 座城市，

拥有 8.4 万组柜体，累计包裹入柜量超过 16 亿。

2. 自助寄件终端——小黄筒

2017 年 6 月，中邮速递易与中国邮政共同缔造的智能寄件设备小黄筒正式上线，率先以科技的力量解决快递行业 "最先 100m" 的收寄痛点，提供 24h 快递自助寄件服务，并采用统一标准收费，不仅能满足客户随时寄的需求，还可以通过集中配送的方式，让快递员集中取走包裹，减少快递员上门取件的时间，在提高快递行业运营效率的同时，降低了中国逆向物流成本。

小黄筒主要铺设服务范围为住宅社区、机关单位、商业写字楼、商城、街道附近等地点。2017 年日均寄件包裹达 50 件，中邮速递易正在大力推动后期的设备铺设。

3. 自助收寄快件终端——智能信报箱

中邮速递易智能信报箱将传统的小区居民基础设施信报箱进行升级，成为集收包裹、信件、报纸等为一体的智能信报箱，可 24h 提供不间断服务，不但可以帮快递业节省成本，而且方便用户随时提取，同时又兼有传统信报箱的作用，进一步拉近了与用户之间的距离。

智能信报箱主要位于住宅和机关单位的单元楼内，建于单元楼内的电梯旁或楼梯旁。中邮速递易智能信报箱自投入使用以来，包裹投递量不断增长，覆盖区域也在持续扩大中。

【问题讨论】

1. 中邮速递易的智能快递柜、小黄筒和智能信报箱主要面向哪些目标客户，分别满足了这些客户的哪些需求？

2. 中邮速递易是如何做到 "智能" 的？它的核心优势是什么？

📖 拓展学习

新零售下物流业的变革发展

2016 年，马云在云栖大会上首次提出 "新零售" 的概念，强调了物流发展的重要性。物流公司的本质不是要比谁做得更快，获得的利益更多，而是真正实现零库存，让库存管理更加便利化、信息化，只有这样，才是真正的物流。

1. 新零售下物流行业的运作模式

传统物流行业都存在物流供应链链条过长、中间环节较多、仓储成本较高、新技术运用缺乏等问题，这些问题不能满足新零售下物流企业的要求。伴随着消费升级、技术革命和物流行业的降本增效，物流运作将逐步适应新零售的要求。

（1）物流网络快速适应当前环境的发展

新零售时代，线上与线下的快速结合，物流业的快速响应，线上、线下、社区体验、乡镇农村全面融合，企业需要与现实社会的实际需求相匹配，以消费者为中心设计产品，实现全渠道、多渠道的发展特点。在配送方面，物流配送方式按照 "干线+末端云仓（门店）集散配送+最后一公里物流" 的形式，实现配送网络的快速响应。

（2）实现物流供给侧改革

随着社会物流的发展，仓储时间日益缩短，库存逐渐向消费者端移动，货物将永远在路上，仓储成为类似于中转、流转的系统，物流中间环节被压缩，中间的商品滞留期缩短，原本是经销商、制造商的库存，未来会推到消费者端，大大降低了物流过程中仓储的运营成本。

（3）利用新兴科技，实现智慧物流

在物流产业中，在仓储、发货、配送等过程中都会产生较多的数据，物流业依托云计算处理能力，帮助企业实现信息的互通，并在此基础上提供多样化的智能服务。通过大数据平台对消费需求、前端采购、供应链等环节进行优化，能更精准地预测销量，调拨库存，把货放到消费者身边，如此既可以降低企业物流成本，又可以增加消费者用户体验，最终实现一千米物流。

（4）借助先进技术设备，提高物流效率

新零售模式下整个物流行业正快速朝着智慧化与国际化的方向发展，以大数据、区块链、人工智能、无人机等为代表的信息技术设备在物流领域的应用促进了现代物流的快速发展。未来的智慧仓储将做到由仓库中的自动化设备替代原有人的部分工作，实现仓库作业过程中最小的能耗、最快的速度以及最高的效率。

2．新零售下物流行业的发展方向

（1）物流——打造物流云信息服务平台

物流云是基于云计算的物流基础信息服务平台，可以帮助企业节约时间、节省成本，尤其是那些刚刚起步的物流企业。物流云信息服务平台可以帮助企业提供一种安全、稳定的设施环境，帮助企业与产业链上的其他相关企业连接、沉淀大数据，并提供多种新产品。目前，国内多家物流企业已使用物流云，如韵达、天天快递等企业。以韵达快递为例，启用物流云后，其在不到一年的时间内，明显降低了 IT 基础成本，系统能力提高显著。

（2）库存——实现零库存

目前，多家物流企业都面临一种情况：仓库分散、货物分散、库存量大等问题，使得配送货物时需要很多不必要的中间环节，极大地浪费了时间。但是对于企业来说，时间就是金钱。在这个过程中，企业除了配送费外，还需要额外支付仓储费，这给企业造成了巨大的浪费。

新零售时代将实现即时消费供给本地化，线下实体店会进一步形成 30min 距离内的供求体系，很多货并不需要从电商的仓库里发货，可以从离消费者最近的实体店发货，所以这些实体店会变成未来物流配送的前端支点，更能精准地预测销量，调拨库存，把货放到消费者身边，既可以降低企业物流成本，又可以提升消费者购物体验。

（3）仓储——打造无人仓

销售主要考虑客户的需求，订单主要考虑销售的数量和仓储的存货、备货，而要实现仓储备货的标准化，则需要无人仓的配合，其效率比平时高出百倍，但是如果采用无人仓，则成本会成为一个重要问题。

拓展训练

针对目前出现的新型物流模式（如第四方物流、逆向物流、绿色物流等），以某一种为研究对象，对其运作模式和特点进行调查分析，并结合具体案例，完成一篇分析报告。

第10章　网络营销

📂【本章导读】

　　对于当今的中国企业尤其是传统制造企业来说，打造企业的营销能力已经成为其转型升级的必由之路。在"互联网+"之风席卷传统经济时，如何营销成为许多企业面临的现实问题。互联网改变了人们的生活习惯，甚至生活方式，如果把它当作一种媒体，它必将为企业营销带来更多意想不到的传播奇迹；如果把它当作一种营销手段，它所引发的变革必将影响企业组织、运作等多个环节。因此，互联网的迅猛发展给企业创造了更多的营销机会。随着网络技术的不断发展与创新，开展网络营销的工具也必将更加多元化，如电子邮件、搜索引擎、论坛、博客、微博、微信、各种聊天工具、网络游戏、抖音等网络介质层出不穷。时代在进步，社会在变化，只有与时俱进，才能成功！

📂【学习目标】

- 理解网络营销的概念和内涵。
- 掌握网络营销的基本职能。
- 熟悉网络营销基础理论的内涵，包括直复营销、软营销、关系营销、整合营销，并能够用于分析具体的网络营销案例。
- 掌握网络营销策略制定的基本理论，并能够为具体项目制定可行的网络营销策略。

💼 引导案例

支付宝集福活动背后的营销目的

　　2016年春节前夕，支付宝推出了以"新春迎福——邀好友，送福气"为主题的集福活动。用户可以通过增强现实（Augmented Reality，AR）扫福字和加好友送福卡进行集福，集齐五福的用户可以均分2.15亿元的支付宝红包。2016年集福活动中一共有791 405人集齐了五福，人均获得271.66元的红包。

　　2017年，支付宝再度开启"在一起，过福年"的春节集福主题活动。用户可以通过AR扫福字、参与蚂蚁森林两种方式获得福卡，集齐五福的用户可分享2亿元的红包，最高数额可达666元，部分用户可额外获得88元天猫超市优惠券。

　　2018年，支付宝三度开启了春节集五福活动。用户可通过AR扫描福字、AR扫描"五福到"手势、蚂蚁森林浇树、蚂蚁庄园收金蛋、好友转赠、互换、钻石会员直接获得3张万能福等方式获得福卡，集齐五福可分享5亿元现金红包。

　　支付宝近几年的集五福活动异常火爆，那么马云花巨资营造活动氛围意欲何为？背后的营销目的是什么呢？

从战略上说，支付宝借助中国人心中最重要的传统节日——春节，全力推广虚拟现实（Virtual Reality，VR）体验，为支付宝发力线下场景提供全新解决方案。随着科技的进步，VR技术无疑是线上、线下体验融合的最佳解决方案，因此，支付宝借助集五福活动无疑是在为VR购物提前培养用户使用习惯，降低用户使用成本。

从战术上说，支付宝推出的集福活动可以提高支付宝的下载量，充分调动用户的活跃度，让平时较少使用支付宝的用户参与进来，从而改变用户的支付习惯，抢占社交场景下的支付入口。此外，从2017年支付宝集福活动开始，五福卡上都有各个企业的广告或者商家的优惠活动信息。将五福卡做成广告位能够增加企业广告的曝光率，吸引客户关注，集五福活动看似是一场抢红包大战，实则是一场企业的广告营销盛宴。

【案例启示】

互联网技术和工具的发展使得企业进行网络营销的物质基础更加多元化；客户观念的不断变化促使企业不断创新网络营销手段来满足客户的需求；日益激烈的市场竞争迫使企业使出浑身解数，想方设法地控制经营成本、开拓市场、提高客户满意度和忠诚度。但到底如何进行网络营销才是有效的？我们需要回归营销的本源，正确理解网络营销的本质。

10.1　网络营销概述

10.1.1　网络营销的概念

目前，网络营销并没有统一的概念。国内外学者和网络营销从业人员对网络营销的研究和理解往往侧重于不同的方面。但网络营销说到底是一种新的营销模式，营销的本质没有变，变化的只是思维、工具和方法。经典的营销理论告诉我们，营销的本质是发现并满足消费需求，甚至是引导和创造需求，并达到企业的营销目标。显然，营销是一个客户价值创造、传递和获取的过程。因此，本书从"营销本质"的角度出发，认为网络营销是应用互联网思维，借助各种互联网技术和工具更有效地发现并满足客户的需求和欲望，从而实现客户价值创造、传递和获取的一种手段。为了更深入地理解网络营销的内涵，更好地开展网络营销实践，需要特别注意以下几点。

1. 网络营销是手段而不是目的

网络营销是企业为满足目标市场需求，通过互联网开展的各种营销活动，是企业实现营销目标的手段，而不是营销目标本身。因此，网络营销实质上是企业营造网上经营环境的过程，凭借网络媒介开放、高效、低成本等特性，综合利用各种网络营销方法和工具，并协调其间的相互关系，从而更加有效地实现企业的营销目标。

2. 网络营销的目标是多元的

网络营销的效果表现在多个方面，既包含产品层面的目标，也有客户层面的目标，还有品牌层面的目标等，如吸引流量、增加销售额、改善客户关系、提升品牌形象等。这些目标又可以分为过程目标和结果目标，分不同阶段来实现，如按时间周期分为短期目标、中期目标和长期目标。

3. 网络营销的基础是互联网工具的应用

随着互联网技术的发展，新的网络应用工具层出不穷，满足了不同用户群体的网络应用习惯，激发了他们的网上冲浪热情，从而为企业进行网络营销提供了更加多元化的物质基础。因此，互联网技术和工具是进行网络营销的基础，没有互联网技术和工具的发展，网络营销将是纸上谈兵。

4. 网络营销需要"多兵种联合作战"

网络营销不是"单兵作战"，而是"多兵种联合作战"，这不仅需要各种网络营销工具的联合应用，而且需要线上和线下营销手段的整合。在"互联网+"带动传统产业转型升级的背景下，这种"多兵种联合作战"的立体式整合营销更是大势所趋。

10.1.2　网络营销的职能

网络营销的职能不仅表明了网络营销的作用和工作内容，同时也说明了网络营销应该实现的效果。认知的网络营销职能有助于全面理解网络营销的价值和内容体系。基于网络营销的定义和对网络营销实践应用的归纳总结，网络营销的基本职能可以概括为客户价值创造职能、客户价值传递职能和客户价值获取职能。

1. 客户价值创造职能

（1）网上调研

网上调研调查周期短、成本低，不仅为企业制定网络营销策略提供支持，也是整个市场研究活动的辅助手段之一。通过网上调研可以更快速、精准地对客户的需求和欲望进行调查，从而更高效地为客户创造价值。网上调研与网络营销的其他职能具有同等地位，既可以依靠其他职能而开展，也可以相对独立地进行，网上调研的结果反过来又可以为其他职能更好地发挥提供支持。

（2）客户服务

客户服务贯穿于企业营销的全过程，包括售前服务、售中服务和售后服务。互联网为企业提供了更加方便的在线客户服务手段，能够更好地满足客户的需求。常见问题解答（Frequently Asked Questions，FAQ）、电子邮件，以及在线论坛和各种即时通信工具等在线客户服务手段具有成本低、效率高的优势，在提高客户服务水平、降低客户服务成本方面具有显著作用。

拓展视野 10-1

什么是FAQ？

FAQ 被通俗地称为"常见问题解答"，是一种在线帮助形式。在很多网站上都可以看到 FAQ 列出了一些客户常见的问题。企业在利用一些网站的功能或者服务时往往会遇到一些看似很简单，但不经过说明可能很难弄清楚的问题，有时甚至会因为这些细节问题的影响而失去客户。其实在很多情况下，只要经过简单的解释就可以解决，这就是 FAQ 的价值。

在网络营销中，FAQ 被认为是一种常用的在线客户服务手段，一个好的 FAQ 系统，应该至少可以回答客户 80%的一般性问题，这样不仅方便了客户，而且极大地减轻了网站工作人员的压力，节省了大量的客户服务成本，并且增加了客户的满意度。因此，一个优秀的网站，应该重视 FAQ 的设计。

（3）网络品牌塑造

在互联网上建立并推广企业的品牌，以及让企业网下品牌在网上得以延伸和拓展是网络营销的重要任务之一。任何企业都可以采用适合自己的营销方式展现品牌形象。网络品牌建设以企业网站建设为基础，通过一系列推广措施，以达到客户和公众对企业的认知和认可。网络品牌是企业客户价值创造的集中体现，通过网络品牌的价值转化，可以实现持久的客户忠诚，创造更多的直接收益。

2. 客户价值传递职能

（1）网站推广

网站推广是吸引流量、传递客户价值的前提。中小企业由于经营资源有限，发布新闻、投放广告、开展大规模促销活动等宣传机会比较少，难以有效地将客户价值传递给客户。企业网站作为承载客户价值的载体，通过互联网手段进行网站推广就显得尤为重要。互联网为企业进行网站推广提供了多样化的工具和技术支持，如电子邮件、社会化媒体、搜索引擎、网络广告等。

（2）信息发布

信息发布是通过各种互联网手段，将企业营销信息以高效的手段向目标客户、合作伙伴、公众等群体传递。互联网为企业发布信息创造了优越条件，不仅可以将信息发布在企业自己的网站上，还可以利用各种网络营销工具和网络服务商的信息发布渠道向更大范围传播信息。

（3）销售促进

网络营销大都直接或间接具有促进销售的效果，同时，还有许多针对性的网上促销手段。事实上，网路营销对于促进网下销售同样很有价值。这就是为什么一些没有开展网上销售业务的企业一样有必要开展网络营销的原因。

3. 客户价值获取职能

（1）网上销售

网上销售是企业销售渠道在网上的延伸。一个具备网上交易功能的企业网站本身就是一个网上交易场所，网上销售渠道建设并不限于企业网站本身，还包括建立在第三方交易平台上的网上商店，以及与其他电子商务网站不同形式的合作等。因此，任何规模的企业都有可能拥有适合自己需要的在线销售渠道。

（2）客户关系管理

以客户关系为核心的营销方式成为企业创造收益和保持竞争优势的重要策略。网络营销为建立客户关系、提高客户满意度和忠诚度提供了更为有效的手段，通过网络营销交互性和良好的客户服务手段，增进客户关系成为网络营销取得长期效果的必要条件。

总之，开展网络营销的意义在于充分发挥各种职能，营造良好的网络经营环境，为提高企业竞争力，实现企业整体效益最大化提供助力。

10.2 网络营销的理论基础

10.2.1 直复营销理论

美国直复营销协会（Amercian Direct Marketing Association，ADMA）将"直复营销"定义为：一种为了在任何地方产生可度量的反应和达成交易而使用一种或多种广告媒体的相互作用的市场营销体系。"直复营销"中的"直"，是指不通过中间分销渠道而直接通过媒体连接企业和客户；"直复营销"中的"复"，是指企业和客户之间的交互。

互联网作为一种交互式的、可以双向沟通的渠道和媒体，可以很方便地在企业与客户之间架起桥梁。客户可以直接通过互联网订货和付款；企业可以通过互联网接收订单、安排生产，直接将产品配送给客户，同时还可以获得客户的其他数据甚至建议。因此，基于互联网的直复营销更加吻合直复营销的理念，主要表现在以下几个方面。

① 直复营销作为一种相互作用的体系，特别强调营销者与目标客户之间的"双向信息交流"。互联网作为开放、自由的双向信息沟通网络，可以实现企业与客户之间直接的、一对一的沟通和信息交流。企业可以根据目标客户的需求进行生产和营销决策，在最大限度地满足客户需求的同时，提高营销决策的效率和效果。

② 直复营销活动的关键是为每个目标客户提供直接向营销人员反馈信息的渠道。客户可以方便地通过互联网直接向企业提出建议和购买需求，也可以直接通过互联网获得售后服务。企业可以从客户的建议、需求和要求的服务中，找出企业的不足，按照客户的需求进行经营管理，减少营销费用。

③ 直复营销强调在任何时间、任何地点都可以实现企业与客户的"信息双向交流"。互联网的全球性和持续性的特性，使客户可以在任何时间、任何地点直接向企业提出要求和反映问题。企业也可利用互联网突破空间和时间限制，低成本地与客户实现双向交流。

④ 直复营销最重要的特性是营销活动的效果是可测定的。互联网为企业与客户进行交易提供了直接的沟通和交易平台，企业通过数据库技术和网络控制技术，不仅可以方便地处理每一位客户的购物订单和需求，还可以分析客户的购买行为，进而对客户的商业特征做出判断，为及时了解客户需求，细分目标市场，提高营销效率和效果提供决策依据。此外，可测定性还在于对营销活动效果的动态跟踪。营销人员可以对各种事先提供的重要因素进行测试，以发现营销资源中最有效的部分。有了及时的营销效果评价，就可以及时改进营销策略，获得更满意的营销效果。因此，在网络营销中，营销测试是应着重强调的一个核心内容。

10.2.2 软营销理论

软营销（Soft Marketing）理论，实际上是针对工业经济时代以大规模生产为主要特征的"强势营销"提出的新理论，它强调企业在进行市场营销活动时，必须尊重消费者的感受和体验，让消费者舒服地主动接受企业的营销活动。

在传统营销活动中，最能体现强势营销特征的是常见的广告轰炸和人员推销。这两种营销方式都试图以一种信息灌输的方式在消费者心目中留下深刻印象，至于消费者是否愿意接受、需不需要这类信息则不放在首要位置。

软营销的特征主要体现在它从消费者的体验和需求出发，在遵守网络礼仪的同时，通过对网络礼仪的巧妙运用，采取拉式策略吸引客户主动关注企业，在"和风细雨"中获得一种微妙的营销效果。

在互联网上，信息交流是自由、平等、开放和交互的，强调的是相互尊重，网络用户比较注重个人体验和隐私保护。因此，在网络上采取以企业为主动方的强势营销，无论是有直接商业利润目的的推销行为还是没有直接商

网络礼仪法则

业目的的主动服务，都可能遭到唾弃甚至报复。例如，美国在线公司（American Online，AOL）曾经对其用户强行发送 E-mail 广告，结果招致用户的一致反对，许多用户约定同时给 AOL 服务器发送 E-mail 进行报复，结果导致 AOL 的邮件服务器瘫痪，最后不得不向用户道歉以平息众怒。因此，网络营销活动必须遵循一定的行为规范，如不使用电子公告板（Bulletin Board

System，BBS）张贴私人电子邮件、不在网上随意传递带有欺骗性的信息，以及发送垃圾邮件等，这就是网络礼仪。忽视网络礼仪，可能会对他人造成骚扰，甚至引发网上骂战或抵制等事件。

总而言之，软营销与强势营销的根本区别在于强势营销的主动方是企业，而软营销的主动方是客户。客户在心理上要求自己成为主动方，而网络的互动特性又使他们变为主动方真正成为可能。

10.2.3 关系营销理论

1985 年，巴巴拉·杰克逊在产业市场营销领域提出了"关系营销（Relationship Marketing）"这个概念，认为："关系营销是指获得、建立和维持与产业用户紧密的长期关系。"关系营销的实质是在买卖关系的基础上建立非交易关系，以保证交易关系能够持续不断的确立和发生，其目标是建立和发展同相关个人和组织的兼顾双方利益的长期关系。

关系营销的核心是保持客户。企业通过加强与客户的联系，提供高度满意的产品或服务，与客户保持长期关系，并在此基础上开展营销活动，以实现企业的营销目标。企业实施关系营销的原因主要有两个：①企业为保持老客户所支出的费用远远小于争取新客户的费用；②企业和客户之间存在共同的利益，客户支付货款获得产品的使用价值，企业出售产品实现价值获得利润，二者可以通过长期合作实现双赢。

互联网作为一种超越时空的、低成本的双向沟通渠道，能为企业与客户之间建立长期关系提供有效的保障。网络关系营销常用的手段有以下两种。

（1）互动栏目设计

互动栏目的运用是充分发挥网络特性的一种营销手段，企业通过互动栏目可充分了解客户的特征及喜好，从而更直接地掌握第一手市场资料。此手段常与其他网络推广手段相配合。

（2）会员关系管理

即针对网络会员设计一系列服务，企业通过网络会员管理系统可以准确了解每个人不同的喜好和基本情况，从而有针对性地为会员提供信息和服务，可以在恰当的时间把恰当的信息、服务送到恰当的客户手中。

拓展视野 10-2

一个老客户的价值

发展一个新客户的成本是挽留一个老客户的 3 倍～10 倍，向新客户推销产品的成功率是 15%，而向老客户推销产品的成功率是 50%。60%的新客户来自老客户推荐。当一个客户满意时，他至少会向另外 11 个人诉说；一个高度满意的客户会向周围 5 个人推荐；当客户成为一个忠诚的老客户时，他可以影响 25 个客户，诱发 8 个潜在客户产生购买动机，其中至少有 1 人产生购买行为。相反，如果客户忠诚度下降 5%，企业利润至少下降 25%。同时，如果将每年的客户保持率增加 5%，利润将增加 25%～85%。

10.2.4 整合营销理论

美国密歇根州立大学麦卡锡教授提出的 4P 营销组合策略，即产品（Product）、价格（Price）、渠道（Place）和促销（Promotion）策略的基本出发点是企业的利润，而没有把客户需求放到与企业利润同等重要的位置上，只是构成了企业→中间商→客户的单向营销链条。而互联网交互性强的特性使客户能够真正参与到整个营销过程中，而且参与和选择的主动性增强。在客户个性化需求的驱动下，企业必须以满足客户需求为出发点和归宿点，综合考虑客户需求和企业利润。因此，企业需要将客户整合到整个营销过程中，从他们的需求出发开始整个营销过程。

20 世纪 90 年代，以舒尔兹（Don E Schultz）教授为首的一批营销学者从客户需求的角度出发研究市场营销理论，提出了 4C 理论，其主张的观点是：先将产品搁置一边，认真研究客户的需求与欲望（Consumer Wants and Needs），不要再卖企业能制造的产品，而是卖客户确实想购买的产品；暂时忘掉定价策略，先了解客户愿意支付满足其需求与欲望的总成本（Cost）；暂时忘掉渠道策略，先考虑客户购买的便利性（Convenience）；暂时抛开促销，注意与客户的沟通（Communication）。4C 理论是整合营销的支撑点和核心理念。

1. 从产品到客户的需求与欲望

通过网络技术和信息技术的应用，企业能够充分了解客户的信息，特别是客户的需求和偏好。因此，企业在制定产品策略时，应先研究客户的利益，按照客户的需求和欲望来设计产品，从而实现客户价值最大化。客户价值主要体现在：①客户参与产品设计。传统营销的产品策略也强调满足客户需求，但只是依据对客户偏好的预测来进行产品设计。而网络营销把客户当作伙伴，利用网络与客户的交互，直接了解其意图，甚至让客户协助产品的设计、改进和生产活动，从而使生产出来的产品更易于被客户所接受，并可缩短产品进入市场的时间，最大化满足客户多样化的需求。②客户需求迅速得到满足。客户通过互联网在企业的引导下对产品和服务进行选择，企业可以根据客户的要求及时进行生产和提供服务，这使得客户可跨越时空，快速得到满足其需求的产品和服务。③采用敏捷制造系统实现大规模定制。以较低的成本实现按照客户需求进行定制化生产的营销过程，必须有先进的生产制造系统做支持。信息技术和生产技术的高速发展为实现大规模敏捷定制提供了可能，通过在制造中融入信息技术，实现智能化和快速化，从而缩短企业与客户的距离。最典型的案例当属戴尔（Dell）模式。美国 Dell 公司充分利用信息技术实现了大规模敏捷定制，一举奠定了全球 PC 霸主的地位。

2. 从价格到支付成本

以生产成本为基准的定价方式在以市场为导向的网络环境下将不再适用。新型的价格策略应是以客户愿意接受的成本来定价。企业以客户为中心进行定价，必须测定市场上每一类甚至每一位客户的需求以及其对价格认同的标准，否则以客户能接受的成本来定价就是空谈。在互联网上，客户通过价格比较代理软件或网站，很容易找到符合价格预期的产品，甚至可以直接向企业提出可接受的成本；企业根据客户能够接受的成本提供柔性化的产品设计和生产方案供其选择，直到客户认同后再组织生产和销售。双方还可以采用智能型议价系统，直接在网上协商价格，使两种立场（Cost 和 Price）的价格策略直接对话。所有这些都可以在企业服务器程序的引导下完成，并不需要专门的服务人员，成本极其低廉。目前，美国通用汽车公司允许客户在互联网上通过公司的有关引导系统自行设计和组装满足其需要的汽车。客户首先确定接受价格的标准，然后系统根据价格的限定显示满足要求式样的汽车，客户还可以进行适当地修改，如此公司最终生产的产品恰好能满足客户对价格和性能的要求。

3. 从传统渠道到拉式渠道

渠道是指生产者通过市场把产品销售出去，并最终转移到客户手中所涉及的各个环节。传统的分销渠道属于推式渠道。互联网技术使产品推向客户的分销渠道改变为将客户拉至产品和服务的拉式渠道。企业分销渠道策略的制定应首先考虑如何让客户更加便利地获得产品和服务。

在互联网上，企业的销售空间随网络体系的延伸而延伸，没有任何地理障碍和时间限制，网络营销为客户提供了足不出户即可挑选购买自己所需的产品和服务的便利，通过现代物流体系，客户可以更快捷地取得所订购的产品。例如，以信息技术为基础的网络直销渠道，以及互联网上的虚拟商店等。

4. 从促销到交互沟通

传统的促销以企业为主体，企业不管客户是否喜欢和需要，通过一定的媒体或工具对客户进行单方向、压迫式的促销，缺乏与客户的沟通和联系，客户是被动接受的。网络促销策略的出发点是利用网络的特性，实现与客户的有效沟通。这种沟通不是传统促销中"单向"的信息流动，而是"双向"的信息交互，不是传统的"强势"营销而是"软"营销。互联网能够帮助企业加强与客户的沟通和联系，这种一对一交互式的沟通方式使客户可以参与到企业的营销活动中，从而使企业更加了解客户的需求和意愿，企业可以根据客户的购买偏好和购买方式等开展促销活动，甚至可以通过营销数据库，自动地将定制化的广告直接推送给客户。由于这种促销活动针对具体客户的个性化活动，因而能够更好地满足他们的需求。

综上所述，网络整合营销过程的起点是客户需求。营销策略（4P）在满足 4C 要求的前提下实现企业利润最大化，最终目标是同时考虑客户需求的满足和企业利润最大化。具体实现过程为：由于个性化需求得到满足，客户对企业的产品、服务形成良好的印象，在第二次需求该种产品时，客户会首先选择该企业的产品和服务；随着第二轮的交互，产品和服务可能会更好地满足其需求。如此重复，一方面，客户的个性化需求不断得到满足，从而建立起对企业产品的忠诚意识；另一方面，由于这种满足针对差异性很强的个性化需求，这就使得其他企业进入的壁垒变得很高，也就是说其他企业即使也生产类似的产品，也不能同等程度地满足该客户的个性化需求。这样，企业和客户之间的关系就变得非常紧密，甚至牢不可破，从而形成了"一对一"的营销关系。上述这个理论框架被称为网络整合营销理论，它始终体现了以客户为出发点及企业和客户不断交互的特点，其决策过程是一个双向链，如图 10-1 所示。

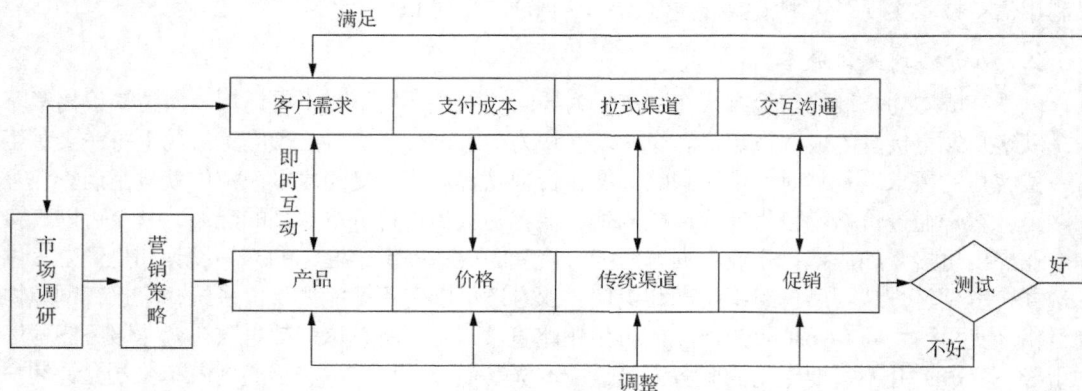

图 10-1　网络整合营销过程

10.3　网络营销策略

10.3.1　网络营销产品策略

产品是企业的核心，也是企业赢利的关键。网络营销产品策略的目的是设计和开发出满足客户需求的产品，并通过合适的展示方式激发客户的购买欲望。

1. 网络营销产品的设计与展示

产品的设计与开发来源于产品构思，而新产品构思需要通过客户需求来启发和引导。因此，网络营销需要通过对客户需求调研或者对客户数据库进行数据挖掘，发现客户的现实需求和潜在需求，从而形成产品构思。成功的产品构思依赖于对产品概念的全面理解。

（1）网络营销产品的概念

在网络营销中，产品的整体概念从内到外可分为以下五个层次。

① 核心利益层次。核心利益是指产品能够满足客户需求的基本功能或用处，是客户要购买的实质性东西。例如，客户购买食品的核心是为了满足充饥和营养的需求。营销的目标在于发现隐藏在产品背后的真正需求，把客户所需要的核心利益和服务提供给客户。有时，同一种产品可以满足不同的核心需求，如人们对服装和鞋帽的需求，有些人以保暖为主，有些人以美观为主。所以，企业在设计和开发产品时，要从客户的角度出发，充分了解客户需要的核心利益所在，以便进行有针对性的产品设计与开发。

网络营销产品设计

② 有形产品层次。有形产品是产品在市场上出现时的具体物质形态，是为传递产品核心利益而设计的一系列与众不同的特征，主要体现为品质、特征、式样、商标、包装、品牌等方面。这些特征可将企业的产品与其他制造商所提供的产品区别开来。

③ 期望产品层次。在网络营销中，客户处于主导地位，消费呈现个性化特征，不同的消费者可能对产品的要求不一样，因此产品的设计和开发必须满足客户的这种个性化消费需求。这种客户在购买产品前对所购产品的质量、使用方便程度、特点等方面的期望值，就是期望产品层次。为满足这种需求，企业的设计、生产和供应等环节应能根据客户的需求实行柔性化的生产和管理。例如，中国海尔集团提出"您来设计我实现"的口号，由客户向其提出自己的个性化需求（如性能、款式、颜色、大小等），然后根据这些需求进行产品设计和生产。

④ 延伸产品层次。延伸产品是指客户在购买产品时所得到的附加服务或利益，主要是帮助客户更好地使用核心利益和服务。例如，企业提供质量保证、免费送货、退换货保障、售后服务等。美国 IBM 公司最先发现，客户购买计算机，不仅是购买进行计算的工具设备，而且主要是购买解决问题的服务，客户需要使用说明、软件程序、快速简便的维修方法等。因此，IBM 公司率先向客户提供一整套计算机体系，包括硬件、软件及其安装、调试、培训和维护等一系列附加服务。

⑤ 潜在产品层次。潜在产品是指在延伸产品层次之外，由企业提供的、能满足客户潜在需求的产品或服务，主要是产品的一种增值服务。客户没有潜在产品层次仍然可以很好地使用其需要的产品核心利益与服务，得到潜在产品，客户的需求会得到超值的满足，客户对产品的偏好程度与忠诚度会得到强化，企业的产品销量也会相应提高。在高新技术发展日益迅猛的时代，由于许多潜在需求和利益还没有被客户意识到，这就需要企业通过引导和挖掘，创造并满足客户的潜在需求。

（2）网上产品展示

企业网站如何突出产品，如何让产品吸引客户的眼球，让客户对产品进行咨询、产生购买欲望，都是至关重要的。企业在网络营销中展示产品应注意以下几个方面。

① 产品分类。多数企业的产品都不是单一的，有很多类别，所以企业应该对产品进行详细分类，如按材质分类、按价格分类或者按规格型号分类等，让客户浏览网站时可以一目了然地看清楚企业的所有产品分类，同时能够提供站内搜索引擎，让客户单击几次鼠标就可以快速找到想要了解的产品。

② 网站首页。网站首页是最重要的页面，也是整个网站权重最高的页面，如果产品能在首页更好地展现，可以大大增加产品的曝光率。

③ 产品详情描述。任何产品都有自己特有的属性，如材质、用途、规格、型号等，这些参数都应该图文并茂地详细展现出来，尤其是客户关注的属性，这样不仅能增强客户的购买欲望，而且能让客户感觉到企业的用心、细心和专业性。

④ 产品页面排版。很多企业把产品页面排版看作很小的问题，其实小细节往往决定成败，产品页面排版也应该讲究。一般来说，企业网站首页的产品图片不宜过多，尽量控制在 9 面～20 面内，太多了不仅影响网站的打开速度，还会让客户感觉很繁杂。排版一般分 3 列或者 4 列，放 3 排～6 排就可以了，这样看起来清楚、明了。

⑤ 产品图片处理。产品图片的处理也很重要。事实证明，高清精美的图片，处理后的效果更吸引客户的眼球，更容易引起客户的购买欲望，如果再加上一些卖点描述，效果会更好。

2. 网络营销服务策略

网络营销服务是企业满足客户需求的一项重要内容，需要站在客户的角度，了解其购买产品或服务的所有需求，全程提供不限于产品本身的专业咨询服务。①售前服务。在产品销售前，企业通过网络向客户提供产品性能和外观介绍、客户咨询回答、产品推荐等方面的服务，目的是充分激发客户的购买欲望；②售中服务。主要解决客户在购买过程中所遇到的问题，并为其提供结算、物流以及订单跟踪等服务，消除其购买疑虑，以便客户更好的达成交易；③售后服务。主要帮助客户解决使用过程中所遇到的问题，如为客户提供使用说明、常见问题解答、产品升级、退/换货等。售后服务不仅能提高本次销售的客户满意度，而且可以为下次销售做好铺垫。

利用互联网提供服务，企业应做到：①充分考虑互联网的特性，及时、快捷地为客户提供服务；②可以采用多种技术手段开展网上服务，如利用数据库系统为客户提供更专业、更详尽的产品信息，利用网上自动服务系统为客户提供定制服务，建立 BBS 或论坛，方便客户及时交流、寻求帮助等；③履行服务承诺以赢得客户的信任，考虑到由于在购买前缺乏与产品的实际接触，而有可能对购买后的产品不满意，很多客户对网络营销存在疑虑，这就要求企业建立网上售后承诺无条件退/换货制度，以获得客户对企业的信任。

3. 网络营销品牌策略

随着互联网商业规模的扩大，可供客户识别和选择的企业及产品越来越多。因此，企业在互联网上进行商业活动时，存在被识别和选择的问题。域名是企业站点的访问地址，是企业被识别和选择的对象，也是企业在互联网上的形象化身和虚拟商标，提高域名的知名度，就是提高企业站点的知名度，也就是提高企业被识别和选择的概率，从而树立企业的品牌形象。所以，必须将域名作为一种商业资源来管理和使用。

为了树立良好的企业网络品牌形象，企业必须选择并注册合适的域名。域名需要与企业已有商标或企业名称具有相关性，要简单、易记、易用，为防止客户的错误识别，企业应注册多个类似或相关的域名，同时要兼顾中西方文化，提高域名的国际性。注册域名后，针对域名所对应的站点，企业应进行及时、有效地管理，不断丰富和更新页面信息和内容，以吸引客户。同时，企业要充分利用各种营销渠道，持续不断地塑造企业的网上品牌形象。

所谓品牌，是指当客户消费或将要消费某企业的产品或服务时所持有的期望集，这些期望建立在客户以前消费这种产品时所获得的经验（体验），对使用过这种产品的其他消费者的经验依赖（口碑），以及商家通过各种渠道和媒体对这种产品独特性能的赞赏和许诺（广告宣传）的基础上。客户对品牌所持有的期望包括质量、可靠性、耐用性、服务、信任、好感、忠诚和

电子商务概论——基础、案例与实训（微课版）

声誉等。

网络品牌的形成是一个循序渐进的过程，从潜在客户对该品牌不了解到了解，然后开始访问该网站，并可能成为客户，最终形成对品牌的忠诚，通过忠诚客户的口碑逐渐形成品牌效应，吸引更多的人关注和认知该品牌。在客户对品牌的认知过程中，不同阶段的影响因素不同，如图 10-2 所示。最终能否形成著名的网络品牌还取决于以下因素：价值体现、高质量的在线体验、优良的声誉、与客户的有效沟通、独特的品牌形象、有实力的合作伙伴、以客户为中心、不断创新、利用离线品牌和资产等。

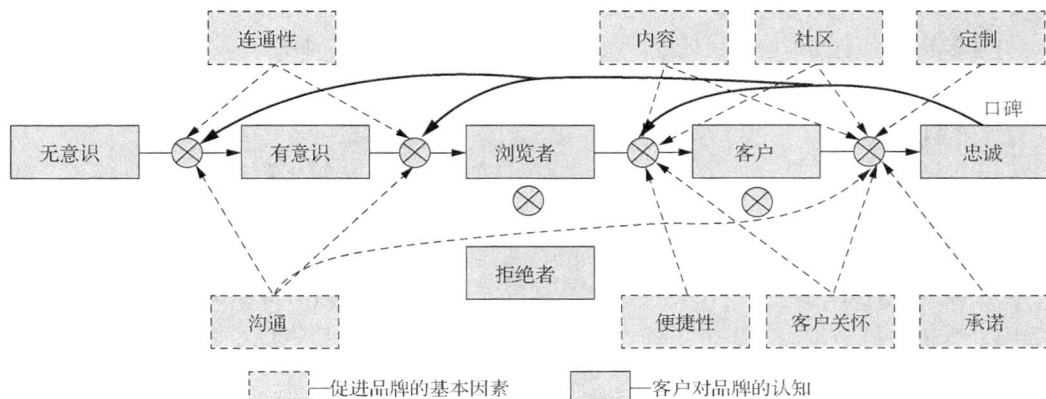

图 10-2　网络品牌的形成过程

10.3.2　网络营销价格策略

价格是企业参与市场竞争的重要手段之一。事实表明，定价是否恰当，会直接影响甚至改变客户的购物原则，进而影响企业产品的销量和利润额。因此，如何制定合适的价格，已成为许多企业开展网络营销活动时竞相关注的焦点。

网络营销价格的形成过程受诸多因素的影响和制约。企业在网络营销定价时必须综合考虑各种因素，不但要考虑运用传统市场营销价格理论，更要考虑网络营销的软营销和互动性，以及客户易于比较价格等特点。常见的网络营销定价策略主要有以下几种。

1. 低价定价策略

与传统销售渠道相比，互联网销售有利于企业降低库存成本、管理成本和营销费用，从而为企业带来成本的控制和节约，有利于产品在价格上取得竞争优势，这为网络营销的低价策略提供了可能。显然，采用低价定价策略的基础就是企业通过互联网可以节省大量的成本费用。从目前来看，常见的低价定价策略主要包括直接低价定价策略、折扣定价策略和促销定价策略。

（1）直接低价定价策略

直接低价定价策略大多采用成本加一定利润的传统定价方法，有的甚至是零利润。这种定价在公开价格时就比同类产品要低，它一般是制造业企业在网上进行直销时采用的定价方式，如 Dell 公司的计算机定价比同性能的其他公司产品低 10%～15%。

（2）折扣定价策略

折扣定价策略是在原价基础上进行打折来定价。这种定价方式可以让客户直接了解产品的降价幅度，以促进客户的购买行为，主要用在一些网上商店中，一般按照市场价格进行折扣定价，如亚马逊的图书价格一般都要进行打折，而且一般为 3～5 折。

（3）促销定价策略

如果企业在拓展网上市场，但产品价格又不具有竞争优势时，则可以采用网上促销定价策略。许多企业为打开网上销售局面和推广新产品，会临时采用促销定价策略。促销定价策略除了前面提到的折扣策略外，比较常用的是有奖销售和附带赠品销售等。

在采用低价定价策略时需要注意：①由于消费者一般认为网上产品比从传统渠道购买的产品价格低，因此在网上不宜销售那些客户对价格敏感而企业又难以降价的产品，如黄金首饰；②在网上公布价格时要针对一般消费者、零售商、批发商、合作伙伴等不同的客户对象，分别提供不同的价格信息发布渠道，以免因低价策略混乱导致营销渠道混乱；③由于消费者通过搜索功能很容易在网上找到价格最低的产品，因此在网上发布价格时要注意比较同类站点公布的价格。

2. 定制定价策略

定制定价策略在企业能实行定制生产的基础上，利用互联网技术和辅助设计软件，帮助客户选择配置或者自行设计能满足其需求的个性化产品，同时承担自己愿意付出的价格成本。以 Dell 公司为例，客户可以通过其网站了解各种型号产品的基本配置和基本功能，根据实际需要和在能承担的价格范围内，配置自己最满意的产品。在配置计算机的同时，客户也相应地选择了自认为价格合适的产品，因而对产品价格有比较透明的认识，增加了其对企业的信任度。

按照客户需求进行定制生产是网络时代满足客户个性化需求的基本形式。由于消费者的个性化需求差异很大，加上消费者的需求量又少，因此企业实行定制生产，在管理、供应、生产和配送各个环节上，都必须适应这种小批量、多式样、多规格和多品种的生产和销售变化。为适应这种变化，企业应该采用企业资源计划（Enterprise Resource Planning，ERP）系统提高管理的自动化水平，采用生产控制系统和计算机集成制造系统（Computer Integrated Manufacturing System，CIMS）提高生产的自动化水平，采用供应链管理（Supply Chain Management，SCM）系统提高供应和配送的自动化水平。目前，这种允许消费者定制定价订货的尝试还只处于初级阶段，消费者只能从有限的范围内进行挑选，还不能完全要求企业满足自己所有的个性化需求。

拓展视野 10-3

什么是CIMS？

计算机集成制造系统（Computer Integrated Manufacturing System，CIMS）是随着计算机辅助设计与制造的发展而产生的。它是通过信息技术和自动化技术把分散在产品设计制造过程中各种孤立的自动化子系统有机集成起来，形成适用于多品种、小批量生产，实现整体效益的集成化和智能化制造系统。计算机集成制造系统就是将技术上的各个单项信息处理和制造企业管理信息系统（如 MRP-Ⅱ等）集成在一起，将产品生命周期中所有的有关功能，包括设计、制造、管理、市场等的信息处理全部予以集成。其关键是建立统一的全局产品数据模型和数据管理及共享机制，以保证正确的信息在正确的时刻以正确的方式传到所需的地方。计算机集成制造系统的进一步发展方向是支持"并行工程"，即力图使那些为产品生命周期各阶段服务的专家尽早并行工作，从而实现全局优化并缩短产品开发周期。

CIMS 的关键点是集成，即通过计算机网络技术、数据库技术等软/硬件技术，把企业生产过程中的经营管理、生产制造、售后服务等环节联系在一起，构成一个能适应市场需求变化和生产环境变化的大系统。CIMS 不仅把技术系统和生产经营系统集成在一起，而且把人（人的思想、理念及智慧）也集成在一起，使整个企业的工作流程、物流和信息流都保持通畅和相互有机联系，所以，CIMS 是人、经营和技术三者集成的产物。

3. 许可使用定价策略

在许可使用定价策略下，客户通过互联网注册后可以直接使用企业的产品或服务，客户根据使用次数付费，而不需要将产品完全购买，即仅购买产品的使用许可权。这一方面减少了企业为完全出售产品而付出不必要的大量生产及包装费用，同时还可以吸引那些只想使用而不想拥有该产品的客户，便于扩大市场份额；另一方面为客户节省了购买产品、拆包和处置产品的时间和成本。

采用许可使用定价策略，一般要考虑产品是否适合通过互联网传输，是否可以实现远程调用。目前，比较适合的产品有图书、软件、音乐、电影等易被数字化的产品。在软件方面，我国的用友软件股份有限公司推出网络财务软件，用户在网上注册后便可在网上直接处理账务，而无须购买软件和担心软件的升级、维护等问题；在音乐产品方面，用户可以通过网上下载或使用专用软件点播；在电影产品方面，则可以通过视频点播技术（Video On Demand，VOD）来实现远程点播，无须购买影碟。采用按使用次数定价，虽然为买卖双方都带来了便利，但这对互联网的带宽提出了很高的要求，因为许多信息都是通过互联网来传播的，若互联网带宽不足，将影响数据的传输质量，进而会影响客户使用和观看的效果。

此外，在共享经济背景下，一些实体产品也可以采用许可使用定价策略，如共享单车、共享汽车等。

4. 拍卖竞价策略

经济学认为市场要想形成最合理的价格，拍卖竞价是最合理的方式。根据供需关系，网上拍卖竞价方式有竞价拍卖、竞价拍买和集体议价三种。

（1）竞价拍卖

竞价拍卖即客户通过互联网轮流公开竞价，在规定时间内价高者赢，主要应用于个体客户市场。有些企业将一些新产品以竞价拍卖方式出售，通过拍卖展示起到促销效果。还有一些公司将一些库存积压产品放到网上竞价拍卖，如惠普公司。目前，国外比较有名的拍卖网站是易趣网。

（2）竞价拍买

竞价拍买是竞价拍卖的反向过程。在该过程中，客户先提出一个价格范围，求购某一商品；然后邀请商家出价，出价可以是公开的，也可以是隐蔽的，消费者将与出价最低或与所提价格范围最接近的商家成交。

（3）集体议价

在互联网出现以前，集体议价在国外主要是多个零售商集合起来，向批发商（或生产商）以数量换取低价格的交易方式。互联网出现之后，普通的客户也能使用这种方式购买产品。该模式为客户向供应商集体议价提供了一种交易方式，它是由美国著名的 Price line 公司提出来的。

5. 免费价格策略

免费价格策略是传统营销中常用的营销策略，主要用于促销和推广产品。这种策略一般是短期和临时性的。但在网络营销中，免费价格策略不仅是一种促销策略，还是一种非常有效的产品和服务定价策略，其目标是迅速占领市场，以期获取或发掘后续的商业价值。免费价格策略就是将企业的产品和服务以零价格形式提供给客户，让渡全部或部分价值，降低客户的购买成本与购买决策风险。常见的有以下几种形式。

（1）产品和服务完全免费

免费产品扮演平台角色，企业通过此平台向客户提供其他收费产品或服务。例如，QQ、微信等即时通信软件免费让用户使用，但可以通过平台上的其他服务向用户收费；淘宝网平台提供免费开店服务，但使用装修工具（如装修模板）、推广工具（如直通车、黄金展位等）需要付费；还有网络游戏产品通过让用户免费玩，然后向用户销售游戏虚拟装备进行获利。

（2）产品和服务限制免费

即产品（服务）可以被有限次使用，超过一定期限或者次数后，这种免费产品（服务）转变为收费产品（服务）。这类产品（服务）一般具有很强的体验性，需要通过免费让客户体验产品（服务）的价值，从而为后续的收费转化提供可能。例如，共享单车新用户可免费试骑一个月，一个月后需要购买月卡或按次计费使用；一些餐饮服务类企业在开业期间，也经常采用一些免费试吃、试用等手段。

（3）产品和服务部分免费

即产品（服务）的一部分允许免费试用，但要想使用全部产品，需要付费。例如，一些影视作品免费让用户观看前几分钟或前几集，观看全部作品需要付费；还有一些知识类产品，如一些咨询类网站公布的市场调查报告也是只能免费看到部分内容，要下载完整报告需要付费。

（4）产品和服务捆绑式免费

即销售某产品或者服务时，免费赠送其他产品或服务，从而实现捆绑销售。特别要注意赠送产品和主产品的互补性问题，赠送的产品一定要对客户是有价值的。如"打印机+墨盒""电饭煲+锅铲、蒸屉、刀具"等。如果赠送的产品对客户的价值不大，甚至是客户不想要的，那么就成为"陷阱销售"了，如"机票+酒店优惠券"等。

网络营销中并不是所有产品都适合采用免费价格策略。互联网作为全球性开放网络，可以快速实现全球信息交换，只有那些适合互联网这一特性的产品才适合采用免费价格策略。一般，免费产品具有易数字化、无形化、"零"制造生产成本、成长性、冲击性、存在间接收益等特点。

10.3.3 网络营销渠道策略

营销渠道是指与为提供产品或服务以供使用或消费这一过程有关的一整套相互依存的机构，它涉及信息沟通、资金转移和产品转移等。互联网的交互性和普遍存在性使得营销渠道的结构发生了改变，其中相关角色的作用也将发生变化。

1. 网络直销渠道——去中介化

在传统营销中，中介（包括批发商、分销商、零销商等中间商家）在营销渠道中占有重要地位，一方面，企业利用中介能够在广泛提供产品和进入目标市场方面有很高的效率；另一方面，营销中介凭借其业务往来关系、经验、专业化和规模经营，提供给企业的利润通常高于自营商店所能获取的利润。但与此同时，在生产商和客户之间的中介层次越多，产品的出厂价和客户的购买价格之间的差距就越大，而且信息的失真程度就越严重。为了有效降低渠道成本，提高渠道效率，企业应在给定的供应链中去掉某些起中介作用的组织或业务处理层，即去中介化，如图 10-3 所示。互联网的应用为此提供了可能。互联网的发展和商业应用，使得传统营销的中介凭借地缘原因获取的优势被互联网的虚拟性所取代，同时互联网高效的信息交互特性，使营销渠道从过去单向信息沟通变成双向直接信息沟通，增强了生产者与客户的直接连接，这使得传统的直销市场在互联网上得到大力发展。

网络直销就是利用互联网而不借助任何传统中介作用将产品或服务直接由生产商销售给最

终客户。目前，通常的做法有两种：①企业在互联网上建立自己的网站并销售产品，由网络管理员专门处理有关产品的销售事务；②企业委托信息服务商在其网站上发布产品信息，企业利用有关信息与客户联系，直接销售产品。虽然在第二种形式中有信息服务商的加入，但主要销售活动仍然在买卖双方之间直接完成，因此也属于网络直销渠道。

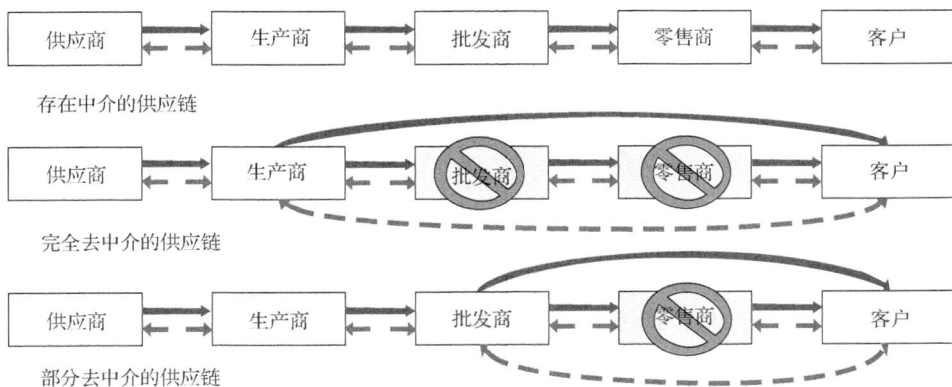

图 10-3　去中介化

网络直销渠道与传统营销渠道相比，主要具有以下优势。

（1）借助互联网，企业能够实现与客户的直接沟通，实现产需直接对接，便于更好地满足目标市场的需求。

（2）企业可以大大减少过去传统分销渠道中的流通环节，有效降低成本。企业可以根据客户的订单按需生产，实现零库存管理，同时还可以减少昂贵销售费用，最大限度地控制营销成本。

（3）企业可以有效运用价格的差异性和一致性，控制产品价格，规范市场运作，避免中间商对产品价格的影响。

（4）企业通过网络能及时了解客户对产品的意见和建议，有针对性地直接为客户提供售后服务和技术支持，如提供网上远程技术支持和培训服务等，这样能迅速解决客户在使用中遇到的问题，既方便客户，又节约成本。

（5）营销人员能够利用电子邮件、论坛、微博等网络工具，随时了解并满足客户需求，能够有针对性地开展促销活动。

2．网络间接营销渠道——中介重构

网络直销的大力发展，对传统中间商产生了巨大冲击。在此背景下，传统中介角色的重新定位成为它们生存的必要条件，因此就出现了中介重构。中介重构是指重新确定供应链中的中介角色，使其提供增值服务，如帮助客户选择商家，或帮助商家将货物配送给客户等。图 10-4描述了中介重构引发的网络间接销售渠道，即新型的电子中介。

图 10-4　中介重构

网络间接营销渠道使中间商机构通过融入互联网技术，大大提高了交易效率、专业化程度和规模经济效益。例如，网上商店利用互联网的虚拟性，可以实现低成本扩大销售范围，如美国的 Amazon 网上商店的发展吸引了许多出版商在其网上销售产品。同时，新兴的中间商也对传统中间商产生了冲击，如美国零售业巨头 Wal-Mart 为抵抗互联网对其零售市场的侵蚀，于2000 年 1 月份开始开设网上商店。基于互联网的新型网络间接营销渠道与传统间接分销渠道有着很大的不同，传统间接分销渠道可能有多个中间环节，如一级分销商、二级分销商、零售商等，而网络间接营销渠道只需要一个中间环节。网络间接营销渠道的主要模式有综合门户、电子卖场、网上店铺、卖方电子集市、电子交易所等。

目前，出现了许多利用互联网提供信息服务的新型中间商，可称为"电子中间商"或"电子中介"。与传统中间商一样，电子中介也起着连接生产者和消费者的桥梁作用，一方面帮助消费者进行购买决策和满足需求；另一方面帮助生产者掌握产品销售状况，降低生产者为达成与消费者交易的成本费用。

综上所述，电子商务的发展对中间商提出了更高的要求，传统的中间商必须向电子中间商转型，以适应电子商务环境的要求。电子中间商使生产者和消费者之间的信息不对称程度显著降低，提高了网上交易的效率和质量，增加了网络市场的透明度，在电子商务的价值链中扮演着重要角色，对促进电子商务的应用与发展具有不可替代的作用和功能。

3. 渠道选择

不同的企业有不同的渠道选择策略。一般地，业务规模大且具有较高品牌知名度的企业，可采用网上直销渠道；对于规模较小且品牌知名度不高的企业，一般适合选择电子中间商，进行网络间接营销；处于二者之间的企业可采用网上直销与电子中间商并存的模式。当然，网络渠道只是一类渠道，它不可能完全替代传统的营销渠道。尤其是在"互联网+"时代，企业为了更好地提升客户的购物体验，往往采取 O2O 模式，实现线上渠道和线下渠道的有效整合。

10.3.4 网络营销促销策略

网络促销是指利用现代通信网络特别是互联网向市场传递有关产品和服务的信息，以刺激需求，引起消费者的购买欲望和购买行为的各种活动。网络促销的主要形式有网络广告、网站推广、网上销售促进和网络公共关系。

1. 网络广告

网络广告有其独特优势，如广告制作、维护、渠道等费用极低、覆盖面广、格式丰富且具有互动性，便于统计等，再加上互联网用户人数的持续增长以及人们对互联网信息的依赖程度越来越高，因此，互联网已成为企业投放广告的重要场所，网络广告市场也呈现快速发展的趋势。2016 年中国网络广告市场规模达到 2 902.7 亿元，同比增长 32.9%。随着网络广告市场发展不断成熟，未来几年的增速将趋于平稳。2012—2019 年中国互联网广告市场规模及预测情况如图 10-5 所示。

（1）网络广告的类型

随着网络技术的不断进步，网络广告的类型也越来越多、越来越丰富，既有基本的网络广告形式，也有在基本网络广告形式基础上的创新形式，各种各样的新兴广告不断出现在各类网络媒体上。

① 网幅广告。网幅广告（banner）是以 GIF、JPG 等格式建立的图像文件，定位在网页中，大多数用来表现广告内容，同时还可使用 JavaScript 等语言使其产生交互性，用 Shockwave 等插件工具增强表现力。网幅广告是最早的网络广告形式。绝大多数网站应用的网幅广告类型与对应规格如表 10-1 所示。

网络广告的类型

图 10-5　2012 年—2019 年中国互联网广告市场规模及预测

表 10-1　网幅广告类型与对应规格

单位: px

类型	规格	类型	规格
全尺寸	468×60	方形按钮	125×125
全尺寸带导航条	392×72	按钮 1	120×90
半尺寸	234×60	按钮 2	120×60
垂直	120×240	小按钮	88×31

按照网幅广告的表现形式，网幅广告分为静态、动态和交互式三类。

静态网幅广告在网页上显示一幅固定的图片，其优点是制作简单，并且被所有的网站所接受，缺点是在众多采用新技术制作的网幅广告面前，显得有些呆板和枯燥。事实也证明，静态网幅广告的点击率比动态的和交互式的网幅广告要低。

动态网幅广告拥有会运动的元素，或移动或闪烁，通常采用 GIF89 的格式，其原理就是把一连串图像连贯起来形成动画。大多数动态网幅广告由 2～20 帧画面组成，通过不同的画面，可以传递给浏览者更多的信息，也可以通过动画的运用加深浏览者的印象。它们的单击率普遍要比静态网幅广告高。这种广告在制作上相对来说并不复杂，尺寸也比较小，通常在 15KB 以内。动态网幅广告是目前最主要的网络广告形式，如图 10-6 所示。

图 10-6　网幅广告

交互式广告的形式多种多样，如游戏、插播式、回答问题、下拉菜单、填写表格等。这类广告需要更加直接的交互，比单纯的单击包含更多的内容。交互式广告分为 HTML 和 Rich Media 两种，其中 HTML banner 允许浏览者在广告中输入数据或通过下拉菜单和选择框进行选择。根据经验，HTML banner 的点击率比动态 banner 的要高得多，它可以让浏览者选择要浏览的页面，提交问题，甚至玩游戏。这种广告的尺寸小、兼容性好，连接速率低的用户和使用低版本浏览器的用户也能看到。

② 文本链接广告。文本链接广告以一排文字作为一个广告，使浏览者通过单击可以进入相应的广告页面，是一种对浏览者干扰最少，但最有效果的网络广告形式。整个网络广告界都在寻找新的宽带广告形式，而有时候，最小带宽、最简单的广告形式效果却最好。

③ 漂浮广告。漂浮广告是指漂浮在网站首页或各版块、帖子等页面的漂移形式广告，可以是图片，也可以是 flash。首页和各版块帖子页面都可以是独立的广告位，可以自动适应屏幕分辨率，不被任何网页元素遮挡，同时可以支持多个图片漂浮。该类型的广告通常是为了达到宣传网站的效果。

漂浮广告有两种常见的表现形式：一是随着浏览者拖动页面的滚动条而做直线式的上下浮动；二是沿着某一固定的曲线飘动，在浏览者浏览网页的时候，它一直沿着设计好的路线漂移，设计路线不好的漂浮广告会分散浏览者的注意力，影响正常的信息浏览，如图 10-7 所示。

图 10-7　漂浮广告

④ 弹出式广告。弹出式广告伴随主页的打开，弹出小窗口，如图 10-8 所示，以独立的页面展示产品信息，降低了其他信息的干扰，能够获得较好的传播效果，但是会引起浏览者的反感。

⑤ 全屏广告。全屏广告出现在页面开始下载时，占据整个浏览器的幅面，停留几秒后自动消失，如图 10-9 所示，全屏广告拥有最强大的视觉冲击力。

⑥ 电子邮件广告。电子邮件广告一般采用文本格式或 HTML 格式，支持多媒体传输，信息容量较大，可以针对特定客户发送特定的广告，如图 10-10 所示，具有针对性强、费用低等特点。

图 10-8 弹出式广告

图 10-9 全屏广告

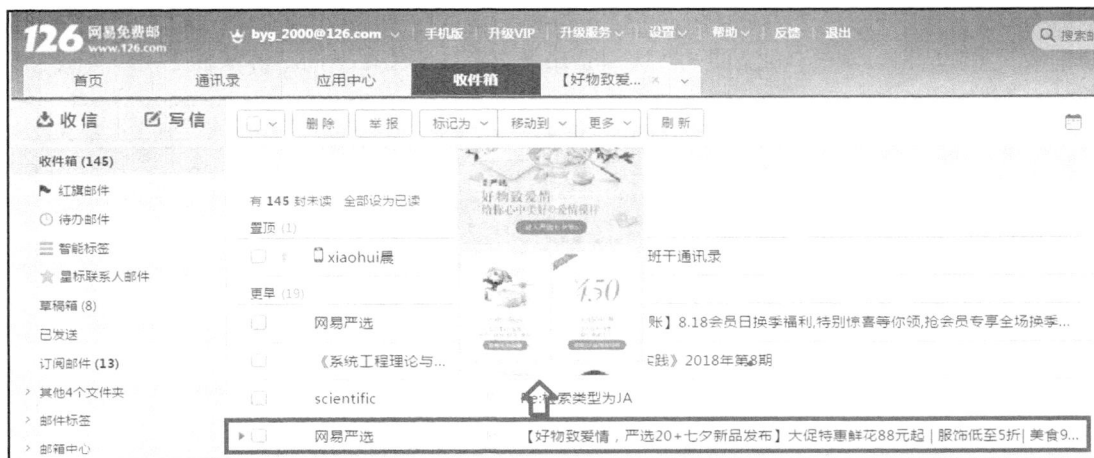
图 10-10 电子邮件广告

⑦ 关键词广告。关键词广告所依附的载体是搜索引擎的检索结果,同时关键词广告也显示在页面上,如图 10-11 所示,但这个网页的内容和上面的关键词广告都不是固定的,只有当用户使用某个关键词检索时才会出现。

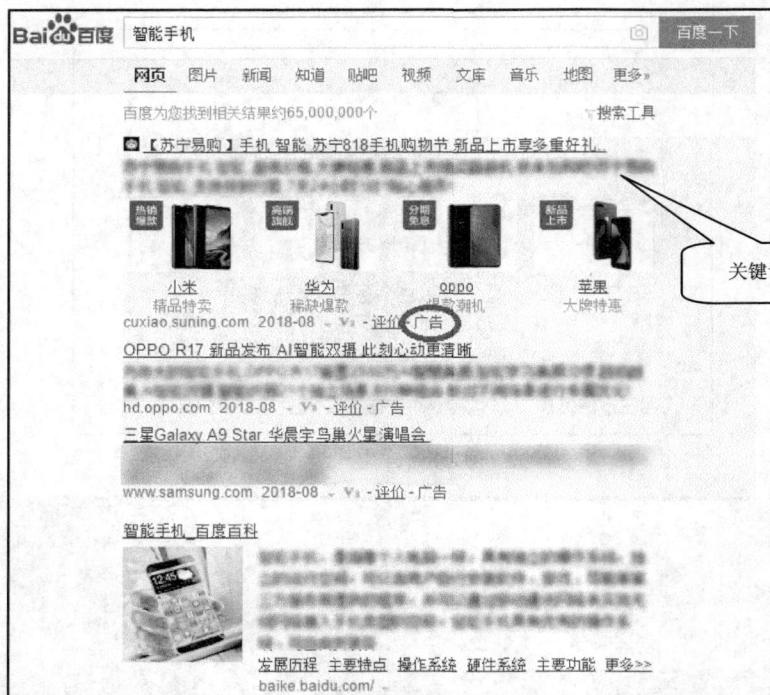

图 10-11　关键词广告

⑧ 分类广告。分类广告是将各类短小的广告信息按照一定方法分门别类进行展示，以便用户快速检索，一般集合放置于页面固定位置。网络分类广告类似于报纸杂志中的分类广告，是一种专门提供广告信息服务的站点。这种形式的广告为想了解信息的访问者提供了快捷有效的途径。分类广告的内容多为出售、招聘、租让、家政等与人们日常生活紧密相关的小规模的商业信息，如图 10-12 所示。由于分类广告最能体现互联网的搜索、交互功能和跨地域的优势，其定向投放能力和受众区分能力都较普通的网幅广告出色，越来越多的受众已经开始习惯于在网络上查询分类广告。分类广告发布的途径包括：专业的分类广告服务网站、综合性网站开设的相关频道和栏目、网上企业黄页、网上跳蚤市场、部分网络市场的广告发布区等。

图 10-12　分类广告

⑨ 富媒体广告。富媒体广告是基于富媒体技术之上的一种新的互联网广告形式，具有网络互动性强的优势，如图 10-13 所示。它的特点是利用富媒体技术把大尺寸的广告文件（视频广告片、Flash 广告等）在大流量的门户网站上流畅地播放，从而达到一种强曝光、高点击率的效果。

图 10-13　富媒体广告

（2）网络广告的计价方式

传统广告一般根据版面、篇幅、时间段、时间长度、次数等因素进行计价，与广告的实际效果关联度不大。网络广告的计价与浏览该广告的人数有关，因而更为合理。网络广告的计价模式主要有以下几种。

① 千人印象成本（Cost Per Impressions，CPM）。以每千人浏览一个广告为一个计价单位，按实际访问人数收费，广告费用与浏览人数挂钩。该种方式可以鼓励网站尽量提高网页的访问量。

② 每次单击成本（Cost Per Click，CPC）。以网页上的广告被单击并链接到相关网站或详细内容页面一次为基准进行计价。虽然 CPC 的费用比 CPM 的费用高很多，但广告主更倾向于选择 CPC 模式，因为这种付费方式更真实地反映了受众确实看到了广告，并且进入了广告主的网站或页面。

③ 每行动成本（Cost Per Action，CPA）。即引导浏览者单击广告并进入相关链接页面完成对应活动，如填写问卷、完成订单等，按回应的有效问卷或订单数来计费。

④ 每购买成本（Cost Per Purchase，CPP）。在浏览者单击广告并进行在线交易后，按销售笔数进行计费。

⑤ 包月方式。按月收取固定费用。

（3）网络广告的投放

网络技术的飞速发展为广告主提供了自己发布广告的机会和条件。广告主通过互联网投放广告，可选择的媒体多种多样。2012—2019 年中国不同形式网络媒体市场份额与预测情况如图 10-14 所示。

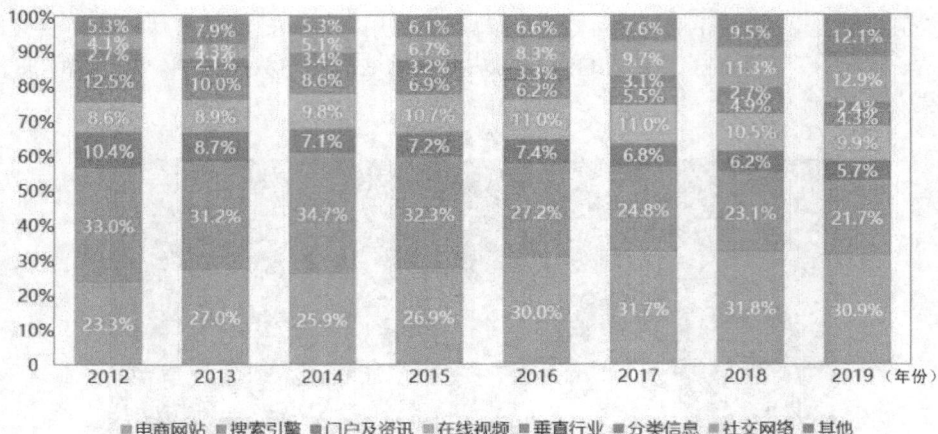

图 10-14 2012 年—2019 年中国不同形式网络媒体市场份额与预测

企业选择投放网络广告的媒体时，应考虑如下因素。

① 广告费用。网络广告费用与所选网站的知名度、广告陈列的位置、广告所占区域的大小、广告表现形式等有关。

② 广告收益。广告发布后是否增加了访问量和销售收入等。

③ 广告效率。广告接收者是否是企业想要接触的消费者。

④ 媒体形象。媒体形象是否与广告的推广形象吻合。

⑤ 媒体服务。网站能否提供广告被多少人浏览、被多少人单击等统计数据，甚至能否跟踪访问者等，这也是企业选择广告媒体时应该考虑的因素。

2. 网站推广

网站推广的目的在于让尽可能多的客户了解并访问网站，从而实现利用网站向客户传递营销信息的目的。网站推广实际上就是通过对网络工具和资源的合理利用，提高站点的知名度，吸引访问网站的流量，从而起到宣传和推广企业、产品或服务的效果。根据可以利用的网络工具和资源，下面介绍几种常用的网站推广方法。

（1）搜索引擎推广

搜索引擎的基本形式分为网络蜘蛛型搜索引擎（以下简称搜索引擎）和基于人工分类目录的搜索引擎（简称分类目录），如谷歌、百度、360 搜索等属于搜索引擎，hao123 和 360 导航等属于分类目录。搜索引擎推广是指利用搜索引擎、分类目录等具有在线检索信息功能的网络工具进行网站推广的方法，其基本思想是让用户发现信息，并通过搜索单击进入网站/网页进一步了解他所需要的信息。基于分类目录的网站推广包括免费登录分类目录和付费登录分类目录两种；基于搜索引擎的网站推广包括搜索引擎优化、关键词竞价排名、精准广告等。

（2）资源合作推广

每个企业网站均可以拥有自己的资源，这种资源可以表现为一定的访问量、注册用户信息、有价值的内容和功能、网络广告空间等，利用网站的资源与合作伙伴开展合作，实现资源共享，共同扩大收益的目的。在这些资源合作实施中，交换链接是最简单的一种合作方式。交换链接也称互惠链接，是具有一定互补优势的网站之间的简单合作形式，即分别在自己的网站上设置对方网站的 LOGO 或网站名称并设置对方网站的超级链接，达到互相推广的目的。交换链接的作用主要表现在获得访问量、增加用户浏览时的印象、在搜索引擎排名中增加优势、通过合作网站的推荐增加访问者的信任度等方面。

（3）信息发布推广

信息发布推广是将有关的网站推广信息发布在其他潜在用户可能访问的网站上，利用用户在这些网站获取信息的机会实现网站推广的目的，适用于以下信息发布的网站：在线黄页、分类广告、论坛、博客网站、供求信息平台、行业网站等。信息发布是免费推广网站的常用方法之一。

（4）电子邮件推广

电子邮件推广也称 E-mail 营销，即在用户事先许可的前提下，通过电子邮件的方式向目标用户传递有价值的信息。开展 E-mail 营销需要解决向哪些用户发送电子邮件、发送什么内容的电子邮件以及如何发送电子邮件三个基本问题。这三个问题对应着 E-mail 营销的三大基础，即用户电子邮件地址资源、电子邮件营销内容和电子邮件系统。

用户电子邮件地址资源分为内部列表和外部列表。内部列表一般是企业在营销过程中，基于用户许可自行收集的用户电子邮件地址资源，如在自己的网站上增添邮件列表功能，利用网站的注册用户收集电子邮件地址；外部列表则是合作伙伴或专业服务商提供的用户电子邮件地址。营销内容是通过电子邮件向用户发送的，邮件的内容对用户有价值才能引起用户的关注。网站的相关链接被植入邮件内容中发送给用户后，用户打开邮件，在被邮件内容吸引的同时，就可以看到并单击网站链接进入企业网站。因此，有效的内容设计是电子邮件营销发挥作用的根本。电子邮件系统是从技术上保证用户加入/退出邮件列表，并实现对用户资料的管理，以及邮件发送和效果跟踪等功能。

（5）病毒营销推广

病毒式网络营销并非传播病毒，而是利用公众的积极性和人际网络，让营销信息像病毒一样快速传播和扩散，从而达到推广的目的。病毒营销方法实质上是在为用户提供有价值的信息或免费服务的同时，附加上一定的网站推广信息，然后通过用户的口碑宣传网络，将营销信息向数以万计、数以百万计的受众传播。病毒营销成功应用的关键在于用有吸引力的病原体激发公众的传播热情。因此，病原体的制作需要做到以乐娱人，以情感人，以惠诱人。常见的病原体包括免费电子书、免费软件、免费 FLASH 作品、免费贺卡、免费邮箱、免费视频、免费即时聊天工具等可以为用户获取信息、使用网络服务、娱乐等带来方便的工具和内容。如果应用得当，这种病毒营销手段往往可以以极低的代价取得非常显著的效果。

（6）网络广告推广

网络广告的常见形式包括：Banner 广告、关键词广告、分类广告、E-mail 广告等。Banner 广告所依托的媒体是网页，关键词广告属于搜索引擎营销的一种形式，E-mail 广告则是许可 E-mail 营销的一种，可见网络广告本身并不能独立存在，需要与各种网络工具相结合才能实现信息传递的功能。因此也可以认为，网络广告存在于各种网络营销工具中，只是具体的表现形式不同。将网络广告用于网站推广，具有可选择网络媒体范围广、形式多样、适用性强、投放及时等优点，适合于网站发布初期及运营期的任何阶段。

（7）二维码推广

二维码推广主要应用于 O2O 领域，将线下用户引向线上网站。企业在开展线下促销活动时，经常在活动宣传单、海报、礼品包装等各种材料上印刷企业网站的二维码，并结合其他一些奖励措施，鼓励消费者通过扫描二维码进入企业线上站点。因此，企业需要尽可能地在消费者可能接触的地方设置二维码来进行网站推广。

随着互联网技术的发展，网络应用工具不断推陈出新，从而使得网站的推广方式也日益多样化，如现在很多人热衷的博客、微博、微信、即时通信工具、论坛、短视频等工具逐渐成为开展网络营销的新宠。虽然网络推广手段多种多样，但运用传统大众媒体来做网站推广仍然不可忽视，包括将网站地址印在名片、小册子、信签、宣传资料等一切用户能够看得到的媒体上，还可以在产品包装上印上企业网址。

总体而言，网站推广是个系统工程，不仅是各种推广方法的简单应用。企业在网站推广综合解决方案中，应在网站推广总体策略指导下，针对网站的特点和经营的不同阶段，选择合适的网站推广方法或采用各种推广方法的有效组合。

3. 网上销售促进

销售促进是一种短期性的促销策略。网上销售促进就是在互联网环境下利用销售促进工具刺激客户对产品的购买和消费使用。市场扩散理论告诉我们，当一种新产品或一种新的销售方法刚刚进入市场时，敢于尝试的人的概率只有 2.5%，促销活动能引发客户的参与意识，吸引老客户重复光顾，吸引潜在客户进行尝试。一旦客户亲身体验后，他们就会接受这种新事物，并且通过口头等方式传播自己的体会，带动更多的客户光临。互联网作为交互的沟通渠道和媒体，它具有传统渠道所没有的优势，在刺激产品销售的同时，还可以与客户建立互动关系，了解客户的需求和对产品的评价。目前，常见的网上销售促进方式主要有在线优惠券、虚拟币奖励、电子会员卡（贵宾卡）、试用品（包括虚拟体验）、赠品、在线竞赛和抽奖、积分奖励等。

（1）电子优惠券

电子优惠券是商家为吸引用户在线发布的优惠券。客户可以从网上下载并打印电子优惠券，消费时向商家出示，即可享受商家的优惠打折承诺，如肯德基、必胜客的官方网站都发布电子优惠券；还有的是在网上商店购物量达到一定数量后，便获赠电子优惠券，下次购物时可按比例或直接抵现金使用，如当当网经常提供的优惠券。

（2）在线试用品与赠品

在线试用品与赠品多数是虚拟的体验、服务或数字产品。最常见的有软件网站提供的可下载试用版，给予一定试用期或使用限制。还有一些信息网站出售调研报告等数字资料时，也会免费提供一小部分内容，吸引客户购买。

（3）在线竞赛与抽奖

许多网站组织竞赛和抽奖活动不仅是为了吸引眼球和让客户不断光顾，还为了与客户共建网站内容，通过参与让客户对网站产生留恋和感情，建立长期的关系，形成良好的口碑。如果抽奖活动定期更新信息，客户就会时常返回查询是否得奖。例如，三星照相机网站经常组织外景拍摄活动和摄影作品比赛，虽然奖品只是瑞士军刀、数码相机存储卡、雨伞等，但是自己的作品被刊登，被认可的荣誉感让客户更生出对网站的归属感。

4. 网络公共关系

网络公共关系是公共关系的一部分，它通过与企业利益相关者包括供应商、客户、合作伙伴、员工、股东、社会团体等建立良好的合作关系，为企业经营管理营造良好的网络环境。网络公共关系旨在影响公共舆论并在公众中建立信誉，着眼于品牌形象与远期目标，而非短期的实际收入，主要包括非广告、非促销或交易性的网上内容、在线活动（研讨会、网友见面会、赞助网友活动等）、在线社区、在线客户服务等。

习题

一、基本概念

网络营销　直复营销　软营销　关系营销

二、单项选择题

1. 关于网络营销的说法，下列错误的是（　　　）。
   A. 网络营销是手段而不是目的
   B. 网络营销的目的是多元化的
   C. 网络营销的基础是互联网工具的应用
   D. 网络营销强调"单兵作战"

2. 关于网络直复营销理论的说法，下列错误的是（　　　）。
   A. 强调营销者与目标客户的双向信息交流
   B. 营销效果是难以测量的
   C. "直"是指不通过中间分销渠道而直接通过网络媒体连接企业和消费者
   D. "复"是指企业和消费者之间的交互

3. 关于网络软营销理论的说法，下列错误的是（　　　）。
   A. 注重消费者的感受和体验
   B. 营销过程遵守网络礼仪
   C. 软营销的主动方是企业
   D. 软营销的主动方是消费者

4. 关于关系营销理论的说法，下列错误的是（　　　）。
   A. 关系营销主要是在买卖关系的基础上与客户建立非交易关系
   B. 关系营销的核心是开发客户
   C. 关系营销的核心是保持客户
   D. 网站进行互动栏目设计是关系营销的一种体现

5. 关于网络整合营销理论的说法，下列错误的是（　　　）。
   A. 网络整合营销过程的起点是消费者的需求
   B. 网络整合营销的最终目标仅仅是满足企业利润最大化
   C. 网络整合营销有利于形成"一对一"的营销关系
   D. 网络整合营销过程应始终坚持企业和客户的不断交互

6. CPM 是网络广告的一种计价方式，表示（　　　）。
   A. 每次单击成本　　B. 千人印象成本　　C. 每次行动成本　　D. 每次购买成本

三、多项选择题

1. 下列网络营销职能体现客户价值创造的是（　　　）。
   A. 网上调研　　　　B. 顾客服务　　　　C. 网络品牌塑造　　D. 网站推广

2. 某客户为了在冬天也穿得亮丽，在一家服饰网店购买了一款粉色时尚的轻质羽绒服，而且享受网店提供的 7 天无理由退换货服务。请问该网店提供的产品涵盖了哪几个层次？
（　　　）
   A. 核心利益层次　　B. 有形产品层次　　C. 期望产品层次　　D. 延伸产品层次

3. 拍卖竞价策略包括（　　　）。
   A. 竞价拍卖　　　　B. 竞价拍买　　　　C. 集体议价　　　　D. 团购

4. 网络促销的主要形式包括（　　　）。
   A. 网络广告　　　　B. 网站推广　　　　C. 网上销售促进　　D. 网络公共关系

5. 开展 E-mail 营销的基础包括（ 　　）。
   A. 用户电子邮件地址资源 　　　　B. 电子邮件营销内容
   C. 电子邮件系统 　　　　　　　　D. 互联网技术
6. 在开展病毒营销时，可以选择（ 　　）作为病原体。
   A. 免费电子书 　　B. 免费视频 　　C. 免费贺卡 　　D. 木马程序

案例分析

三只松鼠的营销之道

三只松鼠股份有限公司（以下简称三只松鼠）是一家以坚果、干果、茶叶、休闲零食等食品研发、分装和销售为主的产业链平台型企业。公司自 2012 年成立至今，销售额逐年递增，2016 年实现销售收入超过 50 亿元。截至 2017 年 6 月 30 日，三只松鼠的会员数已超 6 000 万，累计获得 2 800 多万美元的风险投资。

1. 精准的市场定位

从产品定位看，三只松鼠主要以坚果（如夏威夷果、碧根果、腰果）、干果（如和田玉枣、黑加仑葡萄干）、花茶（如大麦茶、荷叶茶）系列产品为主，巧妙地将松鼠作为产品的品牌形象，让消费者听到名字就能了解产品定位。三只松鼠首推"森林系"食品理念，力求让消费者品尝到绿色、新鲜的坚果。

从客户定位看，三只松鼠的目标客户主要是年轻的消费群体。"80 后""90 后"互联网用户群体个性张扬，有自己的主见和行为准则，他们追求时尚、享受生活、善待自己，对细节挑剔，习惯网购，注重全方位的消费体验，是网上购物的主力军。

2. 卓越的产品品质

三只松鼠的信仰是"要实现为全人类寻找最优质，最新鲜，最健康的森林食品"。①原料均选自全球的原产地农场，非本地特产不选，力求产品的原汁原味。同时，它在产品原产地统一采取订单式合作，坚持原料检验、过程品控和出厂检验三道关。在收购原材料后委托当地企业生产加工成半成品，并将合格的半成品直接送回总部 10 000 平方米的封装工厂或低温仓完成最后的分装工作，大幅缩短了从拿货到送至消费者手中所耗费的时间，最大限度地保证了产品的新鲜安全。②三只松鼠成立了专门的食品研究院进行食品研发，研究方向集中在如何令食物更新鲜、更美味上；③完善信息化系统，通过数据建立安全可追溯的供应链系统，通过全平台、全数据、全项检、全批次、全链路的方式，将生产者与消费者连接在一起，通过用户评价及检测数据倒逼上游生产者实时改善产品品质，将食品安全控制到上游，实现资源透明，消费者可以对食品安全进行追溯。

3. 极致的细节体验

三只松鼠思考客户购买、食用的每个环节，尽可能给予方便和优化。把坚果产品加工得更易剥，时尚质感双层包装，突出松鼠形象，包装中附带提供各种工具，如为客户提供开箱器、吃坚果的工具、扔果壳的纸袋，甚至还有擦手的纸巾；在送给客户的包裹中会有一些有趣的提示语，如扔果壳的纸袋上提示："主人，我是鼠小袋，吃的时候记得把果壳放进袋子里哦"，轻松有趣；通过阿里旺旺与客户交流时，客服会亲切地称呼每位客户为"主人"，每位客服以萌鼠自居，运用个性化的网络语言，将传统的卖家与买家的关系转化为"松鼠与主人"的关系，带给买家一次完整的的购物体验，还时不时地跟客户卖个萌，如："主人，买一个吧""主人，鼠胖胖在呢"。另外，还会时不时送一些抽奖卡片、优惠券、新品试用、小玩意、微杂志等小惊喜。

4. 全方位的营销渠道

三只松鼠除官方网站外，产品全面覆盖天猫、京东、苏宁易购等各类电商渠道。2016年9月30日，三只松鼠第一家投食店在安徽芜湖开业，目前投食店范围已覆盖安徽、江苏、浙江、四川等地。三只松鼠利用线上线下融合的方式，打造2.5次元城市歇脚地，将消费体验持续升级，未来5年，松鼠投食店将增至1 000家。2017年，三只松鼠正式铺开松鼠小镇计划，将打造成一体化的新型商业综合体，为客户带来全新的消费体验。

5. 完善的客户体验

三只松鼠通过对客户购买的历史客单价、购买频率、购买内容、购买打折商品的比例等后台数据进行分析，精确识别几个关键指数以筛选目标客户。根据分析结果，客服在与客户的在线沟通中会更有针对性，提供更加个性化服务等。在大数据分析的基础上，三只松鼠将实现一对一的客户服务，可以根据客户的偏好提供相应口味的产品，根据客户的购买次数更换不同的包装袋和赠品，力求达到每一次服务都是视觉和味觉共同享受的过程。这样的个性化服务不可能规模化，也难以模仿。

6. 充分利用节日效应促销

近3年来，三只松鼠尽可能运用全部节假日进行产品促销。每年在"双十一""双十二"以及元旦和春节等节日都通过各大途径推出大满减活动，销售额轻松打破亿元大关。三只松鼠采用低价入市，运用各种途径进行品牌推广。

【问题讨论】

1. 三只松鼠是如何塑造网络品牌形象的？它采取了哪些营销手段？
2. 三只松鼠为什么要开设线下投食店和铺开松鼠小镇计划？

拓展学习

如何进行有效的网络营销策划？

网络营销策划是为了达到特定的网络营销目标而进行的策略思考和方案规划过程。可以说，策划工作=逻辑思维+创造力，其中"逻辑思维"意味着确定营销目标和活动逻辑，即解决"做什么"和"怎么做"的问题；"创造力"是解决"怎么做得好"的问题。

1. 网络营销策划的误区

（1）关于"做什么"的误区

有些营销策划人员认为，营销策划方案的推广目标就是曝光，曝光越多越好。可曝光是一个正确目标吗？当然不是！一个正确的目标要有明确的时间线和可以计量的数据结果。如果没有确定好目标，那么所做的策划就没有用。如果为了曝光目标去刷数据，对公司的业务发展是没有任何意义的。

（2）关于"怎么做"的误区

营销策划方案是一个有效流量的方案，策划人员要针对具体产品与具体业务去做方案。但90%的策划人员做方案时存在以下三大误区。

① 直接套方案。有些策划人员这样想："我用以前做过的营销策划方案套今天要做的方案，只需要替换一些行业数据截图，修改一下项目名称，就可以搞定一个方案了。"

② 找行业大数据。不管是去找一些艾瑞数据截图或是其他数据截图，还是去直接套用行业数据，这些数据可能根本就不是公司产品所需要的数据或对公司业务有帮助的数据。因此，费尽心思找来的这些数据可能与公司的产品与业务并没有直接关联。

③ 上来就写。大部分新手撰写营销策划方案时，往往是马上打开 PPT 模式，开始制作第一页、第二页、第三页，还时不时因为字体不对称、不美观，花很多时间调整字体大小、格式，陷入一个细节黑洞。这是因为没有把撰写方案的逻辑结构弄清楚，就直接去填写内容，最后只能是越写越偏。

（3）关于"怎么做得好"的误区

① 找段子手。有些营销策划人员认为段子手的影响力很大，于是请其制作漫画或者有意思的文案，然后投放到市场，让一些有影响的微博转发，认为这就是营销的成功。但是不曾想过所转发的数据与业务转化有关系吗？是否带来了真正的转化？

② 追热点。很多人都去胜赞杜蕾丝的微博，觉得它是一个典范。它确实是有很多的关注度，但它只是一个大众类产品的一个微博大号而已，它的转发数和阅读数有没有给公司带来实际的转化呢？这个并不一定。大公司可以追求品牌效应，而中小公司在发展期，最好做一些能给公司带来真正有效转化的内容，而不是去追热点。

③ 刷数据。只要在微博转发器里面输入目标微博网址就会有很多小号帮助自动转发内容，从而增加微博的阅读数与转发数。这完全与创新没有关系，也不用想创意，直接用这种转发器去刷数据就可以了。由于转发数很高，很多企业会误认为这是一个高质量的微博内容。

2. 网络营销策划的正确思维

应该如何进行有效的网络营销策划呢？做策划应该具备正确的策划思维。

（1）关于"做什么"的思维

做方案时，要确定一个非常清晰的目标。清晰的目标会有一条明确的时间线和一个可以计量的数据结果。行动的基础是有目标，目标要足够清晰，才能进行分解，没有清晰目标的方案，只能走向混乱和无效。

例如，某营销策划方案目标是：某年某月，粉丝的购买转化率应达到 15%。这个目标有时间点，有具体结果。另一个营销策划方案的目标是：让××产品得到全面的宣传。什么是全面的？如果是这样一个含糊的目标，又怎么去分解呢？根本无法分解，所以会导致做的每一件事情都没有目的性。

（2）关于"怎么做"的思维

在真正地去想方案创意与结构之前，先拿出一张纸、一支笔，把方案结构写出来。可以先写出这个方案包含了哪几个部分，把结构建好，再填充细节的内容就会很快了。不要刚开始就深入到细节上，不用在乎版式与字体，只需要厘清自己的思路，明确要做哪些事情，分成几个部分，工作的顺序是什么即可。

（3）关于"怎么做得好"的思维

① 用户调查。要知道营销策划方案的目标客户是哪些人群，找到他们中的一部分人，线上线下都可以，去跟他们做一对一的用户调查，询问他们对这个已经构思好的活动的看法，看看他们会参加这样的活动吗？他们最想从这个活动中得到什么……这样做的目的是得到一些对这个策划活动有用的参考信息与依据，根据目标人群的喜好来调整活动的目的与活动内容。

② 内容测试。假如公司要做一个事件营销活动，在情人节，公司需要产品的销售量在这一天达到 20 万，策划人员做了 A 和 B 两种活动内容，然后把这个活动通过微信传播渠道投放到市场上，最后需要知道活动效果，到底是 A 活动带来的销售量高，还是 B 活动带来的销售量高？这就是内容测试。

③ 数据反馈。还是用上面的例子，当作了活动效果的内容测试后，公司研究销售数据发现，在情人节，A 活动只带来了 8 万的销量，而 B 活动是 12 万的销量。那么，下次做活动时要多做 B 类型活动，这就是数据带来的反馈，公司可以根据数据反馈去做一些活动的调整与优化。

因此，不管是营销工作还是策划工作，都是一个动态的工作，要及时反馈并随时调整，这是一件没有尽头的事情。

总之，所有工作的目的与准则是获取有效流量和有效结果。不管是做营销策划方案，还是做活动执行，不要把精力全部耗费在创意上。同样的 3 天时间，公司可以做出有效流量的几种尝试，然后做数据测试；也可以花 3 天时间去想一个好创意，但是这个创意不一定带来好的效果。好的效果就是获得好的转化和有效流量。

拓展训练

针对第 4 章或第 6 章的拓展训练项目，对其进行网络营销策划，形成一份完整的项目推广方案。

第 4 篇

项目策划篇

第 11 章　电子商务项目分析与策划

【本章导读】

潜力巨大的电子商务市场对每个企业来说既是机遇，又是挑战。现实中，很多电子商务项目处于困境，失败的项目比比皆是。究其原因，就是缺乏事先的分析与策划。因此，电子商务项目要想获得成功，离不开周密的项目分析与策划。项目策划的好坏是影响电子商务项目实施效果的关键。项目策划是一个由粗到细、逐步深入的过程，同时又是一种创造性活动，无固定的模式或现成的方法可循，需要策划者具备较强的创造性思维和逻辑思维能力，具体情况具体分析。

【学习目标】

- 理解电子商务项目创意的价值。
- 掌握电子商务项目策划所涉及的具体内容，能够借助网络渠道和互联网工具，收集和分析电子商务项目策划的相关数据和资料。
- 具备一定的网络创新创意创业意识、良好的团队合作和吃苦耐劳精神、良好的口头沟通与表达能力。

引导案例

梅头脑学写电子商务项目商业计划书

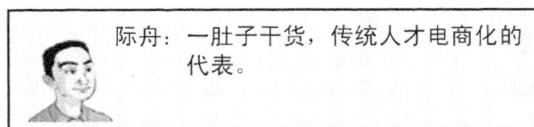

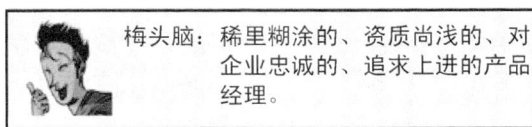

际舟：一肚子干货，传统人才电商化的代表。

梅头脑：稀里糊涂的、资质尚浅的、对企业忠诚的、追求上进的产品经理。

1. 公司要上电商项目了，梅头脑拿着商业计划书请教际舟。

格局恢宏，豪气干云，际舟景仰不已啊！

商业计划书
目标：打造100天地过亿集神级
太字第一电商品牌

哈哈哈……

2. 际舟满心欢喜

你的品牌定位是什么啊？

我们的产品老少皆宜，定位于所有网络受众。哇，多大的市场啊！

3. 际舟剑眉微蹙

那赢利模式是怎样的呢？

可以收广告费、可以卖流量、可以卖产品、可以收加盟费、可以收会员费、可以收服务费，太多了！

【案例启示】

在开展任何项目之前都要进行项目分析，电子商务项目更是如此。由于在互联网环境下客户的需求变化更快、市场竞争更激烈、技术更新换代更频繁、外部环境的不确定因素更多，因此，电子商务项目分析与策划的充分与否是电子商务项目运作成败的关键，直接影响电子商务项目未来的实施效果，同时也是能否写出一份优秀商业计划书的基础。

11.1　电子商务项目创意

创意即利用经济社会中的某些变化，创造某种新产品或者通过改变现有产品的价值而开创一种新产业或推出一项全新服务。创意能够赋予资源以创造新财富的能力，提升客户从资源中获得的价值和满足感。电子商务项目的成功需要捕捉与把握商务创新机会，通常体现为某种产品差异或服务差异，这种差异依赖于一个具有商务应用价值的创意形成，依赖于客户需求。依赖于现有技术。因此，需要按照一定的创新思维方法，有目的地去寻找已经发生了的或者正在发生的变化；只有系统地分析这种变化，才能为企业或社会带来商务创新机会。

从经济角度来说，一个创意要发展成为成熟的创业理念，必须经过多次改进和凝练。例如，在与朋友、专家和潜在客户讨论某个创意时，需要考虑它是否真的具有创新性，是否有人已经捷足先登甚至已经申请了专利，是否有可能在一段合理的时间内利用合理的资源发展该创意。

创意的价值不在于其构思的新颖性或科学性，而在于它在市场上是否能够取得成功。因此，有发展潜力和美好前景的创意通常具备明确的客户价值、可观的市场规模、足够的创新程度、可行性和赢利性四个要素。

1. 明确的客户价值

在市场中取得成功的关键在于产品或服务能够满足客户的需求。客户希望用他们辛苦挣来的钱换取的是能满足他们需求的或解决他们问题的产品或服务。因此，成功创意的第一个原则就是能明确地表明它能满足客户什么样的需求，并且以什么方式来满足。许多创业者在谈到他们的创意方案时，脑子里已经对产品设计及生产的技术细节有了清楚的认识和解决方法。而投资者首先考虑的不是这些，而是从市场的角度来考查这一创意。对投资者而言，客户价值是第一位的，产品只是为客户提供价值的手段而已。如果创业者说"我们的新设备可以达到每分钟运作 200 次"或者"我们的新设备节约了 25%的零部件"，他们所注重的是产品本身。若从客户的角度考虑，就应当说"我们的新设备将为客户节省 1/4 的时间，从而降低 20%的成本"或者"我们的新方案能够将生产效率提高 25%"。

当把某一产品或服务与竞争对手的产品或服务进行比较时，该产品或服务的客户价值能够评判它的新颖和独到之处。因此，客户价值在区分自身产品与其他产品方面起到了关键作用，而这种区分在营销中占据着最核心的地位。同时，客户价值也是创业理念在市场中获得成功的基础。在可能的情况下，还应尝试用具体数据来说明客户价值，这意味着两件事情：①创业理念必须以一种目标客户理解的方式提出。许多新公司的失败都是因为客户不了解使用这一产品或服务能带来的好处。②产品必须是独特的，让客户不会选择市场上可供选择的任何其他解决方法，只能选择该产品。因此，企业必须让客户相信该产品能够提供更大的利益或高附加值，才能让他们倒过来。

2. 可观的市场规模

只有当一个创意在市场中获得成功时，它才会有经济价值。因此，一个成功的创意应能够说明产品定位在哪些客户群体、市场有多大，以及它与其他产品的区别在哪里。

对于目标客户，企业需要粗略地描述他们可能会是哪些人，为什么业务创意能为这一特定群体提供特殊价值，以及从利润的角度考虑，为什么对这一群体感兴趣。

对于市场规模，企业在初期不需要对市场进行详细分析，可根据可靠的基本数据进行大致估算即可。数据来源可以包括官方数据、各协会的信息、行业杂志、行业出版物和互联网等。基于这些基本数据可以做出关于目标市场规模的合理判断。

任何产品都会一直面临竞争，包括来自同类或类似产品的直接竞争，以及来自同样能满足客户需求的替代产品的间接竞争。一个好的创意应当表明竞争对手是谁，并说明创意为什么能独占鳌头，以及将如何击败对手。

3. 足够的创新程度

"创新"这个词通常用于描述新产品，这些新产品通常是采用传统的生产方式制作并通过已有的分销渠道交付给客户的。例如，微软公司在开发 DOS 操作系统后，利用 IBM 公司的销售组织结构将其在市场中进行推广。业务体系的创新相比之下就没有那么显而易见了，但是同样重要。业务体系创新被定位在降低成本和加快流程上，然后可以利用节约下来的资金使产品以更低的价格交付给客户。例如，戴尔计算机的成功就归功于一种新的直销方式和一种新的生产流程。在这种新的流程中，先有订单，然后尽可能在最短的时间内按照订单要求去生产计算机，这极大地降低了成本，进而降低了产品的销售价格。

在创建一个全新的行业时，把产品和业务体系两方面的创新结合起来的情况是很少见的。例如，网景通信公司通过在互联网上免费发送其新推出的网页浏览器，为万维网的成功做出了突出的贡献。网景通信公司这样做虽然是牺牲了最初的销售收入，但通过增加访问其站点的人数成功地提高了广告收入。

4. 可行性和赢利性

关于项目的创意价值还需要对创新的可行性进行评估，包括可能导致该项目不可行的具体因素，也包括完成该项目所需要的时间和资源。例如，在月球上建酒店的创意在技术上可能是可行的，却是不经济的。与可行性密切相关的是赢利性，一个公司必须能够创造长期的利润，才具有可持续性发展，否则将是昙花一现。

11.2 电子商务项目策划的内容

电子商务项目策划就是发起和运作电子商务项目，是电子商务项目实施前所做的计划和准备工作。进行电子商务项目策划，需要对电子商务项目的市场需求和竞争情况进行全面分析，对其商务运作方式和赢利模式等进行科学设计，对其网站系统进行设计开发，对其运营管理进行合理规划，对其成本效益进行准确预测等。总之，一个好的电子商务项目策划，是电子商务项目成功的关键。

11.2.1 电子商务市场策划

对市场和竞争的充分了解是项目成功的关键。市场策划是指通过市场调查，根据项目的市场环境、市场需求、市场供给、市场竞争情况等调查资料，对市场的发展状况、发展趋势、目标客户、目标市场规模、项目前景、支持环境、客户群的需求行为、项目所属行业的基本情况、市场竞争情况等进行分析。

1. 市场调查

市场调查是通过一定的科学方法，有目的、系统地在调查活动中收集、整理、分析市场信息，掌握市场发展变化的规律和趋势，为企业进行市场预测和决策提供可靠的数据及资料，从而帮助企业确立正确的发展战略。市场调查的内容主要包括市场环境调查、市场需求调查、市场供给调查、市场竞争情况调查等。

（1）市场环境调查

市场环境调查主要包括行业环境、政策法律环境、社会文化环境、科技环境等，具体的调查内容包括行业信息、国家的方针政策和法律法规、科技发展动态、文化传统、时尚潮流、气候和地理位置等各种影响项目的因素。

① 行业环境调查主要了解项目所属行业的发展状况、发展趋势、行业规则及行业管理措施，了解所经营的项目在所属行业中的定位，从而更好地把握项目产品研发、推出的节奏，更好地确定项目的关键利益点。进入一个新行业，应充分了解和掌握该行业的信息。一般来说，行业信息主要包括市场购买力、增长率、赢利率、集中度、行业周期、技术水平、创新能力和主要参与企业及其类型等关键性指标。

② 政策法律环境调查主要是了解国家政策和法律法规对市场和企业产生的影响，了解国家鼓励和限制开展的业务。要了解当地政府是如何执行国家有关政策和法律法规的，对业务有什么影响，以及国外有关法律法规与政局变化、战争、罢工和暴乱等因素可能对市场及企业产生的影响。

③ 社会文化环境调查主要是了解社会的价值观念、信仰、兴趣、时尚、宗教、行为方式、社会群体及相互关系、生活习惯、文化传统和社会风俗等。社会文化环境不仅建立了人们日常行为的准则，也形成了不同国家和地区市场消费者的态度和购买动机的取向模式。

④ 科技环境调查。科技环境调查主要是对国内外新技术、新工艺、新材料的发展速度、变化趋势、应用和推广等情况进行调查。科学技术的发展使产品的市场生命周期迅速缩短，生产的增长越来越依赖于科技进步。以电子技术、信息技术、新材料技术、生物技术为主要特征的新技术革命，不断改造着传统产业，使产品的数量、质量、品种和规格有了新的飞跃，同时也使一批新兴产业建立和发展起来。科技的发展促使新兴产业的出现，可能给某些企业带来新的市场机会，也可能给某些企业带来环境威胁。

（2）市场需求调查

市场需求调查主要分为市场需求容量、消费者需求和消费行为调查三部分。市场需求容量调查涉及目标市场现有和潜在的消费者数量、收入水平、生活水平、购买力投向等；消费者需求调查主要包括消费者需求量、消费者结构、消费者需求特征以及需求变化等，任何成功的产品或服务定位都必须建立在对消费者需求的深刻理解与把握上；消费行为调查是对各阶层客户的购买欲望、购买动机、购买数量、购买频率、购买时间、购买方式、购买习惯、购买地点、购买偏好以及产品评价等情况进行调查。

（3）市场供给调查

市场供给调查主要涉及产品或服务的供给总量、供给变化趋势、市场占有率等；供给企业的生产能力、生产资源、技术水平、生产布局与结构等；消费者对产品或服务的质量、性能、价格、交货期、包装等的评价和要求；产品或服务的市场寿命、产品或服务的替代品等。

（4）市场竞争情况调查

市场竞争情况调查主要是对竞争企业的调查和分析，包括了解竞争对手的产品或服务所占的市场份额、质量、价格，以及采取的竞争策略和手段等。只有调查清楚竞争对手的优势和劣势，做到知己知彼，才能更好地制定竞争策略。

2. 市场分析

市场分析是通过整理市场调查资料进行分析、归纳、总结，以解决影响项目成功的一系列问题。

（1）市场环境分析

市场环境分析主要解决以下问题。

① 行业的发展现状，如行业规模、生产能力、增长率、利润率、集中度、行业周期、技术水平、创新能力和主要参与的企业。列出过去3—5年全行业的销售收入和销售增长率。

② 行业的发展趋势如何？对未来3—5年的行业销售收入进行预测。

③ 行业规则及行业管理措施有哪些？

④ 行业的哪些变化对项目利润、利润率影响较大？什么因素决定它的变化？

⑤ 自身产品或服务在所属行业所处的地位及发展前景怎样？

⑥ 产品或服务的支持环境，特别是国家政策和法律法规对产品或服务有哪些影响？

⑦ 进入该行业的技术、贸易壁垒是什么？将如何克服？

⑧ 本项目实施的最新技术是什么？相关技术人员是否掌握？

（2）市场需求分析

市场需求分析主要解决以下问题。

① 产品或服务的目标市场在哪里？目标市场的特点是什么？

② 目标客户集中在哪些人群中？其基本特点（年龄构成、教育情况、工作情况、收入情况、爱好、消费动机）是什么？区域分布如何？有什么电子商务需求？常去哪些网站？

③ 目标客户群过去3～5年的需求总量是多少？

④ 本项目的产品或服务预计未来 3～5 年的市场占有率如何？是否会呈增长趋势？

⑤ 本项目在未来 5～10 年里有生存空间吗？

⑥ 消费者的构成、分布及消费需求的层次怎样？

⑦ 消费者现实需求和潜在需求情况如何？

⑧ 消费者收入水平处在什么区间，能接受的价格区间是多少？

⑨ 消费者的收入变化及其购买能力与投向如何？

⑩ 客户群体的来源稳定吗？客户黏性怎么样？

⑪ 本项目能否提供其他企业无法提供的产品或服务？

（3）市场供给分析

市场供给分析主要解决以下问题。

① 向市场提供的产品或服务总量、质量、功能、型号、品牌和价格等情况是怎样的？产品是否经过了相关认证（如 ISO 质量体系认证）？

② 生产供应企业的生产能力、生产资源、技术水平、生产布局与结构怎样？

③ 物流配送方式选择及费用是否符合要求？

④ 产品或服务供给渠道的建设方式有哪些？

⑤ 包装及标识的要求有哪些？

⑥ 产品或服务的季节性销售周期如何？

⑦ 产品或服务的市场寿命有多长？

⑧ 是否存在陷入存货过时的危机？

（4）市场竞争分析

市场竞争分析主要解决以下问题。

① 主要竞争对手有哪几家？竞争对手所占的市场份额、优势和劣势是什么？本项目所占的市场份额、优势以及面临的挑战是什么？

② 竞争对手的电子商务战略、市场定位是什么？其开展的主要网上业务有哪些？

③ 竞争对手网站的功能、信息结构和更新频率、设计风格如何？

④ 竞争对手的产品种类、质量、价格、品牌和特色是什么？服务质量和效率如何？

⑤ 竞争对手的供货渠道和对渠道的管控能力如何？库存量有多大？

⑥ 竞争对手的赢利模式和网站运营效果如何？

⑦ 竞争对手是如何做广告的？促销手段有哪些？

⑧ 该项目会对现有的竞争格局带来何种变化？竞争对手可能采取什么应对策略和措施？是否存在有利于本项目发展的市场空间？

SWOT 竞争分析法

11.2.2　电子商务商业模式策划

电子商务商业模式是电子商务项目运行的秩序，是指电子商务项目所提供的产品和服务、收益来源以及各利益主体在电子商务项目运作过程中的关系和相互作用方式构成的体系结构。因此，在商业模式策划过程中，企业应主要关注在市场中与客户、供应商、其他合作伙伴的关系，尤其是彼此间的物流、信息流和资金流的流动。

企业的兴衰成败，实际上就是企业自身商业模式接受市场检验或者根据市场自我调整的结果。商业模式不是一成不变的，而是完全动态的。随着企业经营环境和经营目标的变化，商业模式往往需要适当调整。商业模式不管如何调整，其本质都是一个由客户价值、企业资源和能力、赢利模式构成的三维立体模式。

1. 客户价值

企业的客户价值表现在企业必须不断地向客户提供对他们有用的、竞争者又不能提供的产品或服务，才能保持竞争优势。如果项目所提供的产品或服务无法和已有的产品或服务竞争，那么该项目就毫无意义了。因此，企业一定要详细讨论和策划产品或服务应具备的功能与作用，以及客户能从中获取的价值。按照迈克尔·波特的竞争优势理论，企业为客户提供的价值主要体现在产品/服务的差异化、低成本和目标集聚战略上。

（1）产品/服务差异化战略

企业可通过电子商务网站，运用信息通信技术，开发自己独特的产品与服务，生产市场上独一无二的、满足现有客户与潜在客户需求的新产品与服务，这些产品与服务是现有的和潜在的竞争者无法仿造的。这主要体现在产品的特征、上市时间、客户服务以及品牌形象等方面。

（2）低成本战略

为了抵御来自整个市场中新的竞争者，在不牺牲产品质量和服务水平的前提下，企业可以提供低于竞争对手价格的产品和服务。这种成本的降低体现在生产和销售成本的降低上，一方面，企业可以通过电子商务方式加强与供应商和客户的联系，大幅度提高订货和销货效率，使订货、配送、库存、销售等成本降低；另一方面，通过互联网，企业可以为客户提供更加快捷、优质的服务，甚至可以让客户通过互联网进行自主服务，大幅度降低客户服务成本。实际上，电子商务使企业在减少产品或服务成本的同时，也极大地降低了客户的交易成本。

（3）目标集聚战略

企业在实力不足以在行业内更广的范围竞争时，可以将产品或服务定位在一个特定的目标市场，利用互联网以更高的效率、更好的效果为该特定目标客户群体服务，即将产品或服务定位在一个较狭窄的目标市场上。尽管市场狭小，但它在该目标市场上比现存的或潜在的竞争者具有更大的优势。

2. 企业资源和能力

企业资源和能力共同构成了企业的核心能力，它能够创造长期的竞争优势，特别是把多种技能、技术和流程集成在一起以适应快速变化的环境。

（1）企业资源

企业需要有形资源、无形资源以及人力资源来支持向客户提供价值的一系列关键活动。有形资源包括厂房、设备以及现金储备等，无形资源包括专利权、信誉、品牌、与客户和供应商的关系，以及以不同形式存在于企业内部的知识，如含有重要客户统计数据的数据库以及市场研究发现的成果等。对于从事电子商务的企业，有形资源主要表现为网络基础设施以及电子商务的软/硬件，无形资源主要体现为自行开发的软件、访问者或客户的登录信息、品牌和客户群等。人力资源是企业员工具有的知识和技能，它在知识经济时代的作用显得更加突出。

（2）企业能力

企业能力是企业将资源转化为客户价值和利润的能力，它需要使用或整合公司的多种资源。其他公司获得或模仿这种能力的难易程度决定了该企业保持竞争优势的能力。拥有这种优势的企业往往在发展进程上处于领先地位，竞争者在短期内难以模仿或获得。例如，戴尔公司长期形成的网络直销模式，使其与供应商之间建立了紧密的合作关系，具有强大的供应链管理能力。

虽然行业内的其他企业（如康柏）进行了模仿，但模仿效果远不及戴尔公司。

3. 赢利模式

电子商务商业模式策划的一个极为重要的部分是明确电子商务项目的收入和利润来源，即赢利模式。在传统市场中，很多企业直接从销售的产品或提供的服务中获得收入和利润。但在电子商务市场中，因为互联网的一些特性，企业利用互联网从事电子商务的收入和利润来源变得更加复杂。例如，从事网络经纪模式的企业，其收入来源至少有交易费、信息服务费、佣金、广告和发布费等；采取直销模式的企业，其收入则主要为向客户直接销售产品的收入，也可以来自广告、客户服务费等，企业还可以通过削减直接向客户提供服务的成本或减少配送环节来增加利润。电子商务常见的赢利方式有：网络广告费、网上销售获利、注册会员收费、信息内容收费、交易佣金、软件下载，以及其他增值服务费用等。

对电子商务项目的收入和来源进行策划时，需要回答如下问题。

（1）电子商务项目从哪些客户获得哪些收入？

（2）对传统企业来说，企业原有的收入来源有哪些途径？电子商务使企业收入来源发生了哪些变化？企业实施电子商务后有哪些新的收入来源？

（3）在所有收入来源中，哪些对企业的利润水平具有关键性影响？

（4）哪些客户对哪些收入来源做出了贡献？

（5）企业利润的决定因素是什么？

11.2.3　电子商务运营管理策划

电子商务项目投入运行后，面临一个运营管理问题。电子商务运营需要有明确的运营目标、高效的组织管理团队，以及完善的网站推广方案。

1. 运营目标

（1）制定运营目标的原则

电子商务运营目标是指项目运行后要达到的效果。制定电子商务运营目标应遵循目标管理普遍使用的 SMART 原则。SMART 原则是 Specific（明确具体）、Measurable（可度量）、Attainable（可实现）、Realistic（现实性）和 Time Bound（有时限）。

① 目标应明确具体，做到 Specific（S）。制定目标要清楚地说明要达到的目的，不要模棱两可。作为目标，具体明确是最基本的要求，如果没有明确的目标，就好像盲目地在一条路上走，会给人找不到方向的感觉。

② 目标应该有一组确定的指标作为日后衡量是否达到的依据，是可度量的，做到Measurable（M）。目标的定量化是使目标具有可检验性的最有效的方法。如某网站运营第一阶段的目标是"从网站运营起一年内为推广期，利用多种宣传手段以及优惠措施，实现访问量 500 人次/天，用户注册量 5 000 人，销售收入增长 10%"。这一目标就指明了以三个量化指标作为一年后目标检验的依据，十分明确、具体。

当然，对于总体目标，由于时间跨度长，可能难以数量化，具有一定的模糊性。此时，可以用定性化的术语来表达其达到的程度。如"某网站的总体目标是成为珠三角地区有影响力的××商品网上销售企业"，这里使用了"珠三角地区有影响力的"这一定性化的术语来表明该网站要达到的规模。这一总体目标提出了该网站实现电子商务的总任务和总要求，所规定的是整体发展的基本要求。因此，总体目标往往是高度概括的。

③ 目标应是在付出努力的情况下可以实现的，做到 Attainable（A）。设定的目标必须是在

能力范围内可以达到的，同时又要比在能力范围内稍稍高一点儿，具有挑战性，这样才能激发斗志，取得更大的进步。如果设定的目标过于保守，就很难激起领导或投资人的兴趣。

④ 在设定目标时，要切实地考虑其现实性，做到 Realistic（R）。理想和目标既有一定的联系，又相互区别。理想是人们想要追求的，但未必能成为现实，而目标则是能不断地逐步实现的，所以制定目标不能过于理想化。如果将某网站第一阶段（网站运营一年内）的目标设定成"销售收入增长 100%"，那显然是不现实的。

⑤ 目标是有时间限制的，做到 Time Bound（T）。目标是在一定时间内需要完成的任务，是有时间限制的。没有时间限制就没有办法检验是否按预期实现了目标。如某网站在第二阶段的目标是"推广期结束后两年内为发展期，主要目标是提高品牌知名度，发展和稳固本地市场，提高市场占有率，利用多种营销手段，实现销售收入增长 100%"。这一目标明确了第二阶段要在"推广期结束后两年内"这一时间段内实现销售收入增长 100% 的目标。

（2）制定目标的方法

制定电子商务项目目标应基于细致周密的调查和研究。对于规模较大、建设周期较长的项目，应首先制定一个总体目标，然后将这个总体目标分解为若干阶段性的分期目标，以便于项目控制与管理。制定电子商务项目运营目标的主要过程如下。

① 确定实施电子商务项目要达到的目的。电子商务项目实现的目的通常可以概括为增加市场份额、增加销售收入、降低成本（如分销成本、采购成本等）、缩短商业周期、提高品牌知名度、提高客户满意度和忠诚度、提高企业运作效率、提高企业供应链价值等。

② 明确实现预定目标的实现程度。要做到这一点，必须全面衡量企业的能力与条件，掌握有哪些内外部可用资源，看清未来可能的发展趋势，以制定现实可行的目标。

2. 组织管理

组织管理是指电子商务项目投入运行后，应采用什么样的组织结构和岗位人员配置来与电子商务的运作方式相适应。高素质的管理人员和良好的组织结构是电子商务项目运营成功的保障。风险投资家会特别注重对管理队伍的评估。组织管理计划主要包括组织结构设计、人力资源配置以及管理制度的构建等主要任务。

企业的管理人员应该是互补型的，而且要具有团队精神。一个企业必须具备负责产品设计与开发、市场营销、客户服务、信息管理、技术支持、财务管理等方面的专业人才。在策划书中，应明确介绍企业的结构，包括组织结构图、各部门的功能与职责、各部门的负责人及主要成员、企业的薪酬体系、企业的股东名单（包括认股权、比例和特权）、企业的董事会成员、各位董事的背景资料等。此外，必须介绍主要管理人员所具有的能力，在企业中的职务和责任，过去的详细经历和背景等。

3. 网站推广计划

电子商务网站是企业的窗口，是企业与客户交流的渠道。企业要想通过电子商务网站实现交易量的增加，就要设法吸引客户访问网站，而为了增加客户的访问量，就必须对网站进行多渠道的推广。网站推广计划就是企业结合实际情况，采取各种线上和线下手段，制定具体的网站宣传和推广措施。

网站推广计划应包含以下内容。

（1）制定网站推广的阶段性目标

制定网站在正式运营多长时间内实现每天独立访问的用户数量、在主要搜索引擎的表现、网站被链接的数量、注册用户数量、销售量、市场占比等目标。

（2）制定在网站发布运营的不同阶段所采取的网站推广方法

最好详细说明各个阶段所采取的具体推广方法和操作步骤，如登录搜索引擎的名称、网络广告的具体形式和媒体选择、推广的时间、需要投入的费用等。网站推广方法包括线上推广和线下推广两类。线上推广主要包括搜索引擎推广、电子邮件推广、交换网络广告、病毒营销等；线下推广主要包括印刷品广告、电视广告、礼品广告、宣传活动等。

（3）确定网站推广计划的控制和评价指标

对网站推广计划的控制和评价是为了及时发现网站推广过程中的问题，保证网站推广活动的顺利进行，包括阶段推广目标的控制、推广效果评价指标的确定等。

11.2.4 电子商务财务策划

财务分析有助于评估项目是否具有可获利性，以及是否可以进行融资。一个好的项目最终应该是一个具有赢利能力的项目，而具有什么样的赢利能力最终要通过相应的财务分析来体现，因此，财务分析也是策划书应该着重突出的问题。财务策划包括以下内容。

1. 收入预算

企业通过电子商务项目获得的效益可以从直接经济效益和间接经济效益两方面进行分析。直接经济效益是指电子商务系统建成运行后所产生的经济效益，如降低管理成本、库存成本、采购成本、交易成本等，项目产品和服务的销售收入、广告收入等；间接经济效益是指电子商务系统通过对相关业务的积极影响而获取的收益，如提高工作效率和管理水平所带来的综合效益、提高企业品牌知名度所带来的综合效益等。

2. 支出预算

说明实施本项目的总体成本预算及明细列表，具体内容如表 11-1 所示。

表 11-1　电子商务项目的成本构成

一级成本	二级成本	三级成本
规划建设成本	项目规划费用	调查分析
		方案设计
	平台建设费用	软硬件购置费用
		ISP 服务费用
		技术资料、咨询费用
		平台开发费用
运行管理成本	运行费用	网站推广费用
		人员费用
		耗材、设备折旧费用
		域名、通信线路等费用
		安全费用
	维护费用	数据更新费用
		系统纠错费用
		系统完善费用
	管理费用	行政管理费用
		岗位培训费用

3. 财务分析

依据收支预算，编制项目未来 3～5 年的资产负债表、利润表和现金流量表，并计算项目盈亏平衡点、投资回收期和投资回报率等。要求每一项财务数据都要有依据，要进行财务数据说明。

財务报表与投资
收益分析

4. 融资说明

（1）资金需求计划

说明为保证项目实施所需要的资金额、资金需求的时间、资金用途和使用计划。

（2）融资方案

说明筹集资本结构安排，即企业自身投入、投资方投入、对外借贷所占比重。若希望让投资方参股本项目或是投资合作成立新公司，应说明原因，以及拟向投资方出让多少权益及其依据。如果有对外借贷，应说明抵押和担保措施。

11.2.5　电子商务风险管理策划

投资人通常会关心投资的风险有多大。创业者是否在策划书中对这一问题进行了细致的思考与分析，有没有提出系统的风险应对计划，也是至关重要的。因此，电子商务风险策划应说明在项目实施过程中可能遇到的风险及防范控制手段，这些风险一般包括政策风险、技术开发风险、市场风险、管理风险、财务风险、人力资源风险等，并针对各风险提出相应的防范措施，尽量做到现实可行，避免假、大、空的描述。

对创业企业而言，由于尚未进行市场的检验，项目策划只是创业者依据已有的经验与市场调研所做的创业构想，因而不管创业者对风险分析如何细致也难以保证将来创业的成功。但是进行充分的风险分析更多的是在向合伙人或投资人传达这样一种信息：①提高投资人对创业企业的投资信心，以提高融资成功的可能性；②风险分析也提醒创业者本人创业存在失败的可能，促使创业者经常关注自己不足的方面，不要一心只想着成功而不顾可能付出的代价。

习题

一、基本概念

创意　电子商务项目策划　电子商务商业模式

二、多项选择题

1. 电子商务项目创意的价值表现在（　　）。
   A. 明确的客户价值　　　　　　　　　　B. 可观的市场规模
   C. 足够的创新程度　　　　　　　　　　D. 可行性和赢利性

2. 市场策划需要从哪几个方面进行？（　　）
   A. 市场环境　　　B. 市场需求　　　C. 市场供给　　　D. 市场竞争

3. 商业模式的本质由（　　）构成。
   A. 客户价值　　　B. 企业资源和能力　　　C. 赢利模式　　　D. 项目创意

4. 关于制定电子商务运营目标的原则，下列表述正确的有（　　）。
   A. 目标应具体明确　　　　　　　　　　B. 目标可以通过具体的指标来度量
   C. 目标应是轻松就能实现的　　　　　　D. 目标应该有时间限制

创业者的品质

胸怀大志、勇往直前、目光敏锐、汲取知识。这是比尔·盖茨体现的创业者品质。

比尔·盖茨少年立志，不甘平庸。他对朋友说，与其做一株绿洲中的小草，不如做一个秃丘上的橡树。因为小草千篇一律，毫无个性，而橡树高大挺拔，昂首天穹。胸怀大志，是创业者首先应具备的特点。

比尔·盖茨在一篇日记中写道，人生是一次盛大的约会。对于一个人来说，一生中最重要的事情，莫过于信守由人类理智所提出的至高的诺言。他又说，人生是一场火灾。一个人能够做，也必须去做的，是竭力从这场火灾中抢救出什么东西来。即为了人生的目标，必须有一种赴汤蹈火、勇往直前的精神。正如孟子所说，"天将降大任于斯人也，必先苦其心志，劳其筋骨，饿其体肤"。

比尔·盖茨就读于著名的哈佛大学，中途辍学，创办微软公司，凭的是他对个人计算机前景的先见之明。比尔·盖茨解释说："有人看到不少退学人士在事业上取得成功，可能会以为创业应先于学业。我不这样认为，除非退学的人有一个非马上就做不可的构思，否则就不会再有机会。所以，抓紧时机，孜孜不倦地汲取知识，也是创业者应有的品质。"

【问题讨论】

1. 你认为大学生创业者应该具备哪些品质？
2. 作为创业者，你认为自身存在哪些不足？应该如何弥补？

拓展学习

学习型组织的五大修炼

1990 年彼得·圣吉以系统动力学的观念为基础，结合其他学者的理念，再加上他对企业长期观察的心得，出版了《第五项修炼——学习型组织的艺术与实务》，提出了学习型组织的概念，认为学习型组织是"一个不断创新、进步的组织。在这种组织中，组织成员不断扩展学习能力，创造真心向往的结果，且使新形态的思考方法得以孕育，共同愿景能够实现，成员能够不断地学习如何学习。"彼得·圣吉同时提出了建立学习型组织的五项修炼：自我超越（Personal Mastery）、改善心智模式（Improving Mental Model）、建立共同愿景（Building Shared Vision）、团队学习（Team Learning）和系统思考（System Thinking），为企业建立学习型组织提供了基本框架和实践指导。

1. 自我超越

能够不断理清个人的真实愿望、集中精力、培养耐心、实现自我超越，这是建立学习型组织的精神基础。组织整体对于学习的意愿与能力，就根植于个别员工对于学习的意愿与能力之中。自我超越强调自我向极限挑战，实现人们内心深处最想实现的愿望。其重要方法是保持创造性，根据不断变化的情况，调整愿望，使愿望与现状之间始终保持一定的差距，这样就可以激发员工不断创造与超越，进行真正的终身学习。

2. 改善心智模式

即倡导沟通，鼓励开放的心智模式。心智模式根植于内心，影响人们如何去了解世界，以及如何采取行动改造世界。人们通常不易察觉自己的心智模式以及它对行为的影响，而在管理的许多决策中，决定做什么和不做什么的，正是这种心智模式。显然，如果心智模式有缺陷，个人和企业都会受到损害。因此，学习将自己的心智模式打开，并加以检查和改善，有助于改变心中对周围世界如何运作的既有认识。这种修炼要求人们学会有效地表达自己的想法，并以开放的心灵容纳别人的想法。

3. 建立共同愿景

共同愿景就是组织中的人们所共同持有的意向或愿望，企业应倡导文化建设，建立共同愿景。共同愿景主要包括共同的目标、价值观和使命感三个要素。共同愿景对学习型组织至关重要，因为它为学习提供了焦点和能量。在缺乏共同愿景的前提下，学习充其量只是"适应性学习"，当全体员工心目中有了渴望实现的共同愿景时，才会有"创造性学习"。企业的任务就是将个人愿景整合为共同愿景。

4. 团队学习

团队学习是发展成员整体搭配与实现共同目标能力的过程。倡导团队学习，实现知识共享。团队学习是学习型组织最基本的学习形式。通过团队学习，可以充分发挥集体智慧，提高组织思考和行动的能力。团队学习的修炼从"深度会谈"开始，使团队所有成员都能亮出自己心目中的全部假设，并对各自的想法进行自由交流，从而获得真正一起思考的能力。

5. 系统思考

系统思考要求人们用系统的观点对待组织的发展，倡导系统思考，实现组织整合。系统思考是五项修炼的核心与基石，它将引导一条新路，使人从看片段到看整体，从迷失于复杂的细节到掌握动态的均衡搭配。它让人们寻找小而效果集中的高杠杆点，以产生以小博大的作用。

五项修炼之间具有很强的正相关性，每一项修炼的成败都和其他修炼的成败密切相关，因此，学习型组织理论特别强调五项修炼的整合。

拓展训练

组建由 3～5 人组成的创业团队，策划一个电子商务创业项目，并通过网络渠道开展调查，收集相关资料和数据，进行团队讨论，对市场、商业模式、运营管理、财务分析和风险管理进行策划与分析，形成比较成熟的项目实施方案，为撰写商业计划书做好准备。

第12章 电子商务项目商业计划书

【本章导读】

电子商务项目商业计划书是企业为了达到招商融资和其他发展目标，在前期对项目进行科学调研、分析、搜集与整理有关资料的基础上，按照一定的格式和具体要求编写整理而成的一份向读者全面展示项目状况、未来发展潜力的书面材料。电子商务项目商业计划书是项目运作主体的沟通、管理和指导行动的工具，能够有效吸引投资者、员工、战略合作伙伴，甚至政府等利益相关者，引导企业走过不同的发展阶段，全程指导项目开展工作。电子商务项目商业计划书撰写得好坏，直接影响项目的融资以及运作等各个方面。因此，编写电子商务项目商业计划书需要具有建设性和逻辑性强的思维能力。

【学习目标】

- 掌握电子商务项目商业计划书的内容体系。
- 掌握电子商务项目商业计划书的写作规范和技巧。
- 能够通过小组合作，完成一份语言表述流畅、内容结构完整、排版规范的电子商务项目商业计划书。

引导案例

际舟总结的电子商务项目商业计划书撰写干货

干货区

1. 目标客户是哪类人群？具有什么特点？规模有多大？未来会怎样？数据是怎么来的？

2. 提供什么产品和服务？满足了客户什么物质和心理需求？与同类产品相比有何独特性？

3. 市场竞争情况如何？有哪些竞争对手？他们的经营情况如何？他们的产品、价格、渠道和促销是怎样的？

4. 赢利模式是怎样的？向谁收取费用？如何收取？如何制定价格？

5. 电商渠道准备怎么建？是否网络分销？分销政策如何定？

6. 受众推广准备怎么做？每种推广方式能带来多少流量和转化率？怎样实现精准营销？

7. 网络架构如何搭建？有哪些频道、功能和服务？是否要做App？如何在线上完成交易？

8. 物流和供应链体系如何解决？第三方还是自建？服务流程是怎样的？库存如何管理？

9. 团队怎么组建？需要多少人？他们都需要做什么事？

10. 要投入多少资金？钱如何花？要逐项列出开支明细，通过什么渠道筹资？

11. 投资回报是怎样的？预计什么时候能成交第一笔订单？什么时候收回投资？什么时候能够赢利？

12. 凭什么能做好这个项目？是否有经验、资源、独特的产品或品牌支撑？

13. 该项目可能带来哪些风险及如何预防？管理人员能否胜任？资金是否充足？市场是否稳定？技术是否可靠？

电子商务项目商业计划书是有目的的创意载体和表现形式，是一份全方位描述电子商务项目实施计划的建议性文件。创业者需要用它来证明其有能力处理好新兴业务所面临的各种问题，并对它们加以管理，从而获得投资者的关注。

12.1 电子商务项目商业计划书的内容结构体系

电子商务项目商业计划书（以下简称"商业计划书"）的创作形式多种多样，对于不同的目标和对象有不同的商业计划书要求，不同的策划者又有不同的策划表现手法。但所有的商业计划书既有个性特点，又有其共性，共性表现在商业计划书既是解决问题的预先设想，又是如何解决问题的指导书。通常情况下，商业计划书应该包括项目摘要、产品和服务、市场与竞争分析、营销与销售策略、管理团队、财务分析和融资需要、风险管理与控制、附录共八部分。

1. 项目摘要

项目摘要的目的是激起投资者的兴趣。一个清楚、客观而又准确的项目摘要应该涵盖商业计划书中各个重要方面的要点，一般包括主要产品和业务的范围、客户价值、市场概貌、营销与销售策略、管理层的专家技能、融资要求以及投资回报前景等。

项目摘要是商业计划书的一个独立部分，一般放在最后来撰写。在商业计划书的其他部分完成之后，企业应该重新审视是否已经在摘要中尽可能准确、清楚、简洁且有力地描述了创业理念，文字表述是否做到了浅显易懂。

2. 产品和服务

商业计划书的核心是一项创新性的产品或服务，以及它对最终客户的价值。明确指出项目提供的产品和服务与市场上已有的或者将会有的产品和服务有什么不同是很重要的。因此，一定要详细描述该产品和服务所具有的功能与特点，以及客户能从中获取的价值，这就需要明确定位目标客户群体，并准确抓取客户的需求痛点。如果提供的是一系列创新性的产品和服务，还需要根据产品特点或客户类型对其进行分类，列入不同的业务领域进行描述。

此外，还要对开发工作的进展程度及还需要推进的其他工作进行简要说明，尽量不要包括技术细节，要把开发工作表述得通俗易懂，如已完成的产品原型，涉及的技术专利、法律许可，未来的发展思路等。如果照片或草图能够加深读者对产品的理解，不妨在商业计划书中附上照片或草图。

3. 市场与竞争分析

如果没有竞争，很可能就不会有市场。对市场和竞争的深入分析才能体现项目的价值。为了增强可信度，该部分需要讲数据、讲政策、讲实例，即通过提供具体的数据、政策导向，分析市场规模和增长潜力、市场需求特点、竞争机会和威胁，通过与主要竞争对手进行比较分析，提炼项目自身的优势和劣势，从而明确在竞争中的定位。

4. 营销与销售策略

一个构思良好的创业理念中的一个关键要素就是规划缜密的营销和销售策略。该部分必须有说服力地阐述把产品推向市场的营销策略及具体的促销方法，应当对产品策略、价格策略、渠道策略和促销策略进行具体的介绍。

5. 管理团队

投资商希望知道管理团队是否有能力管理好一个前景光明的企业。在介绍管理团队时，要突出强调管理层的资历中对于实施具体商业计划非常重要的部分。专业经验和过去的成功相比，前者更为重要。要设计一个层级较少的简单组织结构，对任务和职责进行清晰的分配，明确在每一个业务领域里由谁来负责。要考虑希望和谁进行合作以及采取什么样的合作方式，借助伙伴关系，通常可以比自力更生发展得更快。

6. 财务分析和融资需要

财务分析有助于评估项目的业务理念是否具有可获利性，以及是否可以进行融资。商业计划书对财务规划的最低要求包括：①提供一份资产负债表、利润表和现金流量表；②对收支平衡点（即开始产生正的现金流量的那一点）之后的3~5年的预测；③对最初两年进行详细的财务规划；④所有的数据都应基于合理的、主要的假设。

7. 风险管理与控制

风险管理与控制在于分析背离初衷的错误发生的可能性。一般需要分析面临的市场、竞争、技术等风险，并提出相应的应对措施。如果不是太麻烦，建议进行一个关键参数的最佳和最差情景分析，让风险投资家能够判断出项目的计划是否真的具有可行性，并更好地评估他们投资的风险。

8. 附录

附录部分为商业计划书提供必备的补充资料，不必把所有的东西都放入附录，只放能够真正增强正文说服力的资料，一般包括：重要合同、信誉证明、图片资料、分支机构表、市场调查结果、主要领导人履历、技术/专利信息、生产制造信息、宣传资料等。在编写附录时，商业计划书必须与附录分开；附录内容多时应按功能分类，而且附录要尽可能短，避免长篇大论。

小贴士

商业计划书不是学术论文，它可能的阅读者是非技术背景但对计划有兴趣的人，如可能的团队成员、可能的投资人和合作伙伴、供应商、客户、政府机构等。因此，一份好的商业计划书应该写得让人明白，避免使用过多的专业词汇，应当聚焦于特定的策略、目标、计划和行动。商业计划书的篇幅要适当，太简短容易让人不相信；太冗长则会被认为太啰嗦，表达不清楚。合适的篇幅一般为20~40页（不包括附录在内）。从总体上看，撰写商业计划书的原则是：简明扼要、条理清晰、内容完整、语言通畅易懂、意思表达精确。

12.2　撰写电子商务项目商业计划书的注意事项

电子商务项目商业计划书是获得投资的关键，不但要全面详尽地展示创业者的构想，更要突出能够吸引风险投资的产品。编写一份优秀的电子商务项目商业计划书是网上创业者的必修课之一。从规范要求和技巧性方面来说，需要注意以下几点。

1. 逻辑合理

商业计划书的编写在逻辑上要遵循四点：①可支持性，即给投资者一个充分的理由，说明投资的可行性。②可操作性，即解释以什么来保证创业及投资成功。③可赢利性，即告诉投资者带来预期回报的概率有多大，时间有多长。④可持续性，即告诉投资者拟创企业能生存多久。

2. 内容规范

商业计划书的编写在内容上要遵循以下原则：①结构完整。该说的话绝对不能少。经常看到缺乏财务预估、市场状况及竞争对手数据的商业计划书，这样的商业计划书影响的自然是投资方对方案评估的速度，使投资的可能性减小。②结构清楚。清晰的逻辑结构会给人一种思路清晰的感觉，看了这样的商业计划书，投资人可以以最简洁的方式了解创业者的构思与想法，不仅节省了别人的时间，而且增加了成功的可能性。③深入浅出。将深奥难懂的想法、服务或技术以浅显的文字表现出来是一种绝佳的自我营销方式，尤其是当资金来自银行或一群不具专业知识的投资者时。④对象导向。简单地说，就是针对募资的对象，行文的语调、章节的编排、数据的呈现、重点的强调等都应根据需要进行适当调整。

3. 突出重点

（1）突出项目的独特优势

目前，有关电子商务的创业项目层出不穷，而且大多数都具有网络推广、网上销售等共性特征，要想在众多项目中脱颖而出，在撰写项目优势的时候一定要突出重点、表达清晰，可以站在不同的视角对项目的优势展开分析。

（2）突出产品细节

在商业计划书中，应提供所有与企业的产品或服务有关的细节，包括企业所实施的所有调查。这些问题包括：产品正处于什么样的发展阶段？它的独特性怎样？企业分销产品的方法是什么？谁会使用企业的产品，为什么？产品的生产成本是多少，售价是多少？企业开发新产品的计划是什么？只要把投资者拉到企业的产品或服务中来，投资者就会和创业者一样对产品感兴趣。在商业计划书中，应尽量用简单的词语来描述每个环节，包括商品及其属性的定义。

4. 合理地展示管理团队

把一个思想转化为一个成功的创业企业，其关键要素就是要有一支强有力的管理队伍，这支队伍的成员必须有较高的专业技术知识水平、管理才能和丰富的工作经验。管理者的职能就是计划、组织、控制和指导企业实现经营目标。在商业计划书中，应首先描述整个管理队伍及其职责，然后分别介绍每位管理人员的特殊才能、特点和专业造诣，细致描述每个管理者对企业所做的贡献。商业计划书中一般应有明确的管理目标，最好附上组织机构图。

5. 详细精准的市场分析

商业计划书要给投资者提供对目标市场的深入分析和理解。对电子商务项目，市场细分非常重要，目前并不是市场适应性越强越好，而是向更加精准、专业、特色的市场方向转变。因此，商业计划书中要对项目的针对性市场进行市场机会、市场容量、市场切入时机等方面的调研分析，可以从人群市场、地域市场和行业市场等方面进行市场细分。商业计划书中还应包括一个主要的营销计划，计划中应列出本项目打算开展广告宣传、促销以及公共关系活动的地区，明确每一项活动的预算和收益。此外，商业计划书还应特别关注销售中的细节问题。

6. 全面的竞争对手分析

在商业计划书中，应细致分析竞争对手的情况。竞争对手是谁；竞争对手的产品与本企业的产品相比有哪些相同点和不同点；竞争对手所采用的营销策略是什么。要明确每个竞争者的销售方式、收入规模以及市场份额等，讨论本项目相对于每个竞争者所具有的竞争优势，向投资者展示客户偏爱本项目的原因，如产品质量好、送货迅速、定位适当、价格合适等。商业计划书要使读者相信，本项目不仅是行业中的有力竞争者，而且将来还会是确立行业标准的领先者。在商业计划书中，还应阐明竞争者带来的风险以及所采取的对策。

7. 可信的投资效益分析

一个好的项目最终应该是一个具有赢利能力的项目，而具有什么样的赢利能力最终要通过相应的财务报表分析来体现，因此，财务分析也是商业计划书的重点。

8. 现实的风险及对策分析

任何一个项目都不可能十全十美，因此，清楚地认识拟创业项目的风险并未雨绸缪，找到相应的对策，是必不可少的环节。但是往往有些创业者为了突出项目优势，在撰写商业计划书的过程中刻意回避项目的风险，或者避重就轻，这都不是明智的选择。如果能深入透彻地分析客观存在的问题与风险，并切合实际地找到相应的解决对策，不仅不会使商业计划书逊色，还会增强商业计划书的可行性。

9. 出色的项目摘要

项目摘要虽然是创业者所写的最后一部分内容，却是投资者首先要看的内容。风险投资家一般会用5～10分钟的时间来阅读并领会摘要的内容。摘要虽然不足以让他们决定对该项目进行投资，但是有可能让他们做出相反的决定。因此，项目摘要一般列在商业计划书的最前面，它应浓缩商业计划书的精华，涵盖商业计划书中的要点，要求内容一目了然，使读者能在最短的时间内对项目做出评价和判断，从而激发投资者的兴趣。项目摘要应当着重描述产品或服务、客户价值、相关市场、营销策略、管理层的专家技能、财务计划，以及投资回报前景等。如果项目是一本书，它就像这本书的封面，做得好就可以把投资者吸引住。

10. 对商业计划书的检查与校对

在商业计划书写完之后，要认真地检查一遍，看一下该计划书是否准确解答了投资者的疑问、增强了投资者对本企业的信心。通常可以从以下几个方面进行检查。

（1）商业计划书是否容易激发投资者的兴趣并被投资者所领会

商业计划书应该备有索引或目录，以便投资者可以较容易地查阅各个章节。为了引起投资者的兴趣，项目摘要应写得引人入胜。此外，还应保证目录中的信息流是有逻辑的和客观的。

（2）商业计划书能否打消投资者对产品及服务的疑虑

要对产品及服务的市场前景做一个详细的分析，让投资者坚信商业计划书中阐明的产品需求是真实可信的，必要时还应该准备一件产品模型。注意：一个无懈可击的产品和市场分析很容易引起投资者的担心。在编写商业计划书的时候，必须充分考虑该计划可能遇到的风险，并列举相应的预防和控制措施。

（3）商业计划书是否显示偿还借款的能力

要保证给预期的投资者一份完整的投资回报率分析。

（4）商业计划书是否显示创业者具有管理企业的经验

如果创业者自己缺乏能力去管理企业，还可以明确声明，创业者已经雇用了一位管理经验丰富的职业经理人来管理企业。

（5）商业计划书是否在文理和语法上全部正确

商业计划书的拼写错误和排印错误等可能会使阅读商业计划书的投资者丧失信心。

12.3　撰写电子商务项目商业计划书的误区

1. 过分的保密条款

这一类硬邦邦的法律文书令人相当不愉快，尤其是当它们来自初创企业时。创业者常常期待投资者在还不了解计划内容的情况下，在相当僵硬的条款下签字。面对此类情况，投资者可能会直接拒绝这笔交易。如果创业者如此不信任投资者，那他们应该到其他地方去寻求资金支持。

2. 过于技术性的文件

商业计划书应该以普通人的口吻来撰写，并避免使用术语和字母缩写。它们应该易于阅读和理解，而不应晦涩难懂。编写者可能过于沉迷于自己的课题，忘记了总有成千上万个项目在寻求投资。而且，推销自己计划的人常常使用冗长的官样文章来掩饰一个根本不怎么样的计划。如果投资者不能充分理解商业计划书，他是不会介入的。

3. 焦点不够清晰

大而全的项目和试图同时做太多事情的企业是无法吸引投资者的，而且成功的可能性也较小。成功的创业者一般将其注意力集中在一个有限的市场和产品线上。

4. 荒谬的估值

过于昂贵的东西会被直接扔进垃圾桶。此类计划的起点往往是一个愚蠢的结论，然后向前推理，基础则是疯狂的未来预期或是胡编乱造的比较。这种荒谬估值意味着企业将错失投资良机。其实，估值应该基于投资者真正支付金额的合理估算。

5. 浮夸的个人经历

创业者的个人经历应该是诚实和完整的。投资者往往非常想了解那些将这一切变为现实的个人详细情况。模糊或过于简短的简历会让投资者产生疑虑，过于浮夸的个人简历更会让投资者反感。

6. 没有竞争对手

所有有能力的创业者都非常了解他们所面临的竞争情况。如果他们说没有竞争，那就是自欺欺人。一份可靠的商业计划书应含有很多关于竞争对手的详细情况，以及为什么该项目具有真正的竞争优势。

7. 庞大的附录和数据表

如果申请贷款，详细的数据资料可能是必需的，但投资者通常会根据几个重点来做出决定，过于庞大的附录反而会喧宾夺主。如果投资者对方案感兴趣，所有的参考资料和背景材料都可以随后奉上。

8. 难以置信的利润和回报

声称项目将很快达到35%的销售利润率和100%的投资回报率的商业计划书是不足取信的。带着现实和保守的态度，才有可能获得投资者的认可。

习题

一、基本概念

电子商务项目商业计划书

二、多项选择题

1. 下列哪些属于电子商务项目商业计划书的内容?(　　)

   A. 项目摘要　　　　B. 产品技术细节　　　C. 管理团队　　　　D. 销售策略

2. 撰写商业计划书应该注意(　　)。

   A. 合理展示管理团队　　　　　　　　　B. 详细精准的市场分析

   C. 全面的竞争对手分析　　　　　　　　D. 无须关注格式等细枝末节

3. 撰写商业计划书的误区有(　　)。

   A. 为了说明清楚,展示过于详细的技术细节

   B. 为了博取眼球,给出毫无根据的估值

   C. 为了突出项目的创新,声称没有竞争对手

   D. 为了吸引投资,鼓吹难以置信的利润回报

案例分析

金佣网商业计划书

江门市金佣网有限公司(以下简称"金佣网")于 2011 年正式成立于江门市新会区,是五邑地区首家进行网上销售生鲜产品的电子商务公司,也是中国首家能够进行网上视频对话交易的电子商务公司。金佣网紧跟电子商务潮流,秉承"金品生活,单击拥有"的经营理念,将农副产品从传统的菜市场搬到网络上进行销售,旨在为单位食堂和工作繁忙、对生活品质要求较高的中高档家庭提供生活服务。客户只要登录网站单击鼠标,即可享受在家坐等派送员将新鲜食材送到家门口的高质量金品生活。此外,公司通过视频音频全景技术还原了真实的菜市场,解决了非标准商品在电子商务交易过程中的信任问题。

金佣网是五邑大学学生团队提出的创业项目。先后参加了"助你创业、赢在广州"第二届大学生创业大赛(荣获二等奖)、"中国好梦想——华南智慧城杯"青年创业大赛(荣获二等奖)、"挑战杯·创青春"全国大学生创业大赛(荣获全国金奖)。

【问题讨论】

1. 请分析金佣网商业计划书的优点在哪里?

2. 请分析金佣网商业计划书还有哪些不足?如何完善?

拓展学习

获风险投资青睐的五大创业者特征

风险投资商青睐的创业者一般具备以下五大特征。

1. 具有较强的责任感

有些创业者把吸引风险投资当作"圈钱游戏",还有些创业者存有"反正是别人的钱"的想

电子商务概论——基础、案例与实训(微课版)

法。这两类创业者都缺乏责任感，他们大多数较少考虑投资者的利益，只计算个人得失。这样的创业者很难获得风险投资商的认可，即使侥幸蒙上一回，也将留下信用"案底"。

2. 具有优秀的赢利模式

企业的利润取决于企业的赢利模式设计，因此，风险投资商十分关注投资项目是否具有优秀的赢利模式，而优秀的赢利模式往往来自于创业者或创业企业的决策者。从某种角度来说，创业者或创业企业决策者就应该是一名优秀的利润家，懂得如何通过分析市场、整合资源来实现企业利润的最大化。

3. 具有敏锐的商业嗅觉

当别人没看到商机的时候，他看到了；当别人看到商机却没去做的时候，他去做了；当他去做的时候，他百分之百投入，不达目的绝不罢休。只有这样的创业者，才能成为在商场的风口浪尖搏击的领潮者，而非人云亦云、永远落后的追随者；才能领先一步掘到第一桶金，而非靠残羹剩饭养家糊口。

4. 具有合作的团队意识

创业不是个人行为，而是一种团队行为。所有成功的创业企业都有一个好的团队，从管理者到员工，每个人都有明确的责任和分工。这样的团队往往还会有一个核心人物，带领大家齐心协力，使企业快速成长。因此，风险投资机构在挑选投资项目时，除了要看创业者是否有良好的教育背景、深厚的专业知识外，更要看其是否具有团队合作意识。

5. 具有强烈的敬业精神

敬业精神决定了创业者对待事业的态度。创业之路不会一帆风顺，甚至可能是荆棘遍布。在资金关、市场关、管理关、人才关等面前，创业者如果没有强大的精神支持，没有坚持到底的毅力，是很难渡过一个又一个难关的。如果把创业比作是有 10 个台阶的小山，那么很多人往往是因为缺少精神动力而倒在第 9 个台阶上。

拓展训练

基于第 11 章的拓展训练，以参加"互联网+"大学生创新创业大赛、全国大学生电子商务"创新、创意、创业"挑战赛、"e 路通杯"全国大学生电子商务大赛、"挑战杯·创青春"全国大学生创业大赛为目的，按照电子商务项目商业计划书的结构体系撰写商业计划书，并提交大赛组委会。

参考文献

[1] [美]埃弗雷姆·特班，戴维·金，李在奎，梁定澎，德博拉·特班. 电子商务——管理与社交网络视角[M]. 时启亮，陈育君，占丽，等译. 7版. 北京：机械工业出版社，2016.

[2] 李琪. 电子商务概论[M]. 2版. 北京：高等教育出版社，2017.

[3] 刘业政. 电子商务概论[M]. 北京：高等教育出版社，2007.

[4] 阿里研究院. 信息经济与电子商务知识干部读本[M]. 2版. 北京：清华大学出版社，2015.

[5] 高功步. 电子商务概论[M]. 北京：机械工业出版社，2011.

[6] 白东蕊. 电子商务概论[M]. 3版. 北京：人民邮电出版社，2016.

[7] 边云岗，肖健华，等. 电子商务基础[M]. 杭州：浙江大学出版社，2014.

[8] 吴菊花，莫赞，易法敏. 电子商务与现代企业管理[M]. 北京：北京大学出版社，2012.

[9] 贾玢，刘纪元，陈刚. 电子商务概论[M]. 北京：电子工业出版社，2011.

[10] 赵冬梅. 电子商务[M]. 北京：机械工业出版社，2017.

[11] 黄敏学. 电子商务[M]. 北京：高等教育出版社，2017.

[12] 胡春. 网络经济学[M]. 北京：清华大学出版社，北京交通大学出版社，2010.

[13] 张丽芳. 网络经济学[M]. 北京：中国人民大学出版社，2013.

[14] 李莉，杨文胜. 电子商务经济学[M]. 北京：机械工业出版社，2007.

[15] 刘涛. 淘宝、天猫电商运营百科全书[M]. 北京：电子工业出版社，2016.

[16] 吴吉义. 电子商务概论与案例分析[M]. 北京：人民邮电出版社，2008.

[17] 司林胜. 电子商务案例分析[M]. 重庆：重庆大学出版社，2007.

[18] 赵卫东，黄丽华. 电子商务模式[M]. 2版. 上海：复旦大学出版社，2011.

[19] 赵大伟. 互联网思维—独孤九剑[M].北京：机械工业出版社，2014.

[20] 肖德琴. 电子商务安全保密技术与应用[M]. 广州：华南理工大学出版社，2008.

[21] 徐勇. 网络支付与结算[M]. 北京：北京大学出版社，2010.

[22] 周训武. 电子商务物流与实务[M]. 北京：化学工业出版社，2011.

[23] 郭笑文，裴艳丽，曹鸿星. 网络营销[M]. 北京：机械工业出版社，2006.

[24] 冯英健. 网络营销基础与实践[M]. 3版. 北京：清华大学出版社，2007.

[25] 樊建锋. 网络营销：创业导向[M]. 北京：北京大学出版社，2016.

[26] 邓顺国. 网上创业[M]. 北京：高等教育出版社，2008.

[27] 陈德人，吴吉义. 大学生网络创业——理论、案例、平台[M]. 北京：高等教育出版社，2011.

[28] 李琪. 电子商务项目策划与管理[M]. 北京：电子工业出版社，2011.

[29] 朱国麟，崔展望. 电子商务项目策划与设计[M]. 北京：化学工业出版社，2008.

[30] 肖健华，赵良辉，王天擎. 电子商务创意与创业实验教程[M]. 广州：华南理工大学出版社，2015.

[31] 李洪心，王东. 电子商务网站建设[M]. 北京：电子工业出版社，2010.

[32] [美]彼得·圣吉. 第五项修炼——学习型组织的艺术与实务[M]. 郭进隆，译. 上海：上海三联书店，1998.

[33] 刘婷. "第二人生"：假世界 真经济[J]. 商务周刊，2007（3）：64-65.

[34] 黎群. IBM 公司战略转型与文化变革的经验与启示[J]. 企业文明，2016（5）：20-23.

[35] Michael E. Porter. Strategy and the Internet[J]. Harvard Business Review，2001（3）：63-78.

[36] 陆峰. "互联网+"强力推进中国经济社会转型[J]. 互联网经济，2015（4）：62-67.

[37] 张锐. 马云的物流王国新图谱[J]. 中关村，2016（5）：34-38.

[38] 润木. 创业者的品质：以比尔·盖茨作案例. 成人高教学刊[J]，1999（3）：40.